线 装 经 典

说文解字

《线装经典》编委会 ◎ 编

地震出版社

图书在版编目（CIP）数据

说文解字/《线装经典》编委会编. —— 北京：地震出版社，2024.1
ISBN 978-7-5028-5633-5

Ⅰ.①说… Ⅱ.①线… Ⅲ.①《说文》—通俗读物
Ⅳ.①H161-49

中国国家版本馆CIP数据核字（2024）第003028号

地震版　XM5694 / H（6467）

说文解字
《线装经典》编委会　编

责任编辑：李肖寅
责任校对：凌　樱

出版发行：地震出版社
北京市海淀区民族大学南路9号　邮编：100081
发行部：68423031　68467993　　传真：68467991
总编办：68462709　68423029
http://www.seismologicalpress.com
E-mail:dz_press@163.com

经销：全国各地新华书店
印刷：三河市中晟雅豪印务有限公司

版（印）次：2024年1月第一版　2024年1月第一次印刷
开本：715×975　1/16
字数：456千字
印张：22
书号：ISBN 978-7-5028-5633-5
定价：68.00元

版权所有　翻印必究
（图书出现印装问题，本社负责调换）

前　言

　　在中国这个有着古老文明的国度里，汉字是使用最为广泛的文字。可以说，中国人每天都离不开汉字。那么，你知道汉字是怎么来的吗？

　　很多人都知道仓颉造字的美丽传说，但事实上，仓颉只是传说中的一个具有神话色彩的人物，他不可能一个人创造出所有的汉字，而只可能是最早对汉字进行系统整理的人。据考证，汉字的萌芽，可以追溯到五六千年前的仰韶文化时期。汉字起源于幅员辽阔、历史悠久的华夏大地，源于上古先民的共性经验，是一代代先民根据生活实践慢慢创造的结果。每一个汉字，寻根究底，无一例外地都来自最真实的生活。

　　班固在《汉书·艺文志》中记载："上古八岁入学，教之六书。"所谓"六书"，指的是通过分析汉字的构造和使用目的而归纳出来的六种条例：象形、指事、会意、形声、转注、假借。最早的汉字，字形以象形为主，字体以不可分割的独体为主。在独体字的数量积累到一定程度以后，人们便又采取了以现有的字形为基本构件，通过固定的组合方式创造新字的方法，创造了会意字、形声字等。经由几千年的演变，汉字逐渐发展为今天的固定符号。

　　据统计，汉字共有约十万个，可谓浩如烟海。要想对其进行全面的解析，几无可能。所以本书以独特的视角，选取了二百多个有代表性的汉字，分三章进行了详细而深入的分析：第一章为"最让人惊诧的汉字"，解析了一百多个典型的本义和今义全然不同的汉字；第二章为"最'汉'的汉字"，通过对每个字的解析，系统阐释阴阳五行、八卦、干支、十二生肖以及五常这些最能代表中国传统文化和价值体系的概念；第三章中解析的是"生""老""病""死"等最具代表性、与人生关系最为密切的汉字。每个字的解析，又分四个版块：

　　第一版块中主要阐释该字的字音和基本义。

　　第二版块为"汉字溯源"，从原始字形入手，对汉字进行寻根探源。因为只有懂得字源，我们才能真正读懂该字，并知道我们的祖先在创造汉字这一伟大业绩中所表现出来的惊人智慧，认识中华文明五千多年来的灿烂文化；懂得字源，才能有助于我们探索每个字的演变过程，认识中国古代的社会结构、工农生产、军事交通、宗法制度、宗教信仰、文化艺术等历史面貌。

第三版块是"字形演变"。在距今三千多年前的殷商甲骨文时期，汉字已经达到了基本成熟的阶段，此后直到小篆的出现，汉字字体始由图形逐渐线条化、符号化，结构逐渐固定。隶变更使汉字大大简化，彻底打破了象形特征，解散篆体，改曲为直，把无规则的线条变成有规则的笔画；又通过合并、省略等方式，简化结构，减少笔画，初步形成了汉字当今的字形。

　　第四版块是"字义转化"。求索该字的引申义或假借义，并阐释其转化依据，不仅能使读者掌握每个字的本义和引申义的关系，还能从中看出汉字字义的发展规律。对于每个字的义项，我们都以古代诗文中的例句为证，并将其翻译成白话文，使之通俗易懂。

　　一种文字的产生和演变，离不开一定的文化体系。汉字是与中华民族悠久的历史和深厚的文化传统相联系的，其字义系统记录了文化系统，而字形构造反映了文化现象。在对每个字的解读过程中，我们注重结合传统文化来分析汉字的构造，在对汉字形、音、义的分析中阐发文化现象，使读者在理解汉字的同时领悟传统文化。

　　值得一提的是，甲骨文是在20世纪初才被发现的，所以长期以来，人们对汉字的研究，主要依据的是东汉许慎的《说文解字》等古籍，以致前人对许多汉字的解释，大多囿于士大夫阶层的定式思维，一定程度上脱离了生活的实质和本相，产生了一些谬误。如"每"字本义为"美好的、漂亮的"，而《说文解字》中却说是"草旺盛生长"。对于这种情况，本书都一一进行了纠正。

　　本书尽量做到知识性、科学性、趣味性相结合，力求深入浅出、通俗易懂，适合中学生、知识青年等各类人群阅读。编者的心愿，是在给读者提供知识和乐趣的同时，也为其提供一种解读汉字的思路。

　　汉字文化博大精深，涉及政治、经济、军事等各个方面。鉴于编者能力有限，在阐释过程中，疏漏和谬误在所难免，恳请广大读者朋友予以批评指正，在此深表感激。

说明
——有关汉字的基本概念与术语

本书在对汉字的解析过程中，常会用到一些有关汉字的基本概念与术语。考虑到很多读者可能尚未掌握这些概念和术语，为帮助读者顺利阅读，现将它们介绍如下。

一、造字原理

1. 象形：即用描摹客观实体的外形来表达词义，是最原始的造字方法。此法所表汉字字形来自文字画（作用近似文字的图画），但是图画性质在使用过程中逐渐减弱，象征性质逐渐增强。

2. 指事：用象征性的符号或在图形上加些指示性符号，来表达无法描画的事物或抽象概念的造字方法。

3. 会意：根据意义之间的关系，用两个或两个以上的独体字（表义构件）合成一个字，综合表示由这些构字成分合成的意义的造字方法。

4. 形声：以表义构件和表音构件相结合，造成新字的造字方法。新字中的表义构件称"义符"或"形符"，表音构件称"声符"。

二、汉字形体的演变

1. 甲骨文：又称"契文""龟甲文"或"龟甲兽骨文"，是中国古代的一种文字，图画性强，被认为是现代汉字的早期形式，有时也被认为是汉字的书体之一，为中国现存最古老的一种成熟文字，于20世纪初出土发现。早期帝王由于信奉宗教，凡事都要用龟甲（以龟腹甲为常见）或兽骨（以牛肩胛骨为常见）进行占卜，然后把占卜的有关情况（如占卜时间、占卜者、占问内容、视兆结果、验证情况等）刻在甲骨上，作为档案材料由王室史官保存。由于甲骨文主要是用尖刀刻写在龟甲兽骨上的，而龟甲兽骨非常坚硬，所以笔画以直折为主，很少圆转，写法上没有定型，大小不一，随意性大，但线条细而均匀。迄今共发现了约15万片刻有文字的甲骨，其文字分为殷商甲骨文和西周甲骨文两种，由于其中的绝大部分属于殷商时代的遗物，所以甲骨文被看成是殷商文字的代表。其单字有4500多个，已经成功识读的约有1500个，其中主体符号约有300个。汉字就是根据这些符号排列组合的，所以甲骨文是我们认识汉字的形、音、义的重要途径。

  2. 金文："金"即"金属"之义。这是铸刻在青铜器上的文字，所以又叫"钟鼎文"，起源于商末，盛行于西周，一直沿用至汉代。金文的形体和结构与甲骨文相似。因为金文是把字刻在模子上再浇铸而成，比较容易写，所以它的笔画特点是：字形圆转、大小均匀。其象形性比甲骨文有所降低，字的定型性有所提高，但还有较多的异体字。

  3. 小篆：秦代实行书同文政策时颁行的统一字体，由李斯等人整理文字后改定，对汉字的发展有规范作用，为秦文字的代表之一。它是正式颁行的统一字体，经过整理、简化之后，异体字大量减少，其字形呈长方形，奠定了汉字"方块形"的基础，并且笔画更加匀称整齐，线条粗细一致，更加圆转，符号性增强了，而图画意味大大消失了。

  4. 隶书：产生于秦代，盛行于汉代。在秦代，隶书与小篆并行，是供日常抄录公文的便捷字体。小篆难写，不能适应秦代公文往来的需要。为了便于书写，隶书将小篆圆转均匀的线条变成方折平直、粗细有致的笔画，将小篆纵长内聚的结体风格变为横扁舒展，从而使汉字成为不再象形的书写符号。隶书对汉字字体的改变是巨大的，因此，"隶变"就成了古今汉字的分界线：隶书以前的汉字为古汉字，它们共同的特点是象形性强，定型性差，字由线条构成，没有形成构字的元素——笔画；隶书以后的汉字为今汉字，其特点是符号性强，定型性强，字由种类有限的笔画构成。进入汉代，隶书取代小篆成为正式的书写字体。

三、字义方面

  1. 本义：一个汉字由最初书写的字形上所反映出来的意义。它是字形构造的依据。

  2. 引申义：由本义引申发展出来的意义，与本义之间有着一定的关联。

  3. 假借义：假，即"借"，假借义就是指仅因音同或音近而借用已有的文字所表示的意义，与本义无关联。

四、字用方面

  1. 异体字：又称"异形字""又体字""或体字"或"重文字"，是指读音、意义完全相同，但写法不同的汉字。

  2. 假借字：只因音同或音近而借用，但在字形、字义上并无渊源关系的汉字。

目录

第一章 最让人惊诧的汉字

王——斧钺 .... 二
我——杀人的凶器 .... 三
介——铠甲 .... 五
斤——斧子一类的工具 .... 六
侯——箭靶 .... 七
族——密集的箭 .... 九
毕——打猎用的有长柄的网 .... 一二
单——捕捉鸟兽的工具 .... 一三
函——箭囊 .... 一五
干——捕兽的武器 .... 一六
兽——打猎 .... 一七
臣——奴隶 .... 一九
童——奴隶 .... 二〇
妾——女奴隶 .... 二二
宰——在屋内劳作的奴隶 .... 二三
民——被刺瞎了眼睛的奴隶 .... 二四
奚——奴隶 .... 二六
刘——杀戮 .... 二七
蔡——杀斗 .... 二九
咸——杀 .... 三一
刖——砍断双足的酷刑 .... 三二
恐——砍手的酷刑 .... 三四
取——割取耳朵 .... 三六
辟——实为两个字 .... 三八
执——拘捕 .... 四一
赤——以火焚人,感天求雨 .... 四四

示——灵石 .... 四五
社——土地神 .... 四六
兆——龟甲烧后的裂纹 .... 四七
贞——占卜 .... 四九
奠——祭奠 .... 五一
羞——进献 .... 五三
丰——盛有贵重物品的礼器 .... 五四
州——水中的陆地 .... 五六
里——代表三个字 .... 五七
或——国家 .... 六〇
鄙——城邑四周边远农田中的仓廪 ...... 六一
页——头 .... 六三
县——倒挂着的人头 .... 六四
自——鼻子 .... 六五
而——络腮胡子 .... 六七
冉——髯毛 .... 六八
孔——婴儿的囟门 .... 六九
颐——下巴 .... 七一
右——右手 .... 七二
左——左手 .... 七三
止——脚 .... 七五
各——从远方走来 .... 七六
包——胞衣中已成形的胎儿 .... 七八
跑——兽用足刨地 .... 七九
走——其实是跑 .... 八〇
行——道路 .... 八二
居——蹲坐 .... 八四
请——拜访 .... 八五

说文解字

目录

印——按压 …… 八九	朱——赤心木 …… 一四八
服——降服 …… 九一	艺——种植 …… 一四九
吴——顶着或扛着器物 …… 九三	年——丰收 …… 一五一
何——肩扛、担 …… 九五	依——人穿着衣服 …… 一五二
为——牵着大象去干活 …… 九七	衰——草编的雨衣 …… 一五四
豆——古代一种盛食物的器皿 …… 一〇〇	作——衣领 …… 一五六
曾——一种炊具 …… 一〇一	表——本义有二 …… 一五七
具——准备饭食或酒席 …… 一〇三	婴——项链 …… 一五九
即——去吃饭 …… 一〇五	万——毒蝎子 …… 一六一
既——已经吃饱了 …… 一〇六	蜀——蛾、蝶类的幼虫 …… 一六二
卿——两人面对面吃东西 …… 一〇八	能——熊 …… 一六三
乡——两人对坐而食 …… 一〇九	零——细雨零落 …… 一六五
臭——闻气味 …… 一一二	霖——雨落山林 …… 一六七
字——生孩子 …… 一一四	霍——群鸟在雨中飞 …… 一六八
后——生孩子 …… 一一六	只——实为四个字 …… 一七〇
保——将孩子背在背上 …… 一一八	闲——栅栏或缝隙 …… 一七二
七——人 …… 一二〇	夕——月亮 …… 一七五
大——人 …… 一二一	其——簸箕 …… 一七六
考——老人 …… 一二二	期——约会 …… 一七八
夏——雄强英武的中国人 …… 一二三	几——本为两个字 …… 一八〇
氏——捧着酒坛子的人 …… 一二五	六——房屋 …… 一八三
尸——代表死者受祭的活人 …… 一二七	八——别离 …… 一八四
鬼——戴着面具跳舞的巫人 …… 一二八	向——朝北的窗户 …… 一八五
无——实为两个字 …… 一二九	余——实为两个字 …… 一八七
黄——肚子因生虫而鼓胀的人 …… 一三二	巨——矩 …… 一八九
黑——跳舞的人 …… 一三三	画——划分界限 …… 一九〇
红——红色的丝织品 …… 一三五	丹——朱砂 …… 一九二
显——晒丝 …… 一三七	凡——铸造器物的模具 …… 一九三
乱——理丝 …… 一三八	者——用漆涂刷器物 …… 一九四
绿——嫩草色的丝织品 …… 一四〇	昆——一起,共同 …… 一九七
蓝——一种蓼科草本植物 …… 一四二	今——铃铎 …… 一九九
华——花 …… 一四四	
来——小麦 …… 一四六	

第二章 最"汉"的汉字

一 阴阳五行篇　　二〇二

"阴"差阳错 ……………… 二〇二
"阳"春白雪 ……………… 二〇五
"金"碧辉煌 ……………… 二〇七
"木"已成舟 ……………… 二〇九
"水"乳交融 ……………… 二一〇
"火"眼金睛 ……………… 二一一
"土"崩瓦解 ……………… 二一三

二 八卦篇　　二一五

乾——天 …………………… 二一五
坤——地 …………………… 二一七
震——雷 …………………… 二一八
巽——风 …………………… 二二〇
坎——水 …………………… 二二一
离——火 …………………… 二二四
艮——山 …………………… 二二五
兑——泽 …………………… 二二七

三 干支篇　　二三〇

甲——铠甲 ………………… 二三〇
乙——绳索？鱼肠？鸟？植物？ … 二三二
丙——地穴？鱼尾？ ………… 二三三
丁——钉子 ………………… 二三五
戊——斧头 ………………… 二三六
己——绳索 ………………… 二三八
庚——筛糠的农具 ………… 二三九
辛——刑刀 ………………… 二四〇
壬——缠绕丝线的工具 …… 二四二
癸——飞镖 ………………… 二四四
子——产子 ………………… 二四五

丑——手 …………………… 二四七
寅——引导胎盘出降 ……… 二四九
卯——分离胎儿和胎盘 …… 二五〇
辰——蛤蚌之类的软体动物 … 二五二
巳——在胎包中生长的胎儿 … 二五三
午——杵 …………………… 二五四
未——禾木的穗子 ………… 二五六
申——闪电 ………………… 二五七
酉——酒坛子 ……………… 二五九
戌——战斧 ………………… 二六〇
亥——猪 …………………… 二六一

四 生肖篇　　二六三

"鼠"迹生尘案 …………… 二六三
"牛"羊暮下来 …………… 二六四
"虎"啸坐空谷 …………… 二六六
"兔"月向窗开 …………… 二六八
"龙"隰远青翠 …………… 二六九
"蛇"柳近徘徊 …………… 二七二
"马"兰方远摘 …………… 二七六
"羊"负始春栽 …………… 二七八
"猴"栗羞芳果 …………… 二七九
"鸡"跖引清杯 …………… 二八二
"狗"其怀物外 …………… 二八四
"猪"蠡窅优哉 …………… 二八七

五 五常篇　　二九一

"仁"者必寿 ……………… 二九一
"义"薄云天 ……………… 二九三
"礼"尚往来 ……………… 二九四
"智"勇双全 ……………… 二九六
"信"手拈来 ……………… 二九九

第三章 最关乎人生的汉字

"生"龙活虎 .... 三〇二
尊"老"爱幼 .... 三〇三
"病"入膏肓 .... 三〇四
"死"而后已 .... 三〇五
"春"寒料峭 .... 三〇七
明察"秋"毫 .... 三〇八
"冬"温夏清 .... 三一〇
"父"慈子孝 .... 三一一
含饴弄"孙" .... 三一二
"孝"子贤孙 .... 三一四
怀橘遗"亲" .... 三一五
"爱"人以德 .... 三一六
"福"星高照 .... 三一七
"对"答如流 .... 三一八

一无"是"处 .... 三二〇
转危为"安" .... 三二一
邯郸"学"步 .... 三二二
"身"体力行 .... 三二四
凤"毛"麟角 .... 三二五
"发"愤图强 .... 三二六
神"出"鬼没 .... 三二八
出神"入"化 .... 三二九
足智"多"谋 .... 三三一
"少"言寡语 .... 三三二
"千"回百转 .... 三三三
"得"不偿失 .... 三三五
"失"而复得 .... 三三六
"弃"笔从戎 .... 三三八
"买"椟还珠 .... 三三九
"卖"履分香 .... 三四〇

第一章 最让人惊诈的汉字

◎ 进入文明时代以后，汉字渐渐成为人们生活中必不可少的一部分，它记录和反映着人们的生活。然而，几千年的历史变迁，让很多汉字的含义发生了彻底的改变。谁又能知道『字』最初是『生孩子』的意思？『我』原指一种凶器，『黑』是指跳舞的人……它们究竟经过了怎样的历史演变才成为我们今天所认识的样子？

王——斧钺

"岐王宅里寻常见,崔九堂前几度闻"中的"王"(wáng)字,是个尊贵而又令人产生敬畏感的字眼,因为它的基本义是"首领、君主、最高统治者"。殷周时代的帝王或天子,就被称作"王"。如《释名》:"王,天子也。"春秋时,吴、越、楚等诸侯国的国君也开始称"王",到了战国,各诸侯国国君已普遍称"王"了。

但让很多人都想不到的是,在成字之初,这个字的意思却是"斧钺"。

【汉字溯源】

"王"是个象形字。甲骨文中的"王"字,主要有两种写法,描绘的都是一把大斧的斧头部分:第一种线条粗犷——上面的一横代表斧柄,下面的三角形就是斧身,一目了然;第二种线条比较细腻——上面的两横代表斧柄(由于斧柄有一定的宽度,所以用了两横),向下是斧头的象形,刃部突出。虽然两种都只有简单的几笔,但都将"王"的本义"斧钺"表现得极为传神。

【字形演变】

金文中"王"字,脱胎于其第二种甲骨文字形,但更加线条化,斧身和斧口部分也被渲染成了实心的月牙儿形。适应秦篆圆转匀称的字形需要,小篆中的"王"字那表示斧柄的两横还在斧头顶,但斧身和斧口部分已经不是对实物的摹写,而成了简单的一横。在此基础上,进入汉代以后,历经隶变和楷化,它又逐渐笔画化,成为一个横平竖直的方块字,完全失去了象形的韵味。

【字义转化】

那么,斧钺何以就成了"帝王"的代名词呢?有学者指出,斧钺在古代是劈山开路的工具,也是征战杀戮的兵器,还是用于治军的刑具,曾长期作为军事统帅权的象征物,谁掌有斧钺,谁便拥有至高无上军事的权力。由于"帝王"的本身往往就是军事首长,所以"王"就有了"君王"之意。

从秦代开始,天子改称"皇帝","王"便成了对贵族或功臣的封爵,即"诸侯王",是皇帝以下的最高爵位。如《汉书·李广苏建传》:"赐号称王。"同时,它也成为"王朝"的简称,如"王制"意即"王朝的制度"。

在古代,"王"也是人们对祖父母的尊称,如《尔雅》:"父之考(父亲)为王父,父之妣(母亲)为王母,王父之考为曾祖王父,王父之妣为曾祖王母……"

"王"作动词时音wàng,意思是"称王"或"统治、领有一国或一地"。如《孟子·梁惠王上》:"然而不王者,未之有也。"意思说是:这样还不能称王的,从来没有过。又如《史记·项羽本纪》:"欲王关中。"意思是:想要统治整个关中地区。

在现代汉语中,"王"一般都用于指同类中最突出者、冠军,如"拳王"。

"王"字中的历史文化

斧钺是早于甲骨文时代数百年前的"王"者的身份特征,而这个字,极有可能被创造于成汤建立商王朝以前的先商时代,具体说来,应该在商族大肆进行武力扩张、军事较为强盛的相土至王亥时代,当时正值商族的英雄时代。由于此时部族之间的战争是以武力掠夺为目的的,军事首长的地位和作用就显得极为重要。

在加拿大安大略博物馆藏甲骨拓片中,有一个表示"帝王"之义的"王"字,是由一柄刃部朝下、正在执行砍伐功能的斧钺象形来表示的。这告诉人们:只有执行砍伐功能时的斧钺,才能表示"王"。正如《韩非子》中所说:"王者,能攻人者也。"

我——杀人的凶器

"仰天大笑出门去,我辈岂是蓬蒿人"中的"我"(wǒ)字,是使用频率最高的汉字之一,在今天,其基本义是指人们对自己的称呼,即作第一人称代词用。但这并非其本义。许慎在《说文》中说:"我,施身自谓也。"他将"自己对自己的称呼"当成了"我"字的本义,这是错误的。

【汉字溯源】

事实上,"我"字的本义是指一种用来行凶杀人和肢解牲口的凶器——大斧。这也许会让不了解的人大吃一惊,但若追溯到"我"的甲骨文字形,就不难理解了。

"我"原本是个象形字,在甲骨文中,就是一把锋口朝左、有三个锯齿的大斧的形象。其右边一条两端都带有一个小短横的竖杠,就代表带有"顶钩"和"脚钩"的斧柄,整个字形简单明了、一目了然。

【字形演变】

金文中的"我"字,与其甲骨文字形有点相似,还保留着长柄锯斧的形象,只是最下面的锯齿变弯,斧柄的"顶钩"变成了丫杈状,而"脚钩"则被安置在了斧柄的半中腰,斧柄本身也更弯曲了。发展至小篆阶段时,"我"字的字形发生了很大变化,已经完全看不出其原来的面貌了:其左边的斧身变成了指事性的图形,而右边的斧柄则演化为代表武器的"戈"字形。发展至隶书阶段,"我"字的写法初步笔画化,并进一步发展成楷书中的样子。

【字义转化】

从本义出发,"我"字又可被引申为"杀伐""征战"等义。如《尚书·周书·泰誓》:"我伐用张。"意即:杀伐行动正在展开。

而它由"大斧"转化为第一人称代词,是与社会生产力的进步密切相关的。进入战国之后,生产技术大幅提高,随着性能更为优良的武器相继问世,大斧逐渐被淘汰了,所以"我"字的使用概率大大降低。汉唐以后,它被普遍借用来作第一人称代词,并逐渐取代了之前常用的第一人称代词"余""予""吾"等的地位。

"我"字的常用引申义为"我的、自己的",如"我见"的意思就是"我自己的看法、见解"。

虽然如今的"我"字已经没有了"斧子""杀伐"等义,但在以其为偏旁的一些汉字中,这些意思却被保留了下来,如:義(义)。

介——铠甲

"介"（jiè）字，是一个用法比较多样化的汉字，基本义是"在两者当中"，如"介绍""介入""介于"。又《左传·襄公九年》："介居二大国之间"。它还常被用来表示"存留、放在（心上）"之意。如李延寿《南史》："不以介怀。"意即：不因此而耿耿于怀。同时，它也是一个常用的量词，相当于"个"，如"一介武夫"。

而让人想不到的是，这个字的本义，竟是与战争密切相关的"铠甲"。

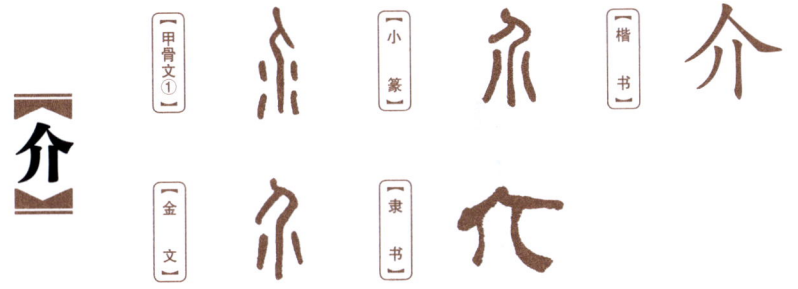

【汉字溯源】

"介"是个象形字，其甲骨文字形，看上去像是一个面朝右方、手臂略向前下方伸展而立的人。其身体周围，是象征铠甲的四个点（据说，在冶金技术诞生之前，上古时期的人们用的铠甲实际上就是用兽皮做的护身衣，甲骨文中所描绘的，很可能就是这种皮衣），"介"的本义"铠甲"就被很巧妙地表现了出来。

"介"还常作动词用，意思是"武装"。如《史记·老庄申韩列传》："急则用介胄之士。"大意是：军情紧急的时候，就调用披甲戴盔、全副武装的武士。

【字形演变】

发展至周代的金文阶段，"介"字的写法较甲骨文发生了一些变化：原先朝右站立的人换了方向，朝左站了；而大约是为了书写方便，其身周表示铠甲的黑点，也由四个减少至两个。小篆阶段中的"介"字，基本上还是金文中的写法，只是象征铠甲的两笔不再是两个点，而成了一撇一捺，从而使整个字的结构看上去更为协调。进入汉代以后，历经隶变和楷化，"介"字逐渐笔画化，从而发生了巨大变化：上面是"人"字，下面的一撇、一竖代表铠甲，若不了解此字的演变过程，便很难读懂它。

【字义转化】

随着社会的进步和时间的推移，"介"字的本义被渐渐废弃了，相反地，它被假借为其他多种用法（包括基本义），比较特别的有下面五种。

1.节操、独特的行为。如《孟子·尽心上》："柳下惠不以三公易其介。"意即：柳下惠不因为有大官可做便改变自己的操守。

2.佐助、赐予。如《诗经·大雅·既醉》："介尔景福。"意即：帮你得到巨大的幸福。

3.独特、特异。如张衡《思玄赋》："何孤行之茕茕兮，子不群而介立。"大意是：因不入俗流，以致形单影只。

4.细微。如《汉书·元后传》："不以往事为纤介。"意思是：不要因为以前的事而产生丝毫的嫌隙。

5.作动词，表示"因，凭借，依靠"。如《左传·文公六年》："介人之宠，非勇也。"大意是：凭借的是他人的恩宠，而不是自己的勇武。

斤——斧子一类的工具

"斤"（jīn）字，是一个与人们的日常生活息息相关的重量单位，也作"觔"。如清代张廷玉《明史》："市肉二斤。"意即：买了两斤肉。需要注意的是，目前所说的"斤"一般都指中国在1929年规定的标准单位，等于1.1023磅或500克，也就是十两。在1929年之前，各朝对"斤"的标准的规定却不尽相同。如《汉书·律历志》中载："十六两为一斤。"

然而让人意想不到的是，上古时期人们造此字的意图，却是为了状写一种现称为"锛"（bēn）的劈砍木头用的斧子。

【汉字溯源】

"斤"是个象形字，它的结构十分简单。甲骨文中的"斤"字，主要有两种写法。第一种简单地描摹了一把斧子样的工具的样子：一竖代表斧柄，上面用实心的箭头描绘出了斧刃。第二种，斧子的柄是带着弯的，其上部的横刃朝左下方倾斜。二者都形象地表达了"斤"的本义——锛。锛是木工用以刨平木器、削平木料的一种平斧头，比斧小而刃横，用时需向下、向内用力砍。《说文》："斤，斫木斧也。"

【字形演变】

金文中的"斤"字，较其甲骨文字形发生了较大变化，只用简单的两笔，就描绘出了刃部向右的两把大斧。发展至小篆阶段时，"斤"字的构形已经很难让人将它与斧子联系起来了，也更为美观、更线条化。隶书中的"斤"字，两把"大斧"被按照笔画书写的需要和谐地组合在一起，与如今我们所熟悉的楷体相差无几。

【字义转化】

除了斧子之外，"斤"在古代还常被借用为一种似锄但比锄小的农具的名称。如《国语》："恶金以铸锄、夷、斤。"大意是：用质量差的铁铸造锄头、夷、斤等农具。

"斤"用做动词时，意思是"砍削，砍杀"。如皮日休《河桥赋》："不斤不斧。"意思就是"不砍不伐"。但在被借用为重量单位以后，"斤"字的这种意思逐渐消失了。如今，只有在以"斤"为部首的汉字，如"斫""斩""折""断"等中，还能看到其与"斧砍"有关的意思。

人们还常两"斤"连用，形容明察的样子。如《汉书·叙传》："平津侯斤斤。"注："斤斤，明察也。"但常说的"斤斤计较"，则是指过分在乎琐碎或无关紧要的事物。

侯——箭靶

"指点江山，激扬文字，粪土当年万户侯"中的"侯"（hóu）字，是个显耀的字眼，基本义是指古时封建制度五等爵位的第二等。如《礼记·王制》："王者之制爵禄，公、侯、伯、子、男凡五等。"意思是说：天子制定的爵位和俸禄，共分为公、侯、伯、子、男这五等。

有意思的是，"侯"字的本义，竟是指"箭靶"。

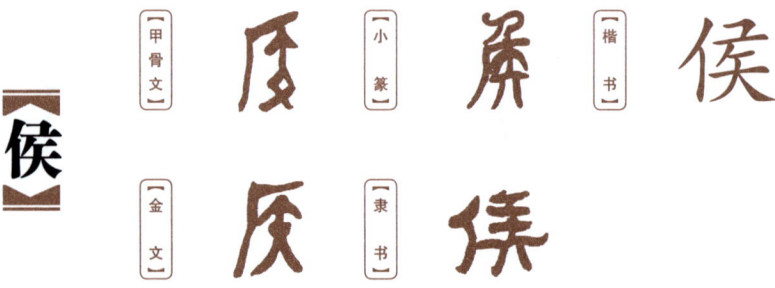

【汉字溯源】

"侯"是个象形兼会意字。甲骨文中的"侯"字，由两部分组成：上边成半包围结构的"厂"字形符号，看上去就像是一顶帐篷；下面径直射向帐篷的箭是意符，意在说明这帐篷就是用来射箭的，也就是所谓的"箭棚"。两部分结合起来，"侯"字的本义"箭靶"便一目了然。据考证，这种箭靶是古人常用的射箭用具，由兽皮或绘有野兽图案的布制成。《小尔雅·广器》："射有张布谓之侯。"大意是说：侯就是撑开来以供射箭用的布。

【字形演变】

金文中的"侯"字还保留了帐篷下有"箭"的结构，但箭杆已被虚化，成了一个黑色的小圆点。发展至小篆阶段时，"帐篷"之上被加上了"人"字头，而帐篷下的"箭"也变形了。至隶书阶段，"侯"字的形体发生了很大变化：帐篷顶上的"人"被简化为单人旁，放在了左边，右边为一个"工"下从"矢"（箭）的结构。自此，"侯"字由半包围结构演化为左右结构，并经后来的楷化而逐渐发展成我们今天所熟悉的样子。

【字义转化】

随着社会的进步，作为二等爵位名的"侯"字，字义也逐渐扩大。起初，它被引申为对国君的尊称，如郑玄："侯，君也。"

自唐代起，"侯"又被用于泛指达官贵人，如"侯门如海"一词，就是用来形容豪门贵族门禁森严的。《红楼梦》："'侯门似海'，我是个什么东西儿！他家人又不认得我，去了也是白跑。"在士大夫之间，也可互相尊称为"侯"。

"侯"作动词时，义为"封侯"。如《诗·鲁颂·閟宫》："俾侯于鲁。"意即：封（其）为鲁侯。

作疑问代词时，"侯"相当于"何、为什么"，如"侯不"即"何不"。

它还可作形容词，意思是"美"。《诗经·郑风·羔裘》："洵直且侯。"意即：确实舒适而又华美。

"侯"音hòu时，主要有两种用法：一为地名"闽侯"，是中国东南部福建省的一个县；一通"候"，用来表示"等待""迎接""伺候"等意思，但这主要出现在"候"字诞生的秦代小篆之前。

"侯"字中的历史文化

"侯"字为何会成为官职的等级名呢？最普遍的说法是，早在周代以前，中国就有了一种名为"射礼"或"射侯"的选官制度：天子用"火射"（射箭大比武）的办法来封侯，因为能射中箭靶"侯"的，都是相当了不起的男子。由此，一种共识产生了：有本事的人就可以封侯。此后，"侯"逐渐变成了官职的等级名。

另一种较可信的说法认为，"侯"原本是对古代部落酋长的称呼。理由是：上古时期的部落，常常会受到猛兽的侵扰和他族的入侵。这种时候，强悍勇猛、善于射箭的人，便理所当然地成了整个部落的守护者，并被推举为酋长。而古人惯用某人擅长做的事或其常用的器物的名字为此人命名，所以，擅长射箭的酋长便被称为"侯"了。进入奴隶社会以后，"侯"又成了大奴隶主的封号，并逐渐发展为五爵之一。

族——密集的箭

"族"（zú）字，基本义是指社会组织的一个构成单位——家族、宗族，其基本要义即人们常说的"亲属"，泛指同姓之亲。如《尚书·虞书·尧典》："九族既睦，平章百姓。"意思就是：（先治理自己的家族）待族人都和睦相处以后，再治理天下，必然能使整个社会安定团结、有序亲和。唐代陆德明《释文》："上自高祖，下至玄孙，凡九族。"又如宋代王安石《伤仲永》："其诗以养父母、收族为意。"意即：他的诗歌以赡养父母、团结族亲为主旨大意。

然而让人意外的是，这个字的本义，却是指"密集的箭"。

【汉字溯源】

"族"由"㫃"（yǎn）和"矢"（shǐ）两部分组成。那么，"㫃"和"矢"又是什么意思呢？

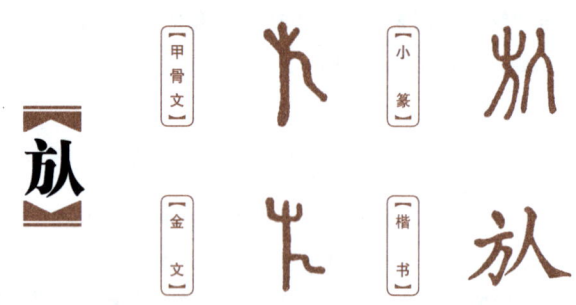

　　"㫃"是个象形字，本义是"饰有旌羽等的旗帜"。甲骨文中的"㫃"字，就是一面高高飘扬的旗子的象形：竖立的部分代表旗杆；旗杆顶端的丫杈，代表旗杆上的诸如旌羽之类的装饰物；旗杆右边的曲线，就是随风摇曳的旗帜。金文中的"㫃"字，与其甲骨文字形基本相似，只是旗帜的位置被移到了旗杆的下半部分。发展至小篆阶段，"㫃"的结构发生了较大的变化：旗杆变成了左边的"方"字形结构；旗子变成了右边的"人"字形结构。楷书中的"㫃"，就据此发展而来。

　　"㫃"在后世一般不单独使用，而是变成了一个构字部件。从"㫃"的汉字，多与旗帜有关，如"旗""旌""旋"等。

　　"矢"也是个象形字，本义就是"箭"。《释名》："矢又谓之箭。"甲骨文和金文中的"矢"字，看起来就像是一幅描摹箭的美术画：上面呈尖尖的三角状的，是锋利的箭头；中间的一竖代表箭杆；下面是结有雕翎的箭尾。经过几千年的传写，发展至秦代的小篆阶段，"矢"字的写法发生了讹变，使人们很难从字形上看出它的意思了：箭头变得像一把伞；箭尾成了"几"字形结构。在此基础上，"矢"字逐渐发展成我们所熟悉的样子。

　　在古代，除了当"箭"讲以外，"矢"还可通"誓"，有"发誓、盟誓"的意思。如《诗经·卫风·考槃》："独寐寤言，永矢弗谖。"意思就是：独自睡醒自言自语，发誓永远不忘此中的乐趣。"矢"之所以有此义项，大概跟古人在结盟时，会折箭以表示互不攻击有关。

　　"矢"作形容词时，意思是"直、正直""端正"。如《广雅》："矢，直也。"

　　另外，秉承"避俗性的同音假借"原则，在古文中，"矢"还常用来代替"屎"字，指人或动物排出的粪便。因为人们认为在文章诗词中用"屎"字，实在是不雅观。如《史记·廉颇蔺相如列传》："廉将军虽老，尚善饭；然与臣坐，顷之，三遗矢矣。"意思就是：廉将军虽然老了，但饭量还好。只是陪我坐着的时候，不一会儿就去拉了三次屎。另毛泽东《送瘟神》："千村薜荔人遗矢，万户萧疏鬼唱歌。"

"矢"字中的历史文化

矢即箭，由镞、杆、羽、栝四部分组成：镞起杀伤作用；杆是箭的主干，一般由竹或木制成；羽在箭的尾部，起稳定飞行状态的作用；栝设在箭末，用于扣弓弦（商代多是在箭杆底部刻一槽口代之）。箭起源于原始社会石器时代，最早以石片、尖骨或磨尖的贝壳做镞。商代遗址中曾出土了带铜镞的矢，全长85厘米，并有皮革制的箭袋。中国现存最早、最完整的箭，制于西汉昭帝始元六年（前81），全长67厘米，有三棱铜镞、竹杆，带三根尾羽，镞和羽都经缠丝涂漆与箭杆相固定。为增大箭的杀伤力，东汉时耿恭发明了毒箭，大大提高了箭的致残、致死率。三国时，关羽攻打樊城，遭到曹仁500名弓弩手的乱箭阻击，右臂中毒箭，因此有了刮骨疗毒的壮举。晋唐及以后，人们一般都用钢铁箭镞。

结合"㫃"、"矢"二字的演变流程，关于"族"字的解读，就变得简单许多。

"族"是个会意字，甲骨文中的"族"字，被写成了两支箭（矢）射向一面旗帜（也就是"㫃"，旗杆在右，旗子在向左飘）的样子。作为义符的旗帜，在此意在表明其下呼啸而来的是"箭"。因为在古代，能射向高悬于空中的旗帜的，只能是箭而不可能是别的武器。两支箭是个约数，代表很多支箭，从而表明了"族"字的本义——密集的箭。《说文》："族，矢锋也。束之族族也。"古时候，箭的携带和存放，都是以固定的数量捆束在一起的，称"束矢"。由此可见，"族"就是"镞"的本字，在被假借为其他意思之后，为了区别，人们又在其前加上了"钅"，从而滋生出了新字"镞"。

【字形演变】

金文中的"族"字，脱胎于其甲骨文字形，只是旗杆的位置发生了变化，旗下的箭头也只剩下了一支，这可能是为了书写方便。小篆中的"族"字，已经完全没有了原来的样子，而变成了"认"和"矢"的组合。后世各种字体中的"族"字，皆据此发展而来。

【字义转化】

由本义出发，"族"被引申为"聚集、集中"之义。如"云气不待族而雨"，即"云雾和气流还没来得及聚合，雨就开始下了"。而由"聚集、集中"做进一步引申，它又可当"家族"讲，从而成为一种表明家族、宗族系统的称号。后来，它又被用来表示"品类，种类"，指有共同属性的一大类事物。如唐代韩愈《师说》："士大夫之族。"

我们常说的"民族"，指在历史上形成的人群的稳定共同体，他们有共同的语言、经济生活以及表现于共同文化上的心理素质。而所谓的"种族"，就是指"具有共同起源和共同遗传特征的人群"。

"族"作动词时，指古代的一种残酷的刑罚——灭族，即把罪犯的甚至是其母亲、妻子等的家族成员全部处死。如唐代杜牧《阿房宫赋》："族秦者，秦也，非天下也。"意即：使秦国灭亡的是秦王自己，而不是天下的人民。

毕——打猎用的有长柄的网

"青山遮不住，毕竟东流去"的"毕"（bì）字，基本义是"完结、完成"，如"毕老"（意即"终其天年"），"毕事"（意即"了事，完事"）。那么，它的本义是什么呢？

【汉字溯源】

"毕"原本是个象形字，要分析它的诞生和演变过程，得从它的繁体字"畢"开始。甲骨文中的"畢"，由两部分组成：上部是一个开口朝上的网兜的象形，下部是一个有挡手的长柄的象形。两部分结合起来，就表明了"畢"字的本义——有长柄的网。据考古发现和研究，这种网兜状的器物，是古人常用的一种打猎工具，用于捕捉鸟兽、老鼠、鱼虾等。《说文》："畢，田网也。"

它也可以用做动词，意为"用毕猎取"。如《诗经·小雅·鸳鸯》："鸳鸯于飞，毕之罗之。"大意是：用毕网去猎取双宿双飞的鸳鸯。

【字形演变】

发展至金文阶段,"畢"字的写法又复杂了一些:网兜的描绘更为细致,网口上方又加了一个"田"字,意在表明这网是用于在田野中进行狩猎的工具。小篆中的"畢"字,脱胎于其金文字形,只是上面的"田"和下面的"网兜"被连在了一起,字形也更为规整。隶书中的"畢",在字形上有所简化:代表网兜经线的"∪"状结构被去掉了。自此,"畢"字的字形基本固定。由于"畢"笔画过多,难写难认,后来依据"谐音"的原则,它又被简化为"十"形、"比"声的形声字。

【字义转化】

由于"毕"本来是一种用于狩猎的网状工具,所以就有可能将某一区域的鸟兽等"网罗无遗",所以"毕"又被引申为"完毕、完结",作形容词时即为"全、完全"之意。如《列子·汤问》:"吾与汝毕力平险。"意思是:我们一起使出全部力气来铲平险峻的山峰。它也可用做"究竟、到底"之意,如"毕竟"。

"毕"还是一个星宿名,为二十八星宿之一,是西方白虎七宿的第五宿,包括八颗星,因为形状像毕网而得名。

❦ 单——捕捉鸟兽的工具 ❦

"单"(dān)字,是一个使用频率很高的属性词,基本义是"一",与"双"相对。如《汉书·枚乘传》:"单,一也。"又如《史记·魏公子列传》:"今单车来代之,何如哉?"意思就是:现在你驾着一辆车,前来取代我,是怎么回事呢?

"单"字何以会有这样的意思呢?这还得从它的本义说起。

说文解字

《单》

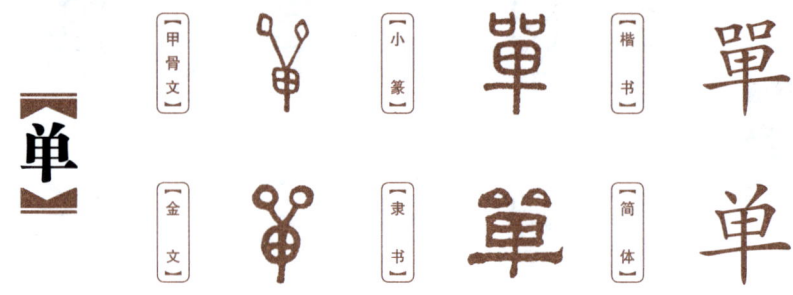

【甲骨文】 【小篆】 【楷书】
【金文】 【隶书】 【简体】

【汉字溯源】

"单"是个象形字，繁体写作"單"。甲骨文中的"單"，由上、下两部分组成：上部是一个丫权状结构，其两个分叉顶端各有一个圆圈；下部是一个"甲"字状结构。这种构造意味着什么呢？

经考古探索和研究，学者们发现这是古人对当时常用的一种打猎工具的状写：其主体骨架是猎杈"干"；上面的两个圆圈代表绑在杈头的可用于敲击猎物的石块；下面的甲字状结构代表绑在杈柄上的用于捕鸟捞鱼的网兜。因此，"單"的本义就是用于捕捉鸟兽的工具。

【字形演变】

金文阶段的"單"字，写法跟其在甲骨文中的样子如出一辙，只是笔画更圆转一些。发展至秦代的小篆阶段，它的写法发生了变化：连接"杈柄"与"石块"之间的枝桠被省略掉了；表示石块的圆圈变成了两个并排的"口"；"网兜"下又多出了一横，可能是代表柄上有"挡手"。整个字的线条更为流畅，字形也规整许多。自此，"單"字的结构基本定型。后来在汉字简化运动中，为了书写方便，"單"字上面的两个"口"又被换成了"丷"。

【字义转化】

用"单"这种工具狩猎，往往只能捕到一只鸟、一只兔子或一条鱼……所以"单"就被引申为"一"。经进一步引申，它便又可用做"奇数"讲，如"单号"。

"单"还能被引申为"单独、孤立"，如宋代吴文英《宴清都·连理海棠》："人间万感幽单，华清惯浴，春盎风露。"大意就是：人世间的千万人都感到孤单，有几个人能像杨贵妃那样受宠，到华清池中沐浴，尽情地享受春风雨露的滋养。

而若要形容衣物等单薄或是单层的，也可用"单"。如白居易《卖炭翁》："可怜身上衣正单，心忧炭贱愿天寒。"另外，"单"还用来形容身体衰弱、势力微小、思想单纯、形式简单等，如：势单力薄、单调。

"单"字还有个很特别的用法，即放在两个数量中间，表示较大的量下附有较小的量，相当于"零"。如：一百单八将。

"单"与"于"合用时，音chán，是中国古代匈奴君主的称号，也可泛指少数民族贵族。如杜甫《哀王孙》："窃闻天子已传位，圣德北服南单于。"大意是：我私下里听说天子已经传位，德高望重的新皇已经使南单于臣服。

函——箭囊

"函"（hán）字，基本义是指"装东西的匣子或套子"。如"镜函"就是指"装镜子的匣子"。由此，它也可用做动词，意思是"用匣子装"。如明代张溥《五人墓碑记》："买五人之脰而函之。"意思就是：将五个人的首级买下来，用匣子盛好。

这些意思，都是由其本义"箭囊"（后世也称其为"箭壶"），也就是"装箭的袋子"引申而来的。

【汉字溯源】

"函"，象形，繁体写作"圅"。三千多年前甲骨文中的"圅"字，看上去就像是一个桶状的容器内装有一支箭："桶"的右上角有一个耳朵，那是桶的"挂耳"；"桶"内的箭，箭头朝下，之上是箭杆和箭尾，一目了然。整个字形表达着这样一种意思：这个"桶"就是用来装箭的"箭囊"。由此，"函"的本义清晰了然。

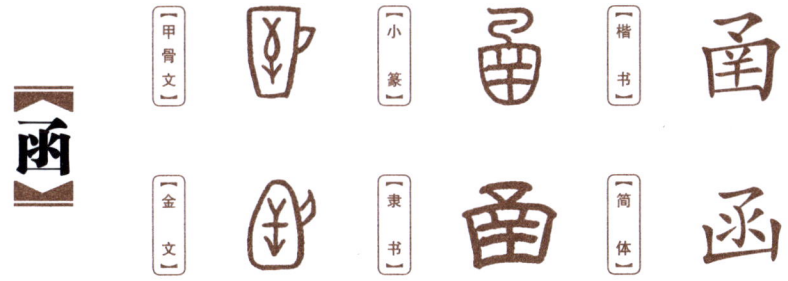

【字形演变】

金文中的"圅"字，由甲骨文演变而来，但也有了一些细小的变化："箭囊"由原来的梯形变成了顶圆底直的半橄榄形，囊中的"箭"也变了——"箭尾"与"箭杆"的连接处，由原来的火苗状的小圈变成了一短横。发展至秦代的小篆阶段，其写法变化更大：原来在右上角的"挂耳"被移到了箭囊的正上方，并演变成了一个钩子的样子；"箭囊"本身也来了个180°的转弯，变成了顶直底圆的半橄榄形；里面的箭也变成了"羊"形，让人再也看不出箭的样子了。隶书中的"圅"字，脱胎于其小篆字形，并初步笔画化，将上面的"挂耳"变成倒三角形。自此，其结构基本定型。我们如今所惯用的"函"字，是它的简化字。

【字义转化】

由于箭囊就像是箭的外衣，同时也是一种武器装备，跟战争密切相关，所以

"函"又被引申为"铠甲"之义。如《广雅》:"函,铠也。"而所谓的"函人",就是指制造铠甲的工人。

另外,由于箭囊是一种可以封口的容器,所以经引申,"函"便被用来指有盖的匣子或可以封口的套子,比如信封。如三国时期魏国吴质《答东阿王书》中的"发函伸纸"一句,即"拆开信封,使信纸露出来"。再进一步引申,"函"便成了信件的代称,如"函件""公函"等。如今,它还被用做"邮政"的代名词,如"函购"的意思就是"邮购"。

不管是箭囊,还是有盖的匣子、套子,都能将箭或其他东西装在里面,所以"函"还可当"包容、容纳、包围"讲。如《汉书·叙传》:"函之如海。"

"函"作形容词时,有"宽阔"之义。如"函弘"意即"广大"。

干——捕兽的武器

"何时倚虚幌,双照泪痕干"中的"干"(gān)字,是个很有意思的字,看似简单,用法却极其多样化。它可指"没有水分或水分很少",也有"冒犯、牵连"等意思,如:干涉,还可读"gàn"音,表示"事物的主体或重要部分",如:树干、干线等。

这些意思是怎么来的呢?"干"的本义又是什么呢?

【汉字溯源】

"干"是个象形字。甲骨文中的"干",看上去像是一个前面带有杈头的木棒,这是一种先民们在捕获野兽时最常用的武器,与陷阱配合使用。当野兽落入陷阱之后,先民们就用这种上头带杈的木棍处死它。古人用图画一般的文字,形象地表明了"干"的本义——捕兽的武器。

【字形演变】

金文中的"干",字形与其甲骨文字形十分相似,只是"权头"下面多了一个椭圆形的点。这表明"干"这种武器构造上的变化——为了加强它的冲击力,人们又在权头下面绑上了石块。"干"的小篆字形,与前面的两种字形一脉相承,但已经明显地线条化了。发展至隶书阶段,"干"上面的权头被完全拉为一条直线,再也看不出原来的样子了。

【字义转化】

随着社会的发展和字义的演进,"干"字的意思发生了转化,由原本的进攻型武器转而指抵御刀枪的防御性武器"盾牌"。如《韩非子·五蠹》:"执干戚(大斧)舞。"意即:拿着盾牌和大斧跳舞。人们常将"干""戈"合用,表示"战争""战乱",如"田园寥落干戈后,骨肉流离道路中",意即:战乱过后田园荒芜寥落,骨肉逃散在异乡道路中。经进一步引申,它就有了"冒犯、牵连、涉及、冲犯"等义。如杜甫《兵车行》:"哭声直上干云霄。"意思就是:恸哭声冲上了云霄。

"干"通"杆"时义为"栏杆"。如李白《清平调》:"解释春风无限恨,沉香亭北倚阑干。"意即:春风消解了君王的无限怅恨,在沉香亭北共同倚靠着栏杆。

而作"主干"讲时的"干",实际上是"榦"(gàn)字的简化字。"榦"字的本义是"筑土墙时两边所用的木板",后被借用为"事物的主体或重要部分"之义。经进一步引申,它又可被解释为"本质""有才能的、善于办事的"等义。如:干员、骨干。它作动词时,意思是"做"或"从事于、忙于做某事",尤指从事某项职业。如:干警察这一行。

另外,当"没有水分或水分很少"讲,即与"湿"相对的"干",实为"乾"(gān)字的简化字。

⇜ 兽——打猎 ⇝

"兽"(shòu)字,基本义是"哺乳动物",通常是指那些全身长毛、四肢无严格分工的野兽,如老虎、狮子等。如《尔雅·释鸟》:"四足而毛谓之兽。"

有意思的是,"兽"字在成字之初,并不是个名词,而是指一种活动——打猎。

【汉字溯源】

"兽"是个会意字,繁体写作"獸"。甲骨文中的"獸"字,主要有两种写法。第一种较简单：左边是猎杈"干"的象形，右边是追捕野兽的猎狗的象形"犬"。两部分合起来，就表示"扛着猎杈、带着猎狗去打猎"。第二种写法相对比较复杂：左边是个"单"字形——据考证，这是一种用于捕捉鸟兽的狩猎工具的象形；右边仍然是一条狗的象形。后世各种字体中的"獸"字，都是以这种结构为基础演变而来的。

【字形演变】

发展至金文阶段，"獸"字的结构又发生了变化：左边的"单"字下端，又被加上了一个"♡"，代表一种可以使"单"直插于地面而不倒的金属套——；右边的"犬"的形状也发生了变化。小篆中的"獸"字，脱胎于其金文字形，只是"单"上面的两个"口"变成了"ᗰ"状，下面"网兜"与"ᗰ"之间多了一条短横。进入汉代以后，历经隶变和楷化，"獸"字逐渐笔画化，成为横平竖直的方块字。在汉字简化运动中，"獸"又被去掉了"犬"部，成为"兽"。

【字义转化】

随着社会的发展，"兽"字逐渐被当做名词来用了。于是，人们又造了一个新字"狩"来表示打猎之义。"兽"字还可作形容词，意思是"兽形的"，如常说的"兽炉"即指"兽形的香炉"。同时，它也可被引申为"野蛮、残忍、下流"等义，如"兽行"就是指极端野蛮残忍、丧失人性的行为。

"兽"还有个很特别的用法，即特指老虎，如"兽口"就是指"虎口"。这是由于在唐代，人们为了避唐高祖李渊的祖父李虎的名讳，往往把虎字改作"兽"字的缘故。

"兽"字中的历史文化

据考证，早在制作于周代早期的"小盂鼎"上，就已经有只有"嘼"而无"犬"旁的"兽"字的简写体了。在此后的古文中，"嘼"与"獸"这两个字是通用的，它们的读音和意思完全相同。直至过了汉代，"嘼"字才被废弃不用。那么，"嘼"字上的两个圈又是什么时候被写成"丷"的呢？据研究，这种写法最早见于晋代和唐代的行书、草书等书法作品中，并逐渐得到了广泛认可和传承。

"兽"字的原始字形还告诉我们一个历史事实，即在甲骨时代甚至更早，先民们就已成功驯养了狗，并使之成为人们狩猎时的得力助手。

臣——奴隶

"三顾频烦天下计,两朝开济老臣心"中的"臣"(chén)字,是一个比较"古"的汉字,主要用于古代社会,尤其是封建君主时代,基本义是"高级官员,大臣"。如诸葛亮《出师表》:"侍中、尚书、长史、参军,此悉忠良死节之臣。"意思是:侍中、尚书、长史、参军,这些人都是忠贞贤能、能以死殉节的忠臣。

而在现代社会,它仅用做姓氏——臣姓。翻阅史料,你会发现此姓的起源中有这样一条:源于职业,由古代的奴隶或战俘这种身份而来。那么,"奴隶或战俘",跟"臣"有什么关系呢?

要解开这个谜团,就需要去探寻"臣"字的本义。

【汉字溯源】

"臣"是个会意字。甲骨文中的"臣"字,乍看让人觉得一头雾水,但若将其按顺时针方向旋转90°,就能看懂了:这分明就是一只没有眼珠的眼睛嘛!那么,这只"眼睛"为什么会被侧着立起来?它的眼珠又到哪里去了呢?

原来,这只眼睛不是一般人的,而是被刺破了眼球的奴隶的。在商周时期,战俘、罪犯等,往往会被刺瞎一只眼睛,充作奴隶使用。他们是没有任何保障和尊严的,不仅会随时被处死,当作祭祀用的牺牲——人牲,而且在日常生活中也受尽磨难。在主人面前,他们是不能抬头的。从侧面看去,俯首面向地面的奴隶,眼睛就是立着的。

所以,造字的人就用这样一只侧立的、没有眼珠的眼睛,来表示"奴隶"之义。

【字形演变】

在周代早期的金文中,"臣"字的写法有了一些变化——变成了一只有眼珠的眼睛。但到了周代中、晚期的金文中,"眼珠子"重新又被"摘"掉了。此后各种字体中的"臣"字，皆由此种形式发展而来。

【字义转化】

进入封建君主时代以后，君主与部下的等级差别变得更加悬殊。君主就是天子，部下在天子面前，必须俯首屈从，其卑躬屈膝的姿态，就像上古时期的奴隶一样。所以，"臣"被借用来表示"官员、官吏"。如《说文》："臣，事君者也。"而臣子在君主面前，也自称"臣"，他们在接受命令时，往往就会说："臣遵旨。"

"臣"当作动词时，意思是"役使"或"臣服"。如《左传·昭公七年》："王臣公，公臣大夫，大夫臣士。"这里的"臣"，就是"役使"的意思。另《盐铁论·本议》："匈奴背叛不臣。"意即：匈奴人叛变了，不肯臣服。

"臣"也是古代的老百姓之间常用的一个自称，表示自谦。如《史记》："臣少好相人，相人多矣，无如季相。"意思就是：我从小就喜欢给别人看相，看过的人很多，但没有一个人有您这样大富大贵的福相。

~~~ 童——奴隶 ~~~

"儿童相见不相识，笑问客从何处来"中的"童"（tóng）字，是个美丽的字眼，能让人不由得想到天真无邪、纯真烂漫的幼儿。没错，这个字的基本义就是指"小孩、年幼未成年的人"。如杨万里《宿新市徐公店》中脍炙人口的名句"儿童急走追黄蝶，飞入菜花无处寻"，描绘的就是儿童捕蝶的欢乐场面。

但是，让很多人难以置信的是，这个字的本义，却是"奴隶"。

【汉字溯源】

"童"，形声，从"辛"，从"土"，"東"（东）声。金文中的"童"字，结构较复杂：上为"辛"，代表刑具——刀；中为"目"，代表人的眼睛。二者结合，表示用刑刀刺瞎人的一只眼睛。这种酷刑在古代被称为"民"，是对奴隶实施刑罚中的一种，所以古人就借用这种场景创造了"童"字，表达出了"奴隶"之义。其下面的部分，由"東"和"土"组成。"東"表音，"土"寓意奴隶站在地上服苦役。由本义，"童"可引申为"未成年的仆人"，多为男性，这在古文中用得相当多，如苏轼《石钟山记》：“小童持斧。”

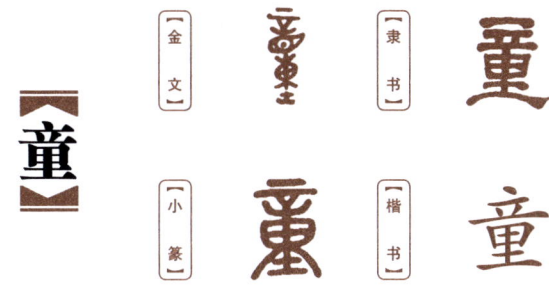

【字形演变】

　　发展至小篆字形时，"童"字的写法较金文简化了许多，中间的"目"被去掉了，从而成为上"辛"中"東"下"土"的组合。同时，整个字的结构看起来也更协调，这成了以后"童"的各种字体的书写依据。隶书中的"童"，则已经完全笔画化。

【字义转化】

　　"童"的基本义"年幼的人"，是假借而来的。它作形容词时，意思就是"愚昧的、浅陋的"。如"童蒙"，意即"幼稚而又愚昧"。童也可指代"青春的、年少的"，孟浩然《宴梅道士山房》中的"童颜若可驻，何惜醉流霞"，意即：如果仙人真可以容颜不老，何惜醉饮返老还童的流霞。

　　它还有一个很特别的用法，就是指处女或童男的贞操。元代周达观《真腊风土记》："至期与女俱入房，亲以手去其童。"又如"童男子"就是指从未接近过女色的男子。

　　"童"通"瞳"时，义为"瞳仁"。如《汉书·陈用项籍传赞》中的"舜盖重童子，项羽又重童子，岂其苗裔邪？"意即：据说舜的眼睛中有两个瞳仁，而项羽的眼睛中也有两个瞳仁，难道他是舜的直系后裔？

"童"字中的历史文化

《荀子·王制》："故山林不童而百姓有余材也。"这句话中的"童"，又是什么意思呢？难道是说山林中没有儿童吗？这显然是讲不通的。事实上，它是形容山上的草木都被砍光了。古时，罪犯往往会被剃光头发，然后贬为奴隶，即所谓"削发为奴"，其实也就是"削发为童"。对于一座山来说，漫山的草木就是它的头发，被砍光了草木的山就是被"童"了的山。因此这句话的意思是：山林不被砍光，百姓才会有多余的木材。而通常所说的"童木"即指无枝干的树木，"头童"即"头秃"之意。

说文解字

◈ 妾——女奴隶 ◈

"妾"（qiè）字，是为今人所熟悉的一个古时的亲属称谓。在古装影视剧中，总会有美人娇滴滴地自称"臣妾""妾身"。这个字的基本义，是指封建社会时期男人在妻子之外另娶的女人，她们通常不需要像娶妻那样明媒正娶。《礼记·内则》："聘则为妻，奔则为妾。"《穀梁传》："毋以妾为妻。"无论是在家庭中还是在整个社会上，"妾"基本上是没有什么地位的。这跟它的本义有着承接关系。

【汉字溯源】

"妾"，会意字，其甲骨文字形为一个跪着的妇女头顶一把古人用来实施黥刑的刑具——平头铲刀的样子，从而表明了此字的本义：女奴隶、有罪的女人。如《说文》："妾，有罪女子。"《国语·晋语》："纳女工妾三十人。"意即：纳了30名女奴隶。而《尚书·周书·费誓》中的"臣妾逋逃"，意即：男、女奴隶逃跑了。

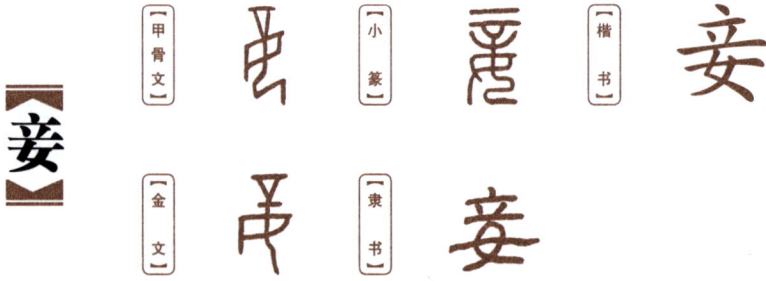

【字形演变】

金文中的"妾"字，脱胎于其甲骨文字形，只是其下面的"妇女"跪着的样子已经不大明显了。发展至小篆阶段时，"妾"字已经完全没有了原来的样子，无论是上面的"刑具"还是下面的"妇女"，都更加线条化。进入汉代以后，历经隶变和楷化，"妾"字逐渐笔画化，失去了原有的象形韵味。

【字义转化】

古时候，女奴隶就是奴隶主们的玩物，社会地位十分低贱，这跟旧时小老婆的处境有共通之处，所以"妾"就顺理成章地被借用来做小老婆的称呼了。另外，"妾"也是旧时妇女自称的谦辞。古乐府《孔雀东南飞》："妾不堪驱使，徒留无所施。"意思就是：我既然担当不了（您家的）使唤，白白留着也没有什么用。

"妾"字中的历史文化

为什么会用头顶"铲刀"这一意象来表示某人有罪呢？对此，文字学家郭沫若曾做过精辟的论述，他说："黥刑亦无法表现于简单之字形中，故借施黥刑之刑具……以表现之。"这句话，需要结合古代的社会现实来理解。在我国古代，不管是出于什么原因，凡是沦为奴隶者，都会被施以黥刑——在脸上刺字。由于要将这种刑罚表现在汉字结构中，实属不易，所以古人就干脆用施刑时所用的刑具的样子来代替了。那么，"妾"字就很好理解了——脸上被刺了字的女人，当然就是女奴了。

宰——在屋内劳作的奴隶

"宰"（zǎi）字，基本义是"主管、主持"。如：主宰。在古代，"宰"也是官吏的通称。如《周礼·目录》："宰者，官也。"另崔曙《九日登望仙台呈刘明府》："且欲近寻彭泽宰，陶然共醉菊花杯。"意即：想要就近去找彭泽的县令，一起畅饮共为重阳菊花干杯。另外，"宰"也是古代的一个官职的名称，为辅佐国君执政的百官之长，即"宰相"。如《穀梁传·僖公九年》："天子之宰，通于四海。"

但让人惊讶的是，这个字的本义，竟然是指某一类奴隶。

说文解字

【汉字溯源】

"宰"是个会意字,从"宀"(mián),从"辛"。"宀"的本义是"房屋、房子","辛"的本义是"刑刀",在此代指受过刑的人,也就是奴隶。甲骨文中的"宰"字,是一个半包围结构:外面是一座房子的侧视图,里面是一把刑刀的象形。两部分合起来,就表达出了"宰"字的本义——在屋内劳作的奴隶。《说文》:"宰,罪人在屋下执事者。"

【字形演变】

金文中的"宰"字,与其甲骨文字形如出一辙。此后直至楷体,"宰"字在各种字体中的演变,与"宀""辛"二字的字形演变相对应。"宰"字变为上、下结构,约始于隶书阶段。此后经楷化,它才完全笔画化。

【字义转化】

能在屋内劳作的奴隶,一般都是手工艺匠人,有比较专业的技术,或属于伺候在奴隶主身边的人,所以在家奴中地位较高,一般是掌有一定权力的奴隶头目,可以按照奴隶主的旨意管理、指挥其他地位更低的奴隶。在一定程度上,他们就是家庭事务的主管,相当于后来的管家。由此,"宰"被引申出了"主管、主持""头目"等义。随着社会的发展,它又成为"官吏"的通称。宰相就相当于百官的头目,所以"宰"又特指"宰相"。

居家过日子,难免杀猪宰羊。这在古代的家庭中是相当重要的大事,必须由主管奴仆操持,所以"宰"又被引申为"屠宰者""宰杀牲畜""割肉"等义。而"肉"是需要厨师来烹制的,所以"宰"还有"厨工"之义。如《诗经·小雅·楚茨》:"诸宰君妇,废彻不迟。"意即:厨师主妇慌忙起,撤收贡品忙不已。

由"宰杀""割肉"之义进行引申,"宰"又可解释为"分割疆土"之义,或用来比喻"向买东西或接受服务的人索取高价"。如贾谊《过秦论》:"因利乘便,宰割天下。"意思就是:(秦人)凭借这有利的形势,割取天下的土地。

民——被刺瞎了眼睛的奴隶

"民"(mín)字是个用法十分多样的汉字,基本义是"以劳动群众为主体的社会基本成员"。如:人民、民众、国民。另《淮南子》:"食者,民之本也。"意即:人民以食为本。

然而此字的本义，却是指一种特殊的社会群体——被刺瞎了眼睛的奴隶。

说文解字

【汉字溯源】

"民"是个指事字。甲骨文中的"民"字，由上、下两部分组成：上面是一只眼睛的象形，下面是一把锥子的象形。二者结合起来，就表示用锥子刺瞎眼睛的刑罚。而这样一种意象，实际上是在代指奴隶。上古时期，残暴的奴隶主迫害奴隶（尤其是战俘）的方法多种多样，那些企图反抗者，常常会遭遇被活埋、刑杀的命运，而能幸免于难的，也往往会被刺瞎一只眼睛，充作牛马不如的苦力。"民"字的构形，从一个侧面反映了这种社会现实。

【字形演变】

金文中的"民"字，还是一幅用锥子刺瞎眼睛的图画，只是"眼睛"被写得更为线条化，而"锥子"则趋向于实化，尤其是"锥柄"部分，得到了特别的强调。发展至秦代的小篆阶段，基于将所有的字统一为长方形以及追求圆滑规整的需要，"民"字的写法失去了原形。若不了解其原始字形，便再也看不出它的本义了。至隶书和楷书阶段，"民"字逐渐笔画化，成为现在的样子。

【字义转化】

由本义出发，"民"实际上也就是古代的"盲"字，有"瞎"的意思。随着社会的进步，残暴的奴隶制逐渐退出了历史舞台，被刺瞎眼睛的奴隶，也逐渐成为历史。因此，"民"的本义以及"瞎"的意思，也就渐渐被废弃了。

约从周代起，它开始被引申为受统治者统治的"平民""黎民百姓"等义，与"君""官"相对。如《榖梁传·成公元年》："古者有四民，有士民，有商民，有农民，有工民。"唐朝时，为避唐太宗李世民的名讳，凡是用到"民"字的地方，都会被以"人"替代。由此，"民"又与"人"同，开始指"所有的人"了。

而为了表示"瞎"的意思，人们又造了"亡"形"目"声的形声字"盲"。由于"亡"字本身就有"失去""无"等义，"亡目"就是"失去眼睛"或"没有眼睛"，也就是"瞎"，所以"盲"也是个会意字。

另外，人们又将"民"字和当"逃亡"讲的"亡"字结合，创造了形声兼会意字"氓"，表示"从别处逃窜而来的'民'"，或"流民"。《广雅》："民，氓也。"（按：土著者曰民，外来者曰氓。）

值得一提的是，在古代，"民""盲""氓"三字都读"méng"音。

同时，"民"还可被用做形容词，表示"民间而非官方的"，如民歌、民情、民营；"非军事的"，如民航。

说文解字

奚——奴隶

"奚"（xī）字，基本义是疑问代词，相当于"何""什么"。如《清史稿》："为我属地，我自济之，与俄奚涉焉？"意即：（东北）是我国的领土，朝廷自然会救助（那里的难民），与俄国人有何相干？

但在成字之初，"奚"实际上是一个实词，意思是"奴隶"。

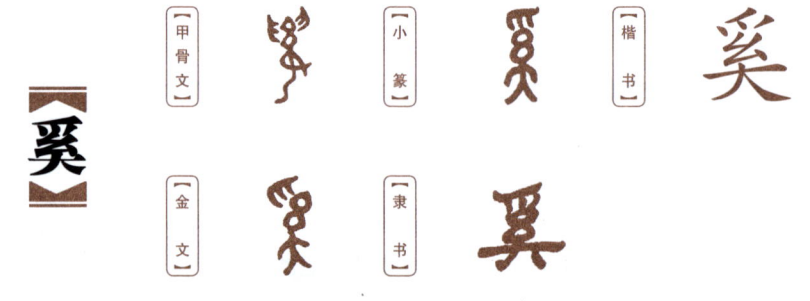

【甲骨文】【金文】【小篆】【隶书】【楷书】

【汉字溯源】

"奚"是个会意字。其甲骨文字形由上、下两部分组成。上面的部分，是一个人用双手抓着绳索的样子，而这根绳索又绑在下面的一个双手被反剪其后、步态踉跄的人的脖颈上。两部分结合起来，表现"捉来了一个奴隶"，"奚"的本义"奴隶"便一目了然了。

【字形演变】

金文中的"奚"字，较甲骨文变化较大：上面抓着绳索的"手"只剩下了一只，下面的"人"也不再被反剪双手了，而像是在迈步前行的样子，这种变化大概是为了方便书写。小篆中的"奚"，上半部分抓人的手由侧上方移到了正上端，下半部分的人已变成了一个"大"字。进入汉代以后，经过隶变和楷化，"奚"字逐渐具备了现代汉字的笔画特点，让人再也无法从字形上看出它的意思了。

【字义转化】

在古文中，"奚"常特指女奴。如《周礼·秋官·禁暴氏》："凡奚隶（男奴）聚而出入者，则司牧之。"意即：只要有男、女奴隶一起出入，就得进行妥善管理。而由"奴隶"之义，"奚"后被引申为"仆人"。如曾瑞《醉太平》："相邀士夫，笑引奚奴。"意即：相约一个好友，由仆人引路。

"奚"作疑问代词，是假借而来的意思。除了"何""什么"之外，它还可当"哪个"讲。如《列子》："奚方能已之乎？"意即：哪个才能完成它呢？它还可用做动词，常与"落"合用，表示"冷落、怠慢"，如《小孙屠》："这冤家莫竟信刁唆，把奴家，恩和爱，尽奚落。"它也可指讥讽嘲笑或用尖刻的话数说别人的短处，使人难堪。如《红楼梦》："林黛玉听见宝玉奚落宝钗，心中着实得意。"

此字还有个很有趣的意思——大肚子。《说文》："奚，大腹也。"又如：奚奚——大腹便便的样子。

刘——杀戮

"刘郎已恨蓬山远，更隔蓬山一万重"中的"刘"（liú）字，繁体写作"劉"，是中华姓氏之一。如杜甫有诗句："昔随刘氏定长安，帷幄未改神惨伤。"（《寄韩谏议注》）这其中的"刘氏"，就是"刘姓"之义，指汉高祖刘邦。整句诗的意思是：过去曾跟随刘邦平定长安，忠心耿耿却被抛弃真是令人心伤。

那么，这个字的本义是什么呢？它又有着怎样的演进过程呢？

【汉字溯源】

"刘"本是个象形字,其甲骨文字形,左边是一只形似大鸟的动物的象形,也像是一个被艺术化了的人。右边是一把刀的象形,取意"用刀刺杀动物或人",从而直观地表达出了"刘"字的本义——杀戮。如《尚书·商书·盘庚上》:"重我民,无尽刘。"意即:重视保护老百姓,别让他们都被杀了。

由本义出发进行引申,"刘"又可解释为"战胜、攻克"。如《逸周书·世俘》:"咸刘商王纣,执矢恶臣百人。"意即:打败了商纣王,活捉了近百名奸恶的大臣。

【字形演变】

发展至金文阶段,"刘"字的构形发生了很大变化——由原来的象形字变成了会意兼形声字:上面是个"卯"字,其本义是"胎儿与胎盘的分离",可引申为"分开""撕裂""杀"等义,在此也表音——在古文中,"卯"和"刘"音同;下面左半部分是"金",本义是"金属",在此代表兵器或武器;下面右半部分是"手",在此表示"用手拿"。三者结合,寓意"用手拿着兵器进行杀戮",此即"刘"字的本义。

小篆阶段的"刘"字,有两种写法。第一种写作"镏",为从金、留声的形声字,见于许慎所著的《说文解字》。后来,这个字发展为"镏金"(一种镀金方法,指把溶解在水银里的金子涂刷在银胎或铜胎器物上)之"镏"。第二种写作"劉",脱胎于"刘"字的金文字形,但也有所变化——变成了左右结构:左边是上"卯"下"金"的组合,右边的"手"换成了"刀"。如此,它成为从"卯",从"金",从"刀"的会意字,意思更为明确。后世各种字体中的"刘"字,都是在第二种结构的基础上发展而来的。

在古代,"镏""劉"二字是通用的,后世主要采用的是"劉"。后来,"劉"被简化为"刘"。

【字义转化】

在古文中,"刘"还可作名词,为一种兵器名,即斧钺。如《尚书·周书·顾命》:"一人冕,执刘,立于东堂。"意思就是说:一个人戴着礼帽,手执斧钺,站在东堂上。

另外,"刘"还可引申为"剥落、凋残"之义。如明代刘基《擢彼乔松》:"靡草不凋,无木不刘。"意即:没有什么草不会枯萎,没有什么树不会凋残。寓意没什么物质的东西可以永恒。

"刘"字中的历史文化

刘姓是起自夏朝的古老姓氏,为当今中国大姓。相传帝尧的后裔祁刘累出生时,两只手上分别有着活像刘、累二字的掌纹,所以就得名"刘累"。他长大后,跟随豢龙氏学到了精湛的养龙和屠龙术,后专为夏王孔甲养龙,因功被封于刘聚(古城在今河南偃师缑氏)。后来他不慎养死了一条龙,因怕孔甲怪罪,就灵机一动,把死龙做成了美餐献给孔甲享用。孔甲重重奖赏了他。未曾想,数日后孔甲让他再做如前次的美餐。刘累怕再难蒙混过关,于是举家逃至今河南鲁山一带,并改以名字中的刘为姓,使刘姓成为中华姓氏之一。

蔡

蔡——杀斗

"蔡"（cài）字，是一个常用于地名或国名的汉字。如周朝就有一个蔡国，古址在今河南省上蔡县西南，后来迁到新蔡一带。另外，它也是中华姓氏之一。如李颀《听董大弹胡笳兼寄语弄房给事》："蔡女昔造胡笳声，一弹一十有八拍。"这其中的"蔡女"，意即"姓蔡的女子"，在此指汉末蔡邕的女儿蔡琰。整句诗的意思是：东汉蔡琰曾谱写胡笳乐曲，弹唱起来共有一十又八拍。

但让很多人都想不到的是，这个字在诞生之初是个动词，意思是"杀斗"。

【汉字溯源】

"蔡"由"艸"（cǎo）和"祭"（jì/zhài）二字组成。"艸"即"草"，那"祭"又是什么意思呢？

"祭"是个会意字，本义是"祭祀、祭奠"，即对死者或神灵表示追悼、敬意的仪式。甲骨文中的"祭"字，由三部分组成：左边是一块肉的象形，也就是杀掉牛、羊等牺牲后所得的祭品；中间有几个点，代表血滴，说明这祭品是现杀的；右边是一只手的象形。三部分合起来，就表示"以手持肉祭祀神灵"。如《说文》："祭，祀也。"《公羊传·桓公八年》："无牲而祭曰荐，荐而加牲曰祭。"

发展至周代的金文阶段，"祭"字的字形有了新的变化："肉"被写成了"月"形；血滴被省去了，代之以意为"神灵"的"示"字；"示"的右边依然是"手"。如此一来，"祭"的意思更为明确。小篆中的"祭"字，原来位于"示"旁的"手"被移至"月"旁，从而使这个字成为上下结构。后世各种字体中的"祭"字，皆由此发展而来。

"祭"还可当使用讲，多见于古时的小说中，指用咒语施放神秘武器。如："那妖兽一看自己一击奏效，不由分说便祭起一件法宝来。"

另外，"祭"可读"zhài"音，为中华姓氏之一。

结合"艹""祭"二字，我们再来解析"蔡"。

【甲骨文】 【小篆】 【楷书】
【蔡】 【金文】 【隶书】 蔡

有意思的是，"蔡"字的甲骨文字形，跟"艹""祭"二字并无关系，而是一只长尾鸟的象形：头、翅和长长的尾巴都被清晰地表现了出来。古人用这样一种意象，究竟想要表达什么意思呢？

原来，长尾鸟是一种极其嗜好杀斗的鸟，斗死方休，所以古人借它来表达"杀斗"之义。在古文中，它与"杀""祟"等字相通。

【字形演变】

金文中的"蔡"字，与其甲骨文字形基本一致。大约秦代之前，"蔡"字的构形突然另起炉灶，变成了从"艹"、从"祭"的形声字。从篆书至楷体，"蔡"字在各个历史阶段的各种字体中的写法，基本上都与其中的"艹""祭"二字的写法一致。

【字义转化】

随着字形的变化，"蔡"字的字义也发生了一些变化。除了表音外，人们又根据"艹""祭"本身的意思，赋予这个字一些新意：由于祭祀的时候多会用到诸如蓍草、艾蒿之类的野草，以及神龟等圣物，所以"蔡"又有了"野草"和"占卜用的大龟"等义。如《楚辞》注中有："蔡，草莽也。"如今还有很多地方将体型庞大的龟称作"大蔡"。

另外，也有一些出产大龟的地方，就是以"蔡"来命名的，如湖北黄梅县的蔡山即是。

"蔡"字中的历史文化

蔡姓是当今中国常见的姓氏。传说上古时生活在长尾鸟繁生地的一些氏族，感佩于它们勇武而不服输的精神，就以其为图腾，并以蔡为族名而称蔡氏族。相传黄帝的直系后裔姞姓部落就有这样一个蔡氏族，他们在部落中担任祭祀之职。由于祭祀是神圣而又肃穆的事情，所以蔡氏族在部落中具有很高的地位，氏族势力发展迅速。夏末商初，他们壮大为蔡国，子孙以国为姓，使得世上有了蔡姓。至今，蔡姓已传承了四千多年。

咸——杀

"咸"（xián）字是个比较常用的汉字，基本义是"全部、都"，副词。如晋代陶渊明《桃花源记》："村中闻有此人，咸来问讯。"意即：村民们听说来了这么个人，都前来打探消息。

但是，《说文》中说："咸，皆也，悉也。"也就是说，许慎将"全、都"当成了"咸"字的本义，这是错误的。事实上，"咸"在成字之初是个非常血腥的字眼，意思是"杀"。

【汉字溯源】

"咸"是个会意字，其甲骨文字形简洁明了：首先是一把"利斧"——由竖直的带有"脚钩"的"斧柄"和"斧口"朝左横装的"斧身"组成；接着是一个"口"，置于"斧身"的下方，象征人头。两部分结合起来，就表示"用大斧砍人头"，从而道出了"咸"字的本义——杀。如《尚书·周书·君奭》："咸刘厥敌，靡使有余。"意思就是：将敌人杀光，一个也不留下。

【字形演变】

金文中的"咸"字，承袭了它在甲骨文中的写法，只是右边的斧柄有了细微的变化：它不再笔直，而是有所弯曲，"脚钩"也不再位于斧柄的底端，而是被安置在了斧柄之上。到了秦代的小篆阶段，"咸"字的写法较之以前发生了巨大的变化，左边的"斧身"被分成了三部分：其上下两条边变成了一长一短两条横线，"斧刃"变成了一撇，右边的斧柄也演化成了"戈"形。于是，整个字变成了"戌"与"口"的组合。若不了解它的演变过程，就很难读懂。自隶书阶段起，"咸"字的写法就固定下来了。

【字义转化】

随着社会的发展，"咸"的本义逐渐被淘汰，代之而起的是各种假借义，包括其基本义"全、都"。经进一步引申，它便又有了"毕、终""普遍"等义。如汉代扬雄《法言》："迄始皇三载而咸。"意即：自秦始皇开始，三年就终结了。又《国语》："小赐不咸，独恭不优。不咸，民不归也；不优，神弗福也。"意即：（临战时）对将士的赏赐，不能遍及所有的百姓；一个人对神恭敬，这敬意不够浓烈。赏赐不普遍，百姓就不归附；敬意不浓烈，神就不会赐福。同时，它也有"协和、调和"之义，如"咸平"即"和平、太平"。

"咸"与"卤"合并，构成了"鹹"。许慎《说文解字·卤部》："鹹，衔也。北方味也，从卤，咸声。"而"卤"有"盐"的意思，因此，这个字多用来形容一种"像盐的味道"，与"淡"相对。需要注意的是，古代"卤咸"字只有与盐有关的含义，与"咸"不通用。其他含义的"咸"字不能写作"卤咸"。汉字简化时，"鹹"被简化为"咸"，两个字合而为一。

岁——砍断双足的酷刑

"浔阳地僻无音乐，终岁不闻丝竹声"中的"岁"（suì）字，基本义是"年"。如《诗经·魏风·硕鼠》："三岁贯汝，莫我肯顾。"意思是：多年来我辛勤地伺候你，你却不肯照顾我。又如杜甫《阁夜》："岁暮阴阳催短景，天涯霜雪霁寒宵。"大意是：日月推移，时到年末白昼变短，地处天边霜雪初停夜酷寒。

《说文》："岁，木星也。"意思是说，"岁"的本义是指"木星"。那么，这种说法对吗？

【汉字溯源】

事实上，《说文》中对"岁"之本义的理解，是一种牵强附会的臆测，没有考究到"岁"字的字源。追根溯源，就会发现"岁"是一个血淋淋的汉字，本来是指源于上古时期，盛行于夏、商、周时的一种惨绝人寰的砍断人的双足的酷刑——刖刑。

"岁"的繁体写作"歲"，是个会意字，要解析这个字，需要结合"止"（zhǐ，详见于"止"字部分）、"戈"（gē）二字的演变流程来进行。

戈

【甲骨文】 ↑
【金文】 ↑
【小篆】 戈
【隶书】 戈
【楷书】 戈

"戈"是个象形字，本是指上古社会所惯用的一种武器——戈。甲骨文中的"戈"字，就是这种武器的象形：又长又直的戈柄，上端有戈钩，下端有横档，中间的一横，则代表锋利的戈头和戈刃。金文中的"戈"字，更为形象：戈头部分得到了强化，它和戈柄的后端，都加上了脚叉，这反映了此种武器的改进。在以圆滑流畅为特点的小篆中，"戈"字的写法发生了很大变化，戈柄、钩、叉等都已渐失原形。之后隶书、楷书中的"戈"字，皆由其篆体发展而来。

"戈"还可用做部首，从"戈"的汉字，大多与武器或格斗有关。如：伐、戍、戗、战、岁……

甲骨文中的"歲"字，由两个"止"（脚）和一个"戈"组成，描绘的是两只脚落在一把锋利的武器"戈"旁边的样子，用来表示人的两只脚被砍掉了，由此，"岁"字的本义被诠释得清清楚楚。

由本义，"岁"又被引申为"杀"之义，并多用来指杀死奴隶、罪犯、战俘等人，充当祭祀用的牺牲品。

岁

【甲骨文】 歲
【金文】 歲
【小篆】 歲
【隶书】 歲
【楷书】 歲
【简体】 岁

【字形演变】

发展至金文阶段，"歲"字的写法已经发生了变化：两只脚被写成了"止"形，并由戈柄的右边换到了左边；戈柄也弯曲了；戈的利刃部分更加突出，成了实心的半月形。小篆体中的"歲"字，基本继承了其金文结构，但写法已初步具备了汉字的笔画特征，整个字看起来也更为规整。隶书中的"歲"，则完全脱离了先秦文字的结构，由汉字的笔画写成。由于"歲"无论是写还是识读起来都费时费力，所以后来人们便用"全部改造"的简化法另造了一个新字"岁"，也就是我们今天所熟悉的样子。

"歲"字在历史上的各种字体中的写法，基本上是与该字体中的"止"和"戈"

字的写法相对应的，但也因字形需要而有所出入。尤其是自秦代的小篆开始，"戈"和下面的那个"止"字，逐渐变形，并最终成为楷体中的样子。

【字义转化】

夏商时期，统治者每年都要举行一次大规模的祭祀天地的活动。每到此时，他们都会杀人作祭品。于是，"岁"逐渐被假借为祭祀之礼的名称。

再后来，它逐渐成了"年"的代名词。

而经过进一步引申，"岁"又有了"时间、岁月"的意思。如《论语·阳货》："日月逝矣，岁不我与。"意即：时光一去就不复返了，岁月是不等待我们的。

它也常被用来表示年龄的单位，如：三岁小儿。

"岁"还有一个很重要的意思"年景"，即一年的农事收成，如"丰年""欠年"。又如汉代贾谊《论积贮疏》："岁恶不入，请卖爵子。"大意是：年成不好，百姓交不上赋税，（为官者）卖官爵，（百姓）卖儿女。

"岁"字中的历史文化

夏、商、周时期的统治者，残酷地刑杀人民的方式多种多样，除了五种常规意义上的"正刑"——剕刑、墨刑（又称"黥刑"，即在受刑人面部或额头刺刻后涂上永久性标记的刑罚）、劓刑（是割掉鼻子的刑罚）、宫刑（又称"淫刑"或"腐刑"，是毁伤受刑人生殖器官的刑罚，是仅次于死刑的重刑）、大辟（死刑的统称）之外，还有将人烧死的"炮烙"、杀死并捣成肉酱的"醢"刑、晒成肉干的"脯"刑等，个个惨绝人寰。"岁"字的原始结构，为我们打开了一扇了解这种鲜血淋漓的社会现实的窗口。

恐——砍手的酷刑

"我欲乘风归去，又恐琼楼玉宇"中的"恐"（kǒng）字，基本义是"极其害怕、畏惧"。如宋代晏几道《鹧鸪天》："今宵剩把银釭照，犹恐相逢是梦中。"意即：今夜里我举起银灯把你细看，还怕这次相逢又是在梦中。古人为什么会用这样一种构形来表达这样一种意思呢？这还得从"恐"字的源头说起。

【甲骨文】 【金文②】 【隶书】
【金文①】 【小篆】 【楷书】
恐

【汉字溯源】

"恐"是个象形字，它的本义指上古时期一种砍断人的双手的酷刑。甲骨文中的"恐"字，由三部分组成：上面是一把大斧的象形；下面是一个将双手伸在大斧下面的人的象形，由于过分惊惧，他的躯体已经变得趔趔趄趄、摇摇欲坠；左边还有一个寓意"行动"的"彳"符，意在表明大斧即将落下，双手将被砍掉。由此，"恐"字的本义一目了然。由于被砍掉双手是一项极其残忍的酷刑，所以受刑的人会惊恐万状，因而"恐"又有着"极其害怕、恐惧"等意义。

【字形演变】

发展至周代早期的金文阶段，"恐"字中的"彳"符被省去，只剩下了"大斧"和"人"两个部分，而且"斧头"和"人"都变成了实心的，这是由于金文系铸在青铜器上所致。

大约是实在不忍心书写人伸着双手等着被砍掉的场面，抑或是因为这种字形过于复杂，又或者是因为进入封建社会以后，这种随意砍掉人的双手的酷刑已渐少使用，"恐惧、害怕"成为"恐"字的基本意思，所以到了战国时期的金文中，"恐"字的写法另起炉灶：上面是"大斧"——此时被简化成了"工"字形结构；下面是一个"心"，取意恐惧之感是由心中升起的。

而发展至秦代的小篆阶段，"恐"字的字形又发生了变化，有了一定程度上的回归：以其上"工"下"心"的金文字形为基础，人们又在右边加了个"丮"符。这个符号实际上就是"丮"（jǐ，详见于"执"字部分）字，作部首时写作"丸"或"凡"。它的本义是"伸手做某事的人"，在此意即"伸着手等着被砍的人"。以此为基础，"恐"字逐渐发展为隶书中的上"巩"下"心"的结构，成为我们今天所熟悉的样子。

【字义转化】

由"恐惧"之义，"恐"又可引申为"恐吓""使之害怕"等义，作使役动词。如《史记·秦始皇本纪》中有"李斯因说秦王，请先取韩以恐他国"一句，意即：因此李斯劝说秦王，请他先攻下韩国，以此恐吓其他国家。另外，"恐"字还常被借用为副词，意思是"恐怕"，表示估计或担心、疑虑。如：恐怕要下雪了。

说文解字

第一章 最让人惊诧的汉字

取——割取耳朵

"欲取鸣琴弹，恨无知音赏"中的"取"（qǔ）字，是个常见的行为动词，基本义是"拿、将……拿到手里、得到、取得"。如：去银行取钱。

但实际上，它是个非常血腥的字眼，最初是指"割取耳朵"。

【汉字溯源】

"取"是个会意字，由"耳"（ěr）、"又"（yòu，详见于"右"字部分）二字组成。在此，我们先来解读"耳"字。

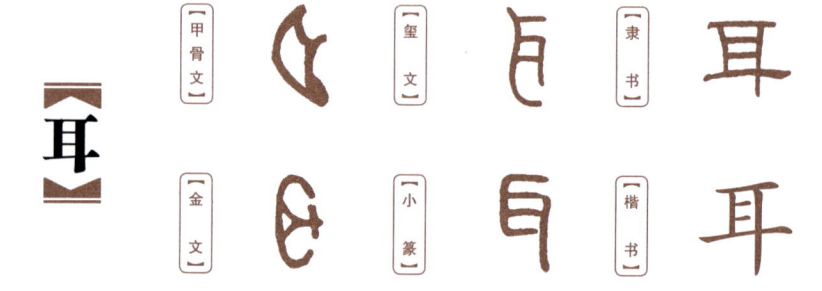

"耳"是个象形字，本义为"耳朵"——听觉和平衡感觉的器官。《说文》："耳，主听也。"甲骨文和金文中的"耳"字，都完全是一只耳郭的象形，上面的软骨组织以及耳垂部分都得到了体现。玺文中的"耳"字，由其金文字形发展而来，但已不像金文那么形象，而只是用简单的线条表现出了耳郭的轮廓。后世各种字体中的"耳"字，皆由此发展而来。

"耳朵"是用来听声音的，由此，"耳"又可被引申为"听觉""听力"。如：耳重或重听，指耳朵听觉不灵敏。

它作动词时，意思是"听到，听说"。如：耳食之学指从传闻中得到的浮浅知识。而很多形状像耳朵，或如耳朵一样位置在两旁的东西，也被称作"耳"。如：木耳、鼎耳。

另外，"耳"也可作文言助词，表示限制，相当于"而已、罢了"。如《史记·项羽本纪》："从此道至吾军，不过二十里耳。"意即：走这条路到我军军营，也不过就二十里路罢了。它作语气助词时，表示肯定或语句的停顿与结束，与"矣"相通，相当于"了""啊""也"。《史记·陈涉世家》："且壮士不死即已，死即举大名耳。"意即：况且壮士不死也就罢了，死就要死得轰轰烈烈的！

"耳"也是个部首字。从"耳"的汉字,大多与"耳朵"或"听"等有关。如:聆、聋、聪、取。

"耳"字中的历史文化

翻阅古籍,我们常会见到"耳顺"这个词。如宋代张舜民《画墁录·序》:"年逾耳顺,方敢言诗。百世之后,必有知音者。"另《论语·为政》:"吾十有五而志于学,三十而立,四十而不惑,五十而知天命,六十而耳顺。"孔子坦言自己不是一个"生而知之"的人,而是一个从十五岁开始以学问为志向的"学而知之"的人,在经历了三十岁的"自立"、四十岁的"不惑"和五十岁的"知天命"之后,到了六十岁才达到"耳顺"的境界。那么,什么叫作"耳顺"呢?按孔子自己的说法,六十岁是一个"进德之序",不管听到什么话,都能从说话者的角度,发现他说的有道理,因而就不会违逆、反对。所以,后人就将"耳顺"当成了"六十岁"的代称。有人还将其当作一种人生的境界,即所谓"悲天悯人",即站在别人的出发点上去考虑问题,学会包容。不但要"耳顺",更应该"心顺",自然而然也就能顺时、顺国、顺人、顺己、顺天命、顺人道。也有人认为这是一种养生之道,如《千金翼方》中就说"耳顺"是"养生之要"。

"取"字的甲骨文字形,就是用手割取耳朵的象形:左边是一只耳朵,被右边的手紧紧揪着。由此,"割耳"之义跃然纸上。

【甲骨文】取 【小篆】取 【楷书】取
【金文】取 【隶书】取

【字形演变】

金文中的"取"字,也是左"耳"右"手"的结构,虽然因"耳"字的字形不同而有多种不同的写法,但在其影响最大的一种写法中,"耳"字采用了在玺文中的写法。后世各种字体中的"取"字,皆由此发展而来。

【字义转化】

由本义出发,"取"可以引申为"捕获""拿下""杀死"等义。如苏轼《阳关词》:"恨君不取契丹首,金甲牙旗归故乡。"

经进一步引申,它还可有以下五种意思。

1. 选取,选拔。如王安石《游褒禅山记》:"深思而慎取。"意即:深入地思考,谨慎地选取。

2. 招致。杜甫《上水遣怀》："谗毁竟自取。"意即：谗言和诋毁，都是自己招来的。

3. 攻取，夺取。如《墨子·公输》："必取宋。"

4. 消去、取缔。

5. 通"娶"，娶妻。如《孔雀东南飞》："终老不复取。"意即：到终老也不再娶妻。

另外，"取"字还可用做助词，表示动态，相当于"得""着"。如文天祥《过零丁洋》："人生自古谁无死，留取丹心照汗青。"

"取"字中的历史文化

"取"字的造字思路，反映出了上古时期的一种社会现实：在古代，人们在打仗或打猎的时候，总会将敌人或者野兽的左耳朵割下带回，以耳朵数量的多少来报功请赏。《周礼·夏官·大司马》："大兽公之，小兽私之，获者取左耳。"意即：狩猎时捕获的形体较大的野兽要缴公，小的则可以归自己所有，但无论大小，都要将它的左耳朵割下来。带回来的耳朵多，就表明杀死的敌人或捕获的猎物多，自然就会获得重赏，反之则轻责。同时，这耳朵也是祭祖祭神的祭品。

辟——实为两个字

"辟"（pì）字，基本义是"开拓、开发建设"。如：开天辟地。然而，这一意思实际上源于另一个字——闢（pì）。汉字简化时，"闢"字被简化为"辟"。而"辟"字本义是"实施肉刑"，应读"bì"音。

要真正解读"辟"，就得分别去追溯这两个字的源头。

◆辟

【汉字溯源】

"辟"是个会意字。甲骨文中的"辟"，左边是个双臂下垂、面朝左跪在地上的罪人的象形；右边是一把"刑刀"（即"辛"）的象形；中间是个"口"字，它所指何物，尚无定论，有人认为那是被割下来的部分残体的象形，也有人认为那是用以盛装被割下来的骨与肉的盆、盘之类器皿的象形，还有人说它代表"祭坛"，但无论是哪一个，都不影响字义的表达。三部分结合起来，就表达出了"辟"字的本义——实施肉刑。

由本义进行引申，"辟"便可指"罪、罪行"。如《汉书·扬雄传》引扬雄《解嘲赋》中："言奇者见疑，行殊者得辟。"意思就是：说话不合常规的就会被怀疑，行动不合群的就要被治罪。

自古以来，罪、刑、法就是紧紧联系在一起的，所以"辟"又可被引申为"法律、法度"。《说文》："辟，法也。"值得注意的是，"辟"在表示此义时，不读"bì"而读"pì"音。另外，它在意为"死刑、死罪"的"大辟"一词中，也读"pì"音。

【辟】

【甲骨文】 州
【小篆】 辟
【楷书】 辟
【金文】 㖁
【隶书】 辟

【字形演变】

发展至金文阶段，"辟"字的结构发生了一定的变化：左边的人换成了坐姿，中间的"口"也挪到了他的臀下，右边依然是"刑刀"。秦代小篆中的"辟"字，就完全变成了左右结构：坐着的人变成了"尸"形，已很难看出原来的样子了，它与口结合成"㞋"，构成了"辟"字的左半部分；右边则还是"刑刀"。在此基础上，进入汉代以后，"辟"字逐渐笔画化，成为真正意义上的方块字。

【字义转化】

在古代社会，施行的是王治而不是法治，也就是说，天子即是"法度"的化身。由此，"辟"又成为"君主"的代名词。如《汉书·五行志》："辟遏有德。"意即：天子迫害有德行的人。后来，"辟"的词义进一步扩大，泛指"官吏"。如《文选》："正殿路寝，用朝群辟。"意思是：正殿是用来朝见文武百官的。而"被征召来授予官职"，也可称"辟"。如《后汉书·张衡传》："举孝廉，不行；连辟公府，不就。"大意是：（张衡）被推荐为孝廉，（他）没有去应荐；三公官署屡次召请他去任职，（他）也不去应召。"辟"通"避"时，意思是"回避、躲避"，如"辟邪"。

◆ 闢

接下来，我们来看"闢"字。

【汉字溯源】

在解读"闢"字之前，需要先解读它的形部——門（mén，即"门"）。

说文解字

第一章 最让人惊诧的汉字

三九

说文解字

〖门〗

[甲骨文] [小篆] [楷书]
[金文] [隶书] [简体]

"門"是个象形字，本义就是"门户"，即"房屋、车船或用围墙、篱笆围起来的地方的出入口，或安在出入口的可供开关的装置"。甲骨文中的"門"，就是一座大门的写照：上面的一横代表一条嵌入门枢的横木；中间的两个"日"，就是两扇门面的象形；再往下，就是门轴。发展至金文阶段，门上的"横梁"被去掉了，此后各种字体中的"門"，皆由此发展而来。后来，"門"被简化为"门"。

由"门户"之义，"門"又被引申为"家、家族、帮派"等义。如《三国志·先主传》："汝勿妄语，灭吾门也。"意即：你不要乱说话，（否则）我们全家都会被灭了。

"门"也是个常用的量词，如"一门课"。另外，它还是个常用的部首字，从"门"的汉字，多与门洞或门的用途有关，如：闭、闯、闪、闢等。

〖闢〗

[金文] [隶书] [简体]
[小篆] [楷书]

"闢"字诞生于周代的金文阶段，原本是个会意字，由上、下两部分组成：上边是"門"，下边是一双呈左右向外推状的"手"。两部分组合起来，就表示用手推开门，从而将"闢"字的本义"打开、开启"表明了。《说文》："辟，开也。"

【字形演变】

发展至秦代的小篆阶段，"闢"字的造字方法发生了变化：变成外"門"内"辟"的半包围结构，从而成为形声字，但音、义均未改变。在从小篆到楷书的各种字体中，它的写法基本都与"門"和"辟"在该阶段的写法相对应。后来，"闢"被简化为"辟"。

【字义转化】

由本义进行引申，"闢"便有了"开拓、开辟"等义。进一步引申，还可解释为"屏除、驱除、驳斥"等义。如：辟谣。又如《墨子·尚贤上》："举公义，辟私怨。"意即：提倡公共道义，摒除私人怨恨。而常说的"鞭辟入里"的"辟"，则是个形容词，意思是"透彻"。

"辟"通"僻"时意思是"偏僻"。如《史记·范雎列传》："秦国辟远。"意即：秦国在偏远的地方。

执——拘捕

"执手相看泪眼，竟无语凝噎"中的"执"（zhí）字，基本义是"拿着"，相当于"持"。如《韩非子·五蠹》："执干戚舞。"意思是：手拿着盾牌和斧子舞蹈。它也可当"主持、掌管"讲，如"执掌"。这些意思，都是由"执"字的本义"拘捕、捉拿"引申而来的。

【甲骨文】【金文】【小篆】【隶书】【草书】【楷书】【简体】

【汉字溯源】

"执"的繁体写作"執"，原本是个会意字。甲骨文中的"執"字，实际上就是一幅写实性的图画：一个人面朝左边跪在地上，双臂前伸，被一个"⚿"状的东西锁住了。据考证，这个"⚿"实际上是商周时期用于控制罪犯、战俘、奴隶等的一种刑具，相当于现在的手铐。它中间有洞，等罪犯的手伸进去以后，上下两个三角形辖门便被收紧，于是，罪犯的手就被紧紧锁住了。用手铐铐人，就是将其刑拘的意思。因而，"执"字的本义非常明确。《说文》："执，捕罪人也。"

【字形演变】

金文中的"執"字，较其甲骨文字形发生了很大的变化："罪人"的双手从"手铐"中解脱了出来，于是"執"变成了左"手铐"右"罪人"的左右结构。也可以说，自此，"執"也成为一个"幸"形"丮"（jǐ）声的形声字。但无论是"手铐"还是"罪人"，其形象都发生了变化："手铐"的样子变得复杂起来，看起来已经很像今天的"幸"字了，这大概与当时"手铐"的制作方法的改进有关；右边的"人"依然跪着，双手前伸，但手臂上又多了一竖。小篆阶段的"執"字，与金文中的相同，只是看起来更为规整。至隶书阶段，"執"字右边的"人"，被简化成了"丸"字，整个字的写法完全笔画化。后来，人们根据怀素在《草书千字文》中的写法，将"執"简化为"执"。

【字义转化】

由"拘捕"之义，"执"便可被引申为"拿着、操持"等义。经进一步引申，它便有了"执行、实施""坚持、固执"等意思。如常说的"执法"就是"执行法务"的意思。另《荀子·儒效》："乐乐兮其执道不殆也。"意思就是：他兴致勃勃地坚持道义，不知疲倦。而常说的"执迷不悟"，即指固执己见、不知变通。

另外，随着社会的发展和语言的演变，"执"字还被赋予了一些特别的用法。

1. 取得。如明代马中锡《中山狼传》："是皆不足以执信也。"意思就是：这些都不足以成为取得信任的凭证。

2. 判断。如《礼记·乐记》："请诵其所闻，而吾子自执也。"意即：让他来讲述自己所听到的事，让我孩儿自己判断。

3. 结下，结成。如《国语·越语上》："寡人不知其力之不足也，而又与大国执仇。"意思是：我没有估计到自己力量的不足，却又同强大的吴国结下了冤仇。

4. 至交，好友。如杜甫《赠卫八处士》："怡然敬父执，问我来何方。"意思是：（他们个个）笑盈盈地迎接父亲的好友，亲切地问我来自什么地方。

5. 凭单。如：回执。

"执"字的演变流程，也将另外两个字——"幸"（xìng）、"丸（丮）"（wán）的发展历程展现在了人们面前：

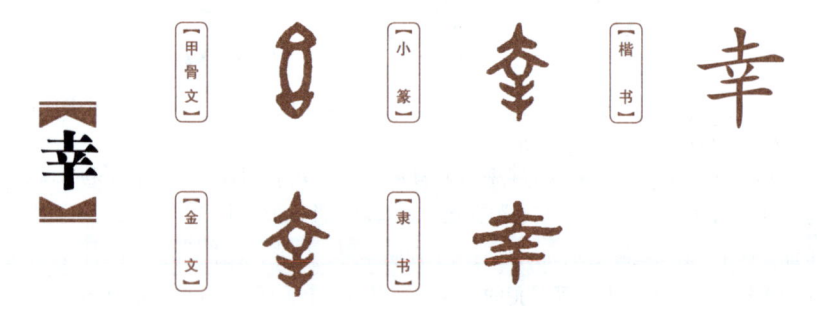

有意思的是，今天的"幸"字，意思是"高兴""福气""意外地得到成功或免去灾害"等，是个蕴涵着"吉祥如意"的字眼。《说文》："幸，吉而免凶也。"但由"执"的本义，我们知道"幸"的本义就是指刑具"手铐"，代表着"罪恶"和"不幸"。人们为什么会将一个不祥的字眼，转化为美满幸福的意思呢？

这是个有趣的问题，答案还需要进一步考证。但若辩证地看，这也许并不难理解。矛盾具有普遍性，任何事物都有两面性，就像今天的监狱一样，它对罪犯来说，是可怕的地狱，但对遵纪守法的人民来说，却又是安定的保障。

所以，对罪人来说，"幸"是不幸的，而对统治者来说，"幸"却是捍卫其统治权的重要工具，是"吉祥物"。

这个部首中的"丸"字，实际并不是真正的"丸"字，而是"廾"，读"jǐ"音，本义是指"伸手做事情的人"。如在"执"字中，它就是指"伸手戴手铐的人"，也就是"罪人"。

它基本上不单独使用，而是用做偏旁，写作"丸"，可与其他偏旁部首组成新的汉字，如热、埶、熟、蛰等。另外，有时它也写作"凡"，如"恐"。

真正的独体字"丸"，也就是"药丸"的"丸"，跟它没有关系，而有着自己的造字原理和意义。

"丸"是个会意字，诞生于秦代的小篆阶段。小篆中的"丸"，字形像人蜷曲于山崖洞穴中的样子，表达出了"丸"的本义："使人成蜷曲状"，此后泛指"将物体揉成小球形"。

现在，这种意思一般用于方言，如：把那张纸丸成一个疙瘩儿。至隶书阶段，"丸"的写法笔画化，变成了"丸"。

作名词时，"丸"就指"小而圆的物体"，如：药丸、弹丸。由于"蛋"也是圆形的，所以"丸"又可当"蛋"使用。如《吕氏春秋·本味》："丹山之南，有凤之丸。"意思是说：丹山的南面，有凤鸟产下的蛋。

"丸"还常用做量词，如《西游记》："三次，三丸俱吞了。"

说文解字

赤——以火焚人，感天求雨

"赤"（chì）字，基本义是指"比朱红稍浅的颜色"，相当于"火的颜色"。如郦道元《水经注·渭水》："赤者，火色也。"它也是"红色"的泛称。如杜甫《寄韩谏议注》："鸿飞冥冥日月白，青枫叶赤天雨霜。"意即：蒙蒙云天鸿雁飞日月茫茫，风萧瑟红叶纷飞天降寒霜。那这个字是怎么来的呢？它的本义又是什么呢？

【甲骨文】 【小篆】 【楷书】
【金文】 【隶书】

【汉字溯源】

"赤"是个会意字，本义也非常血腥，即"以火焚人，感天求雨"。上古时期，生产力发展水平极其低下，迷信的初民坚信风雨雷电这些自然现象都是由天上的神仙控制的。如果发生旱灾，很可能就是因为人们得罪了雨神，于是就采取各种仪式祭拜它，希望它能被感动，发慈悲降下甘霖。其中，将活人放在火上烧死，即为求雨仪式的一种。甲骨文中的"赤"字，就是对这种仪式的一种状写，十分形象：上面是一个双臂平举、双腿叉开呈"大"字形的人，下面是燃烧的火焰。由此，其本义清晰明了。

【字形演变】

金文中的"赤"字，上面依然是"大"，下面的"火焰"变成了"⚐"状，看起来不太像是火焰了。至秦代的小篆阶段，"赤"字变为上"大"下"火"的组合。而发展至汉代的隶书阶段，"赤"字上面的"大"变成了"土"，人的双臂和双腿被拉成了两条平行线；下面的"火"或被写成了四个点（依据汉字造字原理，"丶"代表"主"，"冫"代表"冰"，"氵"代表"水"，"灬"代表"火"）。在此基础上，它进一步发展为我们今天所熟悉的样子。

【字义转化】

由于大火本身就是红色的，而人在火上，会被烤得红红的，所以"赤"被引申为

第一章 最让人惊诧的汉字

四四

"火红""红色"之义。在古代的五行观念中，南方属火，主色是红色，所以"赤"亦指"南方"。如赤帝指神话中的南方之神，赤天则指南方的天。

大火烧身的人，首先被烧掉的是衣服，所以"赤"亦可被引申为"裸露着身体""赤裸"之义。如韩愈《山石》："当流赤足踏涧石，水声激激风生衣。"意即：遇到溪流赤脚蹚踏着涧石，水声哗哗响风儿撩起衣角。由此义进行二次引申，"赤"还可当"空、尽、一无所有"讲。如《韩非子·十过》："晋国大旱，赤地三年。"这就是说：晋国遭遇大旱，三年来颗粒无收。

心脏的颜色是红色的，忠贞的心是不含任何杂质的，所以将"红色"和"赤裸"两种意思结合进行引申，"赤"就又有了"忠诚""真纯"之义。如：赤胆忠心。

此外，由于鲜血也是红色的，所以古人也常以"赤"来代指鲜血，如"赤津津"就用来形容鲜血渗流的样子。而流血是革命的象征，所以"赤"又成为革命的代名词，表示"用鲜血争取自由"。如：赤卫队。

《 示——灵石 》

"示"（shì）字，基本义是"表明；把事物摆出来或指出来让人看或使人知道"。《华严经音义》："示，现也。"如：显示、表示。李商隐《韩碑》："公之斯文不示后，曷与三五相攀追。"意即：韩公的碑文不能留传后世（给后人看），又怎能与三皇五帝相攀追？但若追根溯源就会发现，这个字的本义，其实是"灵石"。

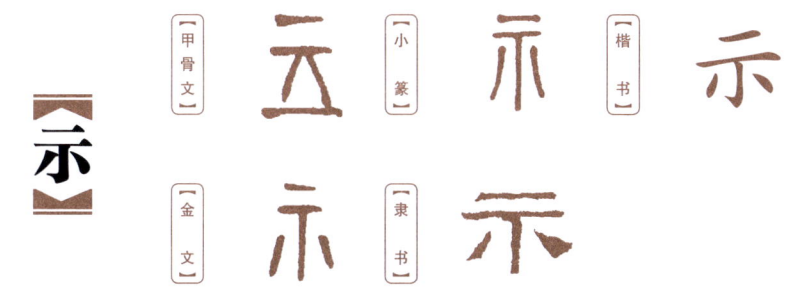

【甲骨文】示　【小篆】示　【楷书】示
【金文】示　【隶书】示

【汉字溯源】

"示"是个象形字。上古时期，人们认为自然万物都是有"灵魂"的，所以就分外崇拜天地、山石等自然"神灵"。他们对其进行膜拜的方式多样，拜石就是其中之一。神秘的法国卡纳克巨石阵、英国斯通亨奇巨石阵，都是这种膜拜的见证。而我们的祖先，也于几千年前就开始了这种"灵石膜拜"，他们常常将形状像人或其他物象的石头，置于搭建好的祭台上进行供奉。"示"字的甲骨文字形，就反映了这一点：下面的三角形结构代表祭台，而上面的一横，就是"灵石"。

【字形演变】

金文中的"示"，较其甲骨文字形有所变化："祭台"和"灵石"变成了"丁"形，而左右又多了两个点——代表祭品。自此，"示"字的写法基本定型，以后各字体中的"示"字，皆由此发展而来。

【字义转化】

"灵石"就是"石神"，所以，"示"又被引申为"神"。在商周两代，"示"字就是被当成"神"字来用的。

此外，灵石是供人瞻仰膜拜的，所以"示"又可解释为"给人看""显示"等义。它作名词时，常指"指示、命令""公文、告示"等。如《镜花缘》："那看的人虽如人山人海，好在国王久已出示（告示），毋（不）许驱逐闲人，悉听庶民瞻仰。"

"示"作部首时写作"礻"。从"礻"的汉字，基本上都与"神"有关。如：祈、祷、祀。

社——土地神

"旧时茅店社林边，路转溪桥忽见"中的"社"（shè）字，是一个常见的社会组织单位，基本义是就指"某些集体组织（团体）或机构"。如：农业合作社。

有意思的是，这个字的本义，实际上是"土地神"。

【汉字溯源】

"社"是个会意字,从"礻"(即"示"),从"土"。甲骨文中的"社",与"土"同形,就是地面上立着一个土块或土丘的样子。先民们常将大的土块或土丘,当做神来祭拜,所以古人在造"社"字时,采用了这样一种结构,但它远不及后来的金文贴切。可以说,真正意义上的"社"字,诞生于金文阶段:左边是"示",在此表示"神";右边是上"木"下"土"的组合——上面长树的土,就是土地。三部分组合起来,"社"字的本义就被表达清楚了。《说文》:"社,地主也。"土地的主人,也就是土地神。

【字形演变】

发展至秦代的小篆阶段,"社"字右边的"木"字被去掉了,整个字变成了左"示"右"土"的结构,并自此定型。进入汉代以后,经过隶变和楷化,"社"字逐渐笔画化。

【字义转化】

由本义出发,"社"又被引申为"祭祀土地神的地方、日子、祭礼等"。如辛弃疾《永遇乐·京口北固亭怀古》:"佛狸祠下,一片神鸦社鼓!"其中的"社鼓",就指祭神的鼓声。又如《白虎通·社稷》:"封土立社。"其中的"社",就指祭祀土地神的祭坛等地方。

古代的祭坛,也有级别之分。如《礼记·祭法》:"王为群姓立社曰大社,王自立社曰王社,诸侯为百姓立社曰国社,诸侯自立社曰侯社,大夫以下成群立社曰置社。"

因为祭祀土地神往往是一个会有很多人一起参加的盛大典礼,所以"社"又被引申为"集团、团体"或"机构"等义。

"社"为土地神,"稷"为谷神(也称"农业神")。古代的帝王每年都要祭祀土地神和谷神,所以"社稷"渐渐就成了"国家"的代名词。如《孟子·尽心下》:"民为贵,社稷次之,君为轻。"意即:人民是最重要的,国家在其次,帝王在最后。

兆——龟甲烧后的裂纹

"兆"(zhào)字,基本义是指事情发生前的征候或迹象,即"征兆、预兆"。如

《金史》："蔡城有兵丧之兆。"意思是说：蔡城有兵败的征兆。它作动词时，意即"预示"。如：东风迎新岁，瑞雪兆丰年。那么，它为什么又是这样一种构造呢？

【汉字溯源】

"兆"是个象形字。在解析它之前，我们先来认识一个字——卜（bǔ）。

【卜】 [甲骨文] 卜 [小篆] 卜 [楷书] 卜
       [金文] 卜 [隶书] 卜

"卜"也是个象形字。我们知道，在上古时期，特别是殷商之前，十分盛行占卜这一宗教习俗，无论是战争、出行、农事，还是狩猎等，人们事先都要进行占卜。占卜的方法，是将被刮光了的龟甲或牛以及其他野兽的肩骨进行烧灼。在占卜者看来，它们在烧灼的过程中所发出的噼里啪啦的声音，就是神在传达旨意。而烧灼之后，龟甲或兽骨上出现的裂纹，也同样充满无穷的玄妙。他们就是根据这些裂纹的形状来判断吉凶，决定这件事该不该做。甲骨文中的"卜"，就是这种裂纹的象形：有规则的竖纹，也有不规则的斜纹。古人用这样一种符号，代指"占卜、问卜"这项活动。《周礼·大卜》："问龟曰卜。"它作名词时，意思就是"卜官，卜卦之人"。如：卜祝，就是指负责占卜和祭祀的官职。

金文中的"卜"字，斜纹变成了弯折状。发展至秦代的小篆阶段，原本向上的斜纹变成了向下。后世的各种"卜"字，皆由此发展而来。

由于所谓的卦象，实际上都是占卜者的臆测，所以，"卜"又被引申为"猜测"、"估计"等义。如：生死未卜。另外，人们会根据卦象选择做或不做某事，所以"卜"又可解释为"选择"。如：卜老，指选择养老的地方。

"卜"也是个部首字，从"卜"的汉字，多与占卜有关。如：占、贞、卦。

需要注意的是，"卜"读"bo"音时，实际上是"葡"（bo）的简化字，用在"萝卜"一词中。

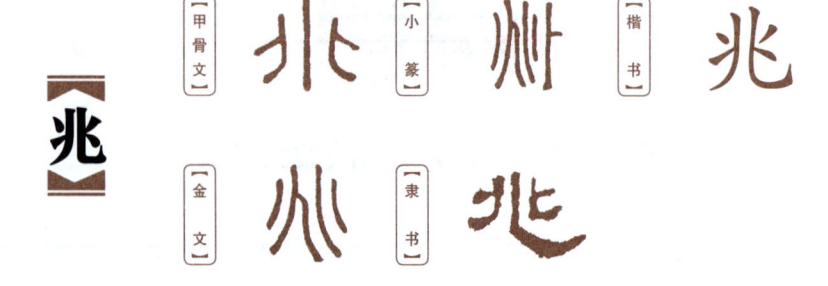

【兆】 [甲骨文] 兆 [小篆] 兆 [楷书] 兆
       [金文] 兆 [隶书] 兆

"兆"与"卜"字的造字思路基本相同。它的本义指"龟甲或兽骨烧后的裂纹"。

甲骨文中的"兆"字,无论是中间的一竖还是两边那看起来像"北"字的部分,都是龟甲或兽骨上的裂纹的象形。《说文》:"𠔼,灼龟坼也。从卜兆象形。兆,古文𠔼省。"

"兆"作动词时,即为"卜兆""占卜"等意思。如:兆梦,即占梦、圆梦。

【字形演变】

发展至金文阶段,"兆"字的写法更为细化、写实:裂纹既有单独成形的,也有互相交错的。

小篆阶段的"兆"字,则在其金文字形的基础上又加了个"卜"字,从而使"兆"变成了一个会意兼形声字。

而发展至隶书阶段,"卜"字又被去掉了,而且,"兆"字被依其金文字形完全笔画化。

经历楷化后,"兆"字被进一步简化为今天我们所熟悉的样子。

【字义转化】

由于在问卜者看来,龟甲兽骨上的裂纹,就是吉凶的象征,所以,"兆"又被引申为"征兆、预兆"等义,作动词时意即"预示、显示"。

后来,"兆"还被假借为"人民、百姓"之义。如:兆民,泛指百姓。

它还有个很特别的意思:墓地。如韩愈《祭十二郎文》:"吾力能改葬,当葬汝于先人之兆。"意思就是:等到我有能力改葬你的时候,一定把你的灵柩(从宣州迁回)安葬在祖先的坟地里。

"兆"还是个数词,在古代指"万亿",现在则相当于"百万"。

贞——占卜

"贞"(zhēn)字,基本义是"忠于自己所信守的原则,坚定不变",多用以形容意志或操守。如:坚贞不屈。另诸葛亮《出师表》:"贞良死节之臣。"意即:(这些人都是)忠贞优秀、能以死报国的大臣。

但实际上,这是"贞"字的假借义。此字的本义,是"占卜"。

【汉字溯源】

"贞"的繁体写作"貞",是个会意字。甲骨文中的"貞"字,主要有两种写法:

第一种实际上就是"鼎"字。鼎是上古时期供烹饪用的一种炊具,后来又成为祭祀等用的礼器。古人在占卜时,就是用它作为火器,来烧炙龟甲兽骨的。所以古人就用它的象形,来表达占卜之义。《说文》:"贞,卜问也。"

第二种写法更为明确:在"鼎"字之上加了个"卜"字,从而很清楚地表明了"占卜"的意思。

【字形演变】

金文中的"貞"字,仍是上"卜"下"鼎"的结构。有意思的是,甲骨文中的"貞"字,"鼎"字部分采用的是其在金文中的写法;而金文中的"貞"字,"鼎"字部分却采用了其在甲骨文中的写法。这可能是因为"鼎"字的这几种写法,在诞生的时间上相差不远。古人在造字时,按不同的需要,选用了不同的字形。

小篆中的"貞"字,下面的"鼎"变成了"贝",这纯粹是为了书写方便,并不影响字义。此后直至简化字阶段,"贞"字的变化都与"卜""贝"二字的变化相呼应。

【字义转化】

由于古代用做占卜之火具的鼎,一般都是由青铜铸成的,又大又重,且十分坚硬,是国之重器,很难搬动,因此"贞"字又被引申为"坚硬、坚劲"等义。如房玄龄《晋书》:"严霜识贞木。"这里的"贞木",就是指坚劲耐寒、经严冬而不凋的树木。

经进一步引申,"贞"还可解释为"坚定、忠贞"等义。另外,"贞"还有"正轨、正道"之义。如:贞则——符合正道的准则。

在封建礼教中,"贞"也指束缚女子的一种道德观念,指妇女不改嫁等。如《史记·田单列传》:"贞女不更二夫。"意即:贞洁的女子,不嫁两个丈夫。

郑——祭奠

"郑国游人未及家，洛阳行子空叹息"中的"郑"（zhèng）字，是一个常用于地名和国名的汉字。如周代就有诸侯国郑国，姬姓，为周厉王之子姬友即郑桓公所建，古城在今陕西省华县东。后来犬戎杀周幽王，桓公被杀，其子武公因帮周平王巩固东周有功，被封在今河南新郑，即春秋之郑国。战国时，郑国为韩所灭。另外，郑还用做姓氏。

那么，这个字的本义是什么呢？

【汉字溯源】

"郑"的繁体写作"鄭"，是个形声字，从"邑"，"奠"声。"邑"指"人聚居的地方"，即"城邑、城市"，常用做地名。那么，"奠"又是什么呢？

"奠"是个象形字，本义是"在酒坛子下面垫上物体，使其稳定"，可引申为"定、建立、确定、规定"等义。如：奠基、奠定。

甲骨文中的"奠"字，就是一个酒坛子被放置在了一件诸如案几之类的物体上的象形：上为酒坛子，写法比较粗略，只勾勒出了坛子的大致轮廓；下面的一横代表所垫之物。周代金文阶段的"奠"字，脱胎于其甲骨文字形，酒坛子被刻画得更为美观。同时，下面放置酒坛的物体，也变成了一实一虚两条线。发展至秦代的小篆阶段，"奠"字又有了新的变化：酒坛子变成了"酉"字形结构；其上加了个"八"，代表散逸而出的酒气；下面的横线，变成了"兀"，代表案几。如此一来，"奠"字的意思被表达得更为贴切。在此基础上，"奠"字逐渐笔画化，成为我们今天所熟悉的样子。

由于祭祀活动离不了酒，在举行祭祀仪式时，人们总会在神案上放置满坛的美酒作祭品，所以"奠"又被引申为"设酒祭祀祖先或神灵"之义，也就是"祭奠"。《说文》："奠，置祭也。"清代袁牧《祭妹文》："奠汝又不见汝食。"意思就是说：（设置酒食）祭奠你，却又不见你来享用。

结合"奠""邑"二字，我们再来解析"郑"字。

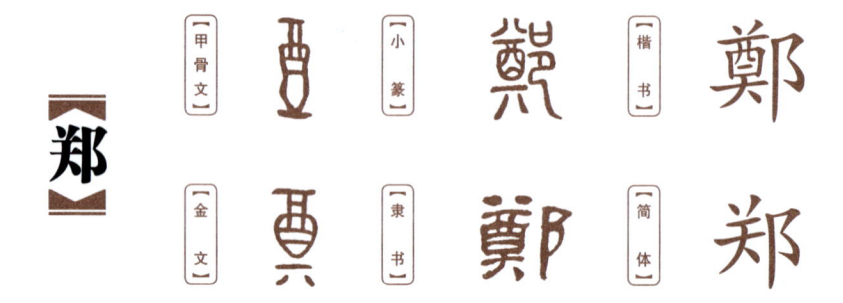

[甲骨文] [金文] [小篆] [隶书] [楷书] [简体]

让人惊讶的是，小篆之前的"郑"字，竟然就是"奠"字。也就是说，"郑"即"奠"，本义是"在酒坛子下面垫上物体，使其稳定"。

【字形演变】

约发展至秦代的篆体阶段，"奠"被广泛地用于地名或国名，为了避免使用上的混乱，于是人们又在其右加上了一个"邑"字，创造了形声字"鄭"。由此，"奠"变成了两个字。至隶书阶段，"鄭"字完全笔画化，被写成了"奠"和"阝"的组合。后来，"鄭"又被简化为"郑"。

【字义转化】

由于祭祀是一件严肃而又神圣的事情，需要人们郑重其事地对待，所以"郑"又被引申为"严肃认真、慎重"之义。如《广雅》："郑，重也。"

另外，有一种起源于春秋战国时郑国的民间音乐，也被称为"郑"。

后来，"郑"常被用来与所谓"雅乐"对举，指与雅乐相悖的俗乐。如《惟皇诫德赋》："改华服以就紫，变雅音而入郑。"

"郑"字中的历史文化

"郑"还是中华姓氏之一。上古时执掌酿酒业的人，就是祭祀仪式的主持者，地位很高，其所在的氏族深以此职事为荣，所以就以"奠"为族名而称"奠氏族"，族人聚居之地就是"奠地"。也许正是出于此因，"奠"字旁被加了上意思是"城市、城邑"的"邑"字，而成"郑"字，所以"奠地"又变成了"郑地"。

传说郑姓的始祖是黄帝的后裔契。契因发明刻木记事被赐子姓，他的后裔汤建立了商朝。商王武丁之子子奠负责管理祭奠用酒，因功被封于今河南濮阳西南的奠地，即郑地，建立郑国，子孙以国为姓，使得世上有了郑姓。

羞——进献

"羞"（xiū）字，是个常见的动词，基本义是"怕别人笑话的心理或表情，难为情，害臊"。如李商隐《无题二首》："扇裁月魄羞难掩，车走雷声语未通。"意即：圆月形的团扇遮掩不住满脸的娇羞，还没来得及说话车声就已如同雷声般隆隆。

但这个字在几千年前刚被创造出来的时候，却跟"害羞"毫无关系。

【汉字溯源】

"羞"是个形声字，"羊"形"丑"声。但实际上，成字之初的"羞"字，是"羊""右"二字的组合。甲骨文中的"羞"字，呈左右结构：左边是一个羊头的象形，右边是一只右手的象形。两部分合起来，就表达出了这样一幅情景：一个人，用手抓着一只羊。这是在干什么呢？原来，在上古时期，羊与牛一样，是祭祀用的牺牲的一种，也是百姓向首领或君主进贡的物品之一。手抓着羊，就表示要将其进献出去。如此，"羞"字的本义，就是"进献"。《说文》："羞，进献也。从羊，羊所进也。"而古代在祭祀宴享时用于进献食物的一种盛器，就叫作"羞豆"。

【字形演变】

金文阶段的"羞"字，依然是左"羊"右"右"的结构。发展至秦代的小篆阶段，"羞"字才变成上"羊"、下"丑"的形声字，两个字的竖笔相连，使其成为一个整体。隶书中的"羞"字，"羊"和"丑"都完全笔画化，"羊"字的竖笔变成了长长的一撇，使"羞"字成为我们今天所熟悉的样子。从甲骨文到楷体，"羞"字的写法都基本上与该字体中的"羊""右"或"丑"字的写法相对应。

【字义转化】

由于羊肉的味道十分鲜美，所以"羞"又有着"美味的或精美的食物"的意思。

如李白《行路难》："金樽清酒斗十千，玉盘珍羞直万钱。"意即：金杯美酒每斗价值十千（即一万），玉盘珍肴一桌需要万钱。后来，人们又造了"食"形"羞"声的形声字"饈（xiū，"馐"字的繁体）"，专门表达这一意思。

由本义进行引申，"羞"字又可解释为"推荐、进用"等义。如《国语·晋语九》："有武德以羞为正卿。"意即：有武德的人，可以被推荐为上卿（相当于执政大臣）。

"羞"字在小篆阶段变形，字义也跟着发生了变化，又有了"难为情、感到耻辱"等义（也即后来的基本义）。经进一步引申，"羞"还可解释为"使难为情、嘲弄、侮辱"等意思。如《初刻拍案惊奇》："那老子信了婆子的言语，带水带浆的羞辱毁骂了儿子几次。"但是，"看朱渐成碧，羞日不禁风"（刘禹锡《赠眼医婆罗门僧》）一句中的"羞"字，则应解释为"怕"。

丰——盛有贵重物品的礼器

"丰"（fēng）字，是个常用的形容词，基本义是"丰富，丰饶，富裕"。如宋代司马光《训俭示康》："小人寡欲则能谨身节用，远罪丰家。"意即：没有地位的人（如果）少贪欲，就能约束自己，节约用度，避免犯罪，丰裕家室。然而这个字的本义，实际上是指盛有贵重物品的礼器。

【汉字溯源】

"丰"的繁体写作"豐"，是个象形字。要彻底解读这个字，得先了解另一个字——玉。

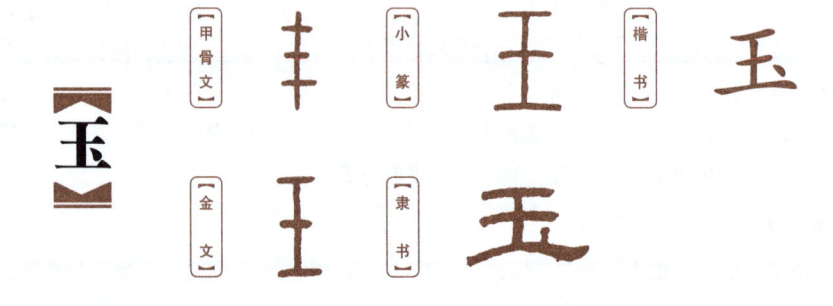

"玉"（yù）是个象形字，本义是"温润而有光泽的美石"，即"玉石"。甲骨文中的"玉"字，就是一根丝线之类的东西上串着三（三代表多）片玉片的象形，看上去就像现在的"丰"字。但在金文、小篆阶段的"玉"字，上下两头露在外面的线头被去掉了，所以"玉"就变成了今天的"王"字形。在秦篆之前的各种字体中，"王"字中间的一横更接近上面的一横，所以"王""玉"二字在形体上是有区别的。至隶书阶段，"王""玉"二字的写法越来越像，于是人们就在"玉"字中加了一点，以示区别。

后来，"玉"也成为对所有玉制品的称呼。它还可用做形容词，比喻色泽晶莹如玉之物或玉石般美好无瑕的品质，如美德、贤才等。如：玉笋用来形容美女的手指。另《礼记》："君子比德如玉。"它也能用做敬辞，意思是"美、尊贵的"，多用以尊称对方的身体言行等。如：玉照用以敬称别人的照片。

"玉"作部首时一般不加点，且最后一横都会写作一提，看起来就像是"王"。从"玉"的汉字，多与玉石或玉器的加工有关。如：玑、珐、琅、瑷。

"玉"字中的历史文化

玉器集艺术和财富于一体。它是极具收藏和鉴赏价值的物品。玉制品的凝重、温润，玉佩饰的纯正，玉石材质的通灵，始终是人们审美追逐的对象。同时，玉器又代表着人们的社会地位。从一定角度讲，它甚至可以说是中华古代文明的一种象征物品。华夏祖先喜爱并制作玉器的历史非常久远。考古工作者在内蒙古查海兴隆洼文化遗址发现的一对白色玉玦表明，距今约一万多年前的旧石器时代晚期，中国玉业已经萌芽。我国玉器形式繁多，质地莹润，碾琢精湛，风格独特，具有鲜明的民族特点，在世界玉器工艺领域中独树一帜，充分表现出我国古代劳动人民的聪明智慧和创造才能。凡此种种，使得"玉"字被赋予了很多美好的意思。

甲骨文中的"豐"字，下面是个"豆"字，代表这个字所要表达的是一种器形像豆的容器。"豆"之上是一个托盘，托盘之中，装满了美玉。美玉是宝物、财富的象征，装着宝物的器物，就是一种礼器。由此，"豐"字的本义就明确了。《说文》："豐，豆之豐满者也。"

【字形演变】

金文、小篆阶段的"豐"字，皆由其甲骨文字形发展而来，且基本不失其原形。至隶书阶段，"豐"字完全笔画化，成为方块字。后来，为了书写方便，"豐"字被简化为"丰"。

【字义转化】

由本义出发，"丰"字也可引申为"高大、增大、扩大、数量多"等义。如《周易·丰卦》："丰，大也。"而常说的"丰碑"，就是指"高大的石碑"，比喻不朽的杰作或伟大的功绩。它也可用来形容草木茂盛或农作物收成好。《广韵》："豐，茂也，盛也。"

"丰"字在形容人时，指人物"丰满、胖"或"容貌丰满美好"。如《红楼梦》："第一个肌肤微丰，身材合中。"而"一少年出，丰采甚都"（《聊斋志异》）中的"丰"字，通"风"，意思是"风度、风姿"。所以，这句话的意思是：走出了一位风度翩翩的少年。

州——水中的陆地

"州"（zhōu）字的基本义，是指旧时的一种行政区划。相传大禹治水后，分其领域为九州。各州所辖地区的范围，随着王朝的更迭，历代均有不同。《三国志·诸葛亮传》："跨州连郡。"

民国时，"州"随着新的行政区划方式的诞生而退出了历史舞台，但这种概念仍在某些地名中得以保留，如"兰州""苏州""扬州"等，尽管其辖区范围已与当初相去甚远。另外，它也被用做一种特殊的行政区划的名字——自治州。那么它的本义又是什么呢？

【汉字溯源】

"州"是个会意字，在其甲骨文字形中，自上而下的三条曲线，组成了代表河流的"川"字，而中间那条曲线当中的一个小菱形，看上去就像是陆地的样子，表明了"州"的本义——水中的陆地。《说文》："水中可居曰州。"所谓"可居"，就是"可供居住"。

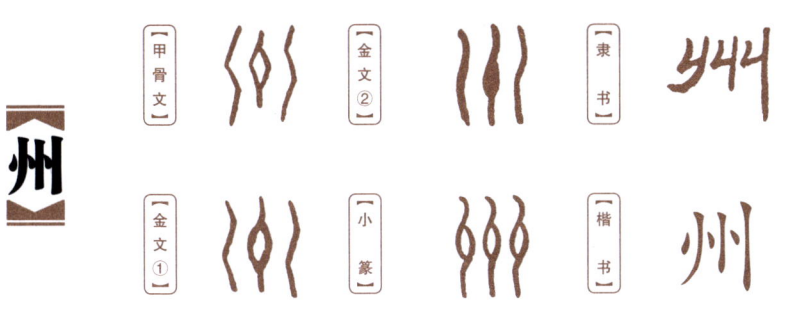

【字形演变】

"州"字在金文中主要有两种写法，大体上都与其甲骨文字形相同，只是表示陆地的菱形块变成了椭圆形或实心的黑块。发展至小篆字形时，"州"被复杂化了，三条河流中间都有了"陆地"，这可能与生产力发展所引发的人口、耕地以及住宅的增加有关。经过笔画化后，在其隶书字形中，表示陆地的三个小圆圈都被竖折代替了，大概是为了书写方便。

后来，人们又在"州"前加上了为"水"的"氵"，创造了新字"洲"。两个字的意思是相通的，只是后者多被用于世界地名，如亚洲、欧洲。

【字义转化】

除是行政区划之名外，"州"字还曾被用做户籍编制单位或为居民组织命名。如《周礼·大司徒》："五党为州。"注："五党，二千五百家。"同时，它也可被用来代表整个中原地区，如"神州大地"。

里——代表三个字

"里"（lǐ）字，是个常见的方位词，基本义是"里面，内，中"，与"外"相对。如《三国演义》："约定今夜放火，里应外合。"另外，它还是中国市制长度单位，用于计算路程，一里等于五百米。如苏轼《水调歌头》："但愿人长久，千里共婵娟。"

但若归根溯源就会发现，这两种意思，实际上属于三个字：前者属于"裏"（lǐ）或"裡"（lǐ）字，后者才属于真正的"里"字。汉字简化时，"裏""裡"二字被简化为"里"，它们的意思也全部归到了"里"字之下。那么，这三个字的本义都分别是什么呢？

◆里

【汉字溯源】

"里"是个会意字,由"田""土"两部分组成。那么,"田"字又是什么意思呢?

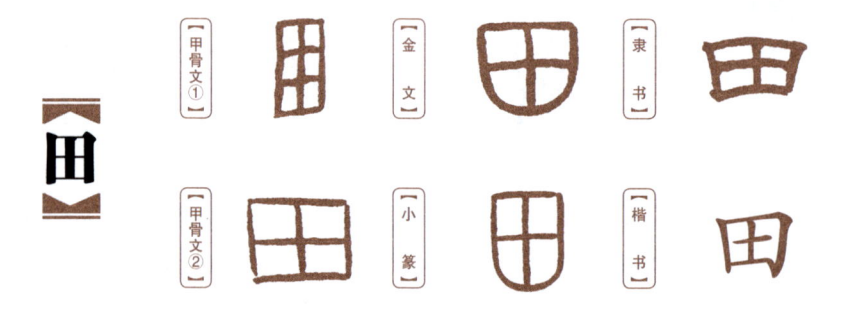

"田"是个标准的象形字,本义是"农田"——种植农作物的土地。《释名·释地》:"已耕者曰田。"甲骨文中的"田"字,有多种不同的写法,但构字思路都是一样的:外面是一个方框,代表一大块田地;里面是纵横交错、数量不等的线条,它代表"阡陌"(南北向的叫"阡"、东西向的叫"陌"),也就是田塍(田间的土埂子),将这块田地分成了若干块。后世的"田"字,基本上采用的都是一纵一横两条"田塍"的写法。有意思的是,金文、秦篆中的"田"字,外围不像甲骨文中的那样方方正正,而是有了一定的弧度,这可能是为了跟真实的田地形状相契合。至隶书中,"田"字完全笔画化。

后来,"田"字的字义逐步扩大,所有蕴藏、出产或可供生产某种自然资源的土地,都可叫作"田"。如:油田。它也可作定语,意思是"跟农业有关的"。如:田家。另外,在商周时期,统治者赏赐给亲属臣仆的封地,也被叫作"田"。那么,《诗经·周颂·有瞽》中"应田县鼓"中的"田",又是什么意思呢?原来,它是一种乐器,相当于今天的大鼓。而"应"是"小鼓"。此句意即:小鼓、大鼓和悬鼓,应有尽有。

"田"通"畋"时,意思是"打猎"。如《诗经·郑风·叔于田》:"叔于田,巷无居人。"意即:阿哥打猎出了门,巷里空旷无一人。这里的"叔",是女子对恋人的称呼。

"田"也可作部首,从"田"的汉字,很多都与"农田"有关。如:畔、町、畦。

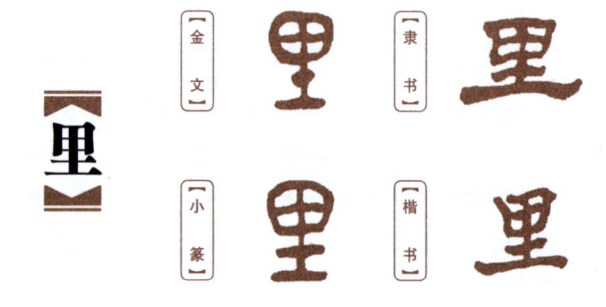

"里"字最早见于金文中。有农田（田）又有土地神庙（土）的地方，就会有聚居的人家，所以，"里"字的本义，就是指"人聚居的地方"。《尔雅》："里，邑也。"作动词时，它的意思是"居住"。《说文》："里，居也。"

【字形演变】

自金文至楷书阶段，"里"字都是上"田"下"土"的组合，字形基本上没有发生大的改变。

【字义转化】

由"聚居"之义，它又被引申为民居单位，相当于"里弄""村落"或"街巷"。先秦时，五家为邻，五邻为里，也就是说，一里为二十五家。如陶潜《归园田居》："暧暧远人村，依依墟里烟。"意即：远远望去，有人居住的村落依稀可见，村落之上，袅袅炊烟随风飘扬。秦汉以后，县乡以下的基层行政单位逐渐被称作"里"了，不过其规模在各代均有不同。后来，它又被引申为长度单位。

"里"通"悝"时，意思是"忧伤"。《诗经·小雅·十月之交》："悠悠我里，亦孔之痗。"意即：思虑悠悠我心伤，积忧成疾病快快。

◆ 裏（裡）

【汉字溯源】

[金文] [隶书①] [楷书①] [简体] 里
裏　　裏　　裏
[小篆] [隶书②] [楷书②]
裏　　裡　　裡

"裏"是个会意兼形声字，"衣"形，"里"声，本义是"衣服的里子"，即衣服不露在外的那一面。《说文》："裏，衣内也。"此字也诞生于金文阶段：外面是代表衣服的"衣"字；"衣"字的里面，包着一个"里"字。两部分合起来，将"裏"字的本义表达得十分明确。

【字形演变】

秦代的小篆阶段的"裏"字，由金文中的半包围结构变成了上、中、下结构：上面是衣领；中间是"里"，下面是衣身。此后各种字体中的"裏"字，皆由此发展而来。后来，人们又把"裏"写成"裡"，就是将被分成上、下两部分的"衣"字单独抽出来作为部首，写作"衤"。由此可见，"裡"就是"裏"。后来，"裏""裡"二字均被"里"字取代。

【字义转化】

由"衣服里子"之义,"里"又被广泛用做称呼被褥等所有纺织品的反面,或里层。如《诗经·邶风·绿衣》:"绿衣黄里。"再如:里衣指内衣,汗衫。经进一步引申,它还有了"内部、中"等义,并引申为"一定空间以内"。它还常被附在"这""那""哪"等字后边表示地点、位置、处所。如:省里。

或——国家

"越人语天姥,云霞明灭或可睹"中的"或"(huò)字,是常用的虚词,多用无定代词,泛指人或事物,表示"有的人""有时候"等。如司马迁《报任安书》:"人固有一死,或重于泰山,或轻于鸿毛。"

[甲骨文] [小篆] [楷书]
[金文] [隶书]

但如果追根溯源,就会发现在成字之初,"或"实际上是个实词,是"国"的本字。

【汉字溯源】

"或"原本念"yù"音,会意。其甲骨文字形,右边是个"口",代表有墙垣的城池;左边是代表武器的"戈"形。二者组合起来,就表示持武器的人在守卫城池,从而表达出了"或"的本义:国土、国家。

【字形演变】

与甲骨文相比,在金文中,"或"中的"口""戈"二字被调换了位置,但字义并未改变。以后"或"字在各种字体中的写法,都是由其金文字形演化而来的。

发展到后来,"或"被假借为虚词,且一借就再也不还了。为了避免用法上的混乱,人们又在"或"字外面加上了一个代表"四方领土、疆界"的"囗"部,从而使得"國"(国)字登上了历史舞台。小篆阶段就已经出现"國"字,可见它最晚诞生于秦代。

【字义转化】

"或"被假借为虚词后,字音也由原来的"yù"转变为"huò"。除了用做无定代词外,还可用做表示选择或列举的连词,意为"或者、或是"。如:在九天或十天之内。它还可表达一种不肯定的语气:或许。同时,"或"也能表示"间或、有时"。如宋代范仲淹《岳阳楼记》中"或长烟一空",意思就是:间或会横空出现一道云烟。

在古文中,"或"常常通"惑",表示迷惑。如《汉书·霍去病传》中的"别从东道,或失道"一句,意思就是:另从东路而走,却因受了迷惑而迷了路。《墨子·备蛾传》中的"夜半,而城上四面鼓噪,敌人必或"一句,意即:等到半夜,在城墙上擂鼓,一定能迷惑敌人。

虽然如今的"或"字,已经完全没有了"国家"之义,但在以其为偏旁的一些汉字中,这一意义被保留了下来,如"土"形、"或"声,本义为"疆界""疆域"的"域"字即是。

鄙——城邑四周边远农田中的仓廪

"鄙"(bǐ)字,基本义是"粗俗、见识浅薄、行为低下",如:卑鄙。或如《左传·庄公十年》:"肉食者鄙,未能远谋。"意即:位高禄厚的人目光短浅,不能深谋远虑。它作动词时,意思是"视……为浅陋""轻视、看不起"。如宋代司马光《训俭示康》:"孔子鄙其小器。"意即:孔子看不起他气量狭小。

让人好奇的是,它的这些意思,究竟是如何形成的呢?

【汉字溯源】

"鄙"原本是个会意字。甲骨文中的"鄙"字,实际上是"啚",为上下结构:上面是"囗",代表人所聚居的城池,通常指都城;下面是"廪"字的甲骨文字形。"廪"也是个象形字,本义是"粮堆"。甲骨文中的"廪"字,下面是两块诸如石头之类的物体的象形，代表谷堆的基座；基座之上的一横，代表棚于其上的木板或其他用做堆放谷物的东西；再往上是个"大"字形结构，代表高高垒起的谷物。在古代社会，"廩"是人们在农作物的收获季节，于野外农田中储备粮食的一种方式。后来，"廩"渐渐与"仓"同义，成为"粮仓"的一种称呼。"廩"与"口"相合，很巧妙地表达出了"鄙"（啚）字的本义——城邑四周边远农田中的仓廪。

【甲骨文】 【小篆】 【楷书】
【金文】 【隶书】

【字形演变】

金文中的"鄙"字，脱胎于其甲骨文字形，只是"廩"字的结构有了一些变化：充当基座的石头被移到了两边，变成了粮仓的墙壁；而中间的两横和上面的"大"字形结构，就代表储存于仓中的谷物。发展至秦代的小篆阶段，"鄙"字变成了从"啚"、从"邑"的形声兼会意字。经过几千年的传写，此时的"城池"和"廩"，已经改为"口""人"和"回"三个字的组合，并进一步变为隶书中的"啚"。

【字义转化】

"鄙"是位于都城周围的农田中的，所以它又被引申为"城邑四周的田地"、"郊野、郊外"之义，如甲骨文卜辞中就有"土方征我东鄙田"的句子，意思就是说：土方侵犯我们东城外的田地。由此进一步引申，"鄙"就成为"边境、边邑"之义。如清代彭端淑《为学一首示子侄》："蜀之鄙有二僧。"意即：蜀地（今四川）的边境上有两个和尚。

在一般情况下，"鄙"这种边远农田中的仓廪，都是有人驻守的。由此，它们所在的地方，渐渐发展为人们的聚居地，成为城池四周的居民点，所以"鄙"又被引申为"边邑""采邑"之义，即指"边远的城镇"。在周代的时候，"鄙"还成了一种户口单位，五百家为一鄙。《周礼·遂人》："五家为邻，五邻为里，四里为酂，五酂为鄙，五鄙为县，五县为遂。"其中的"邻""里""酂""鄙""县""遂"，就是周代的行政区划单位。

由于边远的地方信息闭塞，文化落后，所以"鄙"又具有了"鄙陋、狭、小、庸俗、见识短浅"等义。见识短浅或庸俗之人，常常会遭到别人的轻视，所以"鄙"就又有了"轻蔑、鄙视"等义。值得注意的是，"鄙"还能用做自称，是一种谦称。如：鄙老（老人自谦之词）、鄙事（对自己所做琐事的谦辞）。另张衡《东京赋》："鄙夫寡识。"意思就是：我见识浅陋。

页——头

"页"（yè）字的基本义是指书、画、纸等的"篇张"。如：活页文选。它是个常见的量词，旧时指单面印刷的书籍、资料等印刷品中的一张纸，如"撕掉印坏了的那页"。现在一般指两面印刷的书本中的一张纸的一面，如"第3页"。但作为印刷术语时，它仍指一张。

然而，此字的本义却是"脑袋、头"。《说文》："页，头也。"

【汉字溯源】

"页"是个象形字，繁体写作"頁"。甲骨文中的"頁"字，就是一个被刻意突出了脑袋部分的人的象形：上面是一个高高扬起的头颅——大大的眼睛、尖尖的鼻子，连耳朵都被刻画出来了，头顶上还有代表头发的三个斜杠；下面是一个手臂前伸、朝左跪坐着的人的身子。

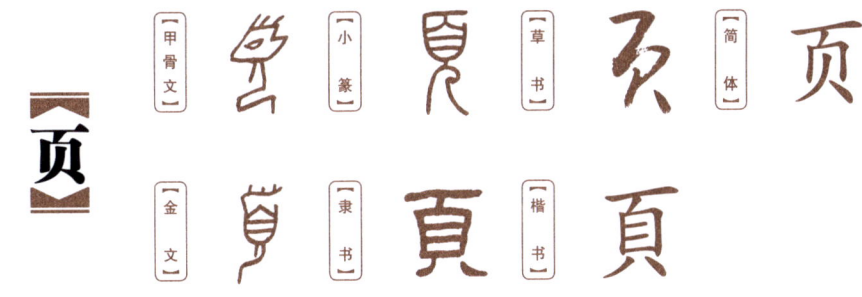

〈页〉

【甲骨文】 【小篆】 【草书】 【简体】
【金文】 【隶书】 【楷书】

【字形演变】

金文中的"頁"字，已经脱离了其在甲骨文中的样子，更加线条化了：头皮和面颊部分脱离开来，整个头颅部分变成了"首"形；胳膊和身体也简化成了简单的两条斜线。小篆阶段的"頁"字，脱胎于其金文字形，看上去更为规整。至隶书阶段，"頁"字的写法完全笔画化，并就此定型。后来，"頁"字被按照其在晋唐草书中的写法，简化为"页"。

【字义转化】

随着汉字的不断发展，"页"字逐渐被假借为"篇、张"等义，其本义却基本上被弃置不用了。但是，以"页"为部首的汉字，大都与本义"头"有关，如顶、额、颊、须、颈。

说文解字

县——倒挂着的人头

"县"（xiàn）字是个自古沿用下来的行政区划单位：周代县大于郡，秦以后县属于郡。如今，"县"为一级行政区划，由省、自治区、直辖市或自治州、省辖市直接领导。如《广东军务记》中的"南番二县"，说的就是南海县（今广东省佛山市南海区）和番禺县（今属广州市）两个县。

但这只是"县"字的假借义。它本是个让人毛骨悚然的字，读"xuán"音，义为"倒挂着的人头"。

【汉字溯源】

"县"的繁体写作"縣"，是个会意字。甲骨文中的"縣"字，主要由三部分构成：右边是一棵树的象形，也就是"木"；左边可分为上下两部分——上边是一把拧在一起、两头绑扎的丝的象形，也就是"糸"（即"纟"），代表绳索；下边是一个倒着写的"首"字，代表人头。三部分合起来，就表达出了这样一个完整的意思：倒挂着的人头。"縣"字的本义，便跃然纸上了。

【字形演变】

金文中的"縣"字，有两种写法，都由其甲骨文字形发展而来。

第一种写法："木"被移到了左边，右上部分是代表绳索的"糸"，下面的人头则简化为一只被刻意夸大了的眼睛和系在绳索上的一缕头发。

第二种写法："木"被去除不用了，整个右半部分就是一根绳索"糸"，与左边的倒置的"頁"（即"人头"）字相连。

此后各种字体中的"縣"字，皆由第二种写法发展而来。

小篆阶段的"縣"字，左边的人头发生了改变：上面变成了代表眼睛的"目"，下面代表头发的三点也被拉长了。隶书中的"縣"字，已初步具有了方块字的笔画特征，至楷书则縣完全笔画化。由于"縣"字字形太复杂，人们便以局部删除法，将其简化为"県"。后来，人们又用宋元时期的民间俗字"县"代替了"県"。

【字义转化】

由本义，"县"可被引申为"系挂、悬挂、维系"之义。《说文》："縣，系也。从系，県。"

"县"还是对"悬挂的乐器"的统称，如钟、磬等。如"县磬"即"悬挂的磬"。古时的"秤锤"也称"县"。如《礼记·经解》："衡诚縣不可欺以轻重。"大意就是：所用的秤锤，要始终如一，不能忽轻忽重欺瞒他人。由这一义项出发，"县"又可引申为"称量、衡量"，如"县轻重"即"权衡利弊"。

"县"被假借为行政区划的单位后，为了以示区别，人们又在其下加上了形旁"心"，创造了新字"懸"来表示"吊挂"之义，后简化为"悬"。

自——鼻子

"自"（zì）字，基本义是"自己、自我，本身"，即人们对自身的称呼。如《孟子·离娄上》："人必自侮，然后人侮之；家必自毁，而后人毁之；国必自伐，而后人伐之。"意即：人必先有自取侮辱的行为，别人才侮辱他；家必先有自取毁坏的因素，别人才毁坏它；国必先有自取讨伐的原因，别人才讨伐它。

这一基本义，实际上是由它的本义"鼻子"的引申而来。

【汉字溯源】

"自"是个象形字,三千年前的甲骨文中的"自"字,就是一个鼻子的象形:上面的一竖代表鼻梁;下面向下卷曲的线条,代表鼻体和鼻孔;鼻体上的两条(有时写作一条)横线,就是鼻子上的纹路,它使整个图形富有立体感。

在上古时期,今天人们惯用的表达自身的"我"字,还没有"自己"之义,而是指一种杀人的凶器。那么,人们若想表达出"自身"的意思时,该怎么办呢?答案就是一个现在的人还广泛使用的动作——指指自己的鼻子。渐渐地,"自"就被引申为"自己"之义,并逐渐成为此字的基本义。《说文》:"自,鼻也。"段玉裁注:"许谓自与鼻义同音同,而用自为鼻者绝少也。"

被引申为"自己"之后,人们又在"自"下面加上了"畀"(bì),创造了"自"形"畀"声的形声字"鼻"(bí)来表示鼻子。

【字形演变】

金文阶段"自"的写法,源于其甲骨文字形,但也有了些小的变化:上部表示鼻梁的一竖被缩短为一点;下部对于鼻孔的状写,也不像甲骨文那么形象了。

小篆阶段中的"自"字,表示鼻体的线条被拉直了,而其下面原来表示鼻孔的弯钩也被拉直,并连成了一条外凸的弧线,"鼻孔"于是"消失"了。

隶书中的"自",鼻体部分变成了"目",鼻梁则变成了其左上方的一撇。自此,"自"字的写法基本固定。

【字义转化】

由"自己"之义,"自"又可引申为"亲自"。如晋代干宝《搜神记》:"王自往临视。"意思就是:大王亲自前往察看。

进一步引申,它还可当"自然、当然"讲。如宋代沈括《梦溪笔谈》:"自从本说。"意思是说:自然应当遵从《本草经》的说法。

作动词的"自",意思是"是"。如《初刻拍案惊奇》:"女子无计可奈,见王生也自一表非俗,只得从了他。"这之中的"也自",就是"也是"。

此外,"自"字还能用做介词和连词。作介词的"自",相当于"由、从"。《广雅》:"自,从也。"清代彭端淑《为学一首示子侄》:"自南海还。"意即:从海南回来。

它也可当"在、于"讲。如《诗经·小雅·正月》:"不自我先,不自我后。"意思就是:不在我前面,也不在我后面。

作连词的"自",可表假设、转折、因果等关系。如郦道元《水经注·三峡》:"自非亭午夜分,不见曦月。"意思就是:如果不是正午,就看不到太阳;如果不是半夜,就看不到月亮。这其中的"自",就表假设。

而——络腮胡子

"念天地之悠悠，独怆然而涕下"中的"而"（ér）字，是个字形简单但用法极其多样化的汉字，主要用做虚词，多数时候都被当作连词使用，可连接词、短语和分句，表示并列、递进、承接、转折、假设、修饰等多种关系。如柳宗元《捕蛇者说》："永州之野产异蛇，黑质而白章。"意思是：永州的郊野有一种奇异的蛇，黑色的皮肤上有白色的斑纹。其中的"而"，就表示并列关系。

然而在成字之初，"而"字是个名词，意思是"脸颊上的毛"，也就是我们常说的"络腮胡子"。

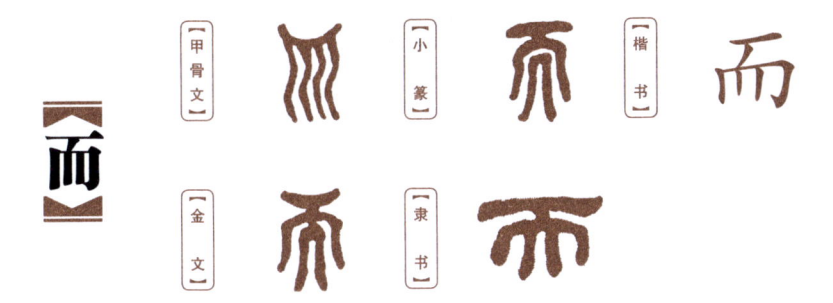

【甲骨文】【小篆】【楷书】
【金文】【隶书】

【汉字溯源】

"而"是个象形字。甲骨文中的"而"字，看上去就像是一把随风飘拂的美髯：上面那条弯曲的弧线，代表的就是人的脸颊；下面弯弯曲曲有轻飘之感的四条线，就是对长长的胡须的一种状写——外层像两腮的胡子，内层像生在嘴下的胡子。看着这个字，古装戏中太上老君的那一副浓密的长胡子便不由得浮现在了眼前。"而"字的本义"脸颊上的毛"，真可谓一目了然。《说文》："而，颊毛也。"

【字形演变】

发展至金文阶段，"而"字的写法发生了很大的变化：胡须不再直接"长"在"脸颊"上了，而是被分成了上、下两层，通过一短竖与表示"脸颊"的弧线相连。小篆中的"而"字，写法与其金文字形十分相像，但表示"脸颊"的弧线变成了直线，上、下两层胡须也不再相连了。隶书中的"而"字，四根"胡须"组合在了一起，成了一个开口向下的梳子状，通过一短竖，与上面的"脸颊"相接。若不了解它的演变流程，恐怕很难读懂它的本义。自此，"而"字的写法基本固定下来。

【字义转化】

"而"的本义,在汉字的发展演变过程中逐渐被废弃不用。人们用的,基本上都是它的假借义。在古文中,"而"常通"尔",意思是"你,你的"。如《聊斋志异·促织》:"而翁归,自与汝复算耳。"意思就是:你父亲回来,自然会跟你算账。

它也可用做指示代词,相当于"这样,此"。如《孔雀东南飞》:"同是被逼迫,君而妾亦然。"意思就是:同样是被逼迫的,你这样,我也是这样。

此外,"而"还可读作"néng",与"能"相通,意思是"才能、能够"。如《庄子·逍遥游》:"德合一君,而征一国"。意思就是:道德符合一君之心,能力取信于一国之人。

冉——髯毛

"断雁无凭,冉冉飞下汀州,思悠悠"中的"冉"(rǎn)字,是个为人们所熟悉,但用法又非常有限的汉字,主要用做姓氏。另外,由两个"冉"字合成的词语"冉冉",是一个常见的形容词,形容毛发或枝条柔软下垂的样子。如曹植《美女篇》:"柔条纷冉冉,落叶何翩翩。"大意是:柔嫩的桑枝轻轻摇动,采下的桑叶翩翩飘落。它也可用做副词,表示"慢慢地,逐渐地"。如:太阳冉冉升起。

但在成字之初,此字的意思却是"髯毛",也就是说,"冉"是"髯"的本字。

【汉字溯源】

"冉"本写作"冄",是个象形字。对于其本义"髯毛",也就是脸颊两边的胡子的表述,我们的祖先可谓是别出心裁,三千多年前的甲骨文中的"冄"字,可以说根本就是一幅画,"画家"用简单的几笔,勾勒出了一个长髯飘飘的人的脑袋:上面的桃形部分,代表人的头部;中间的"人"字形结构,表示的是头皮和脸部的分界线,古人不论男女,都留长发,所以也可以认为这就是将从前额垂下的头发梳到耳后的样子;"人"字之下,就是人的面庞了,在两颊上,还有两绺弯弯曲曲有轻飘之感的毛发,就是"髯毛"了。自此,"冄"字的本义被表达得清晰明了。

【字形演变】

发展至周代的金文阶段,"冄"字变得更为形象:时人干脆去掉了原来的"人"字形结构,而以一个尖拱状结构表示人的面部轮廓,上半部分是额头,下半部分是面颊,面颊两边的"〜",就是生长旺盛的"髯毛"。秦代小篆阶段的"冄"字,脱胎于其金文字形,只是写法不再追求形象,而逐渐变成了一个符号:原来的拱尖变成了平顶,整个字也更为线条化。隶书中的"冄"字,"脸颊"两边的"〜"被拉直,成为两横,整个字完全笔画化。自此,"冄"字的写法固定了下来。在楷书中,这个字先是写作"冄",后又出现了"冉"的写法。如今,"冄"已基本不再使用。

【字义转化】

由本义出发,"冉"被引申为"毛发飘飘的样子"等义,逐渐变成了形容词。那么,要表示"髯毛"的意思时,该怎么办呢?为了以示区别,人们又在"冉"上加了一个形符"彡"(音"biāo",意思就是"毛发下垂的样子"),写成形声字"髯"。另外,人们还将龟壳的边缘称作"冉"。

孔——婴儿的囟门

"孔"(kǒng)字,基本义是"洞,窟窿,眼儿"。《玉篇》:"孔,窍也,空也。"欧阳修《归田录》:"自钱孔入。"而俗语中对钱的别称"孔方兄",就是因旧时的铜钱是外圆而中间有方孔形而得来的。那么,这些意思是如何得来的呢?

《孔》

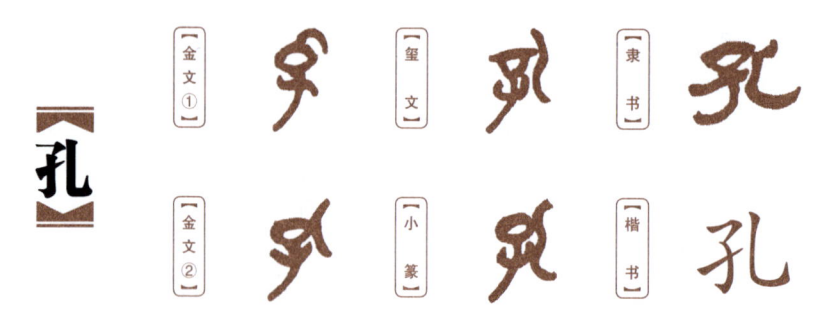

【金文①】
【金文②】
【玺文】
【小篆】
【隶书】
【楷书】

【汉字溯源】

"孔"是个指事字。目前所发现的最早的"孔"字，见于周代初期的金文中，它的构造比较简单：下面是一个"子"字，代表婴儿；婴儿的头顶，有一条向下弯得很短的弧线。它代表的是什么东西呢？众所周知，婴儿的头顶上都有一个柔软的、有时能看到跳动的地方，那是一条尚未愈合的骨缝，医学上称之为"囟门"。"孔"字中的那条弧线，指的就是婴儿的这个部位。所以，"孔"字的本义是应该"囟门"。

【字形演变】

发展至周代中期的金文阶段，"孔"字的构形已经发生了变化：原本在婴儿的头顶之上的弧线，被移到了右脑边，弧口朝右。根据此种写法，有人认为这段弧线是母亲的乳房的象形，所以认定"孔"字的本义就是"喂养婴儿"。这其实是一种牵强附会的说法。

到了战国时期的玺文中，这条弧线进一步演变为"乙"字。自此，"孔"字的本义，已无法从字形上探知了。之后各种字体中的"孔"字，皆由此发展而来。

【字义转化】

由于婴儿的囟门摸起来很软，让人感觉里面似乎是空的，就像个小窟窿，所以，"孔"字又被引申为"窟窿、洞"等义。经进一步引申，它还可被解释为"通达""大"等。如《汉书·西域传》："辟在西南，不当孔道。"大意是：在偏僻的西南角，不在通达的大路上。

它做副词时，意思是"很、非常"，如：孔武有力。"孔明"一词，通常是"很完备、很清洁、很鲜明"的意思。如《诗经·小雅·楚茨》："祝祭于祊，祀事孔明。"意思就是：司仪祭祀于庙内，仪式万事都齐整。但是，杜甫《古柏行》："孔明庙前有老柏，柯如青铜根如石。"之中的"孔明"，却是指三国时蜀国政治家、军事家诸葛亮（"孔明"是他的字）。所以全句的意思是：诸葛亮庙前有一株老柏树，树干如青铜树根如磐石。

另外，"孔"也是个量词，用于洞穴、窑洞、油井、石桥等名词。如：一孔油井。

此外，早在周代以前，"孔"就是个姓氏了，如"孔子"就姓"孔"名"丘"。如今，"孔"更是被当成了"孔丘"或"孔夫子"的省称。如：孔孟之道——指以孔子、孟子为代表的儒家学派及其思想道德。但左思《吴都赋》："孔翠群翔，犀象竞驰。"这之中的"孔"，并不是"孔子"，而是"孔雀"。

颐——下巴

"颐"（yí）字，基本义是指"面颊，腮"。如：支颐，指用手拖住腮；解颐，即开颜而笑。而常说的"颔颐"，意思就是"动动腮帮子和下巴"，表示点头以示默认、承诺。如李商隐《韩碑》："当仁自古有不让，言讫屡颔天子颐。"意思就是：我可以当仁不让接受圣旨，说罢皇帝频频点头表示同意。

但它的本义，其实是专门指"下巴"。《方言十》："颐，颔也。"

【汉字溯源】

"颐"是个会意兼形声字，"匝"声"页"（本义是"头"，详见于"页"字部分）形，"匝"同时也表意。它诞生于金文阶段，最早就是独立的"匝"字，主要有两种写法。第一种是一个面朝左边的人的下巴侧视图：外缘的曲线是下巴的轮廓，其右是对下巴上的肌肉轮廓、胡茬等细节的刻画。第二种写法更为形象：不仅勾勒出了下巴的轮廓、肌肉的纹理，还画了两绺胡须。这两种写法，都表明此字的本义就是下巴。

【字形演变】

由于"匝"字无法表声，而下巴是长在脸上的，头、脸一体，所以后来人们又在"匝"字的右边加上了个"页"字，使此字变成了形声兼会意字"颐"。"颐"最早见于战国时期的玺文里，其中的"匝"被写成了"甼"形，没有了下巴的样子。在秦代的小篆阶段，它又变成了"𦣞"形，并于隶书阶段初步笔画化，写作"𦣝"。在楷书中，它又被写成了"匝"。而其形部"页"字在各种字体中的写法，都与它本身在该字体中的写法相一致。

在后世，"匝"基本上不单独使用，而是被当作一个偏旁性的元素，常与其他偏旁部首组成新的汉字，如：熙。

说文解字

【字义转化】

由本义"下巴","颐"又被引申为与下巴相接的"脸颊、腮"等义。

后来,它还被引申为"保养、休养"之义,一般是指"养老"。《周易·序卦》:"颐者,养也。"由此引申,它又可解释为"老""人寿百岁"。如:期颐。

右——右手

"右"(yòu)字是个与人们的起居生活息息相关的方位名词,基本义是"右方",即当一个人面向南方时,与西边一致的那个方位,与"左"相对。作形容词时,它的意思是"右边的"。如《周易·丰卦》:"折其右肱。"意即:折断了他右边的胳膊。

但很多人不知道的是,"右"字的基本义,是从其本义"右手"引申而来的。

【又】

甲骨文	小篆	楷书
		又
金文	隶书	
	又	

【右】

甲骨文	小篆	楷书
	右	右
金文	隶书	
	右	

【汉字溯源】

"右"是个象形字。它由"又"字发展而来的。甲骨文中的"右"字,其实写作

"又"，是对右手的简单描绘："⋛"代表手掌和手指，其后的一长杠代表手腕。整体看上去就像是向左伸展着的右手臂，"又"字的本义因而被诠释得清晰明了。

【字形演变】

金文中"又"字的写法出现了两个分支。第一支延续甲骨文的写法，但更为形象，其小篆字形承袭了金文中的样子，而至隶书阶段，它似乎又回归到了在甲骨文中的写法，变作"又"，并从此固定下来。值得一提的是，约从金文阶段开始，"又"字的意思发生了变化：除表示"右手"外，它还被赋予了新义"更、再、还"等，表示重复或继续。如陆游《游山西村》："山重水复疑无路，柳暗花明又一村。"

第二支则出现了新元素：由于人们主要靠右手劳动和拿东西，所以人们在"右手"下加了一个代表器具的"口"字，表示这就是拿东西的手，从而使"右手"的意思更加明确，"手""口"相结合的"右"字由此诞生。小篆中的"右"字，与其金文字形十分相像。发展至隶书阶段时，它的写法发生了巨大变化："手指"被拉成了一横，"手腕"被写成了一撇，且整个字也来了个180°的横向旋转，成为我们今天所熟悉的样子。

【字义转化】

除了"右方、右边的"以外，"右"经过引申，还被赋予许多其他的意思：

1. 佑助，帮助。如《左传·襄公十年》："王右伯舆。"意即：（周王）帮着伯舆。

2. "西方"的代名词。如明代何景明《陇右行送徐少参》中有"陇右地，长安西行一千里"一句，其中的"陇右"，就是"陇西"，指今甘肃陇山以西地区。

3. "高、贵、上"。古代崇尚"右"，以"右"为上为尊。如《史记·廉颇蔺相如列传》："位在廉颇之右。"意即：地位在廉颇之上。

4. 尊崇，崇尚。如欧阳修《谢赐<汉书>表》："窃以右文兴化（崇尚文化学术），乃致治之所先。"

5. 政治思想上保守的、传统的或反动的。如：右派、右倾。

左——左手

"左"（zuǒ）字，基本义是指"左方"，即当一个人面向南方时，与东边一致的那个方向，与"右"相对。它作形容词时，意思是"左边的"。如"左骖"就是指古代驾车的三匹马中左边的那匹（后用四马，亦指四马中左边的那匹）。与"右"相对，

说文解字

"左"的本义是指"左手"。

【汉字溯源】

"左"是个象形字。甲骨文中的"左"字，就是左手的象形：前面的"ㄥ"，看上去就像是向右张开的左手手掌和手指；后面的一斜横，代表的是左手手腕。两部分结合起来，表示一只向右伸展的左手手臂，这就是"左"字的本义。它的基本义，就是由这一本义引申而来的。

【甲骨文】 【小篆】 【楷书】
【金文】 【隶书】

【字形演变】

"左"字字形的演变，基本上与"右"是同步的。发展至金文阶段，"左"字的写法变成了"手"字下面加一个代表"工具"的"工"字的结构。大概是因为，左手也会同右手一起参与劳动和做工。从此，由"手"和"工"组成的"左"字就诞生了。小篆中的"左"字，与金文中的"左"如出一辙。发展至隶书阶段，"左"字的写法发生了大的变化：表示手指的部分被拉成了一横，表示手腕的部分被写成了一撇，再也看不出原来的样子了。从此，"左"字的写法固定了下来。

【字义转化】

由于日常的劳动和工作中，人们主要靠右手来完成动作，而左手只起辅助作用，所以"左"又被引申为"辅佐、佐助；从旁帮助"之义。《说文》："左，手相左助也。"

后来，人们又取"人出手相助"之意，在"左"前面加上"亻"，创造了新字"佐"，专门用来表达这个意思。

另外，"左"字还有许多特别的用法：

1. 地理上指东方。如"左海"就是"东海"。

2. 错误的，不正、偏斜。如：旁门左道。此义可引申为"与众不同，异于常规"，如"左性"意即"固执而不会变通的性情"。

3. 贬谪，从朝廷下放到地方为官。如《增韵》："谪官为左迁。"意思是说：左迁就是降职。中国古时的礼仪，以右为尊，但奇怪的是，乘车与吃饭的礼仪，又有另一种规定：以左为尊位。如《史记·魏公子列传》："虚左。"意思就是：空着左边的（座位）。

4. 指"进步、革命的派别或思潮"，如"左联"。

止——脚

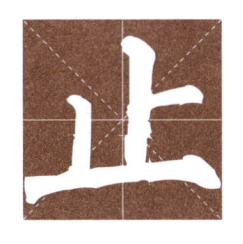

"止"（zhǐ）字，基本义是"停止，中断进程"。《广韵》："止，停也，息也。"如汉代韩婴《韩诗外传》："树欲静而风不止，子欲养而亲不待也。"意即：树想静下来，但风却不停止；孩子想要孝敬父母，但父母却已经离开了人世。若追根溯源却会发现，这一意思实际上是由"止"字的本义引申而来的。

【汉字溯源】

"止"是个象形字，本义是"脚"。如《汉书·刑法志》："当劓者，笞三百，当斩左止者，笞五百。"意思是说：罪当割掉鼻子的，打三百鞭子；罪当砍掉左脚的，打五百鞭子。甲骨文中的"止"字，就是一只脚的象形：上面的部分像脚趾头，下面的部分像脚面和脚掌。整只脚呈脚趾叉开、向前趴地状。

[甲骨文] [小篆] [楷书]
[金文] [隶书] 止

【字形演变】

发展至金文阶段，此字的写法发生了很大变化：脚趾部分被扩大化，脚心和脚掌部分则被缩为一横，整个字形看起来，更像是一株长在地面上的草。小篆中的"止"字，则更加线条化。进入汉代以后，历经隶变和楷化，"止"字逐渐笔画化。

【字义转化】

由于人在前行的过程中，脚若停止迈进，整个人都会停下来。所以，"止"又被引申为"停止、中断"等义。另外，它也有"阻止、不让行进"的意思。如《列子·汤问》："笑而止之。"意即：笑着阻止了他。经进一步引申，它还可解释为"停留、逗留"。如《搜神记》："南阳西郊有一亭，人不可止，止则有祸。"意思是说：南阳的西郊有一座亭子，行人不能在那里停留，否则就会有灾祸缠身。

另外，"止"在古文中还可通"只"，表示"只有、仅"。如宋代赵令畤《蝶恋花》："红杏枝头花几许？啼痕止恨清明雨。"意即：不知红杏枝头的花还有多少？泪流不断只恨绵绵清明雨。如今，它也被用做副词，表示"仅、只"，如：不止一次。而"高山仰止，景行行止"（《诗经·小雅·车辖》）之中的"止"，是被当作语气助词使用的，相当于"呢"。整句的意思是：德如高山仰头望，行如大道永向前。随着这些引申义的广泛使用，"止"的本义被渐渐偏废了，于是人们又创造了形声字"趾"，来表示"脚"之义。

"止"还是个部首字，结构中含"止"的汉字，多与"脚"有关。如：步、武等。

各——从远方走来

"各"（gè）字，是个常用的指示代词，指"两个或两个以上的人或事物中的一个"，通常是表示"每个、都"。如姜夔《鹧鸪天·元夕有所梦》："谁教岁岁红莲夜，两处沉吟各自知。"意即：谁知年年元宵都会勾起深深的离愁，你我都知道那种远隔两地深深的相思。有时候，它也表示"各自"。如李白《月下独酌》："醒时同交欢，醉后各分散。"意思就是：清醒之时我们一同交欢，酒醉以后便是各自分散。

然而这些都只是"各"的假借义，它的本义，是"从远方走来"。

【汉字溯源】

"各"，会意，从"夂"（zhǐ），从"口"。要解读它，首先需要弄清"夂"字的意思和演变流程。

"夂"是个象形字，本义是"脚"。仔细看就会发现，甲骨文中的"夂"字，实际上就是一个反写的"止"，也就是一只脚趾朝下的脚的象形。

"止"是向前走的脚，那么"夂"就是朝着看它的人走来的脚了。而且，由于这只脚的脚趾朝下，能给人一种它是"从天而降"的感觉，由此"夂"还被赋予了"降落"的意思。

金文、小篆中的"夂"字，都跟其甲骨文字形十分相像。

至楷书阶段，"夂"被笔画化，失去了"脚"的样子。

如今，"夂"已不再作独体字使用，而是成了一个部首字。结构中有"夂"的汉字，多与"脚"有关，如"各"就是其中一个。

既然"夂"是从远方走来的脚，那它下面的"口"又代表什么呢？

在古文字结构中，"口"是个意思多样化且使用范围很广的符号，可指嘴巴、穴口、门口、门槛、土坛、神座、城池等等。在这里，它代指的是从远方走来的那人的目的地，是个参照物，可以理解为"城邑"，也可以理解为"门槛"。"夂""口"相合，巧妙而形象地表达出了"从远方走来"之义。

经引申，它还可指"从外面走进来、至、到"等。

【字形演变】

金文和小篆中的"各"字，都跟其甲骨文字形十分相像，只是最右边的脚趾被渐渐拉长，与"口"并列了。发展至汉代的隶书阶段，"各"字完全笔画化，成为我们今天所熟悉的样子。

【字义转化】

"各"字的本义，在后世逐渐被废弃。后来，它逐渐被借用为指示代词。

另外，它也可以作副词，表示"不止一人或一物同做某事或同有某种属性"，相当于"都、皆"。如杜甫《兵车行》："车辚辚，马萧萧，行人弓箭各在腰。"意思就是：兵车隆隆响，战马萧萧叫，出征的兵士都将弓箭挎在腰间。

"各"还可读"gě"音，作形容词，表示"特别、与众不同"，含有贬义。如：这人可真够各的！

包——胞衣中已成形的胎儿

"一个空皮囊包裹着千重气,一个干骷髅顶戴着十分罪"中的"包"(bāo)字,是个常见的行为动词,基本义是"用纸、布或其他薄片把东西包裹起来"。如:纸包不住火。那么它的本义是什么呢?

【汉字溯源】

"包"是个象形字。甲骨文中的"包"字,为一个菱形的圈中围着一个人的结构,寓意胎儿在胎衣之中,很形象地表达出了"包"字的本义:胞衣中已成形的胎儿。由于子宫以及整个腹部就好比是胎儿的衣服,所以,"包"又可被引申为"胞衣、胎衣"之义。也就是说,"包"是"胞"的初文。

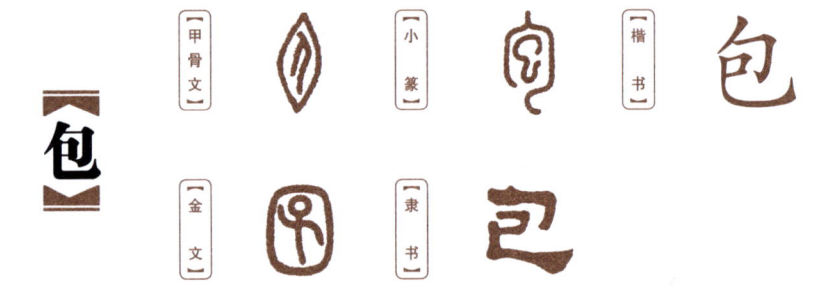

【字形演变】

金文中的"包"字,构字思路与其甲骨文字形是一致的,只是原来的胞衣中的人被换成了"子",使字义更为贴切。发展至秦代的小篆阶段,包字的构形又有所变换:外面的胞衣换成了一个有开口的子宫的象形;里面的"子"变成了一个蜷曲的胎儿的象形,即"巳"。隶书中的"包"字,由其小篆字形发展而来。发展至楷书阶段,"包"字的写法完全笔画化:"子宫"变成了"勹"状结构,而胎儿则被写成了"巳"形。

【字义转化】

由于胎儿就像是被裹在腹中的,所以,"包"被引申为"包裹"之义。经进一步引申,它还可以解释为"包含、包容、包围"等。如《水经注·河水》:"河水分流,包(围)山而过。"此字还被用来表示抽象的"担保、保证、全部占有、约定专用"等义。如:包你能赚着钱;将整条船都包了下来。它还可作名词,表示"包好了的东西、装东西的口袋",或者指状如包裹的东西,如:脓包。

它还可做量词，用于修饰成包的物品。如：一包烟。

随着各种引申义的广泛使用，"包"的本义逐渐被废弃。所以，人们又造出了一个"月"形、"包"身的形声字"胞"，表示"胎衣"等义，如"同胞""双胞胎"等。

跑——兽用足刨地

"宰相肚里能撑船，将军额头能跑马"中的"跑"（pǎo）字，是个为人们所熟悉的动词，基本义是"用两脚或四条腿迅速向前跃进；疾走"。如：奔跑；一溜烟儿地跑了。但很多人不知道的是，这个字原本读"páo"，意指"野兽用足刨地"。

【汉字溯源】

"跑"，形声，"足"形"包"声。在解析这个字之前，我们还需要弄清"足"字的演变流程。

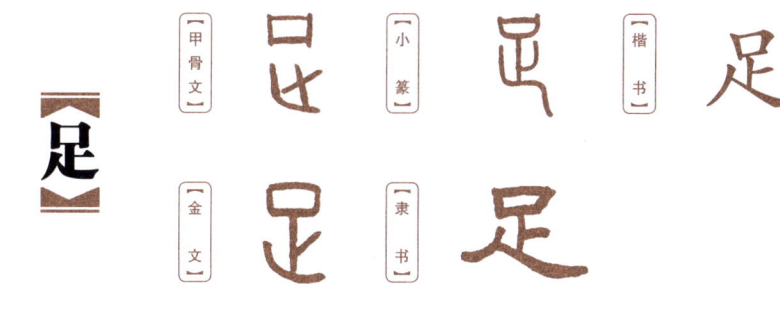

"足"是个象形字，本义是"脚"。《说文》："足，人之足也，在下，从止口。"甲骨文中的"足"字，上为"口"形——它所指代的事物，至今并无定论，有人认为那是股（大腿）胫（小腿）周围的象形，也有人认为它是膝盖的象形；下为"止"。两部分合起来，就表明了"足"字的本义。从甲骨文至小篆，"足"字在各种字体中的写法，都与"口"和"止"在该字体中的写法相对应。至隶书阶段，"足"字完全笔画化，成为我们今天所熟悉的样子。

由"脚"之义，"足"被借用为"器物下部的支撑部分"的名称。如：鼎足。它作形容词时，意思是"充实、完备、足够、纯的、完全"等；作动词时则为"使满足、完成、重视"等义。但这些，实际上都是"足"字的假借义。此外，它还有"值得"的意思。如陶渊明《桃花源记》："不足为外人道也。"意即：不值得向外人诉说。

"足"也可作部首，从"足"的汉字，多与"脚"有关。如：跆、踢、踹。

结合"足"字与"包"字的演变流程，对于"跑"字的解析，就简单许多了。

跑【小篆】 跑【楷书】 跑

"跑"字诞生于秦代的小篆阶段，就是该阶段的"足"与"包"两个字的组合。古人用这样一个形声字，表现了"兽用足刨地"这样一个动作。《广韵》："跑，足跑地也。"《西京杂记》："滕公驾（车）至东都门，马鸣跼不肯定，以足跑地久之。"而俗语中所谓的"跑槽"也就是"刨槽"，指牲口刨槽根。

【字形演变】

"跑"字的写法在小篆之后的各种变化，均与"足"和"包"二字的变化相对应。

【字义转化】

在诞生后不久，"跑"就被赋予了另外一个发音"pǎo"，很多新的意思也随之诞生，其中就包括它的基本义"疾走"。而它的本义，则渐渐由"刨"字等代替。如今，它的本义只用于地名等。如：虎跑泉（位于今浙江杭州）。

由"疾走"之义，"跑"还可引申为"逃走、躲避"。如《老残游记》："你当真叫他回去，跑不了一顿饱打。"它也可用来指"为某种事物或利益而奔走"。如：跑车（指靠驾车做生意谋生）。

另外，"跑气""跑风"等当中的"跑"字，应理解为"漏泄、丢掉、失去"等。

走

走——其实是跑

"走"（zǒu）字，是一个行为动词，意思是"步行、行走"。如：别老坐着了，出去走动走动吧。它也可作形容词，充当定语。如：走道，就是指街道两边的人行道。

然而，"走"字的本义却是"奔跑"。

【汉字溯源】

"走"是个会意字，诞生于周代早期的金文阶段：上部像是一个大幅度地摆动着双臂、迈步前行的人，下部是"止"，代表脚，二者组合起来就表示人在迅速奔跑。《说文》："走，趋也。"通常说的"走马观花"实际上就是：骑着奔跑中的马赏花。

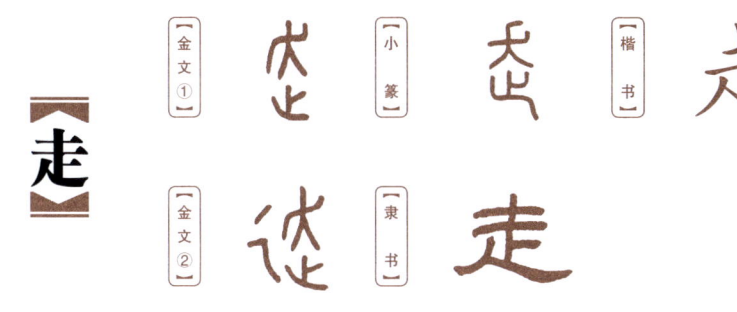

【金文①】 走
【金文②】 述
【小篆】 尘
【隶书】 走
【楷书】 走

【字形演变】

"走"在周代中期的金文字形中有所繁化。它的左边，又被加了一个代表运动的符号"彳"。到了秦代，人们删繁就简，使"走"字基本上又恢复了最初的形状。发展至隶书时，其上部的人的胳膊和腿都被拉直，并逐渐演化为我们今天所见到的样子。

【字义转化】

由"跑"，"走"字可引申为"逃跑、逃亡"。如杜甫《石壕吏》中的诗句"老翁逾墙走，老妇出门看"，意思就是：老翁翻墙而逃，老妇人出门察看。

另外，它还可引申为"往，奔向"。如《淮南子》中的名句"渔者走渊，木者走山"，意即：打鱼的人要奔向水潭，伐木的人要奔向大山。

"走"的基本义是后来才出现的。同时，它也衍生出了很多引申义，常见的有"泄露"（走话，即说话泄露秘密）；"丧失，失去"（走失）；"拜访，访问"（走娘家、走亲戚）；"经过"（走账）等。

"走"作名词时常见的意思有三个：

第一是仆人，如"牛马走"，意即：当牛做马的仆人。又如司马迁《报任安书》："太史公牛马走再拜焉。"意即：（请接受）当牛做马的仆人太史公拜两拜。这个意思的诞生，跟古代的仆人在侍奉主人时一般要小跑着的现象相关。

第二是车轮，如《墨子》中的"以车两走"意即"给每辆车装上两个车轮"。

第三，泛指兽类，如汉代张衡《西京赋》中的"上无逸飞，下无遗走"，意即"天空中没有自由飞翔的鸟，地面上也没有走兽留下"。

行——道路

"行"（xíng）字，是个用法比较多样化的汉字，基本义是"走路、行走"。《论语·述而》："三人行，必有我师焉。"意即：三个人同行，其中必定有我的老师。它也常用于指"出游、出动"。作形容词时意思是"外出时的、出行时的"，如：行色匆匆，表示出行时的神态十分匆忙。

但若追根溯源就会发现，在成字之初，这个字本读作"háng"，意思是"道路"。

【金文①】 【小篆】 【楷书】
【金文②】 【隶书】

【汉字溯源】

"行"（háng）是个象形字，构形比较简单。甲骨文中的"行"字，虽寥寥几笔，但却描绘出了一个十字路口或通行道口的样子，路口周围，是四通八达的道路，从而很好地表现了"行"字的本义。《说文》："行，道也。"

由"道路"之义，它还可引申为"路程"。如《老子》："千里之行，始于足下。"

同时，由于道路是供人走的，所以"行"又被引申为"走"之义。表此义时，它读"xíng"音。

【字形演变】

金文中的"行"字，与其甲骨文字形如出一辙。"行"字在字形上最大的变化，发生于秦代的小篆阶段。据说，当时奉秦始皇之命统一汉字的李斯，在泰山的石刻上将"行"字写成了"行"形，使其看起来再也不像十字路口了。小篆中，"行"字就采用了这一石刻上的写法。后世的各种"行"字，都是在此基础上发展而来的。

至楷书阶段，"行"字变成了左"彳"右"亍"的结构，成为真正意义上的方块字。

【字义转化】

随着社会的发展，无论是"行"（háng）还是"行"（xíng），都被赋予了许多新的意思，比较常用的有如下几种。

行（háng）

1. 行列（直排为行，横排为列）。作动词时意思是"排行"，指将人或物按一定的顺序进行排列，也可特指（兄弟姐妹）依长幼排列次序。如：小张兄弟八人，他行五。

2. 军队、队伍。古时兵制，五人为伍，二十五人为行。如贾谊《过秦论》："蹑足行伍之间，而倔起阡陌之中。"意即：（他）加入戍卒的队伍中，从田野间突然奋起发难。

3. 行业、行当。原指工商业中的类别，后亦泛指职业。如：三百六十行，行行出状元。

4. 营业机构。如：银行、商行。

5. 作代词，相当于"这里""那里"，表处所。如《西厢记》："这小贱人不来我行（这里）回话。"

行（xíng）

1. 车、船等行驶。如：扬帆行舟。

2. 运行。《吕氏春秋·察今》："日月之行。"意即：日月的运行。

3. 流动、流通，流行、流传。如：行云流水、风行一时、盛行。

4. 做、从事某种活动，实施。如：行事谨慎、行医、行刑。

5. 能干。如：他只用了三天就将这个项目拿了下来，真行！

6. 斟酒。如：行酒，指依次斟酒。

7. 品行。如：德行。

8. 行为。如孙文《黄花岗七十二烈士事略·序》："此行（这种行为）所负之责。"

9. 道理，事物的发展规律。如贾谊《论积贮疏》："天之行也。"意即：这是大自然运行的规律。

10. 临时性的。如：行宫。

11. 可以。如：不服不行。

12. 副词，即将。如《新编五代史平话》："行与卿等诀别。"意即：即将与你们诀别。

13. 古代指物质的基本元素：五行（金、木、水、火、土）。

14. 古诗的一种体裁：长歌行。

15. 汉字字体的一种：行书。

另外，我们今天所说的"道行"（僧道修行的功夫，比喻技能本领）中的"行"字，读作"héng"；而俗语"树行子"（排成行列的树木，小树林）中的"行"字，则读"hàng"。

居——蹲坐

"我从去年辞帝京，谪居卧病浔阳城"中的"居"（jū）字，是个常见的动词，基本义是"住，居住"。如杜甫《佳人》："绝代有佳人，幽居在空谷。"意思是说：有位举世无双的美好女子，幽静地居住在空旷的山谷中。它作名词时，意思是"住的地方，住所"。如辛弃疾《清平乐·村居》："茅檐低小，溪上青青草。"这之中的"村居"，就是指"草屋"。

那么，这个字的本义又是什么呢？

【居】 【甲骨文】 【小篆】 【楷书】 【金文】 【隶书】

【汉字溯源】

"居"是个形声字，"尸"形"古"声。但若追根溯源就会发现，在三千多年前的甲骨文中，"居"实际上是个象形字：右边是一个面向右边，臀部下沉呈蹲坐状的人；左边是一个土堆的象形。两部分组合起来，就道出了此字的本义：蹲坐。《说文》："居，蹲也。"

【字形演变】

金文中的"居"字，变成了左"尸"右"古"的组合，"居"字也由象形字变成了形声字。发展至秦代的小篆阶段，"居"字由左右结构变成了上"尸"下"古"的上下结构。此后各种字体中的"居"字，皆由此发展而来。

从金文至楷书，"居"字在各个历史阶段和各种字体中的写法，都与该字体中的"尸""古"二字的写法相对应。

【字义转化】

因为人是处于蹲坐状态的，所以也可以说他就停留或处在某一位置，所以"居"也可引申为"处在、处于"，"停止、休息、停留"等义。如明代魏学洢《核舟记》："居左者右手执蒲葵扇。"意即：处在左边的那个人右手拿着蒲葵扇。又如《韩非子·喻老》："居十日。"意即：停留十天。

做名词时，它便指"住宅、处所"。

另外，住在某地，就相当于占用了某地，所以"居"还可解释为"占有"。如：二者必居其一。

此义再经引申，就变成了"积蓄、储存"，"怀着、安着"，"担任、担当"等义。如：奇货可居、居心叵测，居职，即是任职。

随着这些引申义的广泛使用，"居"字的本义渐渐被偏废了。由于人在蹲坐的时候，实际上是由脚支撑着身体的，所以古人就创造了"足"形"居"声的形声字"踞"，来表达"蹲坐"之义。《说文》："踞，蹲也。"

【踞】 【小篆】踞 【隶书】踞 【楷书】踞

秦代的小篆字体中已经能见到"踞"字，可见其最晚诞生于秦代。它的字形演变基本与"足""居"二字的演变保持着一致性。

不同的是，有时候"踞"也可指伸开腿坐着。如《史记·高祖本纪》："沛公方踞床，使两女子洗足。"意思就是：于是沛公才伸开腿坐在床上，让两个婢女为其洗脚。

请——拜访

"请君试问东流水，别意与之谁短长"中的"请"（qǐng）字，基本义是"请求、要求"。《广雅·释诂三》："请，求也。"如王维《青溪》："请留盘石上，垂钓将已矣。"意即：请让我留在溪边岩石上，竟日悠闲垂钓终了此生。

那么，这个字是怎么来的呢？它的本义又是什么呢？

【汉字溯源】

"请"（請）是个形声字，"言"形"青"声。对于它的解读，得分三步，逐步解析"言""青"与"请"。

首先，我们来解析形旁"言"字。由于此字实际上是在"舌"字的基础上构造的，所以要解读它，又需要先了解"舌"（shé）字的演变流程。

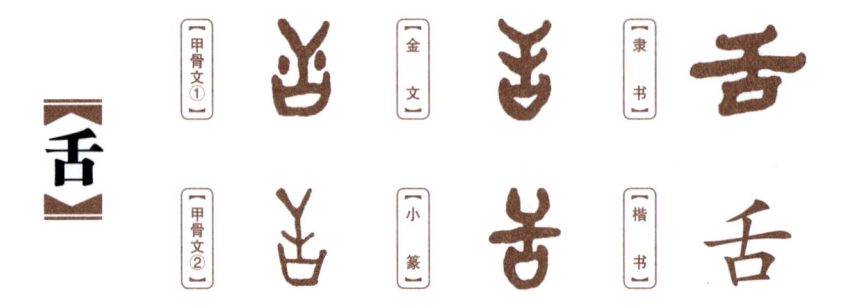

【舌】
【甲骨文①】 【金文】 【隶书】
【甲骨文②】 【小篆】 【楷书】

"舌"是个象形字，本义就是指"舌头"，即人或动物嘴里辨别滋味、帮助咀嚼和发音的器官。《说文》："舌，在口所以言也，别味也。"甲骨文中"舌"字，主要有两种写法。

第一种写法下面是个"口"字，代表嘴巴；其上的"丫"状结构，就代表吐出在唇外的舌头；而它左右的两个点，则代表唾液。

第二种写法与第一种十分相像，只是代表唾液的两个点，被连接成了一个小型的"丫"状结构。后世各种字体中的"舌"字，都是在此写法上发展而来的。

金文中的"舌"字，与甲骨文中的第二种写法如出一辙。发展至秦代的小篆阶段，"舌"字的字形发生了较大的变化：上面代表舌体的"丫"状结构变成了"∪"形，而下面代表唾液的小"丫"则被拉直，变成了一横，整个字的字形更为规整。至隶书阶段，"∪"状结构又被写成了一撇，从而使"舌"字完全笔画化。

由于舌头是发声、说话的重要器官，所以，"舌"字也可用来指代"言语"。如：唇枪舌剑。而所谓的"舌人"，就是指善于说话的人。由于形状上的相似性，"舌"也被用来泛称舌状物。如：火舌。而装在铃铎内的锤，或管乐器的簧，也被称作"舌"。

另外，"舌"还是个部首字。从"舌"的汉字，多与"舌头""言语""味觉"等有关。如：舔、辞、甜。

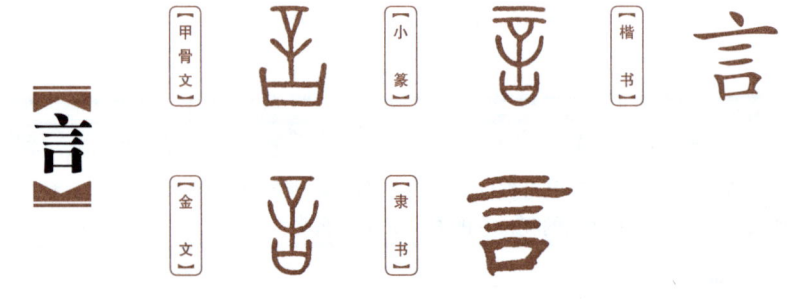

【言】
【甲骨文】 【小篆】 【楷书】
【金文】 【隶书】

掌握了"舌"字的演变流程，"言"字的字形就容易理解了。"言"是个会意字，本义为"说，说话"。甲骨文中的"言"字，就是在"舌"字的上面加了一横，表示"从口中、由舌头发出声音"，也就是"说话"。要注意的是，由于"Ƴ"与本义为"刑刀"的"辛"字的甲骨文字形非常相像，所以有人说"言"是以"辛"表音，以"口"表形的形声字，但这是错误的。

金文中的"言"字，代表"唾液"的小"丫"被写成了"U"形。小篆中的"言"字，则是在其金文字形的基础上加了一横。至隶书中，"言"字完全笔画化，成为真正意义上的方块字。

由"说话"之义，"言"可引申为"谈论、议论"，"陈述、叙述"，"告知、告诉"，"说明"，"询问"等义。如《韩非子》："臣愿悉言听闻，唯大王裁其罪。"意即：我愿意将自己的所见所闻都讲述出来，请大王治我进言之罪。

另外，它也可当"记载"讲。如苏轼《石钟山记》："渔工水师虽知而不能言。"意思是：那些渔夫和水手们，虽然知道是怎么回事，但却没有办法将其记载下来。

因为"说"出来的，是"话"，所以"言"作名词时，意思就是"话语、口语"。如《诗·郑风·将仲子》："父母之言。"意即：父母所说的话。它还可引申为"言辞、辞令"，"言论、见解、意见"等。如：言多必失，指言辞过多，必定发生差错。另《商君书·君臣》："言不中法者，不听也"。意即：不合法的言论，一律不听。

它也可指"言语或文章中的字、句子"。如：一言九鼎。另白居易《琵琶行并序》："凡（总共）六百一十六言，命曰《琵琶行》。"它也可直接指"著作"。如贾谊《过秦论》："焚百家之言，以愚黔首。"意即：焚毁了诸子百家的著作，用这种办法来愚化百姓。

"言"还是没有实际意义的语气助词。如：言归于好，即"归于好"，"言"只是"归"的词头，没有实际意义。

"言"也是个部首字，作部首时今天简写做"讠"。从"讠"的汉字，多与"说话"有关。如：讨、诉、讼。

【金文】 【隶书】
【青】
【小篆】 【楷书】

读懂了"请"字的形部，下面我们就来解析它的声部"青"。"青"是个会意兼形声字。虽然楷书中的"青"字，上面是个"耂"，下面是个"月"，但若追根溯源就会发现，它本应该是上"生"、下"丹"的组合。

甲骨文中，至今还未发现有"青"字。目前所能见到的最早的"青"字，在周代中期的金文中：上为金文中的"生"，代表初生的草木；下面是金文中的"丹"字，表明此字是在表达一种颜色。初生的草木，是青色的。所以，"青"字的本义就是"青色"，也就是蓝色。《荀子·劝学》："青取之于蓝，而青于蓝。"

小篆阶段的"青"字，还是上"生"下"丹"的组合。但发展至隶书阶段，它的写法开始发生了一些改变：上部的"生"被写成了"龶"，而下部的"丹"也转化成了"月"。这只是书写上的改变，不影响字音和字义。

后来，"青"还被用来称深绿色或黑色。如：青山，指深绿色的山；青牛，指黑色的牛。有时，深绿色的东西也会被称作"青"。如：踏青（深绿色的草）。

"青"也可作形容词，形容"茂盛的样子"，或比喻年少。如：绿草青青；青娥，即少女。

在古代，"青"可作东方的代称。如：青宫是对太子所居住的宫殿"东宫"的称呼。

结合"言""青"二字的演变流程，我们再来解析"请"。

【金文】 【隶书】 【简体】
【小篆】 【楷书】

"请"字诞生得比较晚，目前所能见到的最早的"请"字，是在制造于战国时期的"中山王方壶"（铜器，1978年于河北省平山县战国中山王墓出土）上的铭文中，属于战国金文。其左边是金文中的"言"字，表意；右边是"青"，表音，但写法与金文中的"青"字不尽相同，下面还多了个"口"字，所指不明。

这个字的本义，是"谒见"，也就是"拜访"，指下级对上级、晚辈对长辈的拜访。《说文》："请，谒也。"另《史记·魏公子列传》："公子往，数请之，朱亥故不复谢。"意即：公子曾多次前往拜见朱亥，朱亥故意不回拜答谢。

【字形演变】

小篆至楷书阶段，"请"字在各种字体中的写法，都与"言""青"二字在该字体中的写法对应一致。后来，"請"被简化为"请"。

【字义转化】

由本义出发，"请"可被引申为"请求、要求"之义。

经进一步引申，它还可解释为"请教、请示""召、邀请""询问""问候"等义，或用做敬辞，用于希望对方做某事。如《仪礼·士昏礼》："摈者去请事。"意思就是：帮助行礼的人前去询问事情。而常说的"请病"，意即"看望、问候病人"。

印——按压

"印"（yìn）字，基本义是"政府机关的图章，官印"。《说文》："印，执政所持信也。"它也可泛指图章，如明代徐官《古今印史》："凡写诗文，名印当在上，字印当在下，道号又次之……试看宋元诸儒真迹中，用印皆然。"这句话中所说的"印"，就是指刻着书画家的姓名字号的图章。

然而，实际上"印"是个与"抑"字同源的汉字，本义是"按压"。

◆ 印

【汉字溯源】

"印"是个会意字。甲骨文中的"印"字，由两部分组成：左上方是一只手指叉开的大手的象形，右下方是一个面朝左边半跪着的人的象形。两部分组合起来，就表示出了一个人在用手按压另一个人的意思，"印"字的本义"抑按、按压"由此明晰。

【字形演变】

金文中的"印"字，由其甲骨文字形发展而来：整个字变成了上下结构，上面是"手"，下面是"人"，但由原来的半跪状，变成了弯腰弓背、腹贴大腿胸贴膝盖的蹲坐状，似乎随时都会扑倒在地。这样"按压"的意思更为明显。

发展至秦代的小篆阶段，"印"字的字形变得更为规整，并较金文发生了一些变化：上面的"手"进一步扩大，成了"爪"；下面的"人"成了头部挨着膝盖跪坐的"卩"状，似乎是真的被压得爬不起来了。

在隶书中，"印"变成了左"手（爪）"右"卩"的左右结构，让人再也看不出它本来的形态了。

说文解字

【字义转化】

因为使劲按压一物体，常常会在其他物体（如地面）上留下一些印记，所以"印"又被引申为"痕迹、印记；标记"等义，如"手印""脚印"。又如《水浒传》："原来（在）宋时（代），但（只要）是犯人，徒流迁徙的，都脸上刺字，怕人恨怪，只唤（叫）做'打金印'。"这种意义的转变大约起始于周代的金文阶段。

由此进行深层引申，"印"又可解释为"印章、官印"等义。用印章盖印的时候，用的就是"按压"这一动作。

它作动词时，意思就是"盖章"。如"印署"的意思就是"盖印签押"。

而我们常说的"印制""印刷"的"印"，则是指"用油墨、染料等把文字或图画留在纸、布、器皿等材料上"。

另外，"心心相印""印证"的"印"，则是指"彼此符合"。

需要注意的是，玄学中常说的"印堂"一词中的"印"，跟这些意思都没有关系。它是个专有名词，指额上双眉之间的部位。

"印"字中的历史文化

在秦代之前，所有的图章都称作"玺"。秦始皇即位后，规定自他之后，只有皇帝的印章才能叫"玺"，其他的印章，不论官私，一律称作"印"。后来到了汉代，又出现了"章"这一名称，从而将图章分为"章"和"印"两大类：章是指用各种材料制成的作为印章物质载体的印形，一般呈方形，供私人使用；印是指能在各种物体上加盖，而产生具有单位主体同一性证明作用的痕迹的印形，它是圆的，一般是公家用的。发展至唐代以后，帝王的印章"玺"也有了另一个名字：宝，而官私印中则出现了"记""关防"等名称。

◆ 抑

【汉字溯源】

"印"就是"抑"的本字，在甲骨文和金文中，"印"即"抑"，"抑"即"印"。随着其引申义的广泛使用，为了以示区别，大约在秦代的篆书阶段，人们又造了新字"抑",来专门表示"抑按"之义。

【字形演变】

仔细观察就会发现,小篆中的"抑"字,实际上就是"印"的金文字形的反写体:左边是个弯腰弓背、腹贴大腿胸贴膝盖蹲坐着的人的象形,右上角是一只手。两部分合起来,还是指"按、压"之义,但这个字的读音为"yì"。

我们今天所用的"抑"字,实际上是由其小篆字形的俗体字发展而来的:字的右边,还被加上了一个"ϟ"(手的象形)。

自隶书阶段开始,"抑"字完全笔画化,成为真正意义上的方块字。

【字义转化】

随着汉字学和语言学的发展,"抑"字也逐渐被引申为"抑制、压制,阻止","强行、强迫"等意思。如孙文《黄花岗七十二烈士事略·序》:"不可遏抑。"意即:压制不住。另《宋史·神宗纪二》:"诏诸路散青苗钱,禁抑配。"大意是:诏令各路(政府衙门)向农民散发他们以田里的青苗作抵押的贷款,禁止强行摊派。

被压制,是件令人很郁闷的事情,所以"抑"又有"忧郁、郁闷"之义。如:抑抑,形容忧郁的样子。

"抑"还常被用做虚词,主要作连词,表选择,相当于"或是、还是",如"抑或"。它也可表转折,相当于"可是、不过",如韩愈《朱文公校昌黎先生集》:"抑又有难者。"意即:不过还是有困难之处。

它也可作句首语气助词,无实际意义。如柳宗元《答韦中丞书》:"抑又闻之。"意思是:又听到了。

服——降服

"服"(fú)字,是个跟人类的生活息息相关的汉字,基本义是"衣服,衣裳"。如王维《桃源行》:"樵客初传汉姓名,居人未改秦衣服。"意即:樵夫们刚刚传报汉朝的姓名,居民还没有换下秦朝的衣服。此义用做动词时,当"穿戴"讲。如《战国策·齐策》:"朝服衣冠,窥镜。"意即:清晨穿戴整齐,照镜子。然而事实上,这是

"服"字的假借义。它的本义，是"降服"。

【汉字溯源】

"服"是个会意字。在解析此字之前，需要先解读一个字——舟。

【甲骨文】【金文②】【隶书】
【舟】
【金文①】【小篆】【楷书】

"舟"是个象形字，本义是"船"。《说文》："舟，船也。"甲骨文字中的"舟"字，就是一艘小船的象形：两条曲线代表船帮，中间的三条线分别代表船头、船舱和船尾。金文中的"舟"字，或横着写，或竖着写，但字形都几乎与其甲骨文字形别无二致。发展至秦代的小篆阶段，"舟"字的写法转而艺术化：船身上多了一条曲线，看上去就像是系在船头的缆绳；代表船头和船尾的直线，也变成了弯线。据此字形，"舟"在隶书中笔画化为我们现在所惯用的样子。

"舟"字的字义，从古至今未发生大的变化。如今，它还是个部首字，从"舟"的汉字，多与"船"有关。如：舢、艇、艘。而"服"字的部首"月"，实际上也是"舟"。

甲骨文中的"服"字，构形比较简单：左边是一个低头弓背、身子朝左边跪着的人的象形；他的脑袋后面，是一只大手。两部分合起来，就表示用手按住某人的头部，使其屈服。寥寥几笔，使"服"字的本义"制服、降服"一目了然。

【甲骨文】【小篆】【楷书】
【服】
【金文】【隶书】

【字形演变】

金文中的"服"字，左边多了一个"舟"，右边的人也不再是跪着，而是在大手的压制下呈跟跄前行状。整个字的意思，好像是要将被制服的人装船运走。这让人不得不想到诸如"奴隶贸易"之类的历史。

在小篆中，"服"字中的"俘虏"进一步线条化，变成上身与地面平行、双臂下垂状，而押着"俘虏"的"手"，变成了"又"（yòu）。据此字形，"服"字在隶书中笔画化为我们今天所熟悉的样子。

【字义转化】

由本义出发，"服"字又可引申为"服从、顺服""佩服、信服""服侍、从事、致力""担任、承当"等义。如：服役、服职（即供职）。

而"衣服"的"服"，实际上是由"服侍"之义假借而来的。因为对于人的躯体来说，服装也只不过是为其服务的一样道具罢了。

另外，"服"还被假借为"服用"之义，即饮用或吞服药物等。如李白《庐山谣寄卢侍御虚舟》："早服还丹无世情，琴心三叠道初成。"意即：我要早服仙丹去掉人世情缘，修炼琴心三叠学道会初成。

"服"读"fù"音时，用做量词，特指中药的剂量，也写作"付"。如：两服药。

吴——顶着或扛着器物

"吴"（wú）字，在现代汉语中主要用做姓氏。吴姓发源于我国南方，人口众多。

那么，这个字是怎么来的，它的本义又是什么呢？

【汉字溯源】

"吴"是个象形字，繁体写作"吳"。甲骨文中的"吴"，主要有两种写法，都由两部分组成。

第一种写上下结构：上面是个"口"字，下面是个呈向前迈步状的人的象形——他左臂前后摆动，右臂上扬，似乎是在随时准备着扶住头顶上的"口"。

第二种呈左右结构：左边是一个迈步前行的人，头向左偏，两臂开张；右边的右臂上方，是一个"口"。这个"口"字，在上古的文字中主要有三种意思：一是人的嘴巴；二是方形或釜形的器物（陶器之类）；三是建筑物的一个部分，如"窗户""门槛""坑洞"等。能被人顶在头上或扛在肩上的，一般来说是器物。所以，"吴"字的本义就是"顶着或扛着器物"，作名词时即指"搬运工"。

【字形演变】

发展至战国时期的玺文阶段，"吴"字的结构变得更为明晰：一个人，双臂伸直呈水平状，右臂上架着一个"口"状器皿。

秦代小篆阶段的"吴"字，较之前发生了较大变化：一个人，双腿分开站立；其双臂不再直伸，而是向下弯曲；头向左偏；紧挨着头部的，就是器物"口"。整个字的线条较之前更为流畅。

隶书中的"吴"字，由其小篆字形发展而来，并完全笔画化，成为方块字：上面原呈马蹄形的"口"字变成了方形；下面的人，变成了"夨"。而原来表示头部和双臂的线条，都被拉成了直线。

后来，"吴"被简化为"吴"。若不明此字的演变历程，便很难看出它原来的意思了。

【字义转化】

"吴"字的本义，在几千年的文字演变史中，逐渐被弃置不用了。后来，它除了被用做姓外，主要被用做国名或地名。

"吴"最早是中国周代诸侯国名，约存在于公元前11世纪至公元前473年，在今江苏南部和浙江北部，后扩展至淮河下游一带。吴国灭亡后，"吴"成为这一地区的泛称。

另外，"吴"也是三国时期割据政权之一，于公元222年由孙权所建，公元280年为西晋所灭。

"吴"字中的历史文化

据《通志·氏族略》《史记·周本纪》等史料所载，三千多年前，在陕西岐山一带有一周族部落，首领被称为周太王。周太王生有长子泰伯、次子仲雍和小儿子季历。季历的儿子昌聪明早慧，深受太王宠爱。周太王想传位于昌，但根据当时传统应传位于长子，太王因此郁郁寡欢。泰伯明白父亲的意思后，就和二弟仲雍一起逃到荒凉的江南，自创基业，建立了"勾吴"古国。商朝灭亡后，周朝建立，周武王封泰伯第三世孙周章为侯，遂改国号为"吴"。

据分析，泰伯之所以以"吴"为国名，很可能与当地的人民善于制作陶器等器皿有关。

何——肩扛、担

"草木有本心，何求美人折"中的"何"（hé）字，是个使用频率很高的虚词，最常用做疑问代词，意思是：什么，如"何事"；为什么，唐代王之涣《凉州词》诗："羌笛何须怨杨柳。"也可以是哪样、怎样，如《论语·述而》："何有于我哉？"（哪一样我能有呢？）指哪里、什么地方，如唐代贺知章《回乡偶书》："笑问客从何处来。"还可以表示反问，如"何乐而不为？"

另外，它也常用做副词，意思是"甚、多么"，表示程度。如李白《古风》："秦王扫六合，虎视何雄哉！"意即：秦王横扫天下，那如老虎一样看着诸侯的气势多么雄壮啊！

但这些意思，都不是"何"字的本义。在成字之初，"何"应读"hè"音，意思是"负戈而行"。

【汉字溯源】

"何"由"亻"和"可"（kě）两个字组成，"亻"即"人"，那"可"又是什么呢？

"可"是个形声字，"口"形，"丂"（kǎo，为拐杖之形，详见于"考"字部分）声，本义是"允许、许可、同意"。《广韵》："可，许可也。"甲骨文中的"可"字，左边是一个口字，表示以口发声应允某事；右边是一根曲柄的拐杖的象形。此字的造型比较简单，从古至今在写法上没有发生太大的变化。大概在隶书阶段，"可"被写成了"口"和"丁"的组合。

由本义出发进行引申，"可"又可当"能够、可以""值得、堪""应当、应该"等意思讲。

另外，它还有个很特别的用法，就是指病痊愈了。如《水浒传》："只见宋江暴病才可，吃不得酒肉。"它作形容词时，意思是"相称、适合""善、好""合意、认为正确"等。在一些方言中，它还有"尽、满的"等义。如：可劲儿干！或是《儿女英雄传》中："他还是把一肚子话可桶儿的都倒出来。"

另外，"可"还常被用做连词、副词、助词等虚词，意思如下：

1. 可是、却。如元代关汉卿《窦娥冤》："可怎生糊突了盗跖、颜渊。"跖，传说是春秋末年奴隶起义的首领，过去被诬称为"盗跖"。颜渊，孔子弟子，被推崇为"贤人"。盗跖、颜渊，这里泛指坏人和好人。所以这句话的意思是：可是怎么竟混淆了坏人和好人！

2. 大约、近似。如唐代柳宗元《至小丘西小石潭记》："潭中鱼可百许头。"意即：潭中约有一百条鱼。

3. 表示程度。例如：可好看了！

4. 表示久望而获。如：你们可算能挣钱了！

5. 用在反问句里加强反问语气。如：都这么说，可谁见过呢？

【甲骨文】【小篆】【楷书】何
【金文】【隶书】何

在"何"字中，"可"为声部，没有实际意义。但有意思的是，仔细观察就会发现，甲骨文和金文中的"何"字，跟"可"并无关系。这是怎么回事呢？

原来，"何"本是个象形字，本义是"负戈而行"。这个字的创作灵感，来源于扛着长戈、喊着口号迈步向前的士兵。甲骨文中的"何"字，就像是这样一位士兵的象形：他面朝左边，肩上扛着长戈，戈头垂在身后，双手搭在胸前的戈柄上，雄赳赳地迈步向前；他那大张着的嘴巴，好似他正在喊着口号。如此，"何"的本义被表达得分外传神。

由此义进行引申，"何"又可解释为"扛着、背负、承荷"等义。也就是说，"何"实际上是"荷"字的初文。如《周易·大畜卦》："何天之衢。"意即：担负着朝中大事。

【字形演变】

金文中的"何"字，脱胎于其甲骨文字形，但也有所变化：虽然整个人还是朝向左边的，但他的头却转向了身后，似乎是在察看戈头；他的双手不再搭在戈柄上，而是垂在了胸前；原来的双腿也变成了一条。但"负戈"之义，还是看得出来的。发展至秦代的篆体阶段，"何"字的构形突然另起炉灶：变成了"人"形"可"声的形声字。此后各种字体中的"何"字，皆由此发展而来。

【字义转化】

由"背负"之义,"何"又可解释为"蒙受""承蒙"等义。如《诗经·商颂·长发》:"何天之休,不竞不绿。"意即:承蒙上天的福祥,不相争来不贪求。

如果看到一队整装待发的士兵,人们自然会心生疑问:"他们要到哪里去?"由此,"何"被借用为疑问代词,后又成为副词。随着这些意思的广泛使用,为了以示区别,人们又在"何"字上加了个"艹"字,创造了形声字"荷",来表示"负荷"等义。此后,"何"基本上就专作虚词用了。

在古文中,"何"还常通"呵",意思是"谴责、呵斥"。如《史记·秦始皇本纪》:"陈利兵而谁何。"意思就是说:以精锐部队进行布防,遇到可疑之人,就喝问他是谁。

"何"字中的历史文化

"何"还是中华姓氏之一。相传上古时,有一些以河流为图腾的氏族,就以"河"为族名而称"河氏族"。因"何""河""荷"三字音同,所以他们又称"何氏族"或"荷氏族"。这些氏族所居住的地方,名字中也往往含有"何"或其同音字,如山东菏泽即是。据说在黄帝时代,以皇帝之子少昊为首领的东夷部落有一个分支叫归夷,归夷的一个以河为图腾的何氏族,在菏泽建立了何国,子孙以国为姓,从而使得世上有了何姓。

人们往往以"何郎"来称呼喜欢修饰打扮的青年男子或美男子,但却很少有人知道这是为什么。原来,此词典出三国时的魏国驸马何晏。何晏仪容俊美,平日里喜欢修饰,粉白不离手,行步顾影,人称"傅粉何郎","何郎"一词由此传世。

为——牵着大象去干活

"为"(wéi)字,基本义是"做、干、搞"。如"事在人为"。它也可以作"充当"讲,如《论语·为政》:"温故而知新,可以为师矣。"意思是说:温习旧的知识,进而懂得新的知识,这样的人就可以做老师了。

那么，这些意思是怎么来的呢？"为"字的本义又是什么呢？

【汉字溯源】

要了解"为"的造字原理及本义，得首先解读一个字：象。

【甲骨文】【金文②】【隶书】
【金文①】【小篆】【楷书】

"象"（xiàng），象形，本义指"哺乳动物大象"，后引申为"形状、样子"。甲骨文中的"象"字，就是一幅关于大象的绘画，虽然只有寥寥几笔，但若将其逆时针旋转90°，一头活生生的大象就呈现在了眼前：长而卷曲的鼻子，大大的脑袋，圆圆的眼睛，尖利的象牙，硕大的身躯以及腿和尾巴，无一不备。周代早期的金文中，"象"字的样子还是比较像大象的，只是象牙弯曲了，象的身躯也变成了强调皮肤纹理的"梳子"状。

但周代晚期的金文中的"象"字，就不那么形象了，无论是鼻子、脑袋，还是身躯，都严重走样。至秦代的小篆阶段，"象"字的写法得到了矫正，回归到了早期金文中的样子，并更为规整。至隶书阶段，"象"字完全笔画化，并逐渐发展为我们今天所熟悉的样子。

那么，"为"字又和"象"字有什么关系呢？

【甲骨文】【小篆】【草书】【简体】
【金文】【隶书】【楷书】

"为"是个会意字，繁体写作"爲"。仔细看看，就不难发现甲骨文中的"爲"字，下面是一只大象，大象的鼻子上，画了一只手。两部分组合起来，就表示"用手牵着大象"。这是在干什么呢？原来，在上古时期，我们的祖先就成功地驯化了大象，使其成为人类生产劳动中的得力助手，即所谓的"役象以助劳"。所以，"为"的本义就是"牵着大象去劳动"。

【字形演变】

甲骨文至秦代的小篆阶段的"爲"字，都是"手"和"象"的组合。

在金文中，原来表示"手"的三杈状图案变成了"爪"状，此后也未再发生大的变化。而下面"象"的写法，也与"象"字本身在各个阶段的写法保持一致。

发展至隶书阶段，"爲"字的写法完全笔画化，较之前发生了根本性的变化："手"和"象鼻"被合组在一起，成了"夕"，大象的"身躯"和尾巴变成了"彐"，而下面的"灬"则代表四肢。若不了解它的演变历史，是很难看出它的本义了。

楷书中的"爲"，就由此发展而来因其字形十分复杂，后来简写为"為"。

由于其结构依然较为复杂，不易识记和书写，所以人们又根据怀素的草书字形，将"為"简化为"为"。

【字义转化】

"为"的基本义，是由其本义引申而来的。经过几千年的发展演变，如今的"为"，用法变得极其多样化。

1.治理。《小尔雅》："为，治也。"如《世说新语·排调》中的"诸葛瑾为豫州"，意思就是：诸葛瑾治理豫州。

2.变成，成为。如《世说新语·自新》："终为忠臣。"意即：终于成了忠臣。

3.是。如：10千米为一站。

4.以为，认为。如《大唐三藏取经诗话》："我将为无人会使此法。"

5.学习，研究。如《韩非子》："群臣为学，门子好辩，商贾外积，小民右仗者，可亡也。"

"为"也是个常用的介词，常与"所"合用，用以引出动作行为的主动者，相当于"被"。如：不为表面现象所迷惑。它也可作助词，用于句尾，表示反诘、疑问，多与"何"相配合使用。如：何乐而不为？此外，"为"还可用做连词或后缀。

"为"亦可读"wèi"音，作动词时意思是"帮助、卫护"；作介词时表示行为的对象，相当于"替、给"，也可表示原因或目的。如为人民服务，为生活奔波。

"为"字中的历史文化

象的躯体魁伟庞大，是世上现存最大的陆地动物。但象并不笨拙，它生性聪明，通人性，虽行动缓慢，但跋山涉水如履平地，陡峭山路视若坦途。所以，盛产大象的亚非地区自古就有利用象做运输工具、当邮差的传统。据考证，首先被驯化的是亚洲象，主要用于农业。"为"字的造字结构，就告诉人们这样一种历史：在殷商时期，我国黄河流域、中原地区气候湿热，大象大量繁生。我们的祖先很好地利用了这种动物，成功地将其驯化，使之像今天的牛、马一样帮人劳作。

另外，大象那让人望而生畏的体态、巨力更是兵家青睐的战斗力，它被很多国家成了有力的作战武器。大约在公元前12世纪左右，中国的商朝人最先将象编入军队。传说，暴君商纣王就曾用战象队讨伐过"东夷"。

豆——古代一种盛食物的器皿

"红豆生南国，春来发几枝"的"豆"（dòu）字，是与人们的饮食和生活息息相关的一个字眼，其基本义是指"豆类植物的总名"。如"豌豆""黄豆""绿豆"等。

那么，"豆"字的本义又是什么呢？原来，它是指古代的一种用于盛装食物的器皿，相当于"碗"。

【甲骨文】 【小篆】 【楷书】
【金文】 【隶书】

【汉字溯源】

"豆"是个象形字。甲骨文中的"豆"字，看上去就像是一只高脚的碗状器皿，碗口内的一横，表明碗内装着食物。由此，"豆"字的本义就很明确了。《说文》："豆，古食肉器也。"据考证，这种器皿的基本形制是高足、圆腹，也有少数是方腹的、腹部深浅不等，或有盖，或没盖；有的铸有两耳。

"豆"是上古时期的盛食器和祭祀用的礼器，新石器时代晚期开始出现，最早用于盛放黍、稷等谷物，后逐渐用于盛放腌菜、肉酱等食物。作为礼器的"豆"，常以偶数成组使用。如《礼记·郊特牲》："鼎俎奇而笾豆偶。"意思就是：鼎要用奇数，而豆要用偶数。

【字形演变】

从古至今，"豆"字的字形变化并不大。金文中"豆"字，承袭了其在甲骨文中的写法，只是碗口上方多出来一横，可能是为了表示"碗盖"。发展至小篆阶段，"豆"字的写法被简化了，碗内表示食物的一横被去除，可能是为了书写方便。隶书中的"豆"，便成了我们今天所熟悉的样子。

【字义转化】

"豆"既然是一种器皿,自然就有一定的容积,所盛的东西也有一定的重量。所以在古代,"豆"又被作为容量单位和重量单位使用:四升为一豆。《左传·昭公三年》:"四升为豆。"十六黍为一豆,六豆为一铢,二十四铢重一两,十六两为一斤。《说苑·辨物》:"十六黍为一豆。"

古代的豆类植物称"菽",大约从汉代开始,"豆"被假借为"菽"的同义词,其基本义由此诞生。如今,形状像豆子的东西也常被称为"豆",如"土豆""金豆"。

"豆"字中的历史文化

考古专家们在现实的考古工作中,发现了很多与"豆"字相对应的实物。这种器皿有很多不同的种类,依制作材料的不同,它可分为用木头制成的"木豆"、用竹子制成的"竹豆"以及陶制的"瓦豆"等。在古代,它们的称呼也有所不同,如《尔雅·释器》:"木豆谓之豆,竹豆谓之笾,瓦豆谓之登。""豆"的这种"象形"造字法,将先祖们发明和创造出来的许多物体的样子反映在了汉字中,这些字与深埋于地下的古文物、漂浮于历史长河中的传说一起,见证着远古文明的璀璨和沧桑,也为现代人了解古人的生活状况提供了最为难能可贵的路径。

曾——一种炊具

"曾"(céng)字,是个常用的副词,基本义是"曾经"。如王维《老将行》:"一身转战三千里,一剑曾当百万师。"意即:一生辗转作战行程三千里,一把宝剑曾抵挡过百万雄师。又如白居易《琵琶行》:"同是天涯沦落人,相逢何必曾相识。"

关于这个字的本义,《说文》中说:"曾,词之舒也。"其实这是不了解"曾"字起源的错误说法。汉字中的虚词,大多都是由实词借用而来的,"曾"字也不例外。

说文解字

【汉字溯源】

"曾"是个象形字，本义是指一种用以蒸熟食物的炊具，即"甑"（zèng）。也就是说，"曾"为"甑"的初文。甲骨文中的"曾"，就如同描摹"以甑蒸饭"这一情景的绘画：下面的"田"字代表甑中用来放置食物的箅子，上面向上升的两笔代表升腾而起的蒸汽。

【字形演变】

金文中的"曾"字，又在其甲骨文字形下面添了个"口"字，代表箅子下面盛水用的锅，也就是古代的鬲。发展至秦代的小篆阶段，"曾"字的字形又有了一些变化：上面的"气流"变成了"八"字形结构；中间的"箅子"变成了"罒"字形结构；下面的"锅"中又虚增了一横，以示锅中有水。后世各种字体中的"曾"字，都是在此基础上发展而来的。

【字义转化】

随着社会的发展和汉字、汉语的演进，"曾"渐渐被借用为虚词。为了避免词义难辨的情况，人们又开始寻思创造新的"曾"字。由于上古时的甑多为陶制品或瓦制品，所以人们就在"曾"字的右边加了一个"瓦"字，造出了形声兼会意字"甑"，专门表示"曾"字的本义。

"曾"读"céng"时除用做副词"曾经"外，还常作形容词，通"层"（層），意思是"重叠"。如《管子·轻重戊》："有虞之王，烧曾薮，斩群害，以为民利。"大意就是：虞舜时代，实行了火烧重重山林、消除群害、为民兴利的政策。

它也可读"zēng"，可作形容词、动词、副词或连词，表示如下意思：

1. 重，指中间隔两代的亲属关系。如：曾孙。

2. 谦辞，意为"末"。如：曾臣，即"末臣"，是古代诸侯对天子自称的谦辞。

3. 通"增"，意思是"增加"。如《孟子·告子下》："所以动心忍性，曾益其所不能。"意即：以此来使他心理受震动、性格变坚韧，增加他所缺少的才能。

4. 乃，竟，难道。如《列子·汤问》："曾不若孀妻弱子。"意思是：竟然还不如寡妇和小孩子。

5. 表示相承，相当于"则、是、就"。如《淮南子》："三代与我同行，五伯与我齐智，彼独有圣智之实，我曾无有闾里之闻、穷巷之知者何？"意即：夏、商、周三代开国君主和我德行相同，春秋五霸和我智力相等，他们偏偏享有名实相符的"圣智"

声誉，而我却在乡里穷巷中无人知晓，这是为什么呢？

"曾"字中的历史文化

曾（zēng）也是一个姓氏。相传大禹姒姓部落的一支发明了甑。在上古时期，这是一项有利于提高人类生活质量的伟大发明，很快就受到了各个部落的欢迎。为了显示这项了不起的成就，这一氏族就以甑为图腾和族名，"曾氏族"由此诞生。其族人所居之地，也多以"曾"或与"曾"通用的"缯""鄫"等字命名。相传禹的后裔曲烈被封于古城在今河南方城北的缯邱，建缯国。后来缯国几经迁徙，于西周初年到了今山东苍山西北的鄫地，于是又称"鄫国"。春秋时，鄫国为莒国所灭，四散的后代有取离开故城之义、舍"鄫"字中的"邑"而以"曾"为姓者，从而使得曾姓成为中华姓氏之一。

具——准备饭食或酒席

"具"（jù）字，是个十分常用的名词，基本义是"用具、器械"。如贾谊《新书·过秦论上》："实战之具。"意即：用于实战的器具。它还是个比较特别的量词，用于尸体、棺材和某些器物。如：一具尸体，座钟一具。

但如果追溯到几千年前就会发现，成字之初的"具"字，实际上是一个动词，意思是"准备饭食或酒席"。

【汉字溯源】

"具"是个会意字，在解析它之前，我们需要先解读另一个字：鼎。

"鼎"（dǐng）是个象形字，本义是指古代用于烹煮和盛装食物的一种器物。这种炊具最早是由黏土烧制而成的，后来又基本上都由青铜铸成，多为三足、两耳的圆形鼎，也有四足的方鼎，有的有盖，有的没有。《说文》："鼎，三足两耳，和五味之宝器也。"

【鼎】

[甲骨文] [金文②] [隶书]
[金文①] [小篆] [楷书]

甲骨文中的"鼎"字，就是一尊鼎的象形：上面是两只鼎耳，中间部分是鼎腹，下面是鼎足。

商代金文中的"鼎"字，更为简约，虽只几笔，但鼎耳、鼎腹、鼎足，样样俱全，十分形象。

周代金文中的"鼎"字，则沿袭了甲骨文的写法，并有所变化：鼎耳和鼎腹变成了"目"字形结构，下面的鼎足，则变成了"兆"形。此后各种字体中的"鼎"字，皆由此发展而来。

传说夏禹曾收九牧之金铸九鼎于荆山之下，以象征九州，并在上面镌刻魑魅魍魉的图形，让人们警惕，防止被其伤害。自从这个传说诞生，鼎就从一般的炊器发展成传国重器，被视为国家和权力的象征，或置于宗庙作铭功记绩的礼器。"鼎"字也被赋予"显赫、尊贵、盛大"等引申意义，成为"帝王""重臣"等的代名词。如：一言九鼎、大名鼎鼎、鼎盛。

同时，"鼎"字也成为汉字构造的一个元素，与其他字一起，组成许多新的汉字，"具"就是其中一个。

【具】

[甲骨文] [小篆] [楷书]
[金文] [隶书]

甲骨文中的"具"字，由两部分组成：上面是一个"鼎"，下面是一"左"一"右"两只手的象形，组合起来就表示用双手捧着鼎。鼎是炊具，捧着鼎就表示在准备饭食或酒宴。

【字形演变】

发展至金文阶段，为方便书写，"具"中"鼎"字的"足"被省略不用了。此后各种字体中的"具"字，皆由此发展而来。

在隶书阶段，"具"字的写法完全笔画化：下面的两只手被写成了一横下加两点的样子，并与上面的"鼎"，即目字连在了一起。

【字义转化】

由本义出发，"具"被引申为"准备、备有""完备、详尽""器具""酒席、饭食"等义。如《广韵》："具，备也，办也。"另《史记·司马相如列传》："今有贵客，为具召（准备酒席招待）之。"《战国策·齐策四》："食以草具。"意即：拿草当饭吃。

它也常被假借为"俱"，表示"全、都"。如范仲淹《岳阳楼记》："政通人和，百废具兴。"意即：政事顺利，百姓和乐，许多已废弛不办的事情都兴办起来。

需要注意的是，今天常说的"知名不具"中的"具"，是"题、写"的意思。

即——去吃饭

"即"（jí）字的基本义是"接近、靠近、走向"，与"离"对举，如"若即若离""可望而不可即"。又如《诗经·卫风·氓》中有"匪来贸丝，来即我谋"的句子，意思是：他不是来交换蚕丝的，而是前来和我商量婚事的。这一基本义，与其本义相关。

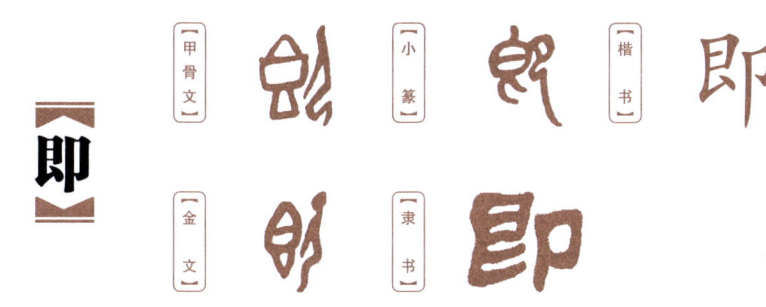

【汉字溯源】

"即"是个会意字。其甲骨文字形，由左、右两部分组成：左边是一只"豆"（上古时期用于盛饭的器具，相当于现在的碗），它上面那高高隆起的三角形部分，就是香飘四溢的食物；右边是一个跪坐（这是我国古代人民常用的一种坐姿）着的人，他上身前倾，想要去吃豆中的食物。两部分结合起来，形象地诠释了"即"字的本义：去吃东西。《说文》："即，就食也。"另《周易·鼎卦》："鼎有实，我仇有疾，不我能即。"大意是：鼎中有食物，但妻子有病，不能同我一起进餐。

【字形演变】

在周代早期的金文中，"即"字的字形发生了变化：左边盛有食物的豆，底座变成了倒三角形；右边的人也不再跪坐，而成了半立式。小篆中的"即"，较之前变化更大，无论是左边的豆还是右边的人，都已让人无法释读出原来的意思。隶书中的"即"则初步笔画化了，左边成了"皀"，右边成了"卩"。后来，经过楷化，"即"字又被写作现在的样子。

【字义转化】

人想要进食，就必须先靠近食物，所以，"即"字的基本义"靠近"就被引申了出来。

由此再进一步引申，"即"又可解释为"走上、登上"。如《左传·隐公元年》："及庄公即位，为之请制。"大意是：等庄公登基后，武姜就替共叔段请求分封到制地去。

它还有"那就是说、那就是"的意思，如《左传·襄公八年》："民死亡者，非其父兄，即其子弟。"意即：死去的人，不是他的父亲或兄长，就是儿子或弟弟。

"即"作名词时，主要有两种意思：第一，指"当下""目前""现在"，如"成功在即"；第二种意思比较特别，即指"烛头的灰烬"，如《管子》中"左手执烛，右手折即"一句，意即"左手拿着蜡烛，右手掐去烛头的灰烬"。

"即"还被广泛用做连词，表示转折、假设等。如刘向《列女传》："即有不称。"大意是"如果不能称（将军之职）"，也就是打败仗。

既——已经吃饱了

"既"（jì）字是个使用率很高的虚词，常作副词，基本义是"已经""完毕、完了"。《战国策·燕策》："既祖，取道。"大意是：祭完路神之后，就要上路了。祖，临行前祭拜路神，引申为"饯行送别"。另清代龚自珍《病梅馆记》："既泣之三日。"意即：已经为（它）哭泣了三天。

与"即"字一样，"既"字的基本义也是由其本义直接引申而来的。

【汉字溯源】

"既"是个会意兼形声字，从"皀"，从"旡"（jì，本义是"打嗝儿"）。"旡"同时也表音。其构字特征与"即"字相仿，但意思相反。甲骨文中的"既"，主要有两种结构：一种为左中右结构，一种是左右结构。前者为一左一右两个人，各自背对中间装满食物的豆跪坐着，他们张着大嘴在打饱嗝，似乎是在告诉人们："我们已经吃饱了！"后者只有一个人，张大嘴巴打着饱嗝、背对盛满美食的豆跪坐。无论是哪种结构，都明确地表达出了"既"字的本义：已经吃罢、吃饱了。《礼记·玉藻》："君既食。"意即：大王已经用过饭了。

由此本义，"既"的基本义就出来了。随着"餍""饱"等表示"吃饱"之义的字的诞生，"既"渐渐充当虚词用了。另外，如今人们习惯将"月食"与"日食"食尽时的状态称作"食既"，这也是由"既"的本义引申而来的。

【甲骨文①】 【金文】 【隶书】
【甲骨文②】 【小篆】 【楷书】

【字形演变】

发展至金文阶段，"既"字左边的"豆"和右边的"人"都发生了明显的变化，线条更为流畅圆润。而且，与"即"字一样，其左边原本跪坐着的人，此时也站了起来，但依然背对着豆，张大嘴巴。"既"字的小篆字体，较之前变化巨大，无论是左边的豆还是右边的人，都已经很难被认出来了。而隶书中的"既"，已完全地具备了方块字的笔画特征，变成了左"皀"右"旡"形，与其先前的各种字形，毫无相似之处了。

【字义转化】

作为虚词的"既"字，除了基本义外，还有很多不同的用法。它常与"则""就""那么"相呼应，相当于"既然"。如《论语·季氏》："既来之，则安之。"意即：既然把他们招抚来了，就要把他们安顿下来。它与"且""又""也""还"等词配合使用时，表示同时具有两种情况，如：既坚持原则，又灵活运用。它还有"才"之义，如杜甫《观公孙大娘弟子舞剑器行》："与余问答既有以，感时抚事增惋伤。"意即：和我交谈才弄清了原委，回忆起往事更增添悲伤。

"既"也可当"不久、随即"讲，如《盐铁论·毁学》："昔李斯与包丘子俱事荀卿，既而李斯入秦。"意思是：当初，李斯和包丘子同在荀况门下学习，不久，李斯到了秦国。

说文解字

卿——两人面对面吃东西

"卿"（qīng）字，是对古代高级长官或爵位的称谓，位在"公"之下，大夫之上。汉以前有六卿，汉设九卿，北魏在正卿之下还设有少卿，以后历代相沿，直至清朝末年才被废除。《礼记·王制》："诸侯之上大夫（曰）卿。"如今，这个字用得越来越少，主要见于人名当中。但是，它在古籍当中的出现率非常高，所以，了解它的来龙去脉，对于古文献的阅读、汉字历史的研究等，是非常有帮助的。

【甲骨文】 【小篆】 【楷书】
【金文】 【隶书】

【汉字溯源】

"卿"是个会意字。甲骨文中的"卿"字，构字思路与"即"（jí）字基本一致，只是人变成了两个：他们面对面跪坐，对着置于两人中间的盛满食物的豆，一起开动，呈现出一幅狼吞虎咽状。这幅景象，淋漓尽致地表达出了"卿"字的本义：两人对坐而食，也就是两个人面对面地吃东西。

【字形演变】

金文中的"卿"字，由其甲骨文字形发展而来，只是两边的人由跪坐状变成了站立状，他们的膝盖弯曲，臀部略下沉。发展至秦代的小篆阶段，"卿"字的写法进一步线条化。进入汉代以后，经过隶变和楷化，"卿"字两边的人逐步演化为"卯"，而中间装满食物的豆也渐渐变成了"皀"，让人再也无法看出它本来的意思了。

【字义转化】

由于在古代，像这样对坐而食的两个人，有可能是君与臣，长与幼，夫与妻，也有可能是两个要好的朋友，所以，"卿"逐渐又成为古代君对臣的称谓，或古代朋友、夫妇间的称呼。如在古装影视剧中，我们经常会听到君主称呼大臣为"爱卿"。而《孔雀东南飞》中的"我自不驱卿，逼迫有阿母"一句，就是焦仲卿对妻子所说的话，意思是：我自然不会驱赶你，但无奈母亲苦苦相逼。

后来，这个字又被广泛用于第二人称，表示尊敬或亲昵，有时也含有讥讽的意味。如著名思想家、文学家、政治家、儒家学派代表人物荀子，就被时人称为"荀卿"。成语"卿卿我我"，则用来形容男女间非常亲昵。再如《红楼梦》中："机关算尽太聪明，反误了卿卿性命。"

"卿"又被借用为"公卿"的"卿"，成为对高级长官或爵位的称谓。另外，古人也将从其他诸侯国来到本国做官的人称做"客卿"。如《史记·李斯列传》："秦王拜斯为客卿"。意即：秦王授予李斯"客卿"之职。

乡——两人对坐而食

"乡"（xiāng）字，基本义是"乡村"，与"城市"相对，指城市外的区域。那里的居民以务农为主要生活来源，人口也较分散。如：穷乡僻壤。

但有意思的是，在几千年前，这个字实际上与"卿"为同一个字，意思是"两人对坐而食"。也就是说，"乡"是在"卿"字基础上分化出来的汉字。而由"乡"，还有一个汉字"飨"被分化了出来。

◆ 乡

【汉字溯源】

要真正读懂"乡"字，需要先掌握一个字："邑"（yì）。

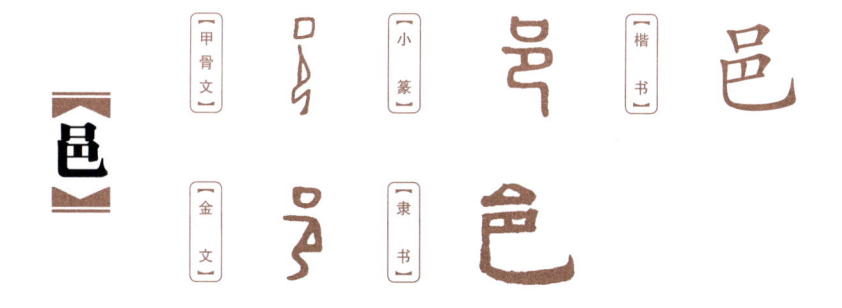

邑	【甲骨文】	【小篆】	【楷书】邑
	【金文】	【隶书】	色

"邑"是个会意字。甲骨文中的"邑"字，上面是个方框，代表围墙或疆域；下面是个面朝左跪坐着的人，代表生活在围墙或疆域之内的人。所以，"邑"的本义是"人聚居的地方"。

在城市诞生之后，"邑"就成为"城邑""城镇"的代名词。

金文中的"邑"字，由其甲骨文字形发展而来，但处在下面的人的姿势稍有变化：成为低头蹲坐状。发展至小篆阶段，原来坐着的人彻底成了俯首跪地状。历经隶变和楷化，至楷书时，"邑"字完全笔画化，成为上"口"下"巴"的结构。

后来，"邑"的意思进一步扩大为"国"。《说文》："邑，国也。"它也可特指"国都、京城"，如"商邑"就是指"商朝的都城"。

另外，它也是对诸侯的封地、大夫的采地的通称。如《战国策·燕策》："邑万家。"

"邑"还曾被用来指"县"。如"邑人"就是"同乡的人"。

"邑"作部首时写作"阝"（在右）。从"阝"的汉字，大多与城镇、地名有关。如：邦、郊、郡。

"乡"的繁体写作"鄉"，是个会意字。甲骨文和金文中的"鄉"字，写法与"卿"字完全相同，意思也一模一样。

在"卿"字的引申义被广泛使用而本义渐渐被弃置不用，人们就将这个字进行了一些改造：在面对面坐着的两个人的头上，各加了一个"口"字，以此来表达"两人对坐而食"。但是，由于跪坐的人头上顶个"口"字，也是"邑"字的写法，所以"鄉"也可以看成是两个"邑"字中间有着满豆的食物。

由"邑"的本义出发，这种字形便有"生于此地、吃于此地"之意，所以它很快就被赋予了新的意思"家乡"，也就是人们"自己生长的地方或祖籍"。其读音也变成了"xiāng"。

将"家乡"之义和本义结合，"鄉"字就又可解释为（在家乡的主人）"宴请他人"，或"用酒食招待别人"。

【字形演变】

发展至隶书阶段，"鄉"字左边反写的"邑"变成了"乡"形，右边的"邑"字则变成了"阝"，而中间盛满食物的豆，则变成了"皀"。自此，"鄉"字的写法基本固定。

后来，按照"局部删除"和"偏旁代替"的方法，"鄉"被简化为"乡"。

【字义转化】

随着社会发展的需要，"乡"又被假借为行政区域名，成为中国行政区划基层单位，属县或县以下的行政区领导。它的规模，各代均有不同。而如今广泛使用的"乡村"之义，是"乡"字的引申义。

"乡"用做动词时，通"向"，读"xiàng"音，意为"面对着"。如《史记·田单列传》："东乡坐。"意即：面向东坐着。

随着这些意思的广泛使用，"乡"字的本义以及"用酒食款待别人"等义，都渐渐偏废了。所以，人们又在"鄉"字下面加了个表意的"食"（shí）字，创造了会意兼形声字"饗"（xiǎng），来表达这些意思。"饗"后来被简化为"飨"。

◆ 飨（饗）

【汉字溯源】

"飨"是个形声字，"乡"声，"食"形。在解析这个字之前，我们先得摸清"食"字的来龙去脉。

"食"是个会意字。甲骨文中的"食"字，由上、下两部分组成：下部是个盛满了食物的"豆"，两边的两个点代表食物已经满而溢出了；上面的三角形结构代表的则是食器的盖子。所以，"食"的本义就是"食物""食品"。后世各种字体中的"食"字，都是由其甲骨文字形演变而来的。

后来，"食"的意思被逐渐扩大，成为"粮食"的通称。《汉书·食货志》："食，谓农殖嘉谷，可食之物。"

作动词时，它的意思是"吃"。如：废寝忘食。

它还有"亏损"之义，尤指日蚀或月蚀。如《周易·丰卦》："日中则昃，月盈则食。"意即：太阳到了正午就要偏西，月亮盈满之后就要亏缺。

"食"还可读"sì"音，指拿东西给人吃（后写作"饲"）。如《诗经·小雅·绵蛮》："饮之食之，教之诲之。"意即：喂养他，教育他。

此外，它又被用来泛指"饲养、喂养、供养"。如韩愈《杂记》："食马者不知其能千里而食也。"意即：喂马的人不知道它能够日行千里，而没有好好喂养它。

真正的"饗"（飨）字诞生于小篆阶段，为上"鄉"下"食"形。它的本义与"卿""乡"二字的本义是相同的，即两个人面对面坐着吃东西。但由于"乡"字本身的意思发生了变化，所以它很快也被用来表示"乡人相聚宴饮"以及"用酒食款待别人"等义。《说文》："飨，乡人饮酒也。"

【甲骨文】【金文】【小篆】【隶书】【楷书】【简体】

【字形演变】

小篆至隶书阶段的"饗"字，都是上下结构，写法与各阶段的"鄉""食"二字的写法相对应。后来，按照"局部删减"的办法，它被简化为"飨"。

【字义转化】

除此之外，"飨"又被引申为"祭献""犒赏、赏赐"等义。如：飨坟，指用酒食祭扫坟茔。另《史记·项羽本纪》："旦日飨士卒。"意即：第二天犒赏了士卒。

另外，"飨"还可通"享"，意为"受，享受"。如：以飨读者，即以此让读者有所享受。

臭——闻气味

"朱门酒肉臭，路有冻死骨"中的"臭"（chòu）字，主要用做形容词，表示（气味）难闻，跟"香"相对，如"臭不可当""臭皮囊"等。经引申，它也可指"惹人讨厌的"，如"瞧他那副臭架子"；"不高明的，拙劣的"，如"这棋下得太臭了"；"（子弹等）坏的；失效"，如"真倒霉，又一发子弹臭了"。

但在成字之初，"臭"却是个动词，读"xiù"，意思是"闻气味"，换句话说，

"臭"是"嗅"的初文。

【汉字溯源】

"臭"是个会意字，从犬，从自（鼻）。甲骨文中的"臭"字，看起来极其形象：上面是一个"鼻子"的象形，下面是一条仰着头、前脚离地而立的狗的象形。

狗是嗅觉非常灵敏的动物，所以我们的祖先就用"鼻子"和"狗"的组合，来表达"闻气味"这样一种动作，可谓贴切至极。《说文》："禽走臭而知其迹者，犬也。"大意是说：用鼻子一闻，就能知道（先前经过此地的）禽鸟的去向者，非狗莫属。

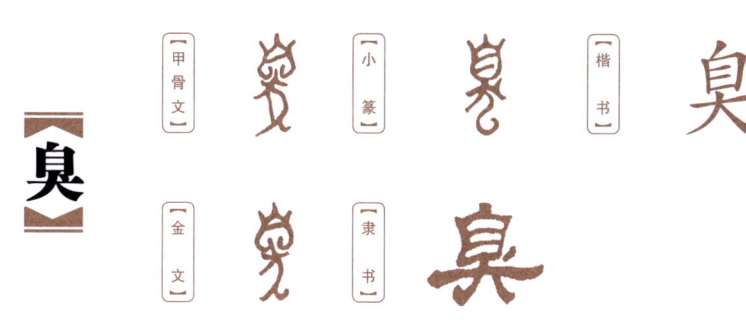

【甲骨文】 臭	【小篆】	【楷书】 臭
【金文】	【隶书】 臭	

【字形演变】

金文阶段的"臭"字，写法跟其甲骨文字形十分相像，只是其中用于描绘狗的腹部轮廓的一竖被省略掉了。发展至秦代的小篆阶段，"臭"字的写法发生了较大变化：上面的鼻子变成了没有鼻孔的"自"，下面的狗也变成"犮"形，看起来不太像狗了。隶书中的"臭"字则完全笔画化：上面变为"自"，下面成了"犬"。自此，此字的写法基本固定下来。

【字义转化】

朱骏声《说文通训定声》中说："人通于鼻者谓之臭。臭者，气也。"由于所闻的都是"气味"，所以"臭"字又被引申为名词"气味"，它包括香气和难闻的气味。如《周易·系辞上》："同心之言，其臭如兰。"大意是：同心同德的人发表一致的意见，说服力强，人们就像嗅到芬芳的兰花香味容易接受。由名词进一步引申，"臭"还能当形容词。值得一提的是，作形容词的"臭"字，读音也跟着发生了变化，音"chòu"。

另外，"臭"还能用做副词，表示程度很深，相当于"狠狠地"。如："张员外得知消息后，气愤异常，下令将小三儿臭打了一顿。"

在"臭"被引申为名词"气味"之后，为了以示区别，人们又在"臭"字前加了一个形符"口"，创造出了"口"形"臭"声的形声字"嗅"，专门表示"闻气味"之义。

说文解字

字——生孩子

"字"（zì）字，基本义是"文字"，即用来记录语言的符号。如《汉书·艺文志》："说五字之文，至于二三万言。"意即：阐释只有五个字的文章，也能写出两三万字来（极言烦琐）。

然而，"字"的本义却是"生孩子"。

【汉字溯源】

"字"是个会意兼形声字，从"宀"（mián），"子"声。要读懂这个字，首先得了解"宀"字。

【甲骨文】 【小篆】
【金文】 【楷书】

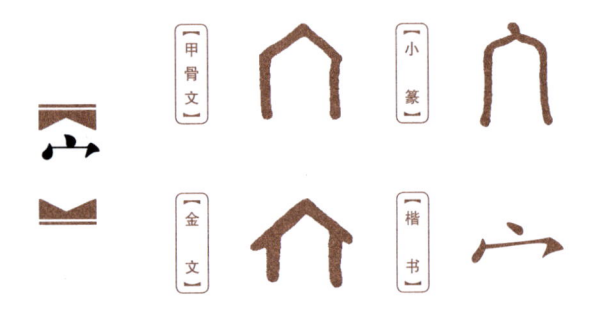

"宀"是个象形字，在古代曾作独体字使用，意思是"房子"。

甲骨文中的"宀"字，是一座房子的侧视图，房顶和墙壁的轮廓都被形象地描绘了出来。金文中的"宀"字，较其甲骨文字形更为形象，房顶跟墙壁相接的地方，还有屋檐露了出来。发展至秦代的小篆阶段，"宀"字的写法进一步线条化，房顶变成了圆形的，看起来更像是个蒙古包。而楷书中的"宀"则完全笔画化，成为真正意义上的方块字。

"宀"字一般不单独使用，而是被作为部首，俗称"宝盖头"，与其他汉字一起组成新的汉字。从"宀"的汉字，多与"房屋"有关，如"宅""庙""寓"以及"字"。

结合"宀"与"子"二字的演变流程，对于"字"的解析就容易许多。

"字"的甲骨文字形，上部是一幢房子的侧视图，底下是一个形姿活跃的婴儿，合起来就表示"在屋内生孩子"。由此，其本义"生孩子"就被表达了出来。《广雅》："字，生也。"《山海经·中山经》："苦山有木，服之不字。"大意是：苦山上有一种草，女人要是服用它，就会生不了孩子。

【字】

【甲骨文】字 【小篆】字 【楷书】字
【金文】字 【隶书】字

随着社会的发展，"字"的意思逐渐被引申了。它可表示"怀孕"，如"字马"即怀孕的马。也有"抚养、养育、教养"之义，如柳宗元《种树郭橐驼传》中的"字而幼孩"一句，就是"养育孩子"的意思。而人们常说的"字孤"，就是"抚养孤儿"。它还可表示"爱"，如《尚书·周书·康诰》中的"于父，不能字厥子"一句，意思就是"做父亲的不疼爱自己的儿子。"

"字"的一个很特别的引申义是"女子许嫁"。茅盾的《动摇》中，就有一句很经典的话："待字的大姑娘，也得拿出来抽签。"这里的"待字"就是"待嫁"。

【字形演变】

甲骨文中"字"，其中的"子"，采用的不是它的甲骨文字形，而是其在商末周初的金文中的字形。这可能是由于"字"就诞生于商末，也就是甲骨文和金文并用的过渡期。此后的金文至楷书中，"字"在各个历史阶段的各种字体中的写法，基本上与该字体中的"宀"和"子"字的写法相对应。

【字义转化】

"字"的基本义"文字"，属于假借义。在古代，单体字叫"文"，合体字叫"字"，后来，这种区分逐渐消失了。

文字总是与"知识、学习"联系在一起的，所以，"字"又可引申为"教育、教课、传授知识"。如《金史·温敦兀带传》："天会间，充女直字学生，学问通达，观书史，工为诗。"大意是：（熙宗）天会年间，他成为女真族新办学校的首批应选学生之一，他学问通达，精通史、诗。

另外，"字"还被赋予了一些特别的用法：用文字写成的凭据、字条或短柬，如立字为凭；字迹，如他的字非常有个性；字音，如字正腔圆；文字的不同形式、书法的派别，如柳（柳公权）字；书法或书法作品，如巴金《秋》："原来是问金冬心的字，我拿去卖了。"

而我们常说的"名字"中的"字"，则是"表字、别名"的意思。"字"和"名"常有意义上的联系，自称用"名"，表示谦虚；称人用"字"，表示尊敬。如孔子就姓孔，名丘，字仲尼。

同时，"字"也可被用做动词，表示"取表字"。屈原《楚辞·离骚》中的"名余曰正则兮，字余曰灵均"，意即：为我取名为"正则"，取表字为"灵均"。

说文解字

第一章 最让人惊诧的汉字

一一五

后——生孩子

"前不见古人，后不见来者"中的"后"（hòu），是一个十分常用的表示方位的字，基本义为"（空间上）在背面的，位置在后"，与"前"相对。如《聊斋志异·狼三则》："以攻其后。"意即：以便于从后面进攻它。它也可指"（时间上）在未来的，较晚的"，跟"先"相对，如"先来后到"。再者，它还有"次序靠近末尾"的意思。如：后三名。

但实际上，这些意思都属于另一个字——後，而跟"后"字本身毫不相干，因为"后"只是"後"的简化字。要真正读懂这个字，就要先分别解析"后""後"二字。

◆后

让很多人都大吃一惊的是，"后"字的本义，竟然是"生孩子"！

【汉字溯源】

"后"（hòu）是个象形字。甲骨文中的"后"字，描绘的是一个妇女正在生孩子的情景：字的右上方是个"女"，呈蹲坐状；而字的右下方，也就是"女"的臀部下，是一个倒过来的小孩的象形，其身周有五个点，表示"羊水"。所以，在成字之初，"后"与"育""毓"相通，意思是"生孩子"。

有意思的是，"后"字诞生之后不久，就不当"生孩子"来讲了，而是成了一个名词：首领。这又是怎么回事呢？原来，"后"诞生于母系氏族社会时期，蛮荒时代，社会生产力水平极其落后，一个氏族的兴衰，在很大程度上取决于人口的多少。因此，超强的生育能力，就自然而然地成为一个氏族首领必备的素质。反过来，这种能力也是其维系首领地位的最重要的法宝。所以，人们就用"后"字来表示"首领"。进入父系氏族社会以后，父权制取代了母权制，氏族首领也由妇女变成了男子。但是，"后"字的字形却没有发生相应的变化。

在阶级出现、国家诞生后，原来的氏族首领就变成了"君主"或"帝王"，"后"的字义随即扩大。《说文》："后，继君体也。"《左传·僖公三十二年》："夏后皋之墓也。"意思是："（这就是）夏朝君主皋的墓地。"

【字形演变】

早期金文中"后"字的形状，较甲骨文有所简化：其左半部分，是用简单的线条勾勒出的一个撅起臀部生孩子的妇女的样子；这孩子的样子，也比甲骨文中简约，不过还是有三点表示羊水。发展至晚期金文阶段，"后"的字形更为简化，表示羊水的点被全部去掉，"孩子"也成了平躺状。适应圆润规整的字形要求，小篆中的"后"字在字形上做出了很大调整："产妇"变成了"厂"形，而孩子则化为一横和一个"口"，完全失去了象形的韵味。进入汉代以后，历经隶变和楷化，"后"字逐渐笔画化。

【字义转化】

随着社会的发展和字义的扩大，"后"也成为对列国诸侯的称呼。如《尚书·虞书·舜典》："肆觐东后。"郑玄注："东后，东方之诸侯也。"后来，帝王的妻子也被称为"后"。如蔡邕《独断下》："帝嫡妃曰皇后，帝母曰皇太后，帝祖母曰太皇太后。"

◆ 後

那么，"後"字的本义又是什么呢？

【汉字溯源】

"後"（hòu）原本是会意字。其甲骨文字形，上部为绳索的状写（即"8"），下部是反写的"止"，代表"脚"。脚被绳索束缚住了，便不能顺利前行，因而有"行路迟缓"的意思。所以"後"字的本义是"走在后面、迟到"。《说文》："後，迟也。"《论语·微子》："子路从而後。"意思是："子路随行，却落在了后面。"

【甲骨文】後　【小篆】後　【楷书】後
【金文】後　【隶书】後

【字形演变】

发展至周代的金文阶段，其左方又加了一个表示行走的形部"彳"（chì），

"後"字因而变为形声字。小篆中"後"字的写法，由其金文字形发展而来，但字形更为规整，比例更为协调。此后的隶书、楷书中的"後"字，皆脱胎于此。

后来，为了书写方便，"後"被简化为与其同音的"后"。

【字义转化】

随着字义的扩大，"後"字的意思逐渐被引申为"后面、位置在后"。由此可见，"后"与"後"两个字有着各自的字源和演进过程，只是在后世的汉字简化运动中被合二为一了。所以，"皇后"绝对不能写为"皇後"，否则就会闹笑话。

值得注意的是，常见的"后生"并不是指后面的人或落后的人，而是指年轻的或资历浅的人。而"后进"也绝不是指进步较慢的人，而是指晚辈，如《晋书·裴秀传》："后进领袖有裴秀。"意即："裴秀是晚辈们的领袖。"

"後"作名词时意为"后代、子孙"。如《礼记·杂记》："为人後者为之子也。"

由此引申，"后"也可解释为"继承"之义。如《商君书》："人赐爵一级，死则一人后。"意思是：每个人都会被赐一级爵位，他死后，由一位家人继承。

保——将孩子背在背上

"豺狼在邑龙在野，王孙善保千金躯"中的"保"（bǎo）字，是个在人们心目中与"安全"紧紧相连的汉字，因为它的基本义就是"保护、保卫；保全"，即"看守住，护着不让受损害或丧失"，如"保家卫国"。又如韩愈《祭十二郎文》："少有强者不可保。"意即：年轻力壮的都保不住（生命）。

这种意思是怎么来的呢？这还得从它的源头谈起。

【汉字溯源】

"保"本来是个象形字，其造字思路堪称绝妙。甲骨文中的"保"字，虽寥寥几笔，但却绘制出了一幅温情的画面：一个人弯着腰，头高高扬起，双臂绕在腰后，两手相握；在其背后的手臂之上，有一个双手在不安分地摆动的婴儿。两部分合起来，就道出了"保"字的本义：将孩子背在背上。

由此引申，"保"便有了"养育、护养"的意思。《说文》："保，养也。"

《尚书·周书·康诰》："若保赤子，惟民其康义。"大意是：像母亲养护初生的婴儿一样费心费力，老百姓就会安定康乐。

【甲骨文】【小篆】【楷书】【金文】【隶书】 保

【字形演变】

金文阶段的"保"字，来源于其甲骨文字形，但写法更具艺术性，也更形象、更有观赏价值：左边的人，被刻画得更为详细，其头、臀部、腿脚以及手掌部分，都得到了强化；其背上的婴儿，呈欢呼雀跃状，原来只是一个圆圈的"脑袋"也被实化了。

发展至秦代的小篆阶段，"保"字的写法发生了很大的变化。它成为左右结构：原来背着手的人，变成了左边呈弯腰垂臂状的人；原来在人手臂之上的婴儿，此时占了整个右边的位置，与人呈对称状，且其手臂下多了两笔，大约是表示包裹婴儿的襁褓之类的东西。

以后各种字体中的"保"字，都由这种写法发展而来。

【字义转化】

"保"的基本义，是由"养护"之义引申而来的。进一步引申，"保"可解释为很多其他的意思。

1. 维持原状，使不消失或减弱。如：保持。

2. 保证，担保。如《资治通鉴》："保为将军破之。"意即：保证替将军攻破它。

3. 保举，保荐。如《水浒传》："都保你二位做大官。"

此外，它还有一些很特别的用法：

1. 占有，拥有。如晁错《论贵粟疏》："虽慈父不能保其子。"意思是：即使是慈祥的父亲也无法拥有自己的儿子。

2. 小城、城堡，表此义时可写作"堡"。如《庄子·盗跖》："大国守城，小国入保。"意思是：大国（的人民）紧守城池，小国（的人民）都（躲）进了城堡中。

3. 旧时户口的一种编制，若干甲为一保。

匕——人

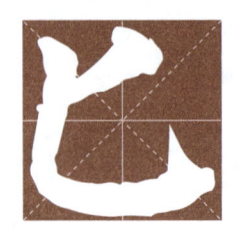

"匕"（bǐ）字，在现代汉语中最常用于"匕首"一词，指短剑或狭长的短刀。如宋代文天祥《指南录·后序》中有"挟匕首以备不测"的句子，意思就是带着一把匕首，以防发生意外。但有意思的是，若追根溯源就会发现，这个字的本义，实际上是"人"。

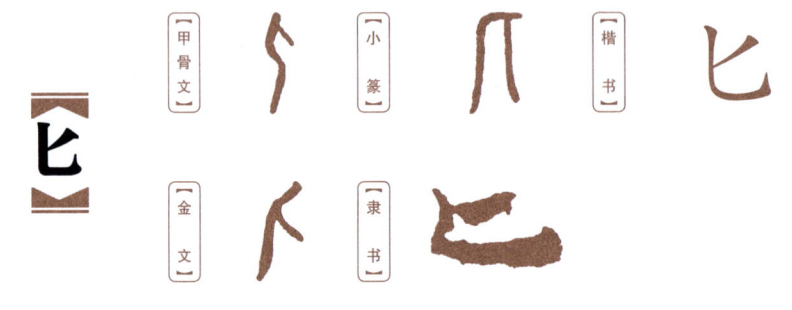

【汉字溯源】

"匕"是个象形字。甲骨文中的"匕"字，就是一个面朝右边、双臂前伸、屈腿站立的人的象形。古时的"匕"字，特指女性。卜辞中的"匕"与"妣"，实际上是一个字，都是对女性的称呼。从"匕"的汉字，很多都与雌性有关。如"牝"，意思就是"雌性的"。

【字形演变】

"匕"字的构形，从古至今变化较大。金文中的"匕"字，仍然能看出人的样子：面朝右边，弯腰蹬腿，双臂向右下方伸出。在此基础上，它进一步发展演变为小篆中的样子：上肢与两腿基本上呈直角，双臂下垂触地。至隶书阶段，这个"人"似乎是站累了，于是变成了坐在地上的样子，也就成了我们今天所熟悉的"匕"字。

【字义转化】

随着时间的流逝和汉字的演进，"匕"的本义逐渐消失了。与此同时，它又被借用为"勺子"之义，即指古代的一种取食器具，长柄浅斗，形状像汤勺。如《诗经·小雅·大东》："有饛簋飧，有捄棘匕。"意即：饭盒装得满满当当，枣木饭匙又弯又长。

另外，"匕"还能被借用为"箭镞、箭头"之义。如《左传·昭公二十六年》："匕入者三寸。"意思就是说箭头射入了三寸。它的基本义"匕首"，正是自此引申而来的。

大 — 人

"四月南风大麦黄,枣花未落桐叶长"中的"大"(dà)字,是个使用率极高的形容词,意思是"在面积、体积、容量、数量、强度、力量等方面超过一般或超过所比较的对象",与"小"相对。如:大腹便便。它也可以作名词,表示"大小的程度"。如:这小孩长得真漂亮,多大了?作副词时,它又表示"规模广、程度深、性质重要或严重"。如:大红大紫、不大愿意。

但事实上,这些意思都是"大"的引申义,它的本义是"人"。

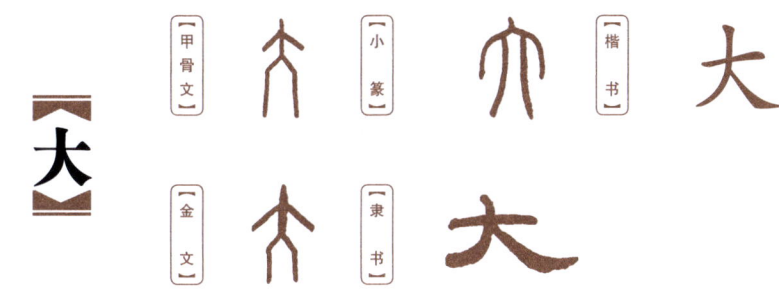

【汉字溯源】

"大"是个象形字。甲骨文中的"大",就是一个人的样子,极为形象:上身挺直,双臂展开,双膝微弯,双脚张开,正面而立。

由于我们的祖先认为,人是顶天立地的万物之灵,创造了整个世界,是最了不起、最伟大的,所以,他们就将这个意为"人"的字借用为"大小"的"大"。《说文》:"大,天大地大人亦大,故大象人形。"意思是说:人是与天和地一样伟大的,所以,古人就用人的象形来表示"大"了。

【字形演变】

从古至今,"大"字在各个历史阶段、各种字体中的写法都是比较一致的,没有发生大的变化。金文中的"大"字,"身体"部分变粗了一些,使得整个字看上去更像是一个人。小篆阶段,人的"头"和"手臂"部分变成了"亠"状,两条"腿"则直接长到了"胳膊"上,但由于字形简单,还是很容易读懂。至隶书阶段,"大"字完全笔画化。

说文解字

【字义转化】

由"大小"的"大"之义,"大"又可引申为许多其他的意思,常用的有如下几种:

1. 年辈较长的或排行第一的。如:老大。
2. 学识渊博的或德高望重的。如《庄子·秋水》:"吾长见笑于大方之家。"意思是:我常常被一些博学多才的行家所嘲笑。
3. 用做敬辞,尊称对方的事物。如:拜读大作,久闻大名。
4. 时间更远。如:大前年。
5. 用在时间、节日或时令前,以示强调。如:大晚上的,大过年。
6. 约数,超过事物的一半。如:大概,大致上。

"大"还可以读"dài"音,用于一些特有名词。如大夫即是医生;而山大王则是中国戏曲、旧小说中对草寇、强盗等的首领的称呼。

考——老人

"考"(kǎo)字,在现代社会是个使用频率极高的汉字,基本义是"查核、考试",或"提出难解的问题让对方回答"。如:考核,他被我给考住了。

有意思的是,如果追溯到其甲骨文字形就会发现,这个字实际上是个名词,意思是"老人"。

【甲骨文①】【金文】【隶书】
【甲骨文②】【小篆】【楷书】

第一章 最让人惊诧的汉字

一二二

【汉字溯源】

"考"是个象形字,其甲骨文字形主要有两种。第一种比较直观而形象:一个弯腰弓背、老态龙钟的人，他面朝左边，伸手拄着一根"丁"字形的拐杖，踽踽独行。古人在写这个字时，特别突出了他那一头长而松散的头发。第二种构字思路与第一种基本一致，只是老人的长头发变成了"毛"字形结构，而他所拄的拐杖也变成了"丫"状。两种结构都很生动地将一位老人的形象展现在了我们面前。

"考"作形容词时，意思就是"老、年纪大""长寿"。如《说文》："考，老也。"另《诗经·秦风·终南》："佩玉将将，寿考不忘！"意思就是：身上佩玉叮当响，祝君大寿永得安。

【字形演变】

金文中的"考"字，综合了甲骨文中两种"考"字的写法：老人的头发被写成了"毛"字形，而他所拄的，则是"丁"字形的拐杖。发展至秦代的小篆阶段，"考"字的写法变得更加圆转规整：老人的手臂被省去了，拐杖也被写成了"丂"字形。这后来成为一个部首字，成为"可""巧""夸"等字的一个字根。至隶书阶段，老人的头、身子等被一股脑简化为"耂"，与拐杖"丂"一起组成了我们今天所熟悉的"考"字。

【字义转化】

"考"在古代社会，一般都是指男性的老人，因此，它也被引申为"父亲"之义。后来，"考"又成为对"已故的父亲"的敬称。如《礼记·曲礼》："生曰父，死曰考。"

由于老人的主要工作，就是检查、督促下一代人，他们的典型动作，常常是用拐杖敲击地面。所以"考"又被引申为"考察、审查、推求、研究、敲击、敲打"等义。如孙文《黄花岗七十二烈士事略·序》："甚者且姓名不可考。"意即：甚至一些人连姓名都无从考证。另司马迁《报任安书》中有"略考其行事，综其终始，稽其成败兴坏之纪"的句子，意即：考证前代人物的事迹，考察他们成败兴衰的道理。而《诗经·唐风·山有枢》中有"子有钟鼓，弗鼓弗考"的佳句，其中的"考"，就是"敲打"之义。全句的意思是：你有编钟又有鼓，不敲不打空摆设。

夏——雄强英武的中国人

"漠漠水田飞白鹭，阴阴夏木啭黄鹂"中的"夏"（xià）字，基本义为"夏季"，指一年中的第二季，中国习惯将立夏到立秋的三个月时间定位"夏"，也就是农历"四、五、六"三个月。如唐代元结《石鱼湖上醉歌》："石鱼湖，似洞庭，夏水欲满君山青。"意即：湖南道州的石鱼湖，真像洞庭湖，夏天水涨满了，湖中的山石就如君山（又名湘山，在洞庭湖中）般翠绿。

但让很多人想不到的是，这个字的本义，实际上是指"雄强英武的中国人"，是汉民族的自称。《说文》："夏，中国之人也。"

【汉字溯源】

"夏"是个象形字。甲骨文中的"夏"，就是一个人的象形：头、发、眼、身躯、两臂、腿脚一应俱全，且双手摆开呈现出一种强而有力的架势。可见自古以来，中国人的形象就是顶天立地、英武雄强的。

值得注意的是，古代所谓的中国，指的是黄河流域及其中原一带。朱骏声曰："就全地言之，中国在西北一小隅。"

【字形演变】

金文中的"夏"字，较其甲骨文字形更加复杂化了：人的头和身躯变成了"頁"（即"页"）字形结构；其左右两边两个呈锯齿状结构的部分，是手的象形；其下是脚趾朝向左边的两只脚的象形，也就是"止"。小篆中的"夏"字，由其金文字形发展而来，只是"脚"只剩下了一只，整个字的结构看起来也更为明朗。约在后期的隶书阶段，"夏"大大简化：上面的"頁"被写成了"𦣻"，两边的"手"被省略掉了，下面的"脚"变成了"夂"（zhǐ）。由此，我们今天所熟悉的"夏"字便产生了。

【字义转化】

"夏"的本义中，就含有"雄强""强大"的意思，而中国自古就"有文章光华礼仪之大"，所以"夏"也可引申为"大"之义。如《尔雅》："夏，大也。"又《诗经·秦风·权舆》："于我乎，夏屋渠渠。"这里的"夏屋"，就是"高大的房屋"（表此义可写作"厦"）。此句的大意是：唉，我呀！曾经拥有高大的房屋。

我国古称"华夏"，意思就是"伟大的中华"。由此，"夏"成为"中国"的称呼。如《尚书·虞书·舜典》："蛮夷猾夏"，意思就是：外族侵扰我们中国。

由于在一年中的第二个季节里，烈日炎炎，自然万物生意盎然，四处都呈现着生机勃勃的景象，人也强健而有活力，所以这个季节也被称为"夏季"。

"夏"还是中国历史上的第一个王朝的名字。另外，它还是一种姓氏。

"夏"字中的历史文化

相传，上古时喜爱夏季并崇拜巍峨庞大之物的氏族，有些就以夏为族名，称夏氏族，其居地就是夏地。相传大禹因治水有功而被封于夏，国号夏后氏，古城在今河南省禹州市。他在位时，将中国划为扬、荆、豫、青、兖、雍、幽、冀、并9个州，并制定了各种制度，励精图治，使得夏国国力日益强盛，为后来的夏朝建立奠定了基础。禹死后，其子启继位，建立了中国历史上的第一个奴隶制国家——夏朝。它的诞生，是中华文明史上的一个重要里程碑。后来，由于夏桀暴虐无道，夏朝被商汤推翻，其四散的王族为纪念古国，以"夏"为姓，使得夏姓成为中华姓氏之一。

氏——捧着酒坛子的人

"昔有佳人公孙氏，一舞剑器动四方"中的"氏"（shì）字，基本义就是"姓"，如"王氏"就是"王姓"，即"姓王的人"。《玉篇》："氏，姓氏。"而它本身，就是中华万家姓中的一个。另外，"氏"还主要用做对学术、流派、专家、名人或宗教的称呼。如：顾氏（顾炎武）《日知录》。而常说的《左氏春秋》中的"左氏"，实际上就是指"左丘明"。

不为大多数人所知的是，这个字的本义，却是"捧着酒坛子的人"。

说文解字

第一章 最让人惊诧的汉字

说文解字

【汉字溯源】

"氏"是个字形简单的象形字。甲骨文中的"氏"字,描绘的就是这样一幅图景:一个人,面朝右方,目视前方,身体前倾,手上捧着一个酒坛子,费力地(从其姿势来看,这坛子似乎不轻)向前走着。此字所要表达的意思,便一望而知了。

【字形演变】

周代金文中的"氏"字,较其甲骨文字形发生了一些变化:人的腰更弯了,上身几乎与地面平行;双臂下垂;而原来捧在手上的酒坛子,此时则变为一个黑点,放在人的"手臂"上。

小篆中的"氏"字,由其金文字形演变而来:人变成了"冂"状结构,手臂上的"酒坛子"也变成了一横,整个字已经与其楷体字形十分相像了。

隶书以及楷书中的"氏"字,皆由此演变而来。

【字义转化】

随着时间的推移,"氏"字被假借为"氏族"的"氏",而它的本义却逐渐消失。

"氏族"是原始社会由血统关系联系起来的人的集体。在原始社会,人们是组成不同部落生活的,各个部落都有着自己的姓。由于人口不断繁衍,原来的部落又分出若干新的子部落,这些子部落为了互相区别以表示自己的独特性,就为自己单独起一个代号,这便是"氏",是姓的分支。一个子部落就是一个"氏族"。

后来,"氏"又成为古代贵族标志宗族系统的称号,是同姓贵族的若干分支所独有的称号。

三代(夏、商、周)之前,氏与姓是分开的,意思相当于"家"或"族",用以区分子孙之所由出生(也就是子孙的血缘关系)。如屈原是楚王的后代,姓芈(mǐ),"屈"是"芈"姓的一个分支的"氏"。男子称氏,女子称姓。

另外,在战国之前,有无"氏"是根据该人身份的高低贵贱来论的:富贵的人有氏,贫贱的人有名无氏。

旧时,人们还常在已婚妇女的姓前加上夫姓,再在二者之后加上"氏"字,以"夫姓+父姓+氏"的模式,称呼该妇女。如:赵(夫姓)李(父姓)氏。

"氏"也是一个加在远古传说人物以及世袭官职后面的称谓。如:伏羲氏、夏后氏。

"氏"还可通"是",意思是"此、这"。如《汉书·地理志》:"氏为庄公。"意即:这就是庄公。

在古文献中,我们还经常能见到"月氏"这个词,它是汉代西域的一个族名,但其中的"氏",读"zhī"。

第一章 最让人惊诧的汉字

一二六

尸——代表死者受祭的活人

"尸"（shī）字，是个入耳即让人毛骨悚然的汉字，因为它紧紧地跟死亡联系在一起，基本义是指"死尸、尸体"。如《聊斋志异·促织》："既而得其尸于井。"意即：接着就在井里找到了它的尸体。

有意思的是，这个字的本义并不是指死人，而是指在祭祀时躺着不动弹的、代表死者受祭的活人。

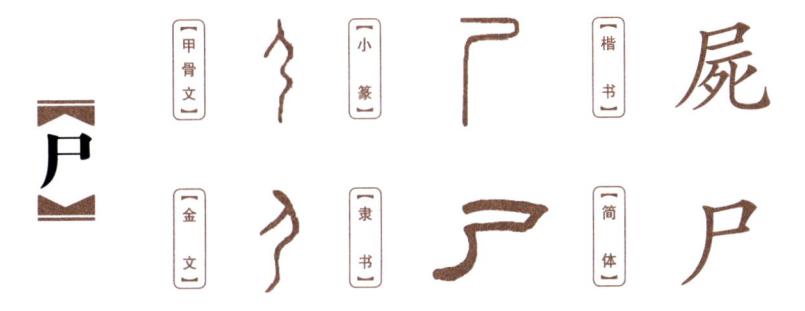

【甲骨文】【小篆】【楷书】
【金文】【隶书】【简体】

【汉字溯源】

"尸"是个象形字。甲骨文中的"尸"字，就是对一个胳膊前伸、曲腰弯腿、呈僵硬状躺在那里的人的状写。上古时期有一种叫作"尸"或"尸祝"的官职，担任此职的人，在举行祭祀仪式时，会扮成死者一动不动地躺在那里接受祭祀。后来，这一角色也可由死者的亲属担任。如《礼记·曲礼》："孙可以为王父尸。"

【字形演变】

金文中的"尸"字，较其甲骨文字形更为形象。但小篆中的"尸"字，则变成了简单的一笔书就的曲线，不再像躺着的人：头、胳膊等变成了一条直线，与大腿平行，小腿及脚被拉长为一竖。至楷书阶段，为使字义更为明确，人们在"尸"下又加了个"死"字，从而使"尸"变成了"屍"。不过后来它又被去掉了。

【字义转化】

由于"尸"就是扮演死者的人，所以它又成为"死尸"的代名词。另外，"尸"还可指"立神像或神主"。如：载尸以行，就是载着神主牌而行。

另外，"谁其尸之？有齐季女。"（《诗经·召南·采蘋》）中的"尸"字，应当解释为"执掌、主持"。此句的意思是：谁能主持祭礼？有那斋戒的美貌姑娘。

鬼——戴着面具跳舞的巫人

"生当作人杰,死亦为鬼雄"中的"鬼"(guǐ)字,是指某些信奉宗教或迷信的人所说的"人死后的灵魂"。《说文》中有:"鬼,人所归为鬼。"林觉民《与妻书》中说:"吾(我)作此书时,尚是世中一人;汝(你)看此书时,吾已成为阴间一鬼。"它们指的都是这个意思。但这只是"鬼"的引申义,它的本义,实际上是人,而且是戴着面具跳舞的巫人。

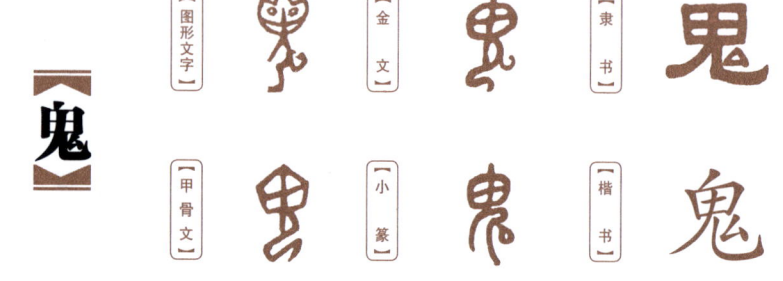

【汉字溯源】

"鬼"是个象形字。要彻底读懂它,还得追溯至甲骨文诞生之前的图形文字中去。在蒙昧时期,社会生产力水平极其低下,人类改造自然的能力极其有限,基本上是靠天吃饭,所以就产生了对天地及自然万物的崇拜。先民认为冥冥之中自有超自然的力量,包括神仙、死去的人的灵魂等,在主宰着人类的命运,所以就经常举行各种祭祀仪式,祈祷平安和丰收。渐渐的,一种特殊的职业,巫觋就诞生了,人们认为他们能与神鬼交往、代表它们说话、执行它们的意志。他们以卜筮、巫词、咒语以及歌舞等手段制造气氛,沟通人神之间的"联系",尤以舞蹈最为重要。在举行祭祀或祷告仪式时,巫觋会头戴像猛兽的头颅一样的面具、身后绑上假的兽尾,大跳其舞,是为"巫舞"。巫舞一般动作硬直,多棱角,幅度大,带有较浓厚的神秘色彩。

几千年前的图形文字中的"鬼"字,描绘的就是一个巫人在跳巫舞的样子:上面是一个又大又怪的面具,头角嶙峋,口鼻相连;下面是巫人的身体,胳膊甩动,膝盖弯曲,假尾巴高高上扬。由此,"鬼"字本义就被表达清楚了。

【字形演变】

甲骨文中的"鬼"字,由其图形文字演变而来:上面的五边形网状结构代表面具,下面是人的身体,只是此时的人已不再呈舞蹈状,而是朝左跪着,假尾巴也没了。金文中的"鬼",与其甲骨文字形如出一辙,但原来省略了的"尾巴"又"回来"了,"头"上也多了代表头角的一个点。小篆阶段的"鬼"字,已初具方块字的特征:上面的面具变成了"田",下面的人也变成了简单的曲线,假尾巴看上去更像是一只系在人的屁股上的铃铛。隶书中,人变成了"儿","铃铛"则变成了"厶"(sī,"私"的初文)形。"鬼"字的写法,至此基本固定下来。

【字义转化】

由于巫觋被认为能与死去的人的灵魂交流,所以,"鬼"字就被引申为"鬼神"的"鬼"。同时,由于跳巫舞时的巫人"面貌"丑陋,行为诡异,所以,"鬼"字又有了"丑陋、阴私、阴险"等义。统治者为了巩固自己的统治权,常常借鬼神大做文章,渐渐"鬼"又被宣扬为阴私狡诈的"万物的精怪"。如《论衡·订鬼》中有:"鬼者,老物精也。"

后来,"鬼"还被赋予了许多比喻义。

1. 不可告人的打算或计谋。如:心中有鬼。
2. 对有不良嗜好或行为的人的蔑称。如:吝啬鬼、酒鬼。
3. 莽汉、蠢人。如:死鬼。
4. 慧黠、机警。如:鬼斧神工。基于这一意思,"鬼"也常用于对小孩等的爱称。如:小鬼、鬼精灵。

无——实为两个字

"花间一壶酒,独酌无相亲"中的"无"(wú)字,是个用法极其多样的汉字,基本义是"没有",跟"有"相对。如《玉篇》:"无,不有也。"又如:无所适从、无缘无故。

那么,这个字是怎么来的呢?很有趣,实际上,这个字原本是两个字。

【汉字溯源】

"无"字的本义是什么?至今还没有确定的答案。《说文》也没有具体地解说这个字,而只是说:"无,亡也。"段玉裁注:"凡所失者,所未有者,皆如逃亡然也。"也就是说，"无"就是"亡"字，与"亡"同义，本义是"亡失"或者"没有"。这是不够肯定的说法，因为虽然有一定的事实依据——翻阅古籍就会发现，古代是习惯以"亡"作"无"的——但关于"亡"字的起源，文字学界众说纷纭，至今仍没有定论。

【无】 [小篆] [隶书] [简体]

所以，我们还无法确切地解读它的造字依据以及本义。因此，关于"无"字本义的解读，我们也只能停留在《说文》中的解读这一层面了。

如今我们所能确定的最早的"无"字，见于秦代的小篆中，写作"无"。之后它在隶书以及楷书中的写法，皆由此发展而来。

此外，"无"还是"無"的简化字。那么，"無"又是怎么来的呢？

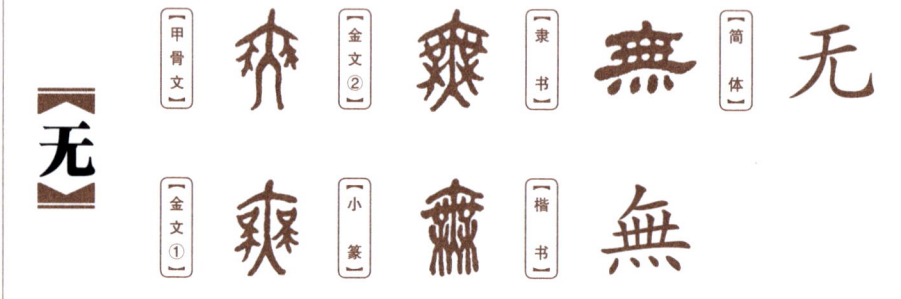

【無】 [甲骨文] [金文②] [隶书] [简体] [金文①] [小篆] [楷书]

"無"是个象形字。其甲骨文字形，看上去就是一个人。他双腿分立，脚尖踮起，双臂分开，两只手各拿着一串诸如牛尾、草把、鸟翎或其他兽类的尾巴的东西，飘飘然作翩翩起舞状。所以，"無"字的本义就是"跳舞"。也就是说，"無"是"舞"的初文，原本应读"wǔ"音。

【字形演变】

发展至周代早期的金文阶段，"無"字的写法发生了一些变化：人的身体被拉长，腿部比例缩小；他所拿的道具，也不再与手臂相连，并且还多了个"口"形的东西，大约是诸如玉片、石块或金属片之类的东西，起修饰作用。到了周代中期的金文中，"口"则变成了"廿"形，而牛尾也变成"木"形了。这体现了舞蹈道具的演进：越来越复杂、美观。此后，这个字"兵分两路"，逐渐演变为两个字：一路继续发展成"舞"（wǔ）（见后述），另一路则逐渐演变为"無"（wú）。至秦代的小篆阶段，它变成了"无"，字形较金文更为规整；至隶书阶段，它的写法完全笔画化，变成了"無"，成为"无"的繁体字，意思也变成了"没有"等。现在，我们习惯使用的，是"無"的简化字——无。

"無"字是从什么时候开始与"无"通用的，确切答案还有待进一步考证。但东汉时期的《说文》中有这样的记载："無奇字无"。也就是说，至少在汉代以前，

"無""无"就已经相通了。

【字义转化】

由"没有"之义,"无"可进一步引申为"不"义,表示对动词或形容词的否定。如王安石《游褒禅山记》:"可以无悔矣。"意即:就可以不后悔了。它也可通"毋",表示劝阻或禁止,可译为"不要""别"。如《史记·陈涉世家》:"无相忘。"

在哲学上,"无"指"无形、无名、虚无"等,或指物质的隐微状态。如《老子》:"天下万物生于有,有生于无。"意即:天下万物的存在是有名有形的,但有名有形的万物必定要以无名无形的"道"作为根源。

"无"也可作连词,连接词组或分句,表示在任何条件或情况下都是如此,相当于"不论""无论"。如韩愈《师说》:"无贵无贱。"意即:不论贵贱。

它还是个语气助词。可用在句末,表示疑问语气,相当于"吗"。如白居易《问刘十九》:"晚来天欲雪,能饮一杯无?"

"无"读"mó"音时,与"南"组合为"南无"(nāmó),是佛教用语,表示对佛尊敬或皈依。

弄清了"无"字的来龙去脉,我们再来看看"舞"字的演变流程。

在"無"逐渐演变成"无"之后,为了表示"舞蹈"的意思,人们又造了新字"舞"(wǔ)。

这个上下结构的"舞"字,约诞生于战国时期的金文中:时人以周代中期的"無"的金文字形为基础,在其左下方添了个"彳"、右下方添了个"止",组合起来就是"辵",意思是"动"。由此,形声字"舞"就产生了。而发展至秦代的小篆阶段,金文中"舞"中的"辵"又被换成了"舛",也就是一双脚尖踮起、脚跟相对,正在踢踏舞动的脚的象形,"舞"字由此变得更为形象生动。此后各种字体中的"舞",皆由此发展而来。

"舞"由"舞蹈"之义,还可引申为"摇动、玩弄"等义,如手舞长剑、舞弄。

说文解字

黄——肚子因生虫而鼓胀的人

"君不见黄河之水天上来,奔流到海不复回"中的"黄"(huáng)字,是个使用率极高的汉字,基本义是"黄色",即像黄土、丝瓜花或向日葵花之色的一种颜色,为最常见的七种颜色之一,在光谱中位于绿色和橙色之间。《说文》:"黄,地之色也。"它也可作形容词,意思是"黄色的"。那它的本义是什么呢?

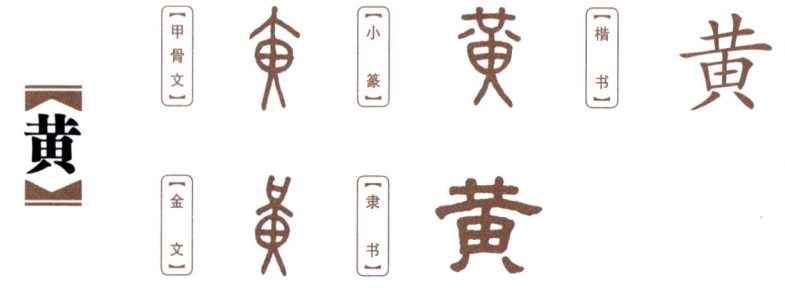

【汉字溯源】

"黄"是个象形字。甲骨文中的"黄",看上去就像是一个伸着双臂站立的人,让人不解的是,他有个大得异乎寻常的肚子。这是怎么回事呢?原来,在原始社会,先民们的生活环境恶劣,卫生条件非常差,他们常年吃着不干净的食物,所以肚子里常常会生虫,诸如蛔虫、血吸虫之类,病情严重的患者,肚子就会渐渐鼓胀。所以,"黄"字的本义就是"肚子因生了虫子而鼓胀的人"。

【字形演变】

金文中"黄"字的写法更加形象:为了表达出患者的痛苦,人们又在顶上加了一个面向天空的"口"形,意思是说病人在痛苦地朝天哀号。发展至秦代的小篆阶段,"黄"字的写法发生了较大的变化:"口"变成了"廿";两只胳膊脱离了身躯,成为一左一右两个点。隶书中的"黄"字则完全笔画化:表示胳膊的两点被连成了一条直线,与代表"口"的部分共通组成了"土",中间的大肚子变成了"由",下面的两只脚脱离了身体,而成为一左一右两个支点。若不了解此字的演化过程,便很难读懂它。自此,"黄"字的写法固定。

【字义转化】

由于肚里生虫的人,都会面容憔悴、皮肤蜡黄,所以"黄"字就引申为"黄色"，并进一步引申为"枯黄"等义。因为谷类等成熟后，一般都会呈现金黄色，所以它又有"成熟"之义，如：麦子黄了。

"黄"还是"黄河"和"黄帝"的简称。如"治黄"就是"治理黄河"，"炎黄子孙"就是"炎帝和黄帝的子孙"。它还有个很特别的用法，即"垮掉，坏了事"，指事情失败或计划不能实现。如《红楼梦》："薛蟠听了这话，又怕闹黄了宝蟾之事，忙又赶来骂秋菱。"

如今，"黄"也被用来特指色情的书刊、电影、录像等。如：扫黄。

"黄"字中的历史文化

在中国古代社会，颜色也是有等级的：黄色不仅仅是一种颜色，更代表着一种阶级地位。在古人们看来，黄色是原色，是纯粹的，所以人们就以它为正色，将其看成"尊贵"的象征，只有统治者才能使用。传说中华民族的始祖"黄帝"当年就是穿着黄色的衣服、戴着黄色的帽子登上王位的。在一定的历史阶段，黄色甚至成了皇室专用的颜色，只有皇帝一家才能穿黄色的衣服、使用明黄色的器物；天子的龙袍，也有个专用的名字——"黄袍"；就连天子颁布文告、圣旨等的纸绢，也是黄色的。

相反，其他颜色如绿色，就是不够纯粹的混合色，被看成低贱的颜色。如《诗经·邶风·绿衣》："绿衣黄里。"意即：用绿色布料做外面的袍子，而用黄色做里面的衣裳。比喻尊卑反置，贵贱颠倒。

黑——跳舞的人

"三春白雪归青冢，万里黄河绕黑山"中的"黑"（hēi）字，基本义是"黑色"，即跟煤或墨之色相同或相近的颜色，与"白"相对，与"乌"相通。如：乌黑。又《小尔雅》："纯黑而反哺者，谓之乌。"大意就是：（羽毛为）纯黑色的会反哺（雏鸟长大后，衔食哺养自己年老的母亲）的鸟，就是乌鸦。

有意思的是，"黑"字是个在演进过程中字形和字义都发生过根本变化的汉字。

说文解字

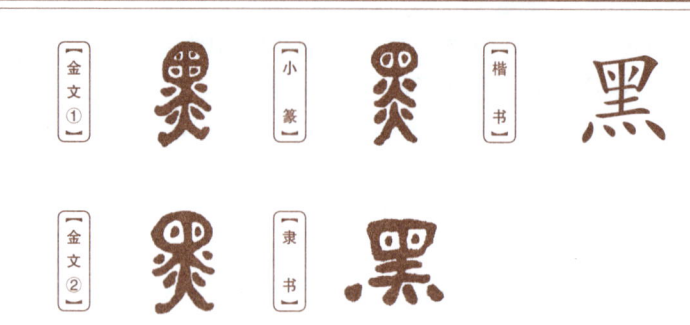

【汉字溯源】

"黑"原本是个象形字，它最早见于周代早期的"铸子叔黑臣簠"（清光绪初年出土于山东桓台，铭文大意为铸国公子叔黑自作宝簠，祈望万年长寿，永宝用之）上的铭文中，由两部分组成：下面是一个挥动着胳膊、踩着舞步跳舞的人的象形，他跳得大汗淋漓，脖颈上、腋窝下都有汗滴飞溅。上面是这个舞者所戴的面具，面具上有四个眼睛。将两部分合起来理解，就能知道"黑"字的本义，即跳舞的人。从其所戴的面具来看，这舞很可能是在举行祭祀仪式时为神所跳。

【字形演变】

至周代晚期的金文中，"黑"字的写法发生了变化：舞者所戴的面具上的眼睛，由四只变成了两只，但字义未变。发展至秦代的小篆阶段，"黑"字的结构和意思都发生了根本性的变化。其下面的舞人，变成了上下排列的两个"火"字，象征着熊熊大火。上面的面具，变成了有两个口的烟囱，两个口内的黑点，就是往外冒的煤烟。两部分组合起来，就表示被烟熏黑，"黑"字的意思变为"黑色"。《说文》："黑，火所熏之色也。""黑"自此变为会意字。

隶书阶段的"黑"，就已完全地笔画化了：两个"火"组成的"炎"被转化为"土"和"灬"的组合，上面"烟囱"的写法也变得方方正正。依据汉字造字原理，"丶"代表"主"，"冫"代表"冰"，"氵"代表"水"，"灬"代表"火"，所以"黑"依然是会意字。

【字义转化】

由"黑色"之义，"黑"字又可引申为"昏暗、光线不足"之义，如《资治通鉴·唐纪》："天阴黑。"经进一步引申，它又可用来表达一些抽象的概念，表示隐蔽的、非法的、坏的、恶毒的，如：黑社会，黑钱，黑心。但日常所说的"黑风""黑浪"中的"黑"，是"突然而猛烈"的意思。

"黑"也常用来比喻"倒霉、不走运"，如"哥们眼前正在黑路上呢"，大意就是说他最近运气不好。

"黑"还可以用做动词，表示"说……的坏话，诽谤"或"把（某物）放在隐蔽处，把……藏起来"，如"她将那笔钱给黑了"。

红

❧ 红——红色的丝织品 ❧

"等闲识得东风面，万紫千红总是春"中的"红"（hóng）字，基本义是指"红色"，即似鲜血一样的颜色。如白居易《忆江南》："日出江花红胜火，春来江水绿如蓝。"意即：太阳从江面上升起时，照得江边的鲜花比火还红；春天到来时，碧绿的江水像蓝草般湛蓝。

然而，这个字的本义却是"红色的丝织品"，这又是怎么回事呢？

【汉字溯源】

"红"是个合成的形声字，"纟"为形旁，"工"为声部。要真正了解这个字的来龙去脉，得从三个方面入手，即分别了解"纟""工"和"红"三个字。

〖甲骨文〗	〖小篆〗	〖楷书〗
〖金文〗	〖隶书〗	〖部首〗

〖纟〗

"纟"（mì），是"糸"的简化字，象形，本义是"细丝"。甲骨文与金文中的"糸"，看上去就像是被紧紧拧在一起、两头被绑扎的一束丝。小篆阶段的"糸"字，脱胎于其甲骨文和金文字形，但有了细小的变化：上端捆扎的丝头简化成了一点，下端捆扎的丝头则被刻意放大，从而使整个字看起来更为协调。这个丝头后来在隶书中被进一步转化为三点。发展至楷书阶段，"糸"已完全笔画化，具备了现代汉字的笔画特征。在后世的汉字简化运动中，"糸"被简化为"纟"。

如今，"纟"不单独使用，而被作为汉字象形系统的一个基本字根。丝也可被作为绳索，用于拴、系物体，所以由"纟"作部首的字，大多都与"丝织""联系""绳索"等义相关，如"丝""经""纤""系""继""绑"等。

"工"（gōng）也是个象形字，本义是指一种相当于铁砧或铲子之类的工具。甲骨文中的"工"字，看上去像是一个铲子或铁匠在打铁时用于锻打的工具——铁砧：上面的"口"字形代表铲子的头或砧板，下面是铲子的柄和"挡手"。金文阶段的"工"

字，较甲骨文有所变化：原来的"口"字形部分变成了粗重的一横。发展至秦代的小篆阶段，"工"字显著细化，并逐渐发展为之后的各种字形。

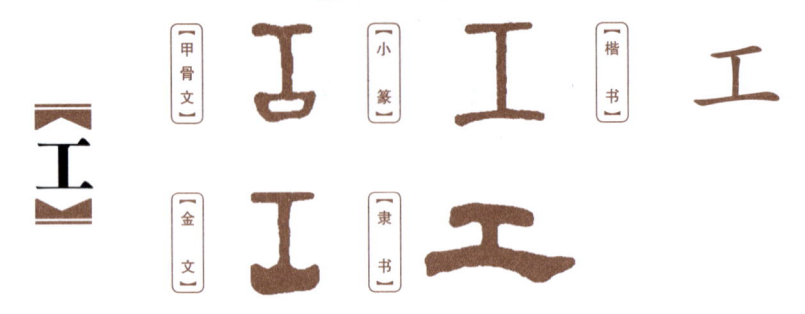

【工】
[甲骨文] [小篆] [楷书]
[金文] [隶书]

了解了"纟"与"工"的演进历程，对于"红"字解读就容易多了。"红"字诞生于周代的金文阶段，最初的"红"，严格来说并不是一束丝，而应是一团丝与"工"的结合。目前所能见到的最早的由一束丝"纟"和"工"组成的"红"字，源于出土于江陵望山楚墓的"江陵楚简"，在年代上属于周代晚期。

古人将染成血色的丝织品称作"红"，所以"红"字的本义就是指"红色的丝织品"。

【红】
[甲骨文] [小篆] [楷书]
[竹简文] [隶书] [简体]

【字形演变】
自小篆至楷书阶段，"红"字的字形变化基本上与"纟"和"工"两字的字形变化保持一致。

【字义转化】
有意思的是，"红"作为颜色来讲，最早是指"粉红色"。《说文》："红，帛赤白色也。"段玉裁注："按，此今人所谓粉红、桃红也。"另《释名·释采帛》："红，绛也，白色似绛者也。"直到后来，它才被用于泛指各种红色，并以血红色为正红。

在中国传统文化中，红色是一种吉祥的颜色，象征得宠、出名、走运或事业兴旺等，所以"红"是深得国人喜爱的一个汉字，被赋予了很多特别的意思：它是革命、进步的象征，如"红军"；它也是"喜事，嫁娶庆贺之事"的别称，如"红白大礼"就是指喜事与丧事的礼仪；它还寓意"顺利、成功"等，如"凭着在电视剧《士兵突击》中出色的表演，王宝强红了。"

另外，"红"也可以作为很多人或物的代称。

1. 美女。如"红泪"就是指"女子的眼泪"；"红楼""红闺"就是指少女的卧室。

2. 胭脂。如：对脸敷红。

3. 红衣服或红布等红色的物品。如：穿红带绿的大姑娘。

4. 血的婉辞。如"吐红"就是"吐血"，"红刀子"即"带血的刀子"。

5. 花。如杜甫《春夜喜雨》："晓看红湿处。"意思是：天亮后，看看这带着雨水的花朵。

"红"音"gōng"时，多通"工"，指妇女的生产作业，如纺织、缝纫、刺绣等。如《汉书·郦食其传》："农夫释耒，红女下机。"大意即：农夫停止了耕作，妇女停止了织布。

另外，在古文中它还能通"功"，意思是"劳绩，功绩"。

显——晒丝

"显"（xiǎn）字的基本义是"露在外面容易被看出来，明显"，作形容词用。《尔雅》："显，见也。"如：显而易见、显露。

那它的本义是什么呢？《说文》中有："显，头明饰也。"也就是说，许慎认为"显"的本义是指戴在头上的装饰品。因为头饰一般都是鲜亮而容易被看见的，所以能引申为"明显"之义。事实上，这是不了解"显"字本源的错误说法。

【汉字溯源】

"显"是个会意字，繁体写作"顯"。它诞生于周代的金文阶段，最初由三部分组成：左边的上部是一个"太阳"，也就是金文中的"日"字，其下是两把系在一起的丝（也就是两个连在一起的"纟"）；右边是一个人，身体前倾立于地面，眼睛被写得特别大，以示强调。三部分合起来，就表示一个人在太阳底下细心地看着丝，实际上也就是在晒丝。

所以，"显"字的本义应该是"晒丝"。

【字形演变】

发展至秦代的小篆阶段，"顯"字的造字结构发生了变化：上面的太阳变成了方形的"日"字，其下的两束丝，不再相连，而是分别与"日"相接；右边的人则被换成了意思是"头"的"頁"（页）字，但字音和字义不变。此后的隶书、楷书中的"顯"字，皆由此发展而来。后来，由于"顯"字字形复杂，难写难认，人们便将其简化成了"显"。

自小篆至楷书，"顯"字在各种字体中的写法，都基本与"日""丝""頁"字在该字体中的写法相对应。

【字义转化】

在太阳底下，丝的干湿、均匀度等状况，都会显露无遗。由此，"显"便被引申为"明显、显示得很清楚"等义，它后来就成了"显"字的基本义。经进一步引申，"显"还能解释为"显赫、显达"，也就是"有权势的或有名声地位的"。如：高爵显位。

作动词时，它可以是"表现、露出、公开、传扬"等义。如：显山露水。另《史记·孙子吴起列传》："孙膑以此名显（扬）天下。"作名词时，它就是"表面、外面"的意思。如《韩非子》："所说阴为厚利而显为名高者也。"意即：所游说的对象暗中为着追求厚利，但在表面上却假装是为了高名。

由于头上的饰品是显露在外面的，所以"显"还被引申为"头上的饰品"之义。

"显"还是个敬辞，是子孙对已故的直系血亲的尊称。如：显祖，对祖先的敬称。

乱——理丝

"声喧乱石中，色静深松里"中的"乱"（luàn）字，是个常见的形容词，基本义是"没有秩序、没有条理"。如《左传·庄公十年》："视其辙乱。"意即：察看敌方留下的车辙辘印，发现它们混乱而无秩序。

有意思的是，这个字的本义竟然与之相反。

【金文】【小篆】【楷书】
【诅楚文】【隶书】【简体】

【汉字溯源】

"乱"是个会意字，繁体写作"亂"。金文中的"亂"字，由上、中、下三部分组成：中间是一团绕在"工"字形"冎"（hù，绞绳用的工具）上的乱丝；上面是一只手指相合、捏着丝的手；下面也是一只手，呈欲抓丝状。三部分组合起来，就表达出了"乱"字的本义：整理乱丝。

【字形演变】

战国时期，秦国的石刻文字《诅楚文》（相传战国后期秦楚争霸激烈，秦王为祈求天神保佑秦国获胜，诅咒楚国败亡而刻）中，"亂"字呈现出了一幅新的面貌，其字形、结构都发生了变化：其左边的部分由"亂"字的金文字形发展而来，但上面手指相合的手已经变成了"爪"状，中间原本绕在"冎"上的丝也变成了上下两个圈。大概是由于原来的"冎"写得不甚明确，看上去就像是一个普通的木架子，所以在《诅楚文》中，它的右边加上了一个代表绳索的"乙"字，以表明这个"木架子"是用来绞绳索的工具。由此，左右结构的"亂"字诞生了，后世各种字体中的"亂"字，皆由此发展而来。

发展至秦代的小篆阶段，"亂"的写法较战国时期更为规整，线条也更为流畅：代表"丝"的两个圈中间多了一条将其连接起来的线；代表"冎"的"工"字两边的两竖被拉长了，将下面的"丝"和"手"围了起来。

至楷书阶段，"亂"字完全笔画化，成为真正的方块字。

后来，由于"亂"字形复杂，难写难认，所以人们就将其简化为"乱"。

【字义转化】

由本义出发，"乱"可被引申为"治理"。如《论语》："予有乱臣十人。"意即：我有十个能治理国家的大臣。

同时，它也可反向引申为"混乱、没有秩序"等义，并进一步引申为如下意思：

1. 扰乱，打乱，使……乱。《孟子·告子下》："行拂乱其所为。"意即：扰乱他的所有行动。

2. 叛乱，社会动荡，战争、武装骚扰。如诸葛亮《出师表》："苟全性命于乱世。"意即：在这骚乱而不太平的世道，只希望能保全性命。

3. 混淆。如：败常乱俗、以假乱真。
4. 淫乱，玩弄。元稹《会真记》："始乱之，终弃之。"
5. 败坏，破坏。《礼记·礼运》："坏法乱纪。"
6. 烦乱。《三国演义》："当时曹操心乱，不能稳睡。"
7. 随便、任意。如：《尚书·周书·无逸》："乱罚无罪，杀无辜。"
8. 很、非常，主要用做口语。如：乱有面子。
9. 古代乐曲的最后一章或辞赋末尾总括全篇要旨的部分。如：乱曰。

绿——嫩草色的丝织品

"春草年年绿，王孙归不归"中的"绿"（lǜ）字，基本义是"绿色"，即像嫩草一样青中带黄的颜色，由蓝和黄混合而成。《说文》："绿，帛青黄色也。"

当下，"绿色"是一个非常流行的词，使用频率极高。因为它能象征健康、环保和新生，所以也被称为"生命之色"，如"绿色食品"。

【汉字溯源】

"绿"字是个形声字，"纟"（mì，详见于"红"字部分）为形旁，"录"为声部。要了解这个字的源流，首先得了解"录"字的演变历史。

"录"（lù）是个象形字，本义是指一种木工用的"木钻"。

甲骨文中的"录"，其实就是这种工具的象形：最上面的"丅"部分代表的是木钻的柄和顶上的"把手",手握它可以挪动木钻,同时它也起平衡作用;中间的"⊢"部分是用于拨动、让钻头旋转起来的"横档";下面的菱形块状结构是"钻头";钻头下的三点,代表的则是钻出的木屑。

金文阶段的"录"字,写法较之前发生了很大变化:上面的"把手"成了一短横;中间的"横档"变成了双线条结构;"钻头"也变成了一个倒挂的"钩子"状;"木屑"则变成了四点,分布在"钩子"的两边。

发展至小篆阶段,其写法变化更大:上面的"把手"和"横档"变成了"彐"状,整个字也成了半包围结构。

隶书和楷书阶段的"录",被大大地简化了,成为上"彐"下"水"的组合。

另外在楷书中,它还有一个异体字,写作"录"。

起初,这个字还经常单独使用。但是后来,它逐渐变成了一个表声的符号,成为一个偏旁字。我们今天所见到的"录"字,严格来说应该是"金"与"录"合成的新字"錄"(意为"记载、抄写")的简化字。

【小篆】【楷书】【隶书】【简化】

"绿"字由"纟"和"录"组成,人们用这个字给被染成"嫩草色的丝织品"命名,所以,"绿"字的本义就是指"嫩草色的丝织品",引申为"绿色"之义。

这个字诞生于秦代的小篆阶段,之前的"绿色"之义,是由"碧""翠"等字表示的。

【字形演变】

从秦代的小篆到现在的简化字,"绿"字在各个历史阶段的写法,都基本上与该阶段的"纟"和"录"字的写法相对应。

【字义转化】

"绿"除了表示"绿色"之外,还常被引申为"乌黑色",用以形容颜色昏暗。如杜牧《阿房宫赋》:"绿云扰扰。"意思就是"乌云滚滚"。而所谓的"绿媛",则是指"长着乌黑头发的美女"。

"绿"还可以作动词,表示"使……变绿"或"呈现绿色"。如王安石《泊船瓜洲》:"春风又绿江南岸,明月何时照我还?"又如"绿化",意思就是"种植花、草、树木,使周围一片碧绿"。

"绿"还可音"lù",意思也是"绿色",只是专用于某些特定的名词。如"绿林",泛指旧时结伙聚集山林之间、反抗政府或抢劫财物的有组织的集团。

蓝——一种蓼科草本植物

"日出江花红胜火，春来江水绿如蓝"中的"蓝"（lán）字，基本义是"蓝色"，即像晴朗的天空一样的颜色，是"三原色"之一。如杜甫《冬到金华山观》："上有蔚蓝天，垂光抱琼台。"又如：清凌凌的水，蓝莹莹的天。

【汉字溯源】

"蓝"是个形声字，从"艹"（cǎo），"监"声。要彻底地解读这个字，得分三步，逐步解析"艹"、"监"和"蓝"。

首先是"艹"字，我们习惯将其读作"草头"或"草字头"，那么，它又是怎么来的呢？这得从"屮"（chè/cǎo）字说起。

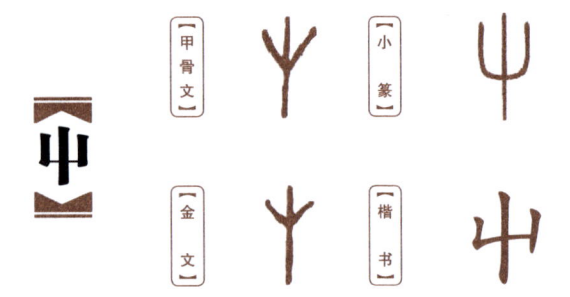

"屮"是一个象形字，本义是指"初生的草木"。甲骨文中的"屮"极其形象，看上去就像是一棵草的幼苗。在此后的金文至楷书中，"屮"的写法与它的甲骨文字形基本一致，区别只在于线条的直或曲上。

发展至今，"屮"字的意思始终未有改变，还是指"草木"。如"水屮"就是"水草"，"屮茅"就是"草茅"，也就是在野未做官的人。

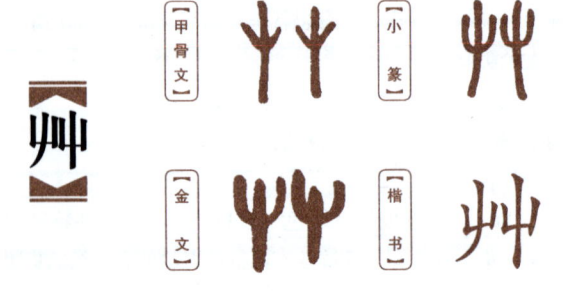

一株小草是"屮",那两株小草放在一起会是什么呢?答案依然是"初生的草木",也就是"艸"(zào/cǎo)。"艸"是由"屮"演变而来的,而且与"屮"字的意义保持一致。

【草】 【小篆】草 【隶书】草 【楷书】草

明白了"艸"字的演进历程,识读起"草"字来就容易多了。在秦代的小篆阶段,人们在"艸"字下面又加了一个表音的"早"字,从而创造了"艸"形"早"声的"草"字。到了楷书中,"草"字的上半部分就变成了"艹"。因此可以说,"艹"是"艸"的另一种楷体字形。

如今,"艹"字一般不单独使用,而是常作形符,与其他声符一起合成新的汉字,这些新字一般都与草木有关。如:菜、芽等。

接下来,我们再来解读"监"字。

【监】 【甲骨文】🔲 【小篆】🔲 【楷书】監
    【金文】🔲 【隶书】监 【简体】监

"监"(jiān)是个会意字,繁体写作"監",本义是"照影子"。甲骨文中的"监"由两部分组成:左边是一个用来盛水的器皿(相当于现在的脸盆);右边是个跪坐着的人,他身体左倾,睁着被刻意夸大的眼睛,俯视着盆中的水面,照自己的影子。为什么要用水来照影子呢?原来,在铜镜于春秋末年问世之前,人们就是拿水当镜子用的。

发展至周代中期的金文中,"监"字的写法发生了较大变化:整个字变成了上下结构;上面的部分代表人,但人的眼睛和身体被分开为左右两部分,它们的样子也都有些走形;下面是水盆,盆口上多了一个黑点,表示盆中装满了水。

在传写的过程中,"監"字的写法发生了一些改变。至小篆阶段,"监"字那代表眼睛的部分变成了"臣",代表人身体的部分变成了一个弯腰垂臂的人。至隶书中,"監"的写法进一步笔画化,下面的水盆变成了"皿"。自此,"監"字的字形固定了下来。在后世的汉字简化运动中,"監"被简化为"监"。

"监"可单独使用,由本义引申为"监督、察看"等义。同时,它也常被当成声符,与其他形符组成新的汉字,如"滥""篮"等。

弄清了"艹"和"监"的来龙去脉之后,"蓝"字的造字方式和演进过程就很容易理解了。

"蓝"字诞生于秦代的小篆阶段。让人不解的是，"蓝"既然是一种颜色，却为什么要用代表草的"艹"来表形呢？其实，"蓝"的本义与草木有关，它原本指的是一种蓼科一年生草本植物——蓼蓝。它的叶子形似蓼而味不辛，干后会变成暗蓝色，可被加工成蓝色和青色染料。"蓝色"这一基本义，就是由此引申而来的。《说文》："蓝，染青草也。"意即：蓝，就是能染出青色的草。

【小篆】藍　【楷书】藍
【隶书】藍　【简体】蓝

【字形演变】

自小篆至后来的简化字，"蓝"字在各个历史阶段的写法，都与"艹"字和"监"字的写法相对应。

【字义转化】

除了表示"蓝色"外，"蓝"还可被假借而通"褴"，形容衣衫破烂。如《左传·宣公十二年》："筚路蓝缕，以启山林。"意即"驾着简陋的柴车，穿着破烂的衣服去开辟山林"（多用于形容创业的艰苦）。

另外，"蓝"还是梵语"伽蓝"的简称，意思是"佛寺"。如清代阮元《小沧浪笔谈》："宝刹名蓝之外，又家供养佛堂。"

华

华——花

"华"（huá）字的基本义是"华美、光鲜美丽"。如司马光《训俭示康》："金银华美之服。"意即：饰有金银的华美的衣服。它还可引申为"豪华、浮华、繁盛、显耀"等义。如《红楼梦》："其街市之繁华，人烟之阜盛，自与别处不同。"

然而，事实上，在成字之初，"华"应读作"huā"，意思是"花"。

【华】 【甲骨文】🌿 【小篆】🌿 【楷书】華 【金文】🌿 【隶书】華 【简体】华

说文解字

【汉字溯源】

"华"原本是个象形字，繁体写作"華"。甲骨文中的"華"，实际上就是一株开满了小花的花枝，有花苞、叶子，也有花茎，形象地表明了"華"字的本义——花。《说文》："华，荣也。"《尔雅·释草》："木谓之华，草谓之荣。"意思是：树木开的花叫作"华"，草开的花叫作"荣"。《诗经·周南·桃夭》："桃之夭夭，灼灼其华。"大意是：桃树长得多么繁盛，花儿朵朵正鲜美。另张九龄《感遇》："兰叶春葳蕤，桂华秋皎洁。"意思就是：春天的兰草葱郁繁茂，秋天的桂花皎明清新。

"华"作动词时，意思是"开花"。如华而不实。

"花"是美艳的象征，所以"华"又可引申为"华（huá）美"之义。同时，它也代表着娇弱。据此，"华"又可引申为"轻浮柔弱的脉象"。《素问》："脉至如华者，令人善恐。"大意是：脉象极其虚弱，教人着实害怕。

【字形演变】

金文阶段的"華"字，较甲骨文发生了很大的变化：上面加上了代表"草"的"艸"部，中间的"×"代表花朵和花蒂，余下的"丂"部分代表绿叶和茎秆。发展至秦代的小篆阶段，"華"字的写法进一步复杂化：上面的"艸"代表花朵，中间的"𠌶"代表花蒂，而余下的部分则代表绿叶和茎秆。至隶书中，"華"字的写法完全笔画化，并自此基本定型。在汉字简化运动中，"華"被简化为"十"形"化"声的形声字。

【字义转化】

"华"读"huá"时，还有"灰白、黑白相间"等意思，这也是由本义引申而来的，因为"花"天生就有各种颜色。如苏轼《念奴娇·赤壁怀古》："多情应笑我，早生华发。"意即：应该会笑我太多愁善感，早早地就头发花白了。

另外，它还有很多假借义：

1. 中国。中国古称"华夏"，今称"中华"，省称"华"。
2. 时光。如：年华、韶华。
3. 精华或精英。如王勃《滕王阁序》："物华天宝。"意思是：万物的精华、天然的宝物。
4. 文才。如：才华。

此外，华还可音"huà"，用做姓氏或地名，如：华佗、华山等。

说文解字

来——小麦

"来"（lái）字，是个十分常见的动词，基本义是"从别的地方到说话人所在的地方"，也就是"由彼至此"或"由远及近"，跟"去""往"相对。《尔雅》："来，至也。"另王维《送綦毋潜落第还乡》："圣代无隐者，英灵尽来归。"意即：圣明的朝代没有隐居的人，精英俊秀都来为朝廷效力。

但这实际上只是"来"字的假借义。它原本是名词，意思是"小麦"。

◆来

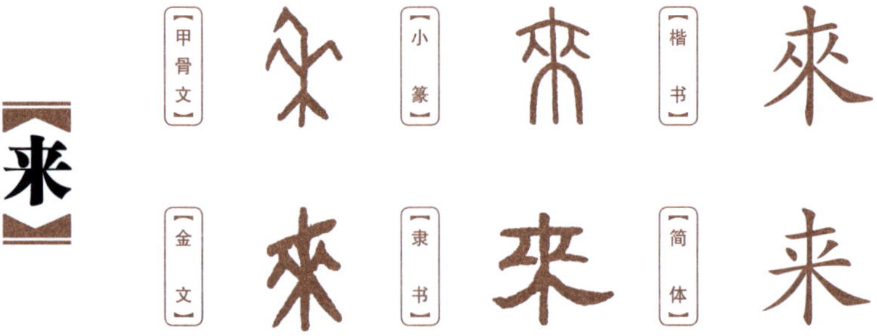

[甲骨文] [小篆] [楷书]
[金文] [隶书] [简体]

【汉字溯源】

"来"是个象形字，繁体写作"來"。甲骨文中的"來"，就是对一株小麦形象的描写：中间的一竖代表麦秆；麦秆顶端向左弯的部分，是弯垂的麦穗；麦穗之下的两个"∧"状结构，代表的是分布在麦秆周围、向下弯的麦叶；而下面一左一右的两个斜杠，则代表露出地面的根须，俗称"霸王根"。

古人将大麦称作"牟"（móu，繁体作"麰"），而将小麦称作"来"。如《诗经·周颂·思文》："贻我来牟。"意即：将小麦和大麦赠送给我。

【字形演变】

金文中的"來"字，从其甲骨文字形发展而来：原来下弯的"麦穗"，变成了与"麦秆"斜向相交的一条直线；麦叶变小的同时，"霸王根"加长并上移。往后的各种字体中的"來"，皆由此发展而来。至隶书阶段，"來"字完全笔画化：麦叶变成了一左一右两个"人"字，而根须则变成了一撇和一捺。再后来，"來"被简化为"来"。

【字义转化】

"来"字在诞生后不久,另外一个表示"小麦"的汉字"麦"(mài,见后叙)也被创造了出来。所以,"来"就被假借为"来去"的"来"了。随着时间的推移,它的字义也逐渐扩大,变得更加丰富:

1. 归,回来,返回。如来宁,归宁,就是指女子回娘家省亲。
2. 招来、招致,使……归顺。如《论语·季氏》:"故远人不服,则修文德以来之。"意即:所以如果远方的人不臣服,就修养自己的文采和德行,使他们自动来归附。
3. 未来、将来或从过去到现在。如:来日方长,向来如此。
4. 做,常用于代替某个具体的动作:来首民歌。
5. 用做趋向动词或用在动词后表示结果。如:谈得来,一觉醒来。
6. 用做助词。比如:一百来块;一来是没时间,二来也没那份心。

◆ 麦

那么,与"来"关系密切的"麦"字又是怎么来的呢?

【麦】 【甲骨文】 【小篆】 【隶书②】 【简体】
【金文】 【隶书①】 【楷书】

【汉字溯源】

"麦"是个会意字,本义也是"小麦"。它的繁体写作"麥",从"來",从"夊"(zhǐ)。"夊"字的本义是"脚",也有"降落"之义。让人不解的是,古人为什么会选择这样的结构呢?很多人都知道,上古时期的人们,将小麦看成是天神赐给人类的礼物,认为它是从天上降下来的,所以就在"来"字下面加了个表示"降落"之义的"夊",创造了"麦"字,代表"天上降下来的粮食"。

【字形演变】

"麦"字在各个历史阶段或各种字体中的写法,基本上都与该字体中的"来""夊"二字的写法相对应。但值得一提的是,隶书阶段的"麦",除了"来""夊"相组合的写法外,还在汉代木简中出现了一种异体"麦",即将"来"写作"丯",今天的简化字"麦"便是据此而来。

【字义转化】

后来,"麦"字逐渐成了所有麦子,如大麦、小麦、燕麦、黑麦等一年生或两年生草本植物的泛称。《说文》："麦，芒谷。"另外，"麦"也可作定语，如：麦雨，是收麦时节所下的雨；麦花，则是麦子的花。而我们在翻阅古籍的时候，常常会碰到的"麦秋"一词，则应理解为"麦子成熟"之义。因为秋天是五谷、百果成熟的季节，是收获的季节。因此，"麦秋梅雨遍江东"（唐代罗隐《寄进士卢休》）的意思，应是：麦子即将成熟的时候，整个江东也将进入梅雨季节。

说文解字

朱——赤心木

"画阁朱楼尽相望，红桃绿柳垂檐向"中的"朱"（zhū）字，基本义是"朱色"，大红色，相当于"赤色"，在古代被称为"正色"。如刘禹锡《春词》："新妆宜面下朱楼，深锁春光一院愁。"意思就是：浓妆艳抹地打扮一新走下红楼，深深的庭院中春光虽好却只添了几缕愁绪。

然而，朱字的本义，却是一种树木的名称，即"赤心木"，是一种树心为红色的树木，属松柏类。《说文》："朱，赤心木，松柏属。"

【汉字溯源】

"朱"是个指事字。甲骨文中的朱字，就是一棵树的象形：中间的一竖代表树干，上面向上伸的两个杈代表树枝，下面的两个杈代表树根。在树干的中间，有一个短横，代表红色的树心。简单几笔，"朱"字的本义就被巧妙地表达了出来。

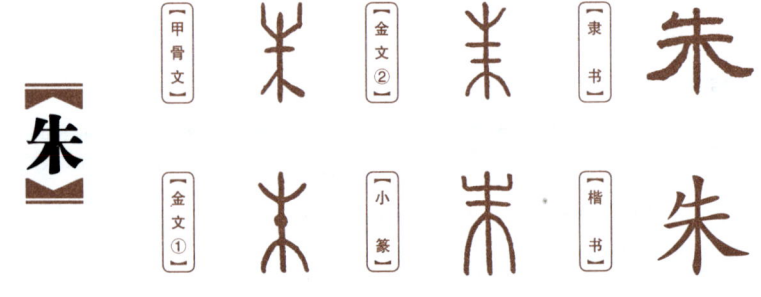

【字形演变】

金文中的"朱"字，由其甲骨文字形演变而来，主要有两种写法：一种是将树干中间代表红心的短横变成一个黑色的圆点,另一种是将其写成两个短横。小篆阶段的朱字,在整体结构上也与其甲骨文字形相似,只是笔画更为线条化。此后各种字体中的朱字,皆由此发展而来。

【字义转化】

由"红色的树心"这一意象,"朱"又被引申为"红色"之义。同时,它也可代指朱红色的物品。如"朱印",即指朱红色的印记;"朱封"就是用朱笔在封口作标记;"朱丹"就指一种红色的宝石。另《穆天子传》中有一句"朱四百裹",其中的"朱",就是朱色缯帛的意思。

值得注意的是,杜甫的名句"朱门酒肉臭,路有冻死骨"(《自京赴奉先县咏怀五百字》)中的"朱门",并不能解释为朱红色的大门,而应当"权贵之家"讲。这是因为在古代,王公贵族的住宅大门通常都会漆成红色,以示尊贵。《明史》:"势家朱丹其门。"意思就是说:有权有势的人家,会将大门漆成红色。所以,"朱门"成了权贵之家的代称。

"朱"字中的历史文化

"朱"还是一个姓氏。据说在中国氏族联盟时代,我国的河南淮阳地区生长着许多赤心木,居住在这里的氏族就以赤心木为原始图腾,其中包括朱襄氏。这个部落的后裔以朱为姓,从而使朱成为中华姓氏之一。时至今日,朱姓已经繁衍了五千多年。

艺——种植

"艺"(yì)字,形声,"艹"(cǎo)形"乙"声,基本义是"才能、技术、技能"。如:艺高人胆大,指人才技高超,所以能不惧险阻,勇往直前。又如韩愈《石鼓歌》:"从臣才艺咸第一,拣选撰刻留山阿。"意即:随从之臣的文采都属第一流的,挑选佳文刻于石鼓放在山坡上。

但如果追溯其原始字形,人们就会发现,这个字的本义其实是"种植"。

说文解字 艺

【甲骨文】【小篆①】【隶书】【简体】
【金文】【小篆②】【楷书】

【汉字溯源】

"艺"原本是个会意字,繁体写作"藝"。这个字形复杂、笔画繁多的汉字,是分几步创造出来的。甲骨文中的"藝",与其说它是字,不如说它是画更为贴切:画面上有一个面朝左边跪坐、双手举起的人(即"丮",读"jǐ"音,详见于"执"字部分),他手拿一棵诸如禾苗、小树苗之类的东西,正要朝地里栽种。由此,"藝"字的本义"种植"就很清楚了。《说文》:"艺,种也。"《诗经·唐风·鸨羽》:"不能艺稷黍。"意即:无法种植五谷。

【字形演变】

金文中的"藝"字,由其甲骨文字形发展而来:人的样子得到了细化,看起来更为生动形象;苗木的样子被简化为一棵草的样子。发展至秦代的小篆阶段,"藝"字的写法发生了较大的变化,变成了左右结构:右边是"丮",字形与独体"丮"字的小篆字形一致;左边变成了上下结构——上边仍是一棵苗木,有叶、茎和根,但由于小篆追求圆滑等特点,它们看起来都不那么像实物;下面增添了个"土"字,表示这苗木是要种在土壤中的。也就是说,早期小篆中的"藝",实际上是"埶"。

后来,由于"埶"字的字形既不能很直观地表现"苗木"之义,也没法显示读音,所以人们在它的基础上进行了再创造:因禾苗是草属,人们在"埶"上面加上了表示"草"之义的"艸"(cǎo)部;同时,又在其下加了个"云"字,来表明此字的读音。由此,真正的上、中、下结构的"藝"字诞生。隶书与楷体中的"藝"字,皆由此发展而来。后来,由于"藝"字的字形过于复杂,人们又将其简化为"艺"。

【字义转化】

由于种植庄稼、树木等,实际上也是一种技术活,凡是种得好的人,都掌握了相关的技巧。所以,"艺"也可引申为"才能、技能"等义。同时,所谓的有"技能",从根本上说就是掌握了做某事的尺度或标准,所以,"艺"又可引申为"准则、极限"。如《国语·越语》:"用人无艺。"意即:用人没有固定的标准。而《国语·晋语》:"骄泰奢侈,贪欲无艺。"大意是:骄奢贪婪,没有限度。

另外,一定的技艺,如果能达到出神入化的地步,都会给人以艺术性的享受,所以,"艺"还被引申为"艺术"之义。如:艺廊,即陈列和出售艺术品的商店。

而通常人们所说的"六艺"（礼、乐、射、御、书、数，或《诗》《书》《礼》《乐》《易》《春秋》）中的"艺"，则是"艺"字的一个比较特殊的用法，指古代的教学科目或典籍。

年——丰收

"此去经年，应是良辰好景虚设"中的"年"（nián）字，在现代汉语中主要当作时间单位，指地球环绕太阳一周的时间，约为365天，这是人所共知的。但很多人不知道的是，古人造这个字的初衷，其实是为了表达五谷丰登的美好图景。

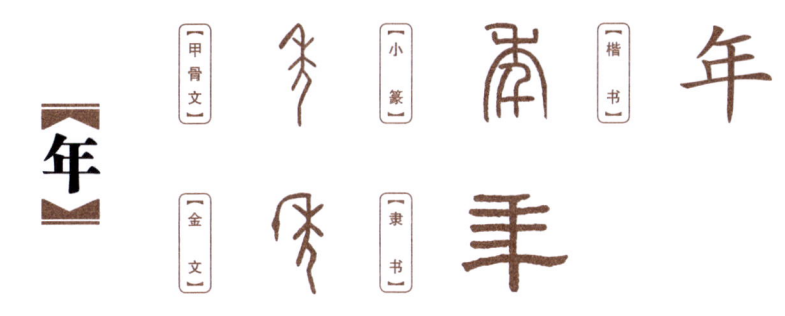

【汉字溯源】

"年"本是个会意字。甲骨文中的"年"，上部是一束穗子向下垂的禾谷的象形，下部是一个弯着腰、臂向下伸的人的象形，二者结合起来就表示人背着收割了的庄稼，从而形象地表达出了此字的本义：五谷成熟、丰收。《说文》："年，谷熟也。"《穀梁传·桓公三年》"五谷皆熟为有年也"，意即：五谷都熟了就是个好年成。

【字形演变】

金文中"年"字的形状跟甲骨文中的基本相似，只是下垂的谷穗更为明显，人的腰也更弯了。发展至小篆阶段时，"年"中的人变成了"千"，"年"由此转化为形声字，从禾，千声。其隶书字形，"禾"的最后两笔以及"千"的第一笔，都变成了直线。至楷书阶段，"年"字被进一步简化，最初那"人"头顶着"禾"的样子，便彻底消失了。

【字义转化】

古人种庄稼，一年一熟，所以从周代中期起，"年"也是时间单位。它常被作为形容词，表示"每年的"（如"年薪"）或"一年的开始"（如"年节"）。此外，它还可引申为"年纪、岁数"之义。如《列子·汤问》中的"年且九十"，意即：将近九十岁了。

有意思的是，在科举时代，"年"还被用于称呼同科考中者。如《儒林外史》中的"你我年谊世好"，意即：我们同年登科，又是世交。而所谓"年伯"，就是对与父亲同榜登科的年长者的尊称。

依——人穿着衣服

"白日依山尽，黄河入海流"中的"依"（yī）字，基本义是"紧挨着，靠着"。《说文》："依，倚也。"如《史记·刺客列传》："依柱而笑。"意即：靠着柱子发笑。它也可指感情上、势力上或其他方面的"依赖、仰仗、仗恃"。如《广雅》："依，恃也。"清代方苞《狱中杂记》中说："极贫无所依。"意即：极其贫困且无依无靠。然而，这都是"依"字的引申义，它的本义是指"人体着衣"，也就是"人穿着衣服"。

【汉字溯源】

"依"，形声，"人"（rén）形"衣"（yī）声。要彻底读懂这个字，就要先解读"人"和"衣"。

"人"是个很简单的象形字，也是最为常用的汉字之一。甲骨文中，表示"人"的字

有很多种，例如有写作"大"的，看上去就像是一个面朝前方、双臂张开、分腿站立的人，后发展为"大"。

而发展为今天的"人"字的，是"𠂉"，事实上也就是一个面朝左边、弯腰挺胸抬头站立的人：上端的一短竖代表头和颈，左边的一斜竖代表手臂，右边的部分是腰和腿。金文中的"人"字，"姿势"稍有变化：双腿直立，上体呈前驱状。这成为楷书中的部首字"亻"的原型。

发展至秦代的小篆阶段，"人"又换了一种"姿势"：弯腰抬头，双手杵地，腿部略弯，臀部翘起，活像百米运动员起跑前的姿势。在隶书阶段，"人"字的写法由线条化转为笔画化：头和手臂部分变为一撇，身躯和腿两部分变成了一捺。自此，"人"字的写法就固定下来了。

"人"的本义就是指"能制造并使用工具进行劳动的高级动物"，后也被用来泛指民众。经引申，它又被用来表示"别人、他人"，如"真诚待人"；也代指"人的品质、性情、名誉"，如"文如其人"。

"人"也是个部首字，作部首时还可写作"亻"。从"人"的汉字，多与人或人的行为有关，如：会、令、化、仇、做、仁等。

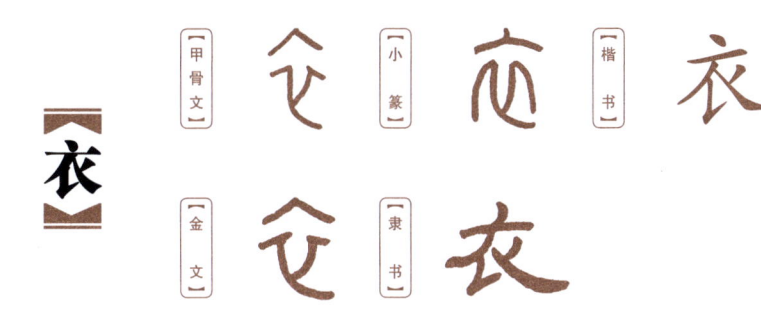

【衣】 【甲骨文】 【小篆】 【楷书】 【金文】 【隶书】

"衣"也是个象形字，本义是"上衣"。甲骨文、金文中的"衣"字，就是一件衣服的象形：上面的"𠆢"形部分代表衣领，下面的"㇄"代表前襟，而两侧的开口则代表衣袖。发展至秦代的小篆阶段，"衣"字的字形较之前发生了一些变化：上面的衣领变成了"𠆢"状，下面的衣袖和衣襟变成了"𠔉"形，看上去更像衣身了。隶书中的"衣"字，完全笔画化，成为我们今天所熟悉的样子。

由"上衣"之义，"衣"又可引申为"衣服"，也就是服装的通称。如：衣不解带，指和衣而睡。后来，它又被引申为"披在物体外面的东西"或"涂层"。如：地衣、糖衣。

由于古代的妇女都会在衣服上系挂香囊，所以，"衣香"便成了"妇女"的代名词。

"衣"既可作独体字，也可写作"衤"，当部首使用。以"衤"为部首的汉字，基本上都和衣服有关，如：衫、裙、袖等。

"依"是由"衣"与"人"组成的汉字。甲骨文中的"依"字，是半包围结构，为一个人在衣服中的样子，以此表示人体着衣。由此，"依"字的本义就一望便知了。

【字形演变】

"依"字在各阶段的写法，都与该阶段的"衣"和"人"字的写法相对应。发展至秦代的小篆阶段，"依"字变成了左右结构：人从衣服中"走"了出来，站在了它的左边。在隶书中，此字完全笔画化：左边的"人"变成了部首"亻"，右边的"衣服"也变成了"衣"字。

【字义转化】

由于穿着衣服的人，身体是跟衣服贴在一起的，所以，"依"就被引申为"依靠"等义。经进一步引申，它又可解释为"按照、顺从、答应"等义。如：依头顺脑，表示俯首帖耳，完全顺从。另关汉卿《窦娥冤》："有一事肯依（答应），窦娥便死而无怨。"它还可当"原谅、宽恕"讲。如：她要真敢那么做，别说是您，我就不依他。

人们还常将两个"依"合用为形容词"依依"，形容柔弱的树枝随风摇摆或人留恋、不忍分离的样子。如：杨柳依依、依依不舍。另外，《仪礼·觐礼》："天子设斧依于户牖之间。"这之中的"依"，不是"衣服"也不是"依靠"，而是通"扆"（yǐ），是屏风的意思。全句意即：天子（居室）的门和窗之间，要安放一个画有斧形图案的屏风。

衰——草编的雨衣

"少小离家老大回，乡音无改鬓毛衰"中的"衰"（shuāi）字，基本义是"衰落、力量减退"，与"盛"相对。如欧阳修《新五代史·伶官传·序》："呜呼！盛衰之理，虽曰天命，岂非人事哉！"大意就是：唉！国家兴盛与衰亡的缘由，虽然说是天命,但难道不也是由于人事吗?另《左传·庄公十年》:"一鼓作气,再而衰,三而竭。"大意就是:第一次击鼓,能够振作士兵的勇气;第二次击鼓,士兵的勇气就减弱了;第三次击鼓后,士兵的勇气就消耗完了。

然而,事实上这一基本义是"衰"的假借义,它的本义其实是"草雨衣"。

【汉字溯源】

"衰"是个会意字。这个字的诞生相对较晚,目前所能见到的年代最早的"衰"字,来自比金文还晚的战国时期古玺文。它看上去呈全包围结构:外面是"衣"的象形,表示这个字所要状写的是一件衣服的样子;里面的"巾"看上去就像是万千丝缕下垂的样子,它代表编织雨衣的"蓑(suō)草"。将两部分结合起来理解,"衰"字的本义,草编的雨衣就清楚了。

【字形演变】

发展至秦代的小篆阶段,"衰"字的写法较其在古玺文中的样子发生了很大的变化,成为上、中、下结构:上面的"亠"代表衣领,中间的"本"代表蓑(suō)草,下面的"𧘇"代表衣身。整个字的线条更为流畅,字形也更为规整。历经隶变、楷化而笔画化的"衰"字,"衣领"变成了"亠"形,"蓑草"变成了"㞢"形,而"衣身"则变成了"伙"形,整个字自此定型。

【字义转化】

草雨衣是用草一层层编成的,故"衰"又可引申为"等级递减"之义。"衰"在"等级递减"的意义上进一步引申,就可以获得"衰退""衰落"的词义。

由"衰落"之义,"衰"字又可引申为"凋谢、枯萎、衰老、衰弱、懈怠"等义。如白居易《惜牡丹花》:"明朝风起应吹尽,夜惜衰红把火看。"这之中的"衰红"就是指"枯萎的牡丹花"。而白居易《琵琶行并序》中的"年长色衰,委身为贾人妇"一句,意思就是:年龄渐长、容颜衰老了,于是就嫁给商人做妻子。另《楚辞·涉江》中"年既老而不衰"的"衰"字,就是懈怠的意思。

随着这些意思的广泛使用,"衰"字的本义倒位列其次了,于是人们又在"衰"字上面加上了个代表蓑草的"艹"部,创造了形声字"蓑",专表"蓑衣"之义。

在古代汉语中,"衰"有时还读"cuī",主要有两种意思。第一,指古代用粗麻布制成、用以披在胸前的毛边丧服。如《荀子·礼论》:"无衰麻之服。"意思就是:不用穿丧服。这里的"衰""麻",都是指丧服。后来,为了以示区别,人们又在"衰"字之前加上"纟",创造了新字"缞",专表"丧服"之义。第二,表示一种状态,即依照一定的标准由大到小递减,如"衰序",就是指"按一定比数递减的序列"。

作——衣领

"作"(zuò)字,基本义是"起来、开始工作",如"枪声大作""振作"。另《庄子·让王》:"日出而作,日入而息。"意即:太阳升起就起来劳动,太阳下山就休息。它也可指"从事某种活动、制作、创作",如"作诗""作曲"等。另《后汉书·张衡传》:"遂乃研核阴阳,妙尽璇机之正,作浑天仪。"大意是:于是他考察、研究自然界的变化,精妙透彻地掌握了测天仪器的原理,制造了浑天仪。

然而让人意想不到的是,这个字的本义,却是"衣领"。

【甲骨文】乍　【金文】乍　【小篆】作　【隶书】作　【楷书】作

【汉字溯源】

"作"是个象形字,它的初文实际上是"乍"(zhà)。甲骨文中的"乍"字,就是一副衣服领子的象形。这是典型的古装"斜领袍"上的领子,现在我们还能在戏服或古装影视作品中见到。

先民们也将"乍"当动词用,即"缝制衣领"。渐渐的,"乍"就被引申为"制作、做"等意思了。同时,由于缝制领子是制作一件衣服的开始,所以,"乍"又有了"初、始、开始工作"等意思。经进一步引申,它又可当"产生、兴起"讲。如《周易·系辞下》:"包牺氏没,神农氏作。"意即:包牺氏死后,神农氏又兴起了。

【字形演变】

金文中的"作"字，还是衣领的象形"乍"，只是变成了向右倾斜状。发展至秦代的小篆阶段，"乍"的假借义越来越多，也越来越繁杂："暂，忽然，张开、鼓起"等，都是"乍"的假借义。为了在形体上以示区别，人们又在"乍"前加上了"人"形，创造了新字"作"，专门表示"制作、做"等意思，因为这些动作，都是要由人来完成的。而"乍"则另立门户，成为独体字，基本义是"忽然"。柳永《笛家弄词》："韶光明媚，乍晴转暖清明后。"

小篆中的"作"字，左边是个做弯腰垂臂状的人的象形，右边还是衣领，虽然已在传写过程中发生了改变，不太像了。隶书阶段的"作"，左边变成了"亻"，右边变成了"乍"。楷书中的"作"，就由其隶书字形发展而来。

【字义转化】

经过几千年的发展，如今的"作"，是个意义多样化、使用频率非常高的汉字。除了基本的"开始工作、制作"等意思外，还有很多常用的引申义或假借义。

1. 写作，创作。如司马迁《报任安书》："仲尼厄而作《春秋》。"意即：孔子在穷困的境遇中创作了《春秋》。此意也可当名词用，意思是"作品、文章"。如：浪漫派之作。

2. 作为、当作。如："青春作伴好还乡"。

3. 担任，充当。如《尚书·虞书·舜典》："伯禹作司空。"意即：伯禹担任司空一职。

4. 像，似。如辛弃疾《破阵子·为陈同甫赋壮词以寄之》："马作的卢飞快，弓如霹雳弦惊。"意即：战马像的卢一样飞快地奔驰，利箭射出，弓弦像震雷一样惊响。

◈ 表——本义有二 ◈

"表"（biǎo）字是一个用法极其多样化的汉字，基本义是"表面、外表"，与"内、里"相对。如表象、由表及里。又《左传·僖公二十八年》："表里山河。"（按：即"表里河山。"）意思是"外有大河，内有高山"，指有山河天险作为屏障。

有意思的是，这个"表"字，有两个本源。

说文解字

【表】
- 甲骨文
- 小篆
- 楷书
- 金文
- 隶书

【汉字溯源】

"表"是个会意字，目前所见的最早的"表"字，出现于周代晚期金文里，刻于"散氏盘"（西周晚期著名青铜器，共有铭文357字，记载的是西周晚期的土地契约）。它由上、下两部分组成：上面是一个祈求丰收的"丰"字形树杈；下面是一个两脚插在地上的木架。据考证，古代的人们将这种木架插在地边上，作为井田之间分界的标志。所以，"表"字的本义就是"标记、标志"。

但大概在春秋战国时期，"表"字的写法突然另起炉灶。在战国时期陶器的陶文中，"表"字的结构完全变了：上面是"业"，即本义为"毛发"的"毛"字，下面是由"冖"和"仌"构成的"衣"字，两部分组合起来就是指"皮毛在外的衣服"。古人穿皮衣，毛朝外面，由此，"表"字的本义就变成了"皮毛外衣"。

后来，"表"逐渐成为"外衣"的统称。《庄子·让王》："中绀而表素。"意思就是：里面穿红黑色的衣服，而外面穿白色的衣服。

【字形演变】

发展至小篆阶段，"表"字的写法又发生了变化：表示衣领的"冖"部被放在了最上面，表示皮毛的"业"变成"屮"，被放在了中间，下面还是"仌"，整个字变成了上、中、下结构，但字义不变。至隶书阶段，"表"字的结构又回归到了其在陶文中的样子，但也有所变化：象征皮毛的斜刺状结构被拉成了直横，象征衣领的"冖"也被去掉，基本上已经成了我们今天所熟悉的样子。

【字义转化】

"表"字的两个本义，在后世都有所沿用，并逐渐引申出许多其他的意思。

由本义"标志"，可引申出"立木柱作标记"的意思，如《墨子·备城门》："城上千步一表。"意思是说：在城墙上每隔一千步就立一个木柱作标志。它也可直接被理解为"边界线"。如"表旗"，意即：边界线上的旗帜。进一步引申之后，它还有了三种新的意思：

1. 表率、榜样。如《礼记·表记》："仁者，天下之表也。"意思是：仁厚之人，可以成为百姓的榜样。

2. 石碑。《汉书》："千里立表。"意即：每隔千里，就立一座石碑。

3. 计量时间或其他某种特定量的仪器或工具。如手表、温度表、电表等。

由本义"皮毛外衣"，"表"可以引申为"外表、外貌"，如"虚有其表"。

"表现、显示"，如略表心意。"表彰"。如唐代韦应物《石鼓歌》："刻石表功兮炜煌煌。"大意就：雕刻石碑，以显丰功伟业。它还有"表白"的意思，如骆宾王《在狱咏蝉》："无人信高洁，谁为表予心。"意即：没有人相信我清高洁白，更有谁能代我表白冤情？

另外，"表"也是封建时代臣子向帝王上书言事的一种文体。陆游《书愤》："出师一表真名世，千载谁堪伯仲间。"

婴——项链

"婴"（yīng）字，基本义是指"婴儿"，泛指初生儿。《释名》："人始生曰婴。"如杜甫《山寺》："思量入道苦，自哂同婴孩。"意思就是说：仔细想想，自己笑话自己，踏上了仕宦之路后，不也是几无积蓄，贫苦得就像个婴孩一样一无所有嘛！

但令人惊讶的是，这个字的本义，却是指饰品"项链"。

【汉字溯源】

"婴"是个会意字，由两个"贝"字和一个"女"字组成。在此，我们先来解析"贝"字。

"贝"（bèi）是个象形字，繁体写作"貝"，本义就是"贝壳"。甲骨文中的"贝"字，看上去就像是一个向左右两边张开扇面的贝壳。金文中的"贝"字，源自其甲骨文字形，只是两个扇面被连在了一起，显得更为形象。发展至秦代的小篆阶段，

"貝"字的写法发生了很大变化：贝壳本身变成了上大下小的"目"字形，其下还多出了两个"支架"。整个字再也看不出"贝壳"的样子了。此后各种字体中的"貝"字，皆由此发展而来。后来，"貝"被简化为"贝"。

"贝"是个独体字，也是一个常用的部首字。古时候，由于人们聚居的中原地区远离海边，所以贝壳极其稀少，被视为珍贵的饰品，并进一步发展为原始的货币。所以，从"贝"的汉字大多与钱财相关。如：赎、贿、赂、赃、贷等。

结合"贝"和"女"的演变流程，我们再来解析"婴"字。

"婴"的繁体写作"嬰"，成形的"嬰"字最早见于周代的金文，由两个字组成：左上角为"貝"，右下方为"女"，那贝壳紧挨着女子的头部。两部分组合起来，就表明了"嬰"的本义：挂在妇女脖颈上的贝壳项链。《说文》："嬰，颈饰也。"

【字形演变】

发展至秦代的小篆阶段，"嬰"字变成了正规的上下结构：上面变成了并排的两个"貝"，用"二"代表多，意思是很多贝壳串在一起；下面是个"女"字。从小篆字体至现代的简化字，"嬰"字在各种字体中的写法，都与"贝"和"女"字在该阶段的写法相对应。

【字义转化】

由本义出发，"嬰"字又可被引申为"系到颈上，戴"之义。如《荀子·富国》："譬之，是犹使处女婴宝珠、佩宝玉、负戴黄金，而遇中山之盗也。"大意是：打个比方说，这就好比让一个姑娘脖子上缠着珠宝、身上佩戴着宝玉，头上装饰着黄金制成的饰物，而在山中遇上强盗。"

进一步引申，"嬰"又可解释为"缠绕、围绕"等义。如《汉书·蒯通传》："必将婴城固守。"大意是：以城自绕，凭仗城墙来坚守阵地。

由于古代的贝壳极其珍贵，所以用贝壳串成的项链也就被视为"宝贝"。由此义出发，"嬰"便被引申为"婴儿、幼儿"之义。有意思的是，在道教的宗教术语中，"婴儿"是金属"铅"的代名词。如《西游记》："婴儿（铅）姹女（汞）配阴阳，铅汞相投分日月。"

万——毒蝎子

"等闲识得东风面,万紫千红总是春"中的"万"(wàn)字,是一个表示数字的字,意思是一千的十倍。如唐代元稹《遣悲怀》中的"今日俸钱过十万,与君营奠复营斋",意即:现在,我每月的俸银都超过了十万两,我就用它们来好好祭奠你。而常说的"万户侯",意思就是管理万户农民的侯爵,也是中国汉代侯爵的最高一级,后泛指高官。

但是,这个字的本义实际上却是与数字毫不相干的"毒蝎子"。

【汉字溯源】

"万"原本写作"萬",是一个象形字。甲骨文中的"萬",就是一个蝎子的样子,清晰明了地传达出了"萬"字的本义。蝎子是自上古时代起就在我国中原和北方地区繁衍生息的一种节肢动物,它躯体圆长,布满斑纹;头部和胸部的钳肢长得像蟹螯一样,使人望而生畏;其像尾巴一样细长的下体末端,拖着可怕的毒钩,这是它捕食的工具和御敌的武器。钳肢、斑纹、毒钩这些外形特征,都在甲骨文字形中得到了很好的体现。

【字形演变】

在金文中,"萬"字还是个蝎子的形象,但钳肢、斑纹、毒钩等的样子,由于传写过程中的讹误,已经开始有所变化了。至秦时的小篆体中,"萬"字的写法已经大不一样了:钳肢变成了草字头,有斑纹的躯体变成了"田"字形,尾巴上的毒钩弯曲为形似三角的样子。此后,"萬"字的写法基本固定下来。到了汉代以后,"萬"字的简体字"万"出现,在不少的碑帖中,都以"万"代"萬",并且一直沿用到了今天。

说文解字

【字义转化】

那么，"万"字为什么又会成为表示数字的字呢？实际上，这是我们的祖先一个非常聪明的决定。蝎子的繁殖能力极其惊人，在古代的中原地区，它可谓遍地皆是。所以，先民们在造表示繁多的数字"万"时，自然就想到了它。

"万"用做数字时，很多时候都不是确指，而是约数，极言其多，如唐代杜甫《江畔独步寻花》："千朵万朵压枝低。"唐代王之涣《凉州词》："一片孤城万仞山。"

"万"字的引申义很多，主要有"一定、绝对"，如：万无一失、万全之策；"极其，非常"，如：我感到万般快慰。它也常被用来极言各不相同，如毛泽东《沁园春·长沙》："万类霜天竞自由。"

蜀——蛾、蝶类的幼虫

"蜀"（shǔ）字是个不常用的汉字，在现代汉语中仅用做中国四川省的别称。如有名的"蜀绣"就是指四川刺绣，而所谓的"蜀都"即为四川省的省会成都市。即使是在古代，"蜀"也多用做地名。如《战国策·秦策》："蜀，西僻之国也。"

那么，这个字的构造又源于什么呢？它的本义该作何解呢？

【汉字溯源】

"蜀"是个象形字。甲骨文中的"蜀"字，看上去就像是一只身子蜷曲的虫子：上面是它眼睛突出的头，下面是其盘曲的身子。据考证，这种虫子是指所有蛾、蝶类的幼虫，即常说的"野蚕"。也就是说，"蜀"字的本义就是"野蚕"。《说文》："蜀，葵中蚕也。"《诗经·豳风·东山》："蜎蜎者蜀。"传："蜀，桑蚕也。"

【字形演变】

发展至周代的金文阶段,"蜀"字上面表示"蚕头"的部分完全变成了一只眼睛的样子,下面原本蜷曲的身子也被拉直了。整个字形,再也表达不出"野蚕"的本义了,于是人们又在下方加了一个代表虫子的"㐅"。秦代小篆中的"蜀"字,脱胎于其金文字形:上面的眼睛变成了横着的"目",下面代表"虫"的部分也进一步线条化了。历经汉代的隶变与楷化,"蜀"字逐渐笔画化,完全失去了象形的韵味,成为横平竖直的方块字。

【字义转化】

本义为"野蚕"的"蜀"字,何以会成为四川省的别称呢?这还得从四川的历史说起。唐代大诗人李白在《蜀道难》一诗中感慨道:"蚕丛及鱼凫,开国何茫然。"他所说的"国",指的就是传说中的古蜀国。所谓蚕丛,又称蚕丛氏,是蜀国的开国君主,也是养蚕专家。传说他最早居住在岷山的石室中,后来见岷江中游和若水流域江边的坝子很适宜桑叶生长,就率领部落——羌族从岷山迁居成都,大力发展桑蚕业。西周末年,周幽王烽火戏诸侯,自乱朝纲。而在蚕丛的治理下,成都及其周边地区经济勃兴,人民安定,实力已足以和周天子分庭抗礼。于是蚕丛趁机称王,建立蜀国。自此,蜀国作为丝绸之邦而光耀史册。

约在公元前316年,古蜀国归并于秦,秦朝就在其属地四川设立了"蜀郡",所以后世一直以"蜀"称代四川。

到三国时代,刘备在成都称帝,建立了著名的"蜀汉"政权,辖区为今四川东部和云南、贵州北部以及陕西汉中一带,范围要比古蜀国大得多,存在时间长达四十多年。所以,"蜀"也是"蜀汉"的简称,如《三国演义》:"蜀兵伤者极多。"

在现代汉语中,"蜀"也常用做形容词,作定语。如"蜀江",就是指四川省境内的江河;"蜀山"即是对四川省山岳的泛称;而所谓"蜀客"则是指旅居在外的四川人。

能——熊

"能"(néng)字的基本义是"才能、本领",如:她精明能干,是个女强人。另唐代韩愈《杂说》中的"有千里之能",意思就是"有日行千里的才能"。它作动词时，可当"能够、善于"讲。如《木兰诗》："安能辨我雄与雌？"意思就是：怎么能够分辨出我是男是女？它还常作形容词，意思是"有才干的"，如：能工巧匠、能者为师。

然而，当初我们的祖先造这个字，却是为了表示一种动物——熊。

【汉字溯源】

"能"是个象形字，产生比较晚，最早见于周代的金文。造字者将其表现得极其生动：圆圆的脑袋，外张的大耳朵，肉乎乎的脖子，肥硕的身体，还有一个短短的尾巴，就连脚趾也有所表现。整体看起来，俨然就是一头缓缓前行的大笨熊的样子，非常清楚地表现出了此字的本义：熊。

另外，古人也将传说中的一种形似熊的兽称为"能"。如《说文》："能，熊属。足似鹿。"再加《左传·昭公七年》："梦黄能入于寝门。"意思就是"梦见一头黄熊走进了卧室"。

【字形演变】

大约是在天长日久的传写过程中发生了改变，发展至秦代的小篆阶段，"能"字的写法已经完全不同于它在金文中的样子了：原本代表头和耳朵的"⌒"变成了"厶"；向下呈左右并列状的腿和熊掌被移到了字的左半边，向左呈上下堆叠状；熊身躯和尾部则省略不用了。若不知其原来的结构，此字是很难解读的。此后各种书体中的"能"字，就是在此基础上发展而来的。至隶书阶段，"能"字便成为一个左右结构、完全被笔画化的字了。

【字义转化】

由于"熊"力大无穷，这在古代是一种了不起的本事，所以"能"才会被引申为"才能，本领"之义。为以示区别，人们又在其下方加了个"火"（楷书变为四点）字，从而创造了新字"熊"，来表示"能"的本义。

在古代，"能"也可直接用来指"有才能的人"。如《三国志·诸葛亮传》："贤能为之用。"意思就是：有道德、有才能的人为他所用。

它还可被引申为"友好、亲善，和睦"。如《史记·萧相国世家》："何素不与曹参相能。"意即：萧何向来与曹参不和。

"能"作副词时，表示指示或程度，相当于"如此""这样"。如杜甫《茅屋为秋风所破歌》："忍能对面为盗贼。"意即：（居然）忍心这样当面做贼抢东西。

在物理学中，"能"是物理学名词"能量"的简称，如"热能"。

零——细雨零落

"我歌月徘徊，我舞影零乱"中的"零"（líng）字，是个常见的形容词，基本义是"零碎的，小数目的"，与"整"相对。如：零钱、零售。它还是整数系统中一个重要的数，是最小的自然数，是介于正数和负数之间唯一的数，记作"0"。有时也用来表示某种量的基准，如摄氏温度计上的冰点，记作"0℃"。

然而，"零"的本义却是指"落细雨"。要了解这一点，还得从它的源头探起。

【汉字溯源】

"零"是个形声字，"雨"（yǔ）形"令"（lìng）声。要读懂它，首先要读懂"雨""令"二字。

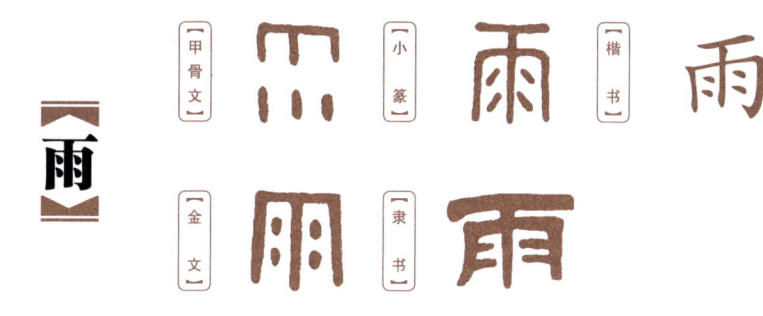

【雨】 【甲骨文】 【小篆】 【楷书】 【金文】 【隶书】

"雨"是人类创造的最早的象形字之一，本义是"雨水"，也就是"从云层降落地面的水"。甲骨文中的"雨"字，就是天在下雨的样子：上面的一横代表云层或云气；向下垂落的六条短线两两相对，代表降下的雨水。金文中的"雨"字，由其甲骨文字形发展而来，但又有所不同：与"云层"相连的三条线，代表连成了线的雨水；夹在三条线中间的四个点，还是代表雨滴。发展至秦代的小篆阶段，"雨"字在其金文字形的基础上，在顶部加了一横，代表天空。自此，"雨"字的写法基本固定。

由于雨点具有密集的特征，而雨离开云层就表示与其分开了，所以"雨"又可用做形容词，比喻"密集"或"离散"。如"雨矢"就是"箭矢像雨一样落下"，而"一别如雨"就是在比喻：这一分离就像雨水离开云层一样，很难再聚合到一起了。

"雨"作动词时，读"yù"音，意思是"降雨、下"。如贾谊《论积贮疏》："失时不雨，民且狼顾。"大意是：该下雨的时候不下雨，百姓就会忧心忡忡。由此义，"雨"还可被引申为"密集地射击或投掷"。如《墨子》："（用）沙石雨（投掷）之。"

说文解字 第一章 最让人惊诧的汉字

"雨"也是个部首字，从"雨"的汉字，大多与"雨水"或"下雨"相关。如：雪、雷、霁。

【令】 【甲骨文】 【小篆】 【楷书】 【金文】 【隶书】

"令"是个会意字，本义是"发号施令、命令"。《说文》："令，发号也。"甲骨文中的"令"字，上部的三角形代表的是屋顶，下面是一个人，面朝左边跪坐，双手扶着大腿。两部分结合起来，就表示人坐于屋内发号施令。金文中的"令"字，与其甲骨文字形如出一辙。发展至秦代的小篆阶段，"令"字的写法逐渐线条化，原来抬头跪坐着的人，此时也成了俯首跪地状。隶书中，它又被写成了"卩"（jié）形。直至楷书阶段，"令"字才完全笔画化，成为我们今天所熟悉的样子。

由本义出发，"令"又可引申为"使得、让"。如：令人发指。它作名词时，基本义是"法令、命令"。如：政令。它还可以当"季节"讲，如：时令。

"令"在古代还是一个用法比较多样化的官名，指政府某部门或机构的长官，如"太史令"；或县一级的行政长官，如"县令"。而《红楼梦》"今日也行一个令才有意思"一句中的"令"，则是指"酒令"，即一种在饮酒时进行的可分输赢的游戏。

"令"也可作形容词，意思是"美善、吉祥、吉利"。如：令音，即美言，佳音；令政，即善政，德政；令日，即吉祥的日子，等等。它还是一个敬辞，用于称呼对方的亲属。如：令尊、令爱。

【零】 【小篆】 【隶书】 【楷书】

"零"字诞生较晚，最早见于秦代的小篆，是"雨"和"令"的结合体，本义是"下雨"，侧重于指"落细雨"。《说文》："零，余雨也。"所谓的"零雨"，就是指"徐徐飘落的雨"。

【字形演变】

在小篆至楷书的各种字体中，"零"字的写法都与该字体中的"雨"和"令"字的写法相一致。

【字义转化】

由本义出发，"零"可被引申为"细碎的、细小的"或"如雨一般地落下、降落"等义。如诸葛亮《出师表》："今当远离，临表涕零。"意即：现在我就要远离陛下了，面对这份奏表，禁不住流下泪水。经进一步引申，它又可解释为"凋零、凋落"。如杜甫《自京赴奉先县咏怀五百字》："岁暮百草零，疾风高冈裂。"意即：到了年末，百草凋零；强劲的冷风，吹裂了高岗上的土地。而"自云良家子，零落依草木"（杜甫《佳人》）里的"零落"，当以"沦落、流落"讲。全句的意思是：自己说本是清白人家子女，竟流落到与荒山和草木共处。

霖——雨落山林

"霖"（lín）字，基本义是"霖雨"，也就是"久下不停的雨"。《说文》："霖，雨三日以往也。"意思是说：霖是持续下三天以上的雨。又《汉书·高帝纪》："七月大霖雨者，人怨之所致。"

这一基本义，是由其本义引申而来的。

【汉字溯源】

"霖"是个会意兼形声字。甲骨文中的"霖"，是个会意字，它由两部分组成：上面是"雨"字的一半，下面是雨滴落在两个"木"之间的样子。"木"就是"树"，在这里用两个"木"就是代表很多树，也就是"树林"。两部分加在一起，"霖"字的本义就清楚了，即"雨落山林"。

【字形演变】

发展至秦代的小篆阶段，"霖"变成了上"雨"下"霖"的结构，由此成为形声字："雨"形，"林"声。整个字的线条变得更加流畅，字形也更为规整。此后各种字体中的"霖"字，都由此演化而来。

【字义转化】

由"雨落山林"，"霖"也被引申为"久下不停的雨"。作动词时，它的意思就是"下大雨、久雨不止"。如《晏子春秋·谏上》："景公之时，霖雨十有七日。"意思就是：（齐）景公当政的时候，十天里有七天在下大雨。

值得一提的是，"霖"常被用来比喻"恩泽"。如"甘霖"除了指"对农作物有利的雨"外，也是"恩泽"的代名词。而常说的"霖雨"，也常被用来比喻"济世之臣"。另《尚书·商书·说命上》中的"若岁大旱，用汝作霖雨"一句，大意是"如果遇上旱年，就拿你来当霖雨"。这句话表达了殷高宗对大臣傅说的赞许和期望，体现了贤臣的重要性。因此，"霖雨"又被用以比喻"济世之臣"。

霍——群鸟在雨中飞

"霍"（huò）字，最常用做姓氏。另外，它还是个副词，意为"快、迅速、突然"，表示动作突然发生，如"霍闪""霍然"等。

但事实上，这些都是"霍"字的假借义和引申义，它的本义是"众鸟在雨中疾飞"。

【汉字溯源】

"霍"，会意，从"雨"，从"隹"（zhuī）。其演变过程，与"隹"字的发展变化紧密相关。

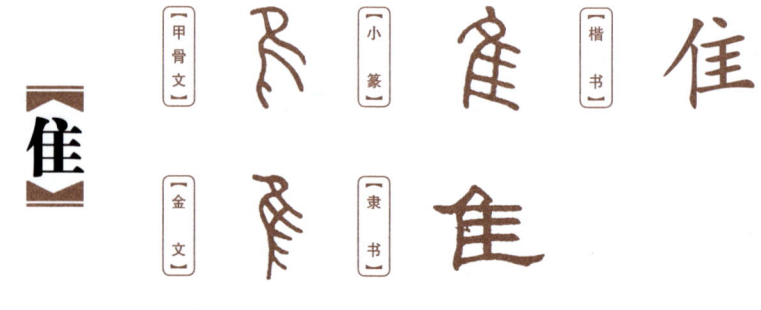

"隹"是个象形字，本义是"鸟"，是短尾鸟的总名。

甲骨文中的"隹"字，看上去更像是一幅禽鸟画，栩栩如生：上面是鸟头，嘴巴朝向左方；向下的曲线以及叉状结构，代表鸟的身体和爪子；还有向右下方伸出的两条斜线，透着灵气，代表鸟的翅膀。金文中的"隹"字，则更为形象：鸟翅膀上的纹理被描绘得更为详细，甚至连圆圆的喙也被表现了出来。发展至小篆阶段，"隹"字的写法发生了一些变化：鸟爪被去掉了，鸟身和翅膀写成了一条竖线和四条横线，看起来就不再那么像鸟了。隶书中的"隹"字，初步实现笔画化。在楷书中，"鸟头"又被写作"亻"，放在了"鸟身子"的右边，如果不了解这个字的演变历程，是很难看出它本来的意思的。

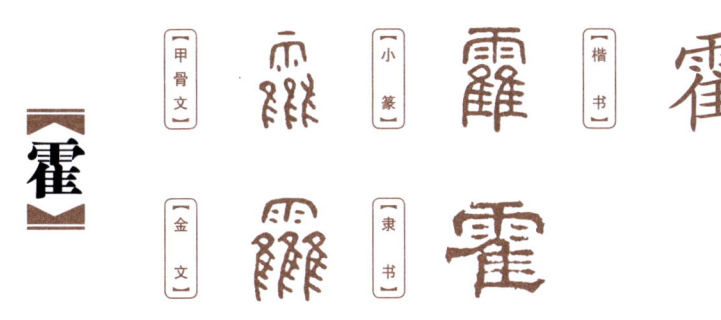

甲骨文中的"霍"字，由上、中、下三部分组成：中间是"雨"，代表正在下雨；"雨"上有一横，代表高空的云层；"雨"下是三只鸟的象形。在古代，"三"代表"多"，所以三只鸟事实上就代表着一群鸟。三部分结合起来，就表达出这样一种意思：众鸟在雨中疾飞。

【字形演变】

金文中的"霍"字，写法与其甲骨文字形基本一样，只是"雨"上代表"云层"的一横被省去了。发展至小篆阶段，"霍"字上面的"雨"，成了"云层"与"雨幕"的结合体，并就此定型；下面的"鸟"，也变成了两只，可能是出于书写方便。至隶书阶段，"霍"字中的"鸟"被进一步"简化"为一只。从甲骨文至楷书，"霍"字在各种字体中的写法，都与"雨""隹"二字在该字体中的写法一致。

【字义转化】

因为群鸟在雨中快速飞翔，会发出很大的声音，所以"霍"又被用做象声词，形容摩擦声、鸟翅振动声、笑声等。如《木兰诗》："磨刀霍霍向猪羊。"

另外，"疾飞"代表飞的速度很快，所以，它便又有了"迅速、快"等义。

"霍"也常用做"霍乱"（即中医上对具有剧烈吐泻、腹痛等症的急性胃肠病的泛称）的简称。如：梅尧臣《聚会后害霍乱》："仲氏又发霍。"意思就是：仲氏又得了霍乱。

"霍"通"藿"时，是一种豆叶的名字，嫩的时候可以当菜吃。《汉书·鲍宣传》："使奴从宾客，将酒霍肉。"大意是：叫我跟宾客们一起，吃菜喝酒。

只——实为四个字

"两只黄鹂鸣翠柳，一行白鹭上青天"中的"只"（zhī）字，是个使用频率非常高的量词，用于计量鸡、禽、牛、羊、球、手、足等的数目，相当于"个"，如"三只兔子"。它作形容词时，意思是"单独的、极少的"，如：形单影只、只言片语。

但很少有人知道，这些意思其实是属于"隻"（zhī）字的，也就是说，"只"是"隻"的简化字。而它本身，应该读"zhǐ"音。

◆只

【汉字溯源】

"只"（zhǐ），诞生于秦代的小篆阶段，为上下结构：上为"口"，下面两点代表向下的气息。也就是说，"只"原本是个语气助词。它可用于句首、句中和句末，表示"感叹、限定、强调"等语气。如《诗经·鄘风·柏舟》："母也天只，不谅人只！"意思就是：我的妈呀，我的天哪，不体谅人家的心哪！另《水浒传》："只我便是宋江。"意即：我，就是宋江！

只	只	只	只
	小篆	隶书	楷书

【字形演变】

"只"（zhǐ）字的写法，自始至终变化都不大。进入汉代以后，经过隶变和楷化，它逐渐笔画化，成为横平竖直的方块字。

【字义转化】

唐宋以后，副词"秖"（zhǐ）被简化为"只"，而"祇"（qí，本义是"土地神"）、"衹"（zhǐ，本义是"谷始熟"）二字在作副词时，也都被写作"只"。由此，"只"又可作副词，意思是"仅仅、只有"。如宋代洪迈《容斋续笔》："只隔数重山。"意思是：仅仅隔着几重山。

另外，它还可用做"本、本来""直、一直"等。如《汉宫秋》："妾身早知陛下驾临，只合远接。"大意是：我早就知道陛下要来，本应该前去远迎。又《水浒传》："鲁智深离了桃花山，放开脚步，从早晨只（一直）走到午后。"

它作动词时，相当于"作、做"。如关汉卿《鲁斋郎》："相公到此只甚？"意思就是：相公到这里来干什么？

另外，它还能用做指示代词，相当于"这"，多用于口头语。如"只个"，就是"这种、如此"。

◆隻

【汉字溯源】

"隻"（zhī）是个会意字，从"隹"，从"又"，本义是"擒获"。它的诞生大大早于"只"字本身，三千多年前的甲骨文中就有它：上面是一只鸟，下面是一只人的手。两部分结合起来，就表示用手抓着一只鸟，从而道出了此字的本义：捉到、擒获。

甲骨文	小篆	楷书
		隻
金文	隶书	简体
		只

【字形演变】

"隻"字的字形演变，基本上是以其甲骨文字形为基础的。金文中的"隻"字，看上去比其甲骨文字形更为形象。小篆中的"隻"，脱胎于其金文字形，但更为规整：鸟爪被去掉了，人的"手"在整个字中所占的比例加大。隶书的"隻"，则完全笔画化：原来呈圆形的"鸟头"变成了"⼹"状，下面的人"手"变成了"又"。后来，"隻"被简化为"只"。事实上，早在宋元时期，民间就已经开始以"只"代替"隻"使用了。

【字义转化】

由于"只"（隻）就是"手抓一只鸟"的象形，所以它又被引申为"单个、一只"的意思，与"双"相对，并进一步引申为"单数、奇数"。如《宋史·张洎传》："肃宗而下，咸只日临朝，双日不坐。"大意是说：自（唐）肃宗以后，都是单日上朝，双日就不上朝问政了。

在"隻"被用于量词之后，为了以示区别，人们又创造了形声字"獲"（后简化为"获"），来表示"隻"字的本义"擒获"。

讲到这里，也许你会产生这样一种疑问：既然"单"就是"手抓一只鸟"，那"双"又是什么呢？会不会就是"手抓两只鸟"呢？答案还真是如此。

【双】

【金文】𩙿 【隶书】雙 【简体】双
【小篆】雙 【楷书】雙

"双"（shuāng），繁体写作"雙"，本义是"一对，两个"。在"隻"被引申为"一个，单"之义以后，人们又根据它的造字原理，以"手抓两只鸟"的象形，表达"双"的意思。此字最早见于周代的金文中，在此后的各种字体中，它的写法都与"隻"的写法相对应，所不同的只是"手"上面要多写一只"鸟"。汉字简化时，取两只鸟头的象形，把"雙"简化为"双"。

闲——栅栏或缝隙

"今年欢笑复明年，秋月春风等闲度"中的"闲"（xián）字，是个听来就能让人神经放松的汉字，因为它通常作形容词用，基本义是"没有事情，没有活动、有空"，与"忙"相对。如白居易《观刈麦》："田家少闲月，五月人倍忙。"它也可指房屋、器物等"不在使用中、空着"。如龚自珍《病梅馆记》："又多闲田。"

但若翻开《现代汉语词典》，你就会发现，"闲"的繁体字有两个："閑"与"閒"。这是怎么回事呢？下面，我们就来一探究竟。

◆ 閑

【汉字溯源】

"閑"是个会意字，由"門"（门）、"木"二字组成，诞生于周代的金文阶段：上面是一座大门，下面是个"木"。合起来就表示"挡在门前的木头"，也就是栅栏。所以,"闲"字的本义应该是"栅栏"。《说文》:"闲,阑(门前的栅栏)也。"另《周易·家人卦》:"闲有家。"意即:有栅栏的地方,就是家。

《闲》

[金文]
[隶书] 閑
[简体] 闲
[小篆] 閑
[楷书] 閑

【字形演变】

自金文至楷书,"閑"在各个历史阶段的各种字体中的写法,都与该字体中的"門""木"二字的写法相对应。后来,"閑"又被简化为"闲"。

【字义转化】

由于古代的人,常将马匹圈养在用栅栏围成的圈里,所以,"闲"就成了"马圈"的代名词,并进一步引申为"马厩"等养马的地方。如《周礼·夏官》:"天子十有二闲,马六种。"意即:皇帝拥有十二个马圈,里面饲养着六种马匹。

四周围着栅栏,就等于将其中的人或物圈了起来。所以,"闲"又可引申为"约束、限制,防止,阻隔"等义。如《左传·昭公六年》:"闲之以义。"意即:用道义来约束他。它也可用来特指"伦理道德的规范、界限"。如《论语·子张》:"大德不逾闲,小德出入可也。"大意是:在道德上要把握住大的方面,不逾越常规的界限,小的方面则不必苛求。同时,由于栅栏通常都是有很多空隙的"网"状结构,所以,"闲"又被引申为"空闲、闲暇"等义。

◆ 間

【汉字溯源】

"間"(jiàn)由"門"和"月"两个字组成。要追溯"間"字的演变流程,就需要先弄清"月"字的发展历史。

《月》

[甲骨文]
[小篆]
[楷书] 月
[金文]
[隶书] 月

说文解字 第一章 最让人惊诧的汉字

一七三

"月"（yuè），象形字，本义是"月亮"。甲骨文中的"月"字，看上去就像是一轮弯弯的月牙儿。至周代的金文阶段，这月牙儿中又多了一点（与"夕"相区别），代表月亮上的"嫦娥""玉兔""丹桂"等，实际上也就是地球人所看到的萦绕在月亮上的云影。发展至小篆阶段，"月"字的写法由于追求线条的圆转匀称而变得不像月亮了。隶书中，"月"字完全笔画化，成为一个只有四画的汉字。

后来，"月"又经引申而用做计时单位，如：三个月。它还可作形容词，指形状像月亮的，圆的，如：月饼。

"月"还是个部首字，以它为部首的汉字，很多都与月亮有关，如朝、期、明等。

值得注意的是，做部首的"月"字，有时却是"肉"或"舟"字，如：肚、肝、肥、服。

"閒"是个会意字，诞生于周代的金文阶段：上为"月"，下为"門"，组合起来就表示能从门缝中看到天空中的月亮。所以，"閒"字的本义就是"缝隙"。

【字形演变】

至小篆阶段，"閒"由上下结构变为半包围结构：外为"門"，内为"月"。自此至楷书阶段，"閒"字在各种字体中的写法，都与"門"和"月"在该阶段的写法相对应。后来，"閒"被简化为"闲"，最终被"间"字取代。

【字义转化】

由于缝隙会将物体隔开，所以，"閒"又被引申为"距离、隔开、不连接"等义。

它也可读"jiān"音，表示两种事物或两段时间之间，以及在一定的空间或时间内。如：我与他之间、晚间。由此，它又被引申为"闲暇、悠闲，空的、不使用"等义（与"闲"相通），读"xián"音。

经进一步引申，"閒"（xián）还可解释为如下意思：

1. 空虚、空阔、宽大。如元代张养浩《普天乐》："烟水闲，乾坤大，四面云无遮碍。"
2. 安静。如王维《鸟鸣涧》："人闲（人声寂静）桂花落，夜静春山空。"
3. 与正事无关的。如：闲是闲非，即指无关紧要的是非。
4. 平常。如：等闲之辈。

【间】 【简体】间 【楷书】間 【隶书】間 【金文】晶 【小篆】閒

由于读音和部分意义相通，"闲""閒"二字逐渐被混用了。同时，"閒"的音义越来越复杂，影响了使用的便捷，所以，在楷书阶段，人们又造了个"间"字。

"间"字诞生以后，"閒"字按音和义被分成了两部分：凡读"xián"音的时候，一律写作"闲"；而读"jiàn"和"jiān"音的时候，一律写作"间"。其对应的意思，也都相应地归到了"间"和"闲"字之下。而"閒"字本身，则在汉字简化后被淘汰了。

所以严格来说，"闲"并不是"閒"的简化字，而是替代它的字之一。

夕——月亮

"朱雀桥边野草花，乌衣巷口夕阳斜"中的"夕"（xī）字，基本义是"黄昏、傍晚"，也就是"太阳落的时候""日暮"。《说文》："夕，莫（暮）也。"《尚书·洪范》注曰："初昏为夕。"也就是："夕"就是天刚刚开始黑的时候。

但若追根溯源就会发现，在成字之初，"夕"与"月"字形相同，方向相反，意思都是"月亮"。

【夕】 【楷书】夕 【隶书】夕 【小篆】𠂊 【金文】𠂊 【甲骨文】𠂊

说文解字

第一章 最让人惊诧的汉字

一七五

【汉字溯源】

"夕"是个象形字，甲骨文中的"夕"，就是一弯明月的象形。虽然月亮是圆的，按理说应该写成"○"状，但是，在漫长的岁月中，月缺的时候总是比月圆的时候多，这一点，勤于观察的古人早就注意到了。同时也为了与太阳相区别，人们便将"月亮"写成了半圆形。

【字形演变】

为了进行区别，人们开始着手另造新字。大约从周代的金文开始，人们在月牙儿中加了一点，创造了新字"月"。而没有"阴影"的月牙儿，则成为专门表示"日暮"的"夕"。这是因为黄昏的时候，月亮离地面较近，受地面上折光率很高的雾气的影响，再加上天色尚明，所以月亮中的阴影是不能被看到的。而在晴朗的夜晚，月亮升高的时候，阴影就会被清楚地看到。所以说，这两个字如此写，是十分合理的。小篆中的"夕"字，写法与小篆中的"月"字十分相像。至隶书阶段，"夕"字完全笔画化，并逐渐发展为现在的样子。

【字义转化】

由于月亮总是在黄昏的时候开始升起，所以渐渐地，人们就开始用"夕"来表示"黄昏"。但这却使它有了两个意思两个音。

后来，"夕"的字义逐渐扩大，泛指晚上，如"今夕"就是"今晚"。经引申，它又可被用来指"一年的最后一季或一个月的下旬"。

在古汉语中，"夕"还有个很特别的用法：傍晚朝见君主。如柳宗元《朝日说》："古者旦见曰朝，暮见曰夕。"意思是说：古人早晨觐见君主叫作"朝"，傍晚觐见君主叫作"夕"。

其——簸箕

"其"（qí）字是个十分常用的代词，基本义是"他（她、它）的，他（她、它）们的"，也可直接指"他（她、它），他（她、它）们"。如鲁迅《祝福》："或者不如说希望：希望其有，又希望其无。"它作指示代词时，常常是虚指，相当于"这样、如此"。如：不乏其人。

但在成字之初，"其"是个实词，意思是"簸箕"或"畚箕"。也就是说，"其"是"箕"的初文。

[甲骨文] [金文②] [小篆] [楷书]
[金文①] [金文③] [隶书] 其

【汉字溯源】

"其"原本是个象形字。甲骨文中的"其"字，活脱脱就是一只畚箕：前面的开口代表畚箕口，后面的钝三角状部分代表畚箕臀，中间的网状交叉结构表示的是畚箕的编织纹理。"其"字的本义由此明了。

【字形演变】

金文阶段的"其"字，前后变化比较大。在周代初期的金文中，"其"字的写法与甲骨文字形相差无几，只是中间表示编织的纹理的部分被进一步细化了。发展至周代晚期，原来的畚箕下面多了一横，代表地面，寓意畚箕是放在地面上的。而到了春秋时期，"其"变成了上为簸箕下为"丌"（jī）（几）的结构，形声字"其"由此诞生。此后各种字体中的"其"字，皆由此发展而来。

后来，"其"逐渐被借用为代词、连词、助词等，于是约在秦代以后，人们又创造了一个以"竹"表意，以"其"表声的形声字"箕"，来表示"畚箕"之义。

〈箕〉 [小篆] [隶书] [楷书] 箕

【字义转化】

除用做代词外，"其"还是一个常用的副词，表示推测、反诘（意为"大概、也许，将要，难道"）或请求、命令。如王安石《游褒禅山记》："尽吾志也而不能至者，可以无悔矣，其孰能讥之乎？"大意是：尽了自己的主观努力而未能达到，便可以无所悔恨，难道谁还会被人讥笑吗？

另外，"其"还可用做连词，表示假设、选择等。如《负曝闲谈》："我中国前途，其有望乎？"大意是：中国的前途，大概有希望了吧？另韩愈《杂说》："其（还是）真无马耶？"

作助词的"其"字，常附着于形容词前后，起加强形容的作用。如：何其精彩！

其可通"期"，意思是"期限"。如《周易·系辞下》："既辱且危，死其将至。"

它也可音"jī"，通"稘"，意思是"周年"。如《墨子》："（服）丧（时间），父母三年，妻、后子三年，叔父、弟兄、庶子其（一周年），戚、族人五月。"

期——约会

"嫁得瞿塘贾，朝朝误妾期"中的"期"（qī）字，基本义是指"预定的日期、时日"。如李商隐《夜雨寄北》："君问归期未有期，巴山夜雨涨秋池。"意思是：你问归家的日程我还没有定期，今夜巴山的秋雨使水池都涨满了。

这一基本义，是从其本义引申而来的。

【汉字溯源】

"期"是由"其""月"两字组成的形声字，"月"形"其"声。但事实上，此字诞生于春秋时期的金文阶段，在成字之初，它由"其""日"（rì）两部分组成，"日"形"其"声。

首先，我们来看"日"字的演变历程。

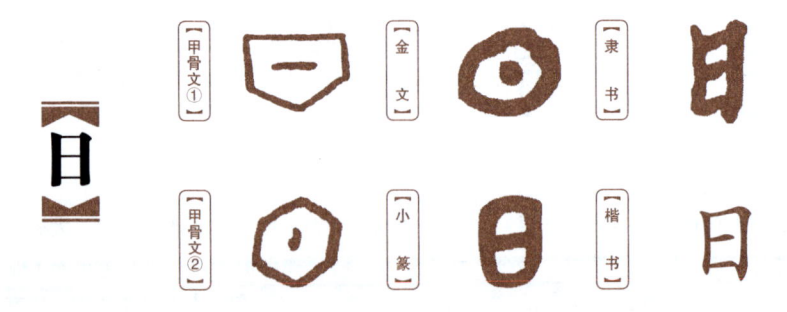

"日"是个象形字，本义是"太阳"。甲骨文中的"日"字，就是一个中间有一点（代表太阳中的黑子等阴影）的五边形或六边形（代表太阳的轮廓）。

太阳是圆的，那古人为什么将它刻画成了五边形或六边形呢？这是因为在当时的技术条件下，要在坚甲硬骨上契刻圆弧，十分艰难。

至金文阶段，这太阳就变成椭圆形的了。至小篆阶段，由于所有字形均要统一为长方形的需要，椭圆形的太阳又变成了长方形。此后各种字体中的"日"字，皆由此发展而来。

由于太阳只在白天出来，所以"日"又被引申为"白天、白昼"之义。如：夜以继日。

后来，这一意思扩大为"一昼夜"，"日"成为时间单位。如：多日不见。进一步引申后，它还可表示"时间""光阴""时节""日子"等。

"日"还是个部首字，以它为部首的汉字，多与太阳有关。如：旦、晒、旱。

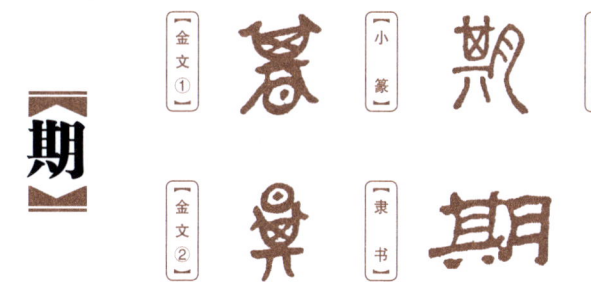

【金文①】【小篆】【楷书】
【金文②】【隶书】

"期"的本义是"约会、相会"。《说文》："期，会也。"李白《月下独酌》："永结无情游，相期邈云汉。"意即：愿意永远结成忘情好友，将来在茫茫的星河相会。

金文中的"期"字，主要有两种写法：上"其"下"日"，或上"日"下"其"。

"约会"就是"约定的会面"，时间是约定的第一要素。所以，古人就用可表时间的"日"作为形符。

【字形演变】

大约在春秋晚期，"期"字的写法另起炉灶，出现了左"其"右"月"的左右结构的"期"字，并最终于秦代的小篆阶段基本定型。

从金文至楷体，"期"字在各个历史阶段的各种字体中的写法，基本上与"其""日"（或"月"）字的写法相对应。

【字义转化】

由"约会"之义，"期"又被引申为"约定的时间、选定的日子、期限"等义，并进一步引申为"极限、限度、机运、机会"等。如《吕氏春秋·怀宠》："征敛无期。"意即：横征暴敛，没有限度。

"期"还可作量词，用于刊物或其他分期的事物。如：这是第300期《读者》。它作动词时，意思是"希望、盼望"，如：期盼、期待。

"期"还可读"jī"音，表示"一周年""一整月"等。如：期年，指一周年。期颐，特指人寿百岁，此处的"期"现读"qī"，旧读"jī"。

说文解字

第一章 最让人惊诧的汉字

一七九

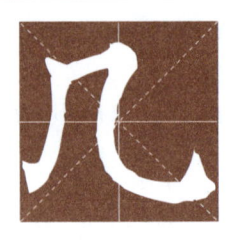

几——本为两个字

"扣关无僮仆，窥室惟案几"中的"几"（jī）字，基本义是指有光滑几面、由腿或其他支撑物固定起来的用于搁置东西的小桌子。如明代归有光《项脊轩志》："吾妻来归。时至轩中，从余问古事，或凭几学书。"意思是：我的妻子嫁到我家来，她时常到书屋中，向我问及一些历史故事，有时还会靠着桌子学写字。

但若翻开《现代汉语词典》，就会发现这个字还可读"jǐ"音，繁体写作"幾"，这又是怎么回事呢？

原来，如今的"几"字，实际上来源于两个字："几"与"幾"。

◆ 几

首先，我们来解析"几"字本身。

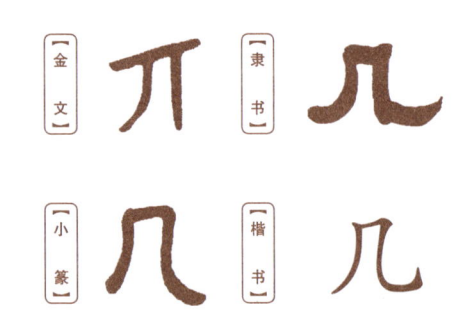

【金文】 【隶书】
【小篆】 【楷书】

【汉字溯源】

"几"是个象形字，约诞生于春秋时期的金文阶段。最初的"几"字，就是一张桌子的象形：上面的一横代表桌面，下面的两笔代表桌腿。寥寥几笔，却十分形象。值得注意的是，上古时期的人们并不拿这种桌子来搁置东西，而是将其当成一种坐具，在席地而坐时使用。它通常有靠背。《说文》："几，坐所以凭（凭靠）也。"如常说的"几杖"就是指供老人依靠的小桌子和支撑用的手杖。古人习惯以用几杖的方式，来表示敬老。

【字形演变】

发展至秦代的小篆阶段，"几"字的写法较其金文字形发生了改变：上面表示桌面的一横被缩短，两端直接与"桌腿"相连了。此后各种字体中的"几"字，皆由此发展而来。

【字义转化】

随着古人生活习惯的变化，"几"逐渐不再用于坐具，而变成了供搁置东西的小桌子。

◆ 幾

【汉字溯源】

"幾"由"丝"（sī）和"戍"（shù）两个字组成。要解析"幾"字，就需要先了解这两个字的演变流程。

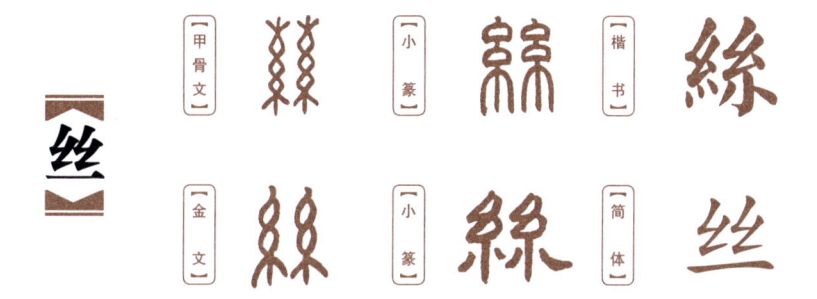

"丝"是个象形字，繁体写作"絲"，本义是"蚕丝"。《说文》："丝，蚕所吐也。"甲骨文中的"丝"字，实际上就是两束蚕丝的象形，也就是两个"糸"（即"纟"）。它在甲骨文至楷书的各种字体中的写法，都与"糸"的写法相对应。后来，此字由"絲"简化为"丝"。

由"蚕丝"之义，"丝"又被引申为对纤细如丝的东西的泛称。如：藕丝、丝雨、丝线。它还常被用来比喻极细微的东西。如《聊斋志异·尸变》："见客卧地上，烛之死（秉烛察看，发现他已经死了），然心下丝丝有动气。"

后来，"丝"又成为"丝织品"的简称，如"丝履"就是指用丝织品制成的鞋。

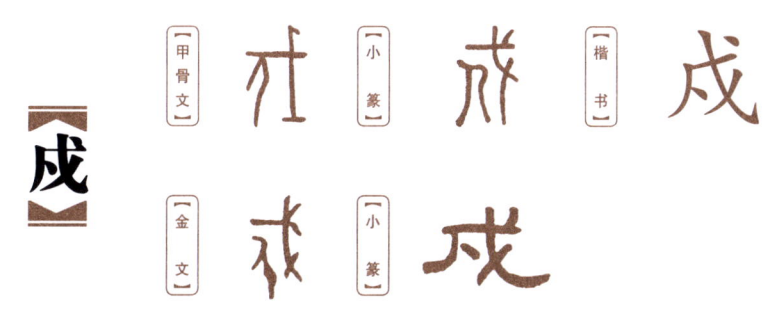

"戍"是个会意字，由"人"和"戈"两部分组成，人拿着戈，像在进行防守。所以，"戍"字的本义就是"守卫"，多指"守卫边疆"。《说文》："戍，守边也。"

从甲骨文至小篆，"戍"字在各种字体中的写法，基本上都跟其中的"人"与"戈"的写法相对应。直至隶书阶段，"戍"字的写法完全笔画化，成为我们今天所熟悉的样子。

用做名词时，"戍"字的意思就是"守卫边疆的士兵"或"守边之事"，也可指边防区域的营垒、城堡等。如：戍妇，指戍卒的妻子。再如：戍堡。

结合"丝"和"戍"字的演变流程，对于"幾"字的解读就变得容易许多。

〖金文〗 〖隶书〗 〖简体〗
〖小篆〗 〖楷书〗
《幾》

"幾"是个会意字，金文中的"幾"字，左上方是两束"糸"，也就是丝，右下方是一个扛着"戈"的人的象形，即戍。需要人守卫的"丝"，足见其贵重程度，所以"幾"字的本义就是"珍贵的丝"。

【字形演变】

从金文至楷体，"幾"字在各种字体中的写法，都基本上与"丝"和"戍"在该字体中的写法相对应。由于"幾"字笔画繁多，难写难认，所以在后世，人们将其简化为只有两画的同音字"几"。

【字义转化】

通常，"丝"就是细微的代称。所以，"几"（幾）又被引申为"细微、隐微"之义，作形容词用。如《说文》："幾，微也，殆也。"

经进一步引申，它便可用来指"苗头、预兆"。如《周易·系辞下》："君子见几而作"。意思是：君子发现一点儿苗头就会立刻采取措施。

"几"（幾）用做动词时，意思是"接近、达到"。如《尔雅》："几，近也。"又如《周易·小畜卦》中的"月几望"就是指快到十五月圆之时了。

它还可作副词，表示"几乎、差不多"。如贾谊《论积贮疏》："汉之为汉，几四十年矣。"意即：汉朝建立，差不多已有四十年了。

"几"（幾）还能读"jǐ"音，是个数词：

1. 用于询问数目，相当于"多少、何、什么"。如韦应物《长安遇冯著》："昨别今已春，鬓丝生几缕？"意即：去年一别如今又到了阳春，却不知头上又添了多少缕白发。

2. 表示肯定观念，意思是"虽少但仍有一些"，通常是指大于1而少于10的不确定的数目。如：所剩无几。

六——房屋

"轻拢慢捻抹复挑，初为《霓裳》后《六幺》"中的"六"（liù）字，是个表示数目的文字，基本义是"五加一的和"。如杜牧《阿房宫赋》："六王毕，四海一。"意思是：六国覆灭，天下统一。

但事实上，这个字的本义是"房屋"。

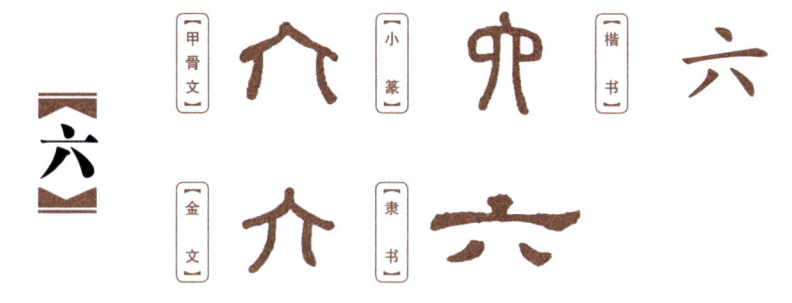

【汉字溯源】

"六"是个象形字。甲骨文中的"六"字，就是一间房屋的侧视图：上面的"人"字形结构代表房子的屋顶，下面的两竖是墙壁的两个边，墙壁与房顶相接处还有突出的房檐。由此，"六"字的本义"屋宇"就被表现了出来。

【字形演变】

金文中的"六"，与甲骨文如出一辙。发展至秦代的小篆阶段，"六"字的写法发生了很大变化：屋顶和屋檐弯曲成了"ᘯ"形，整个字看上去更像是一个双手叉腰站立的人的样子。

至隶书阶段，"六"字完全笔画化，成为一个今天我们所惯用的四画的汉字。

【字义转化】

在古代，数字"六"和意为"房屋"的"庐"（lú）读音是相同的，所以，古人就借用与"庐"同音的"六"字，来表示"五加一的和"，也就是数字"六"，读音也渐渐变成了"liù"。而"六"当"房舍"讲的本义则逐渐被废弃不用了。

"六"还是中国古代乐谱的记音符号，相当于简谱中的"5"。

《易》卦之阴爻，也称为"六"。如《说文》："易之数，阴变于六，正于八，从入，从八。"又如：初六，指由下而上的第一个阴爻。

如今，在财务单据上，人们常用"陆"（本义为"陆地"）代替"六"。而在表示山名或地名时，"六"大都音"lù"。如"六合""六安"等。

八——别离

"天台四万八千丈，对此欲倒东南倾"中的"八"（bā）字，是个表示数目的文字，基本义是"七加一的和"。《玉篇》："八，数也。"如《后汉书·崔骃列传》："今既不能纯法八代，故宜参以霸政。"

那么，这个字的本义是什么呢？

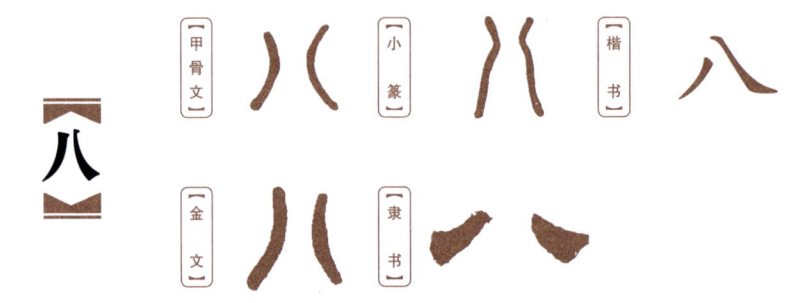

【甲骨文】【小篆】【楷书】
【金文】【隶书】

【汉字溯源】

"八"字虽然只有简简单单的两笔，却是一个会意字。甲骨文和金文中的"八"字，看上去就像是两个朝反方向行走的人的后背。两人各自转身，背向而行，寓意"别离、背离"。这也就是"八"字的本义。《说文》："八，别也。象分别相背之形。"后来，"八"当"别离"讲的本义逐渐消失了。

【字形演变】

"八"字的写法，从古至今都没有发生太大的变化。只是在秦代的小篆中，其写法更为形象化：看上去就像是两个背对着背的人。至隶书阶段，"人"的"头部"被省略了，只剩下了"身体"，所以，"八"字就变成了我们今天所熟悉的样子。

【字义转化】

由于"背""八"谐音，所以古人就借"八"来表示数字"八"。也就是说，数字"八"实际上是个假借字，跟此字的本义毫无关系。"八"在阿拉伯数字中写作"8"；而在财务单据上，人们习惯以"捌"（古同"扒"，意思是"用手分开"）代替"八"。

"八"还可被引申为"第八"之义，表次第。如：王昌龄《塞上曲》："蝉鸣空桑林，八月萧关道。"意即：秋蝉在空旷的桑林里鸣叫，（行进在）八月的萧关道上的征人分外寂寥。

"八"字中的历史文化

在中国历史上，曾出现过"一字千金"的现象。据载，秦相吕不韦召集门客编撰了《吕氏春秋》。成书后，他命人将其公布于咸阳城门上，称能增删一字者，赏黄金千两。汉代的刘安编成《淮南子》一书后，也曾悬赏千金，向士人征询意见。这些典故，反映了古文献的非凡价值。然而，在现代社会，"八"字却创造了另外一种历史。

在广东话中，"八"字与"发"字谐音。"发"寓意"发达""发家"等，加之，在改革开放的春风的吹拂下，广东经济蓬勃发展，成为中国经济发展的龙头省份。所以，在市场经济的大环境中，"八"这个原本表示"分离"的"凶"字，变成了炙手可热的"吉数"，带"8"的电话号码、车牌号等，被竞相追捧，红得发紫，动辄能卖出几万甚至几十万元的天价。

这在汉字中，是史无前例的，甚至在世界范围内，也是一大奇闻。

向——朝北的窗户

"向"（xiàng）字，基本义是指"方向、方位"。如：风向、反向。另唐代卢纶《送李端》："掩泣空相向，风尘何所期。"意即：回望你去的方向掩面哭泣，在战乱年月何时才能相会。

那么，它为什么会有这样的意思呢？要解开这个谜团，还得追溯到几千年前。

向

【甲骨文】向　【小篆】向　【楷书】向
【金文】向　【隶书】向

说文解字

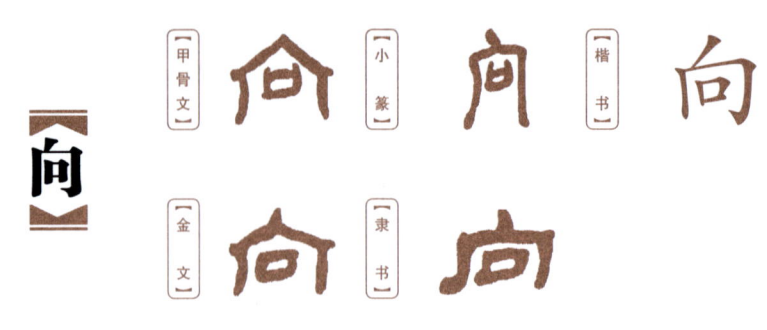

【汉字溯源】

"向"是个象形字。甲骨文中的"向",是一座房子的侧视图:上有屋脊、屋顶、屋檐,下面是墙壁,墙壁之上有个"口"。在房屋的墙壁上开的"口",也就是窗户。在成字之初,"向"专指"朝北开的窗户"。

在古代,中原地区的人们建造的房屋,一般都是南北向,也就是坐北朝南的,而且基本都是前堂后屋的组合。这就使得人们必须在房屋的南边和北边都开上窗户,才能保证屋内良好的通风和采光。古人将这些窗户,统称为"牖",又将朝北开的窗户,称作"向"。

后来,"向"也被用来泛指所有的窗户。如《诗经·豳风·七月》:"穹窒熏鼠,塞向墐户。"意即:清除垃圾熏走老鼠,封上窗户堵紧门缝(防止冷风侵袭)。

【字形演变】

金文至隶书的"向",皆由其甲骨文字形发展而来,在结构上基本没什么大的变化。至楷书中,"向"字上面的"屋脊"部分变成了一撇,其他部分也变成了横平竖直的笔画,从而使其成为真正的方块字。

【字义转化】

由于"向"是指对着北方的窗户,所以它又被引申为"朝着、对着","方向"等义。如杜甫《咏怀古迹五首》:"一去紫台连朔漠,独留青冢向黄昏。"意即:从紫台一直通向塞外沙漠,荒郊上只有孤零零的青坟对着黄昏。经进一步引申,它又可解释为"趋向、奔向、亲近",或"接近、将近"。如《史记·班超传》:"何故欲向汉?"意即:为什么要亲近汉朝?另李商隐《登乐游原》:"向晚意不适,驱车登古原。"意即:接近傍晚的时候,我心里觉得烦闷,于是驱车来到乐游原上观赏。

它还有个很特别的用法:袒护、偏袒。如《元曲选·武汉臣·老生儿》:"不妨事,妳妳向着俺哩!"

"向"作介词时,表示动作的方向,意思是"朝着、从"。如:向前进。另《水浒传》:"向(从)那御屏风背后,转出一大臣。"它也可作副词,表示"从来、向来,一直"。如韩翃《酬程近秋夜即事见赠》:"向来吟秀句,不觉已鸣鸦。"意即:一直吟诵您的佳句,不知不觉天已亮鸦声嘈杂。

余

❧ 余——实为两个字 ❧

"余"（yú）字，基本义是"剩下的、多余的"。如《论语》："行有余力，则以学文。"大意是说：先培养人的德行，如果还有多余的精力，再用它来学习文化知识。它也可作动词，表示"剩下、剩余"。如柳宗元《晨诣超师院读禅经》："日出雾露余，青松如膏沐。"意即：太阳出来了，但还有雾气和露水没有散尽，湿润的青松看起来就好像是用油洗过一样光亮。

但实际上，这些意思都不属于"余"字本义，而是属于另一个字"餘"。"余"是"餘"（yú）的简化字。接下来，让我们分别解析这两个字。

◆ 余

【汉字溯源】

"余"，象形字，本义是"房屋"。甲骨文中的"余"字，看起来就像是一把撑开的伞：上面的伞盖状结构，代表屋顶；下面是一棵树，代表屋内支撑屋顶的木柱。二者结合，就如一幅原始的房屋构架图。另外，也有学者认为这个字形就像是在树顶上筑有形似鸟巢的房子，这印证了原始社会有巢氏"构木为巢"的传说。

【字形演变】

周代金文阶段的"余"字，脱胎于其甲骨文字形，只是上面的半圆形屋顶变成了三角形。发展至秦代的篆体阶段，"余"字下面的树木变成了"木"字形结构。在此基础上，它逐渐发展为今天的样子。

【字义转化】

上古时意思为"房屋"的汉字有很多，如"宋""六"等，但它们都在诞生后不久就被借作他义了。"余"亦如此，它的本义在很久以前就被弃用了，后世多将其假借为第一人称代词，意思是"我"或"我的"。如《尔雅·释诂下》："余，我也。"另孟浩然《夜归鹿门歌》："人随沙岸向江村，余亦乘舟归鹿门。"意思是：行人们沿着江岸走向江村，我也乘着小船回到了鹿门。

另外，"余"也用做姓氏。

"余"字中的历史文化

相传上古时，擅长用橡子和木柱建造房屋的氏族，就以房屋为原始图腾和族名，称"余氏族"，族人即"余人"。他们长期居住的地方，也多以"余"命名而称"余地"，建在余地的城郭或邦国，名字中也常含有余字。据说夏禹建立姒姓夏国后，将其子孙分封在各地，他们建立了很多小国家，都是夏的属国。其中，有一个叫"繇余国"，也称"由余国"，国人有以国名中的余为姓者，从而使余姓成为中华姓氏之一。

◆馀

【汉字溯源】

"馀"，繁体为"餘"，形声字，"食"形"余"声，本义是"饱足、吃饱了饭"。这个字诞生得较晚，最早见于秦代的小篆，从一开始就是左"食"右"余"的组合。

[小篆] 餘　[简化①] 馀
[楷书] 餘　[简化②] 余

【字形演变】

从篆体到楷体，"餘"字在各个历史阶段或各种字体中的字形变化，基本上都与"食"和"余"两个字的字形变化相对应。后来，"餘"被简化为"馀"。在现代汉语中，"馀"字基本被弃置不用了，他的所有意思，都归到了"余"字的名下。或者说，"馀""余"合为"余"了。

【字义转化】

由于"吃饱饭"曾经在很长时间里都是家境殷实的一个标志，所以"余"被引申为

"富饶"之义。如《说文》："余，饶也。"而所谓"富饶"，就是指有所节余。所以"余"又被赋予"剩余、剩下""残留的""次要的""其余、其他"或"某种事情、情况以外或以后的时间"之义，如：业余、高兴之余。另外，"余"也常用做数词，指大数或度量单位等后的零头。如白居易《卖炭翁》："一车炭，千余斤，宫使驱将惜不得。"意即：一车炭，重达一千多斤，宫市使者们硬要抢走，老翁舍不得，却也没有办法。

"余"还有个很特别的用法，即作为农历四月的别称。

巨——矩

"政无巨细，皆断于相"中的"巨"（jù）字，是个使用频率很高的形容词，基本义是"大、非常大"。《小尔雅》："巨，大也。"它多用以形容尺寸、体积或容积非常大，也可指数量大、多。如：擎天巨柱、巨款。另外，它也可修饰抽象事物。如《三国志·蜀书·诸葛亮传》："事无巨细，亮皆专之。"意思是：事情无论大小，诸葛亮都要亲自处理。

然而，这些都只是"巨"字的假借义，它的本义是"工字尺"，也就是用以画直角或方形的工具——矩尺。

【汉字溯源】

"巨"是个会意字，它的造字灵感，来源于木工用来测方画线的方尺。金文中的"巨"字，有两种写法：第一种左边是个"工"字，即"工字尺"的象形；右边为一个人伸手握着尺子的样子；第二种的造字思路与第一种一样，只是人在左边，尺子在右边，而且尺子的右侧，还有个供手握的柄。其实这个字就是"矩"，"巨""矩"

本为一字。《说文》："巨，规巨也。"《荀子·赋篇》："圆者中规，方者中矩。""规"是画圆形的仪器。这两句话的意思是：画圆的就要符合"规"的要求，画方的就要符合"矩"的要求。所以，"规矩"也就是标准。我们现在常说"要守规矩，不能随心所欲地乱来"。这个"守规矩"，就是遵守标准的意思。

【字形演变】

发展至秦代的篆体阶段，金文中的"巨"字演化为两个字。第一种变成了"巨"：右边的"人"被省去，只剩下尺子，但尺子的右边多了个"口"字，那是由原来握着尺子的人的手演化而来的。第二种变成了"榘"（jǔ）字，左边由人变成了"矢"，右边上边成为"巨"，下边又加了一个"木"字。这是因为"工字尺"的使用者，一般都是干木工活的人。后来，人们又省掉了"榘"字中的"木"，创造了"矩"字，与"巨"的第二种金文字形相呼应，表示"矩尺"之义。

【字义转化】

由于矩尺是用来度量事物尺寸、角度等的，所以"巨"被引申为"大"之义。而由"大"进一步引申，它又可解释为"高超、杰出"，用以修饰能力、影响、贡献、成就等。如：巨匠用来泛称在科学或文艺上有极大成就的人；巨子是中国战国时对墨家学派领袖的尊称，后广泛用以称呼在某方面卓有成就、有声望的人。有意思的是，古人喜欢用"巨擘"来代称"大拇指"，并借它来比喻杰出人物或在某一方面居于首位的人物。如《孟子·滕文公下》："于齐国之士，吾必以仲子为巨擘焉。"意即：在齐国的士人中，我肯定会以仲子为核心领导。

不过，《汉书·高帝纪上》中有"沛公不先破关中兵，公巨能入乎"一句，这当中的"巨"字，若理解为"大"，就讲不通了。原来，"巨"在这里是当副词使用的，意思是"岂，难道"，表示反问。事实上，它就是疑问副词"讵"字。所以这句话的意思是：（假若）沛公不先攻破关中兵的话，你又岂能进得来呢？

画——划分界限

"先帝天马玉花骢，画工如山貌不同"中的"画"（huà）字，是个使用频率非常高的汉字，最常用做动词，基本义是：用笔或类似笔的东西做出图形、线条等，也就是常说的"绘画""作画"。如杜甫《韦讽录事宅观曹将军画马图》："国初已来画鞍马，神妙独数江都王。"意即：开国以来就有人绘画鞍马，画得最神妙的首推江都王。

这些意思，都是由其本义"划分界限"引申而来的。

【汉字溯源】

"画"是个会意字，繁体写作"畫"。甲骨文中的"畫"，由三部分组成：上面是一支笔的象形，其右方有一只手，表示以手执笔；下面呈"8"字形的两条曲线，代表已经画好了的界线。三部分组合起来，就表明了"画"字的本义，即划分界限。如《左传·襄公四年》："茫茫禹迹，画为九州。"意即：大禹当年走过的地方，被划分成了九个州。

【甲骨文】 【小篆】 【楷书】
【金文】 【隶书】 【简体】

【字形演变】

如果说甲骨文中"画"字的字形还未能很清楚地表明它的本义的话，那么金文中的"畫"字，则清楚多了：上面的笔，直接握在了手中；笔头下面，是代表已经画好了的界线的曲线；最下面，是代表"农田"的"田"字。在农田中"画线"，也就是划分地界的意思。由此，"画"字的本义更为清晰明了。

发展至秦代的小篆，"畫"字的写法又有了新变化：代表"界线"的曲线，此时变成了围绕在"田"字周围的四条直线，表明其中的一块田地，是与周围的田地相隔的。而隶书中的"畫"字，表示"田界"的直线则只剩下了上、下两条，并通过延长的"笔杆"，与"手"和"田"连接了起来。后来，为书写方便，"畫"被简化为"画"。

【字义转化】

由本义出发，"画"被引申为"绘画"之义。经进一步引申，它也可解释为"书写、签押、署名"。如：画押。而用手、脚或器具做出某种动作，也可称作"画"。如：指手画脚。

"画"用做名词时，意思是"画成的艺术品"，即"成品画"。如韩愈《山石》："僧言古壁佛画好，以火来照所见稀。"意即：僧人说古壁上的佛像画很好，我们拿着火把照看，发现它们确实很稀奇。

它作定语时，意思是"用画或图案等装饰的"。如：画烛，即有彩饰的蜡烛。然而，常说的"画石"并不是指有彩饰的石头，而是指有纹理的石头。其中的"画"，是"皱纹、纹缕"的意思。在古文中，"画"常通"划"，表示"谋划、策划"。如《资治通鉴》："助画方略。"意思是说：帮助他谋划策略。

另外，"画"还可用做量词，汉字的一笔就叫一画。

丹

丹——朱砂

"江南有丹橘，经冬犹绿林"中的"丹"（dān）字，基本义是"红色、赤色"。如：丹阙，指宫殿前两边用红色染饰的楼台。它作动词时，即指"染成红色"。如《新唐书》："杀卒四万，血丹野。"意即：杀死了四万名士兵，鲜血染红了田野。这些，都是由其本义引申而来的。

【汉字溯源】

"丹"是个象形字，本义是"丹砂"，也就是"朱砂"或"辰砂"，是一种红色或棕红色的无机化合物，无毒，是古代方士炼丹的主要原料，也可制作颜料、药剂。甲骨文中的"丹"，构形就来源于一块置于矿井里的丹砂：方框状结构代表矿井的井口，中间的一短横代表朱砂。《说文》："丹，巴越之赤石也。象采丹井。"

【字形演变】

此字的字形，从古至今变化都不是很大。直到汉代的隶书中，它才被笔画化，但也基本不失原形：左边的"井沿"变为一撇，下边的"井沿"被拉长，穿透了左边与右边的井沿，从而使"丹"变成了我们今天所熟悉的样子。

【字义转化】

由于丹砂是红色的，又可作颜料，所以"丹"又当"红色"或"颜料"讲。如：丹青，指红色和青色的颜料（借指绘画）。若进行深层引申，它还可解释为"赤诚"之义。如宋代文天祥《过零丁洋》："人生自古谁无死，留取丹心照汗青。"

因为旧时道家将他们炼制的所谓长生不老药称作"丹"，所以人们就把按配方制成的颗粒状或粉末状的中药，也称作"丹"，如：灵丹妙药。

"丹"还特指南方。古代五行说以五色配五方，南方属火，火是丹色的，故称。它也可作形容词，指"帝王的"或"帝王居住的"。如：丹诏，指皇帝的诏书。

凡——铸造器物的模具

"凡"（fán）字的基本义是"平常、普通"，如《红楼梦》："他近日所见的这几个三等的仆妇，吃穿用度，已是不凡了。"又如《三国志·诸葛亮传》："尽众人凡士。"即：都是一些普通平凡的人。其常引申为"平庸"，如：凡夫俗子。

那么，"凡"字的构造从何而来呢？它的本义又是什么呢？

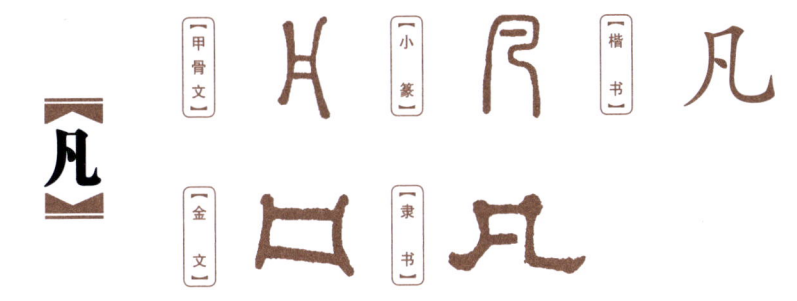

【汉字溯源】

"凡"原本是个象形字，甲骨文中的"凡"，为两个竖边夹着一个小方口的样子。据研究，这是古代用于铸造器物的模具的形状。所以，"凡"的本义就是"铸造器物的模子"。

【字形演变】

金文中的"凡"，基本上承袭了其在甲骨文中的写法，只是中间的"口"被拉大了。"凡"的小篆字形变化巨大，已基本看不出其在甲骨文和金文中的样子了。其隶书字形由小篆字形演变而来。此后，"凡"字的写法逐渐被固定下来。

【字义转化】

"凡"的本义，在后世完全被弃置不用了。但由于"模具"是所有铸器被铸成的最基本的条件之一，所以"凡"也被引申为"凡是、一切、总共"。《说文》："凡，最括也。"《广雅》："凡,皆也。"这成为"凡"字在古籍中用得最多的意思。如唐代白居易《琵琶行并序》："凡六百一十六言。"意即：总共616个字。明代张溥《五人墓碑记》："凡四方之士无有不过而拜且泣者。"意即：来自五湖四海的有志之士,只要路过这里,没有不下拜并哀哭的。

"凡"作名词时,义为"纲要、概括之辞"。扬雄《长杨赋》："请略举凡。"意即：请简要列举一下纲要。

"凡"还有一个很特别的假借义,即"人世间、尘世"。司空图《携仙箓》："仙凡路阻两难留。"又如：神仙下凡。

"凡"字中的历史文化

关于"凡"字的本义,还有两种比较常见的说法。根据其甲骨文字形,有人认为它看上去就像是一个竖着的盘子的侧视形,也就是说,它是"盘"的象形,也即"盘"的初文,本义是"盘"。

另外还有人认为,它状写的是上古时代"帆"的形状,也就是说,"凡"是"帆"的本字,本义"风帆"。据说"凡"是上古图腾时代的发明了帆的部落的族徽。这个部落以"凡"为姓,并发展壮大为周公之后的六小国之一。

者——用漆涂刷器物

"者"（zhě）字,是个用途非常广泛的代词,常被放在词或词组后面,并与之组成"者"字形结构,代指人或事物。其主要用法如下：

1. 用于形容词、动词或形容词性词组、动词性词组的后面,表示有此属性或做此动作的人或事物。如李颀《听安万善吹觱篥歌》："傍邻闻者多叹息,远客思乡皆泪垂。"意即：座旁的听者个个感慨叹息,思乡的游客人人悲伤落泪。

2. 用于某某工作、某某主义后面,表示从事某项工作或信仰某个主义的人。如：共产主义者。

3. 用于"一、二"等数词和"前、后"等方位词后面,指前文所说的事物。如《孟子·梁惠王下》："老而无妻曰鳏,老而无夫曰寡,老而无子曰独,幼而无父曰孤。此四者，天下之穷民而无告者。"

另外，它还可直接作指示代词，相当于"这"。如五代时有王衍《醉妆词》："那边走，者（这）边走，莫厌金杯酒。"

那么，"者"字在诞生之初，又是什么意思呢？

【汉字溯源】

"者"是个会意字，要真正地读懂它，首先我们需要来解析一个字：桼（qī）。

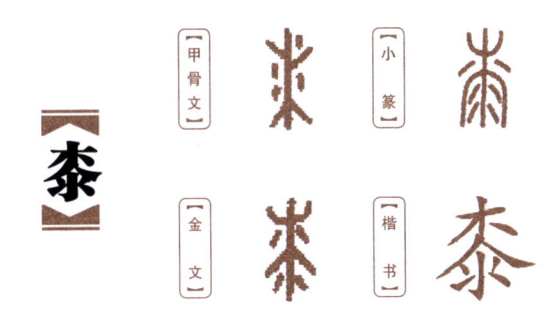

[甲骨文] [小篆]
[金文] [楷书]

"桼"的本义是"漆树"，属于落叶乔木，可高达20米，有乳汁，也是天然的生漆。如《诗风·唐风·山有枢》："山有桼，隰有栗"。意思就是说：高山上有漆树，低洼处有栗树。

这种树是古人获得油漆的唯一来源。人们习惯用的取漆方法，就是将漆树的皮割开，然后将一根竹管接在开口处，使得漆液顺着竹管流出来。《古今注》："桼树以钢斧斫其皮开，以竹管承之，汁滴管中，即成桼也。"因而，"桼"也可指"漆树的汁液"。如《史记·货殖列传》："山东多鱼、盐、桼、丝、声色。"这里的"桼"，就是指"漆液"。

它用做动词时，意思就是"用漆涂抹"。如《史记·刺客列传》："豫让又桼身为厉（癞）。"意即：豫让在身上涂漆，所以长了一身的癞疮。

"桼"是个象形字，其甲骨文和金文字形，就是对一棵被割破了皮、漆液直往外滴的漆树的描摹：中间是个"木"，在此代表漆树；树的主干两端有四个点，代表漆液。

秦代小篆阶段的"桼"，脱胎于其金文字形，只是顺应篆体字形圆转规整的要求，笔画更为线条化：树枝和树根变成了一上一下两个"U"字形弧线，原来的四滴漆液变成了均匀分布在树干两侧的四条短线。

差不多与此同时，大概是为了使字义更为贴切，人们又在"桼"字前面加了个代表"液体"的"氵"部，创造了形声字"漆"。

如今，人们更习惯使用的是"漆"字，"桼"则多用做部首。

[小篆] [隶书] [楷书]

那么，"桼"和"者"字又有什么关系呢？

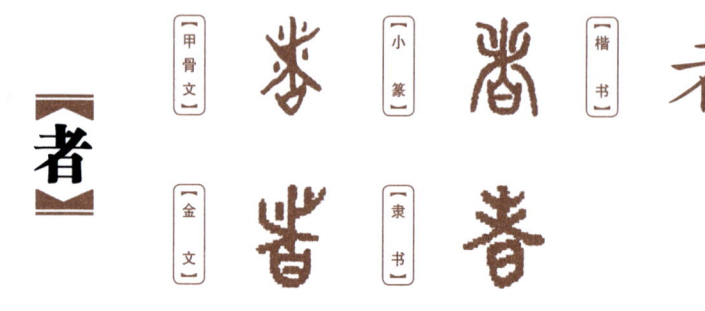

〖甲骨文〗 〖小篆〗 〖楷书〗
〖者〗
〖金文〗 〖隶书〗

仔细观察就不难发现，甲骨文中的"者"字，实际上是上"桼"下"口"的组合。"桼"在此做动词，表示"用漆涂抹"；"口"是个象形符号，代表被涂抹的器物。因此，"者"字的本义"用漆涂刷器物"就很清楚了。也就是说，它本来是个动词。

上古时期，漆液可以说是附着能力最强的物质，它一旦附于器物之上，就很难清除掉。所以，"者"又被引申为"附着"之义。

【字形演变】

金文中的"者"，由其甲骨文字形发展而来，并有了一些小的变化："木"的"枝"与"根"之间距离缩短，"漆液"也只剩下了两点；下面的"口"则变成了"日"。

发展至秦代的小篆阶段，"者"字的写法更富于艺术性："树枝""树根"以及"漆液"都变成了圆滑的曲线，"树干"与下面的"日"连到了一起。在此基础上，"者"渐渐变为隶书中的样子，并在楷书阶段完全笔画化。

【字义转化】

随着社会的发展和汉字的演变，"者"的本义逐渐消失，它被借用为代词，后又被用为助词。

1.作语气助词，用在词、词组或分句后面表示停顿。如《礼记》："仁者，天下之表也。"《列子·汤问》："北山愚公者，年且九十。"

2.作为定语后置的标志。如唐代韩愈《杂说》："马之千里者，一食或尽粟一石。"

3.用在句末，与疑问词相配合表示疑问。如《老子》："飘风不终朝，骤雨不终日，孰为此者？"

另外，古人常常将"者""也"两个语气词连用，起加强肯定语气的作用，语气重点在"也"上。如《孟子·梁惠王上》："舍鱼而取熊掌者也。"

在一些方言或口语中，"者"还被用做形容词，意思是"轻狂"或"虚假、不老实"。如明代冯梦龙《桂枝儿·者妓》："一时甜如蜜，一时辣如椒，没定准的冤家也，看你者（轻狂）到何时了？"另明代顾起元《客座赘语》："今以称人之不老实者曰'者'。"

"桼"字中的历史文化

和陶瓷、丝绸一样，中国漆器工艺是古老的华夏文化宝库中一颗璀璨夺目的明珠，是民族文化的瑰宝。据考证，远在七千多年前的史前时期，中华民族就已经发明了油漆术，会制作漆器了。1978年，我国的考古工作者们在浙江余姚河姆渡文化遗址中发现了朱漆木碗和朱漆筒，经过化学方法和光谱分析，其涂料就是天然漆。夏代之后，漆器品种渐多。时至商代，漆器已大规模用于弓箭、器皿以及墓葬之中。战国时期，漆器业独领风骚，规模空前，形成了长达五个世纪的繁荣期。此时的漆器生产规模已经很大，成为国家重要的经济收入来源，并有专人管理。据记载，著名的思想家、哲学家、文学家庄子（约前369—前286）年轻时就曾经做过管理漆业的小官。发展至汉唐时期，漆器技艺逐渐外传至世界各国。

昆

昆——一起，共同

"昆"（kūn）字，基本义是"哥哥"，主要用做书面语。《广韵》："昆，兄也。"如"昆季"就是"兄弟"，"昆仲"是对别人兄弟的称呼，而所谓的"昆友"，就是指兄弟和朋友。《列子》："昔有昆弟三人。"意思就是：过去有兄弟三人。

这个字何以会有这样的意思呢？这还得从它的本义谈起。

【汉字溯源】

"昆"由"日"（rì）和"比"（bǐ）两个字组成。"日"即指太阳，那"比"又是什么呢？

"海内存知己，天涯若比邻"中的"比"，是个会意字，本义是靠近、并列或挨着。它由两个"匕"组成，而"匕"字的本义是"人"，所以"比"就是两个人。

甲骨文中的"比"，就是面朝右边、并肩站着的两个人的象形：上面是头；中间是身子；下面弯曲的是腿；右边与大腿平行的一笔，则代表胳膊。古人借此意象，形象地表达出了"比"的本义。

由"靠近"之义出发，"比"还可引申为"勾结、偏爱"之义。如：朋比为奸。另《论语·为政》："君子周而不比，小人比而不周。"意思就是：君子团结但并不拉帮结派，小人搞帮派但并不团结。

想要将两种事物进行比较，首先要使他们靠近。由此，"比"又被赋予了"比对、比较"等义。如《楚辞·涉江》："与天地兮比寿，与日月兮齐光。"由此进行进一步引申，"比"就有了"考校、核对""等到、及""比喻、比方"等义。

人们还常"比比"连用，一般指"处处"之义，如：比比皆是。但有时它又需要解释为"时时、频频、屡次"等义。如《汉书·哀帝纪》："郡国比比地动。"意思就是：国内频繁地发生地震。

结合"日"和"比"，"昆"字就不难解析了。

【金文】 【隶书】
【小篆】 【楷书】

"昆"字最早见于周代的金文中：上面是一个太阳的象形；下面是个倒着写的"比"，即两个人。两部分相合，就表示两个人在炎炎烈日下并肩行走。古人借用这样一种意象，表达出了"昆"字的本义，即一起，共同。《说文》："昆，同也。"

【字形演变】

发展至小篆阶段，"昆"字的字形变得规整许多：上面的"太阳"变成了"日"，下面并肩而行的两个人，也转正了身子，成为真正的"比"。进入汉代以后，经过隶书和楷体两个阶段的演变，"昆"字逐渐笔画化，成为一个横平竖直的方块字。

【字义转化】

由两人并肩而行这一意象，"昆"被引申为"哥哥、兄长"之义，进而又被借用为"子孙、后嗣"等义。如：昆孙即指第六代子孙，后泛指远孙。而"一起、共同"通常是用来修饰群体性活动的，所以"昆"还可引申为"众多、诸多"等义。像大家所熟悉的"昆虫"之"昆"，就是"多"的意思。《大戴礼记》："昆，众也。"

在现代汉语中，昆主要用做山名、植物名等。如李白《公无渡河》："黄河西来决昆仑，咆哮万里触龙门。"这之中的"昆仑"，就指中国新疆维吾尔自治区、西藏自治区和青海省交界处的昆仑山。还有一种生长在温带海洋中的海藻，名为"昆布"。而身为戏曲声腔之一的昆腔，则因产生于江苏昆山而得名。

今——铃铎

"今夕复何夕，共此灯烛光"中的"今"（jīn）字，基本义是"现在、目前"。如杜甫《梦李白二首》："君今在罗网，何以有羽翼？"意思就是：你现今被贬官身陷罗网，怎么还能够有一双飞翼？

这个字形简单的汉字，何以会有如此抽象的意思呢？这还得从它的本义说起。

【汉字溯源】

"今"字的本义是"铃铎"。远在商周时代，人们就学会了用金属制作铃铎。按铃锤的材料不同，当时的铃铎主要分"木铎"和"金铎"两种：用木头做铃锤的称木铎，用金属做铃锤的称金铎。它们有着各自不同的用途：木铎主要用于国中，朝廷要宣布实施所制定的法令政策时，便会派出大批官吏，手执木铎到处巡游，手摇铃铎，能使百姓聚集起来，方便向他们传达朝廷的意旨。如《周礼》："古者将有新令，必奋（摇动着）木铎以警众，使明听也。"而金铎则主要用于军中，用以传达军令。

"今"是个象形字，甲骨文中的"今"，主要有两种写法，都是铃铎的样子。第一种写法比较形象：中间形如鸟笼子的部分，代表铃体；它上面突出的那个黑点，代表柄钮，供人们捏拿之用；铃子口下面正中的一个小短横，就是铃铛的舌锤。第二种写法比较简略：上面是个左右两边的边线向下延长了的三角形，代表"柄钮"和"铃体"，下面一个短横，则代表"舌锤"。

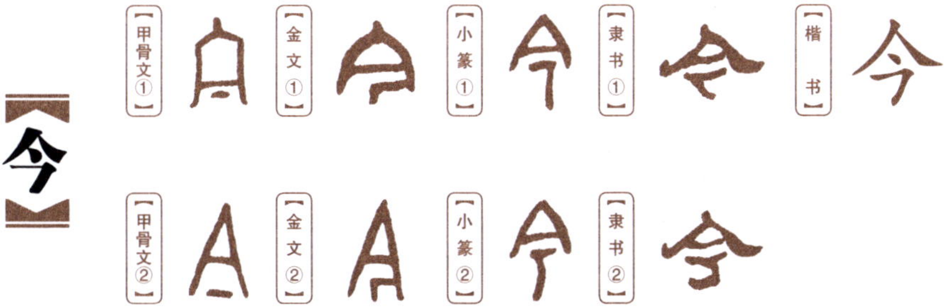

说文解字

第一章　最让人惊诧的汉字

一九九

【汉字溯源】

"今"字的两种甲骨文字形,在金文中各有所变化:第一种上面的鸟笼形"铃体"变成了半圆形,看起来就像是一个锅盖;下面的"舌锤"也不再位于"铃子口"中间,而是与"铃壁"连到了一起。第二种上面依然是三角形,下面的"舌锤"也连到了"铃壁"上。小篆中的"今",是在其第二种金文字形上发展而来的,写作"今"或"今"。隶书中的"今"字,与其小篆字形相对应,也有两种写法:"今"或"今"。后世统一采用了后一种写法,且逐渐将它写成了我们今天所熟悉的样子。

【字义转化】

铎铃在振动时,会发出"今—今—今"的声音,所以"今"又被借用为"今天"的"今",表示"现在"这一抽象概念。

由"现在"之义,它又可引申为"现代、当代",与"古"相对。如我们常常会在古文献中见到"今上"一词,那是封建帝制时代的臣子对"当今的皇上"的尊称。如《史记·魏其武安侯列传》:"孝景崩,今上初即位。"大意就是:汉景帝去世,汉武帝刚刚即位。

需要注意的是,"今昔"一词古今都用,意思是"现在和过去"。但在古文中,它还常指"昨天晚上"。如《史记·龟策列传》中有"今昔汝渔何得"一句,意思就是:你昨天晚上打鱼,收获如何?

"今"作副词时,意为"即将、立刻、马上"。如《史记·项羽本纪》:"夺项王天下者,必沛公也,吾属今为之虏矣!"意即:夺取项王天下的人,必定是沛公刘邦啊!我等就要被他俘虏了。它作连词时,表假设,相当于"假使、如果"。如《韩非子·五蠹》:"今有构木钻燧于夏后氏之世者,必为鲧禹笑矣。"意即:如果有人在夏朝还在树上架木筑巢,还钻木取火,一定会被鲧、禹耻笑的。"今"也可作指示代词,相当于"这、此"。如:今次,即这次;今遭,即这一回。

"今"还是个部首字,常在形声字中作声部,表音。如:衾、矜。

第二章 最『汉』的汉字

● 华夏文化的核心是源远流长、博大精深的汉文化,而阴阳、五行、八卦、干支、生肖以及五常等,都是汉文化宝库中光辉灿烂的瑰宝。它们都是中华民族智慧的结晶,体现着中华民族的民族精神、价值标准和信仰模式,可以说是最具中国特色、最『汉』的文化内容。而记录这些文化体系的『乾』『坤』『甲』『丙』等字,自然而然也就成了最『汉』的汉字。它们显示着华夏文化的独特性和民族性。本章的主旨,就是结合这些文化内容,为您阐释这些汉字的演变历程。

一 阴阳五行篇

　　阴阳五行，是"阴阳学说"和"五行学说"的合称，是古人用以认识自然和解释自然的世界观和方法论。

　　阴阳学说认为，我们生活的这个世界是物质的，而所有的物质都可以一分为二，即阴和阳，二者对立统一，是相互依赖又相互排斥的矛盾双方。世界在阴阳二气的相互作用下滋生着、发展着、变化着。

　　五行学说认为，金、木、水、火、土这五种物质是构成大自然的五种基本要素，宇宙万物都由它们的运行和变化而构成，并随着它们的盛衰产生变化、循环不已。这是中国古代的一种物质观或物质组成学说，约起源于西周末年，与古希腊的地、水、火、风四元素学说类似。五行学说强调整体概念，描绘了事物的结构关系和运动形式。它多用于哲学、中医学和占卜方面：思想家用五行理论来说明世界万物的形成及其相互关系，中医用五行来解释生理病理上的种种现象，预测未来的人用五行相生相克来推算人的命运，等等。

　　如果说阴阳是一种对立统一学说，五行就是一种原始的普通系统论。二者对我国古代唯物主义哲学有着很深远的影响，也是我国古代唯物主义世界观和方法论的基础。

　　古人的认识常常带有自然朴素性，各种理论的产生大都与具体事物相联系，因此，"阴阳""五行"这些概念并不神秘，就如同阴、阳、金、木、水、火、土这七个字一样，都是基于鲜活的自然或现实。

"阴"差阳错

　　"造化钟神秀，阴阳割昏晓"中的"阴"（yīn）字，是个用法极其多样化的汉字，基本义是指"不见阳光的地方"。如《西游记》："阴崖积雪犹含冻，远树浮烟已带春。"由于"山的北面"与"水的南面"蔽不见日，所以它们也被称为"阴"。《说文》："阴，闇也。山之北，水之南也。"又如《列子·汤问》："达于汉阴。"意思就是：到达了汉水的南岸。同时，"阴"又可用来泛指北面。如常说的"阴窗"，就是指"北面的窗户"。

　　但若追根溯源就会发现，"阴"这个字的构造，实际上来源于阴雨天气。

【汉字溯源】

"阴"的繁体写作"陰",是个"阝"形"侌"(yīn)声的形声字。"阝"为"阜"(fù)字做部首时的写法,"侌"同"阴",实际上也是"陰"字的初文,为"云"形、"今"声的形声字。要想真正读懂"陰"字,首先需要解析"阜""云"二字。

【阜】
- 甲骨文
- 小篆
- 楷书
- 金文
- 隶书
- 部首

"阜"是个象形字,本义是"梯子"。上古时期,先民们学会了制作简单的梯子,即在一根直木上砍出一些均衡分布的豁口,以供人们攀登之用。使用时,只需将这根"梯木"搭在想要攀爬的地方,人们就能踩着上面的豁口到达目的地。甲骨文和金文中的"阜"字,就是这种"梯子"的象形。发展至小篆阶段,"阜"字进一步线条化,在字形上变得规整美观,却失去了象形的韵味。后来,"阜"逐渐演化为现在的样子。

由于外形和功用上的相似,"阜"又被引申为"台阶"以及"有台阶而能让人拾级而上的土山"等义。如《荀子·赋》:"生于山阜,处于室堂。"其中的"阜",就是"土山"的意思。凡是山,都有高大、地势起伏、植被繁茂等特征,所以"阜"也可当作形容词,表示"高大""强盛""繁多"等义。如:物阜民丰。

"阜"作部首时写作"阝"(在左),从"阝"的汉字,多与"地势升降起伏""阶梯""山脉"有关。如:陆、降、阶、隘。

【云】
- 甲骨文
- 小篆
- 楷书
- 金文
- 隶书
- 简体

"云"是人类最早创造的会意字之一,商代以前就已存在,其本义为"云气"或"云彩"。甲骨文和金文中的"云"字,由上下两部分组成:上为"二",是指示符,指代云彩所在的高空;下部则像一个水汽缭绕、回旋翻腾的云朵。二者相合,就将一团舒卷飞动的浮云展现了出来。后来,"云"被借用为"说"之意,如:人云亦云。为了避免用法上的混乱,人们又在"云"上加"雨",创造了形声字"雲",来表示"云气"之意。所以小篆至楷体中的"云"字，都写作"雲"："云"字下面的"云团"渐渐笔画化，被写成了"厶"。在汉字简化运动中，人们又借鉴此字的甲骨文和金文形体，将"雲"简化为"云"。

  云气是悬浮在高空中的，所以"云"也常被用来泛指"高空"。如《庄子·大宗师》："黄帝得之，以登云天。"经引申，它还可用来比喻轻柔舒卷如云之物。如：云衫，就是轻而薄的衣衫。云气是气势浩荡、飘忽不定，所以"云"又被借用为"盛多""漂泊不定"等义。如：云集，云水道人则指游方道士。

  "云"还是个助词，表示强调，无实际意义。如宋代司马光《训俭示康》："当以训汝子孙，使知前辈之风俗云。"意思就是：应当以（节俭之道）教诲你的子孙，使他们了解前辈的（生活）作风和习俗。

  "云"也作部首，从"云"的字多与"云彩"有关，如：雹。它也可作形声字的声部，如：魂。结合"阜""云""今"（jīn，详见"今"字部分）三个字的演变历程，我们再来解读"阴"。

【阴】

【甲骨文】 【小篆①】 【隶书】 【简体】
【古文】 【小篆②】 【楷书】

  "阴"是个形声兼会意字，本义是"阴天"。如李颀《听董大弹胡笳兼寄语弄房给事》："空山百鸟散还合，万里浮云阴且晴。"意思就是：（闻听琴声，）空山中百鸟散了又聚集，万里长空浮云蔽日，后来又由阴转晴。甲骨文中的"陰"字分上、下两部分：上面是省写的"今"字，表音；下面是一只鸟的象形。天阴将要下雨的时候，鸟就会叫个不停，古人正是注意到了这一自然现象，并以此为构字思路，从而创造了原始的"阴"字。

【字形演变】

  金文中至今未发现"阴"字。《说文》中有一款"阴"的古文（先秦文字）形体，上面是"今"，表音；下面是一朵云，表形，也就是以浓云代表"阴天"。小篆中的"阴"字，为"雨""云""今"三字的组合。这种变化，是与"云"字的字形变化相对应的，因小篆阶段的"云"字，就是上"雨"下"云"的组合，但此时的"今"字，由古文中位于"云"之上，被挪到了"雨"之下与"云"并列。此外，小篆中还出现了一种"阴"的异体字：左为"阜"，代表土山；右为上"今"下"云"的组合"侌"，实际就是古文中的"阴"字。其构思源于阴天里会有"浓云笼罩着大山"。隶书及楷书中的"阴"字，都采用了这种结构，并逐渐笔画化，最终变成了"陰"。为方便读写，在汉字简化运动中，"陰"又被简化为"阴"。

【字义转化】

　　由于阴天里通常会浓云蔽日，大地见不到阳光，会变得幽暗、寒冷，所以"阴"又被引申为"不见阳光的地方""幽暗、昏暗""冷、寒冷"等义。如宋代范仲淹《岳阳楼记》："阴（冷）风怒号，浊浪排空。"由这些意思进一步引申，它又可解释为如下意思：

　　1. 雨。如：阴官，即指雨师，水神。

　　2. 日影，阴影。张九龄《感遇》："徒言树桃李，此木岂无阴。"意思就是：世人只是说栽植桃李，难道丹橘就不能遮阴？

　　3. 隐藏的，不露在外面的，或暗中，暗地里。如《汉书·李广苏建传》："阴相与谋。"

　　4. 冥间。如：阴司，指阴间官府。

　　5. 雌的、妇人。如：阴德，即女德；阴帝，即女娲。

　　6. 鬼怪。如：阴魅，即鬼魅。

　　7. 凹进去的东西。如茹志鹃《高高的白杨树》："院门门额上还留有一块阴纹石匾。"

　　8. 物体的背面。如：碑阴。

　　9. 生殖器。如《西游记》："那众强人那容分说，赶上前，把寇员外撩阴一脚，踢翻在地。"

"阳"春白雪

　　"阳"（yáng）字，与"阴"相对，基本义是"阳光照耀的地方"，也就是"山的南面"和"水的北面"。如《穀梁传·僖公二十八年》："山南为阳，水北为阳。"它也可专指"太阳""日光"。但在成字之初，"阳"实际上是被用做动词的，因为它的本义是指"阳光照耀"。

【汉字溯源】

　　"阳"的繁体写作"陽"，是个形声兼会意字，从"阜"（阝），"昜"（yáng）声，"昜"同时也表意。那么，"昜"是什么意思呢？

说文解字

[昜]

[甲骨文] [小篆] [部首]
[金文] [楷书]

"昜"是个会意字，本义是"阳光、日光"。甲骨文中的"昜"字，由两部分组成：上面是太阳的象形"日"，下面的"T"字形结构，是一个意符，表示向下照射的光线。两部分结合，就很贴切地表达出了"阳光"之义。金文中的"昜"字，较其甲骨文字形更为细化：下面多了个"彡"，是对太阳光的更为细化的描绘。此后直至楷书阶段，"昜"字都承袭着这种写法，并渐渐笔画化，成为"昜"。

在古文中，"昜"也常代替"阳"使用，如古代的铜币"安阳布""安阳刀"的"阳"，大都写作"昜"。但在现代汉语中，"昜"不单独使用，而是被简化为"𠃓"用做偏旁。如：杨、汤、场、肠等。

[阳]

[甲骨文] [小篆] [楷书]
[金文] [隶书] [简体]

"陽"的甲骨文字形，左边为"阜"，在此表示"土山"，有强调"地势高"之义；右边为"昜"，其中表示"向下照射的光线"的"T"字形结构，在此变成了"▽"，但意思是相同的。二者相结合，取意"阳光高照"。由此，"阳"的本义就被恰当地表达了出来。

【字形演变】

自金文至楷书阶段，"陽"字一直都是左"阜"右"昜"的结构，其写法的变化，与"阜""昜"二字在各阶段的写法基本相对应。

在宋元时期的通俗文学作品《白袍记》《目莲记》《岭南逸事》中，渐渐出现了"阳"这个俗字。后世为方便读写，将"陽"简化为"阳"。

【字义转化】

由本义进行引申，"阳"就有了"太阳""日光""山南水北"等义。而由这些意思进一步引申，"阳"又可解释为如下意思：

1. 天。如：阳灵，即天神；阳祀，即祭天及宗庙。
2. 人世。如《西游记》："唐王游地府，回生阳世，开设水陆大会，超度阴魂。"
3. 物的正面。如清代顾炎武《日知录·钱面》："自昔以钱之有字处为阴，无字处为阳。"
4. 外面。如：阳冰，指结在水面的冰。
5. 农历十月的别称。如：阳朔，即农历十月初一。
6. 男性生殖器。如《海国闻见录·东洋记》："其国男子年五十余，阳多痿。"
7. 复苏，生长。如陶渊明《杂诗》："日月还复周，我去不再阳。"
8. 温暖。如《诗经·豳风·七月》："春日载阳，有鸣仓庚。"意思就是：春天太阳暖融融，黄莺在枝头高声鸣唱。
9. 颜色明亮。如曹植《洛神赋》："神光离合，乍阴乍阳。"
10. 作副词，意为"表面上"。如《三国演义》："吴主孙休，恐其内变，阳示恩宠，内实防之。"

"金"碧辉煌

"金"（jīn）字，基本义是"金属"，即为金、银、铜、铁等的通称或总称。《说文》："金，五色金也，黄为之长。"由于黄金是最贵重的金属之一，所以金又可特指黄金。如杜甫《丹青引》："至尊含笑催赐金，圉人太仆皆惆怅。"意即：皇帝含笑催令赏赐黄金，圉人太仆都很惊讶惆怅。

然而，"金"字的本义其实是"铜"，因为自然界中存在着大量的天然单质铜，所以它成为人类最早认识并进行加工使用的金属。

【汉字溯源】

"金"原本是个会意字，目前人们在甲骨文中还未发现这个字。最早的"金"字，见于周代早期的金文中。它由三部分组成：右边的上半部分是一支箭头的象形，下半部分是一把斧钺的象形；左边两个黑点，代表已经冶炼好了的青铜块。三部分相结合，说明"金"就是制作箭头、斧钺等器物的材料。这个字采用这样的构造，可能跟当时的青铜制造业已经比较成熟、大量的青铜制品被生产出来有密切关系，同时也进一步证明"金"字的本义就是"铜"。随着金、银等其他金属的广泛使用，以及冶铁等技术的进步，"金"字逐渐被用做"金属"的总称。所以，"金"的构造也跟着发生了变化。在西周晚期的器物毛公鼎中，人们发现了这样的"金"字：上面是"今"，表音；下面是"土"，它的两边各有一个代表金属块的黑点，意在表明金属矿物质是埋藏于土中的。由此，"金"变成了从"土"从"二"、"今"声的形声字。

[金文①] [小篆] [楷书]
[金] [金文②] [隶书] [金]

【字形演变】

小篆中的"金"字，继承了西周晚期金文中"金"字的结构，但更为线条化，字形也更加圆转规整。发展至汉代的隶书，"金"字开始笔画化，逐渐成为我们今天所熟悉的样子。

【字义转化】

随着金属制造业的发展，"金"也渐渐被用于由金属制成的乐器、兵器以及其他器具的称呼。如：鸣金收兵，其中的"金"，就是指"铜锣"，是古代军队中号令停止或撤退的锣。又如《汉书·李陵传》："闻金声而止。"意思就是：（古代作战，士兵）听到铜锣声就要停战。另《荀子·劝学》："金就砺则利。"其中的"金"，指的是刀、剑等金属制成的兵器。意思是：刀、剑等放在磨刀石上磨过就能变得锋利。同时，"金"也可直接作定语，表示用黄金或金属制成的。如：金盘、金瓯。

由于贵金属黄金曾作货币使用，所以"金"也可指"钱财、货币"。如：赎金。又杜甫《春望》："烽火连三月，家书抵万金。"意即：战火连绵，已到了春深三月，此时接到一封家信胜过万两金钱。

黄金或其他金属，往往具有贵重、坚硬、色黄等特性，所以"金"又被引申出许多新的意思：

1. 贵重。如：金榜题名、金言。
2. 坚固的、攻不破的或无懈可击的。如：固若金汤。
3. 皇帝的、天子的。如：金篆，即天帝的诏书。
4. 金黄色。如李白《梦游天姥吟留别》："青冥浩荡不见底，日月照耀金银台。"意即：洞府广阔迷茫看不清楚洞底，日月照耀着金碧辉煌的楼台。

"金"作部首时写作"钅"。从"金"的汉字，大都与金属有关，如：铁、锻、针等。

"木"已成舟

"月照城头乌半飞，霜凄万木风入衣"中的"木"（mù）字，基本义是"树木"，为木本植物的通称。如《庄子·山木》："庄子行于山中，见大木，枝叶盛茂。"其中的"大木"，就是"大树"的意思。"木"是个构形简单的汉字，本义就是"树木"。

【汉字溯源】

"木"是个象形字，其甲骨文字形的构形就来源于一棵树：中间一竖代表树干，向上的两个斜杠代表树的枝丫和枝条，向下的两个斜杠则代表树根。

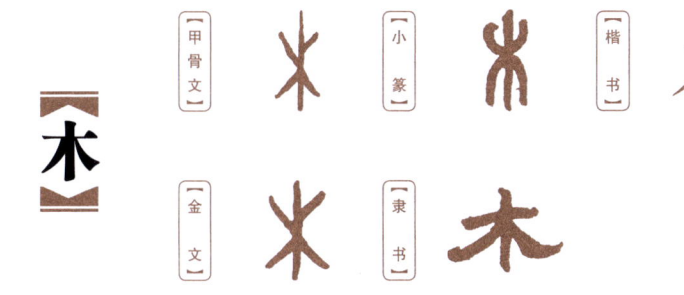

【字形演变】

从甲骨文到小篆，"木"字都没有发生过结构变化。至隶书中，它那代表枝丫和枝条的两个斜杠，才被拉成了一横，而代表树根的两个斜杠，则被分别写成了一撇和一捺。由此，"木"字完全笔画化。

【字义转化】

由"树"之义，"木"又可引申为"花木""木材、木料""木制品"等义。如《论语·公冶长》："朽木不可雕也，粪土之墙不可圬（指泥工抹墙的工具，在此做动词用，指把墙面抹平）也！"有时候，"木"也指代树叶。如杜甫《登高》："无边落木萧萧下，不尽长江滚滚来。"意思就是：无边无际的树叶萧萧飘落，无穷无尽的长江水滚滚而来。

"木"还有个很特别的用法，即指"棺材"。如《左传·僖公二十三年》："我二十五年矣，又如是而嫁，则就木（即将进入棺材）焉。"

由于木头有僵直、敦实等特性，所以"木"又被引申为呆笨，如"呆若木鸡"；或失去知觉，如"麻木"；或朴拙，如"木讷"。

"木"还是个十分重要的部首字,以它为部首的汉字,基本上都与"树"或"木头"有关。如:林、材等。

水

"水"乳交融

"在山泉水清,出山泉水浊"中的"水"(shuǐ)字,基本义是指"最简单的氢氧化合物,为一种无色、无臭的透明液体"。它是所有生命体的重要组成部分,为维持生命必不可少的物质。其本义,亦是如此。

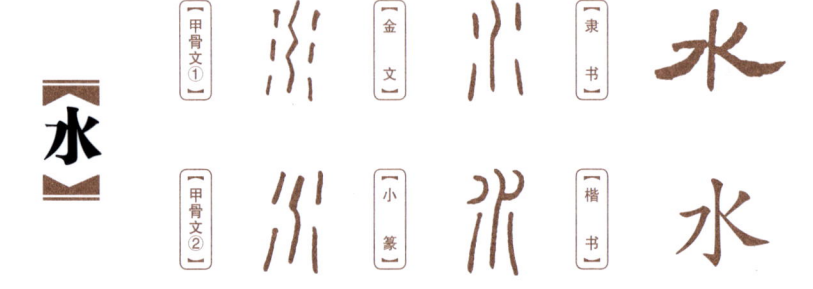

【甲骨文①】		【金文】		【隶书】	
【甲骨文②】		【小篆】		【楷书】	

【汉字溯源】

"水"是个象形字,其构形就源于一条滚滚向前的河流。甲骨文中的"水"有两种写法,字形都十分优美:中间弯弯曲曲的折线,代表河流中心湍急的水流;两边散落的六个小点或四个小点,代表河流靠岸处流势比较缓慢的水流,也可以理解为浪花。古人这种虚实结合的处理办法,使得"水"字动感十足。

【字形演变】

金文中的"水",沿用了其甲骨文字形中的第二种写法。发展至秦代的小篆,为了追求字形上的匀称美观,"水"字中间的折线变成了平滑的曲线;上部的两个点变成了两个开口向左的圆弧,下面的两个点也变成了两条曲线,使得人们已不大能从字形上看出"水"的本义了。在随后的隶书中,"水"字开始笔画化:中间的水流变成了一竖,两边的点被写成了"丿"和"乀"。自此,"水"字基本定型。

【字义转化】

由于"水"在自然界很多是以河流的形式存在的,所以"水"又被引申为"河流""江水"之意。如：湘水（湘江）、渭水（渭河）。又唐代丘为《寻西山隐者不遇》："若非巾柴车，应是钓秋水。"意思就是：如若不是架着车子出外砍柴，就是在秋天的江面上垂钓。由此进行二次引申，"水"又可作江河湖海的通称，或指"汁液"。如：跋山涉水、墨水。

在现代汉语中，"水"还常被借来指附加的费用或额外的收入。如：外水、肥水。它也可用做量词，指洗涤的次数。如：这件毛衣也就洗了两水。

有意思的是，虽然自古以来，"水"字本身的意思没有发生很大的变化，但由"水"所组成的词，有很多都存在古今义的差别：

1. 水车：古指战船，今指一种用于提水灌溉田地的工具。
2. 水客：古指"船夫"或"渔夫"，近代多指到处采购货物的行商，在四川的方言中，它也是对说话不算数的人的称呼。
3. 水师：古为官名，即掌管水域的官，后世指"水军""海军"。

"水"也是一个十分重要的部首字，作部首时写作"氵"，即将小篆中的"水"字横直、收缩而成。从"氵"的汉字，多与"水"有关。如：浇、灌、洗、汤等。

"火"眼金睛

"古戍苍苍烽火寒，大荒阴沉飞雪白"中的"火"（huǒ）字，本义和基本义都是指"物体燃烧所发的光、焰和热"。如元结《贼退示官吏》："今彼征敛者，迫之如火煎。"意即：如今那些横征暴敛者，逼迫百姓，使百姓像生活在烈火中被煎熬一样。它的字形构造，就来源于对自然之火的描绘。

【汉字溯源】

"火"是个十分典型的象形字。甲骨文中的"火"字,酷似一团熊熊燃烧的火焰,让人一眼就能看出它的本义:三股火苗呈中高边低之势向上冒起。

火,是人类驯化的第一种自然力。考古工作者从周口店北京猿人所用石器初步推测,北京猿人开始自觉用火,大约在五十万年以前。后来,他们逐渐学会了钻木取火。《韩非子·五蠹》:"民食果蓏蚌蛤,腥臊恶臭而伤害腹胃,民多疾病。有圣人作,钻燧取火,以化腥臊……"火使得人类步入了熟食阶段,这是其他任何种类的动物至今也无法自觉步入的文明殿堂。可以说,有了火,才有了饮食文化,人类的体质,尤其是大脑的进化才得以加速。此后历经万年,从火药的发明,到近代火转化为电能的应用,人类对于火的利用技术不断更新,应用范围也不断扩大。可以说,火就是人类掌握的最大的自然力。

【字形演变】

大概是为了书写方便,发展至周代的金文阶段,"火"被大大简化,其写法主要有两种:第一种写作"↓",为一月牙儿上加了一股火苗的样子;第二种写作"八",只是抽象地用几个点描出了火堆的样子。小篆中的"火",由其第二种金文字形发展而来,仅仅保留了火焰的抽象笔意,人们已经很难直接看出它所表达的意思了。在隶书中,"火"字被笔画化。

【字义转化】

"火"作动词时,意思是"用火烧""焚烧、烧毁"。如《礼记·王制》:"昆虫未蛰,不以火田。"意思就是:昆虫尚未冬眠,不要用火烧田。而由"火焰"之义进行引申,"火"还可解释为如下意思。

1. 火灾、发生火灾。如明代归有光《项脊轩志》:"凡四遭火。"意思就是:共遭过四次火灾。

2. 灯火,即指灯烛或火把。如韩愈《山石》:"僧言古壁佛画好,以火来照所见稀。"意思就是:僧人说古壁上的佛像画很好,(于是)用火把照看,所见确实稀奇。

3. 光芒。如:火眼金睛。

4. 热,热气,可引申为"火气"(中医上指阳性、热性一类的物象或亢进的状态)、"怒火"或"生气"之义。如:火风(指炎热的风)、上火了、火从心起来、他一听就火了。

5. 中国古代兵制单位,十人为"火",因为十个人常组成一组在一个锅中吃饭而得,这十人互相称"火伴",今多写作"伙伴"。如《木兰诗》:"出门看火伴,火伴皆惊惶。"

6. 火星的简称。如《诗经·豳风·七月》:"七月流火。"意思就是:七月的火星向西流。

7. 指枪炮弹药,或比喻战争。如:军火、开火。

8. 作形容词,形容像火那样的颜色(红色)。如:火狐。由此,它又可引申为

"兴旺、兴隆"。如：生意很火。

另外，在五行观念中，南方属"火"，所以古人常用"火"来代指"南方"。如韩愈《谒衡岳庙遂宿岳寺题门楼》："火维地荒足妖怪，天假神柄专其雄。"意思就是：南方处地荒远，多妖魔鬼怪，上天赐权给南岳神，他由此赫赫称雄。

"火"也是个部首字，作部首时写作"火"或"灬"。从"火"的汉字，大都与火、热或与火的作用有关。如：燃、烧、炎、熬、煮。

"土"崩瓦解

"近泪无干土，低空有断云"中的"土"（tǔ）字，本义和基本义都是指地质学上所说的"土壤"，即沉积于地上的泥沙混合物，潮湿时称"泥土"。《说文》："土，地之吐生物者也。"如杜甫《阁夜》："卧龙（即诸葛亮）跃马（即公孙述，在西汉末曾趁乱据蜀，自称"白帝"）终黄土，人事音书漫寂寥。"意思就是：诸葛亮和公孙述，一样终归都没入黄土之中，人事变迁音书断绝，而我寂寞无聊。

"土"字的字形构造，就来源于大自然中的土堆。

【汉字溯源】

"土"是个象形字。甲骨文中的"土"，即一堆封土的象形：下面的一横代表地面，上面是一个拔地而起的土堆（或一个土块、一坨泥巴）的象形。平地之上，一个土堆，"土"字的本义非常明确。

若从广义上理解，"土"其实就指"大地""土地""田地"等。如《尔雅》：

"土，田也。"郝懿行义疏：土为田之大名，田为已耕之土。对文则别，散则通也。又如唐代柳宗元《捕蛇者说》："退而甘食其土之有，以尽吾齿。"大意就是：回家后有滋有味地吃着田地里出产的东西，来度过我的余年。有时候，它也特指"尘土"。如：弄得满身都是土。

【字形演变】

在周代早期的金文中，"土"字上部的"土堆"被实化，这是因为金文是刻于铸器上的文字，用空心结构很难表示。大概是为了便于书写，发展至周代中期的金文阶段，这"土堆"被写成了"十"字形。自此，"土"字的结构基本固定。

【字义转化】

远古时期，人们非常敬重土地，往往将成堆的土看成是神在进行祭拜。或者干脆人为地筑起一个土台子，向其献祭。所以，"土"字诞生后不久，就被赋予了"土地神"的含义。如《公羊传·僖公三十一年》："天子祭天，诸侯祭土。"意思就是：天子祭拜天神，诸侯祭拜土地神。

另外，这种自然的或人为构筑的土台子，也常被用做地界。所以，"土"又有"领土、国土"等义。如苏洵《六国论》："能守其土。"意即：能够守住他们的国土。

在古文中，"土"还常被用做"故乡""居住地"的代称。如孟浩然《宿桐庐江寄广陵旧游》："建德非吾土，维扬忆旧游。"意思就是：建德不是我的故乡，想起旧友深深怀念扬州。

"土"作形容词时，主要有三种意思：

1.本地的、本国的、地方的。如：土货、土话。

2.民间沿用的生产技术等。如：土法、土方。

3.俗气的，不合潮流的。如：土头土脑。

"土"也可作动词，指"测量土地"。如《周礼·考工记·玉人》："土圭尺有五寸，以致日，以土地。"意思就是：土圭长一尺五寸，可用来测量日影或土地。

在古文中，"土"还常通"吐"。如《广雅》："土，泻也。"王念孙疏证："土之为言吐也。"

二 八卦篇

八卦，是我国古代的一套有象征意义的符号，相传为生活在五千多年前的伏羲所创。他用"—"符代表阳，称"阳爻"，"--"符代表阴，称"阴爻"。用两个阳爻一个阴爻，或两个阴爻一个阳爻进行组合，可组成八种形式各异的符号，称作"八卦"。它们被命名为：乾（☰）、坤（☷）、震（☳）、巽（☴）、坎（☵）、离（☲）、艮（☶）、兑（☱），分别象征天、地、雷、风、水、火、山、（沼）泽等八种天地中最原始的物质。古人认为阴、阳两种势力的相互作用是产生万物的根源，所以可以利用它们来推测自然和社会的变化趋势。因而，八卦多被用于占卜。

后来，周文王对其进行了演绎，并以八卦互相搭配，得到六十四卦，它们分别象征各种自然现象和人事现象。据此，周文王著成《周易》，孔子创立儒家学派后，将《周易》收录为儒家经典，从而使其成为中国古代儒家论述万物变化的重要著作，被认为是中华文化的源头之一。

本篇在对这八个字进行解读的同时，也将对它们的卦形以及象征意义进行概括。

乾——天

"乾"（qián），是八卦中的第一卦，也是最重要的一卦，象征"天"，被称为"天卦像"：上乾下乾纯阳卦。其数为一，五行属金，居西北方，色大红、金黄。

【乾卦卦形：乾三连】

八卦歌诀
乾三连，坤六断，震仰盂，艮覆碗，
离中虚，坎中满，兑上缺，巽下断。

乾卦代表阳刚，刚健，自强不息，寓意"阳性的"。乾六爻皆盈滴，故肥圆、圆满、亨通、成功、重大。但刚多易折，含欠安之像。在人物身份上，它一般表示上级、领导、当官的、执法者、有钱而富贵者。

乾卦的卜辞用了"元、亨、利、贞"四个字,意思是"元始、亨通、和谐、贞正"。"元"代表"宇宙的本能、万物的开始";"亨"代表"到处通达、没有阻碍";"利"代表"无往不利";"贞"即"正",代表"完整"。

对"乾"卦的解释有一句名言:"天行健,君子以自强不息"。意思是说:天道运行周而复始,永无止息,谁也不能阻挡,君子应效法天道,自立自强,不停地奋斗下去。

然而这个"乾"字,本应读"gān"音,其本义是"向上长出""升至上方"。

【汉字溯源】

"乾"字在甲骨文和金文中,尚未发现。秦代的小篆中,"乾"是个形声字:"乙"形"倝"(gàn,意思是"太阳升起时金光灿灿的样子")声。

"乙"表示植物"弯曲生长的样子",在此做形部,表明了"乾"字的本义,即向上长出。《说文》:"乾,上出也。"段玉裁注:"此乾字之本义也……上出为乾,下注则为湿,故乾与湿相对。"意思是说:向上长出,是"乾(干)"的,向下注的,则是湿的,因此,乾与湿是相对的。

所以,"乾"又被引申为"干燥"之义,即"没有水分或水分很少",与"湿"相对。

作为此意的"乾"字,后简化为"干",如:干枯、豆腐干。

【字形演变】

隶书中的"乾"字,按照方块字的笔画要求,将小篆中的"乾"字笔画化:"倝"字左边上部的"屮"部被写成了"龶",右边的"人"被写成了"𠂉",从而使其右半部分变成了"乞"字。至楷书阶段,"龶"又变成了"十"字结构,从而使"乾"字成为我们今天所熟悉的样子。另外,楷书中也有写作"乹"的"乾"字,后被废弃。

【字义转化】

由"干燥"之义,"乾"字可引申为"枯竭、尽净","徒然、白白地"等义。如:干杯。另唐代韩愈《感春》:"干愁漫解坐自累,与众异趣谁相亲。"其中的"干愁",就是指"没有来由的忧愁"。

我们常说的"干笑"中的"干",则应解释为"虚假地、表面地"。

另外,"乾"还可读"qián"音,代表"天"。《周易·说卦》:"乾,天也。"

朱骏声《说文通训定声》："达于上者谓之乾。凡上达者莫若气，天为积气，故乾为天。"大意是说："乾"就是升至上方，而凡是能升至上方的，都像大气一样，而"天"是大气的聚集物，因此，"乾"就是"天"。

"乾"（qián）主要用于卦象，并由"天"之义引申出了一些很特别的意思。

1. 君主。乾符，指帝王受命于天的吉祥征兆。
2. 太阳。乾晖，指阳光。
3. 代表西北方。如乾雷，指西北方的响雷。
4. 代表男性。如旧时婚姻中称男方为"乾造"，男家为"乾宅"。

坤——地

"坤"（kūn），在八卦中象征"地"，被称为"地卦像"：上坤下坤纯阴卦。坤卦的卦形是三个阴爻，是纯阴之卦，其数为八，五行属土，居西南方，色黄。

【坤卦卦形：坤六断】

八卦方位
乾：西北。坎：北。艮：东北。震：东。
巽：东南。离：南。坤：西南。兑：西。

此卦明柔，厚载万物，运行不息而前进无疆，有顺畅之像。坤六爻皆虚，有破裂之像。凡是消极的、阴柔的、方形的（古天圆地方）、软弱无力的、众多的、厚德的、载物的、裂开的等事物都属于坤卦。坤受乾德（即天场）的影响，以柔顺为德。它顺从大自然的规律，而产生万物。因其质柔，亦有吸收一切能量的特性。

"坤卦"所代表的天象为云、阴天、雾气、露、潮湿气候、低气压；所代表的人体部位为腹部、胃、消化器官、右肩等；所代表的动物为牛、母马、百禽、雌性百兽、地下虫类、猫类等夜行动物。

对"坤卦"的解释，有一句名言："地势坤，君子以厚德载物。"意即：坤象征大地，君子应效法大地，胸怀宽广，包容万物。

"坤"字的本义就是"大地"，可以说，它本来就是个为卜卦而生的汉字。

坤【小篆】 坤【楷书】

【汉字溯源】

"坤"字在甲骨文和金文中尚未发现。小篆阶段的"坤"，构造与今相差无几，也是个形声字，"土"形"申"声。《说文》："坤，地也，《易》之卦也。"

【字形演变】

从小篆至楷书，"坤"字在各种字体中的写法，均与该字体中"土""申"二字的写法对应一致。

【字义转化】

"坤"在古文中常与"乾"对应，如"乾"代表"父"，"坤"代表"母"；"乾"代表"日"，"坤"代表"月"；"乾"代表"阳"，"坤"代表"阴"。

由于"坤"代表"阴"，所以它又被用做对"女性"或"女方"的代称。如：坤表，即女表。而旧时联姻，称女方家为"坤宅"。

另外，由于八卦中的"坤"代表"西南方"，所以后人也将"西南方"称作"坤"。如：坤垠，即西南边陲。

震——雷

"震"（zhèn），在八卦中象征"雷"，被称为"雷卦像"：上震下震八纯卦。八纯卦，吉顺而有波折。其数为四，五行属木，居东方，色碧青。

【震卦卦形：震仰盂】

八卦物象

八卦取于动物之象：乾为马，坤为牛，震为龙，巽为鸡，坎为豕，离为雉，艮为狗，兑为羊。

八卦取于人身之象：乾为首，坤为腹，震为足，巽为股，坎为耳，离为目，艮为手，兑为口。

震卦的卦形，初爻为阳爻，二、三爻为阴爻，即所谓"震仰盂"：表现为一种向上、向外发展的趋势，故其正象为"雷"。秋冬之间潜于两阴之下的阳气，等春天到来，便开始向上、向外发展，震动其上之阴气，如春天万物开始生长一样，跃跃欲试，驱阴邪震万物而萌发，如春天的惊雷。

另外，一阳在下，二阴在上，故有大道之象；阴在上，有动荡不居的样子，为龙；阳刚在下，不愿被阴邪所压制，定要奋起，锐意进取，建功立业，声名大振，故决断躁动。由此，诸如上升、进步、新生、勇敢、意气风发、好动、愤怒等意象，都属于"震卦"。

"震"的本义，就是"雷、疾雷"。《说文》："震，劈历振物者。"意即：震，就是能使物体震动的霹雳。

【小篆】震 【隶书】震 【楷书】震

【汉字溯源】

"震"在甲骨文和金文中，尚未发现。目前所能见到的最早的"震"字是在秦代的小篆中，其在字形构造上与今天的"震"字是一样的：形声字，以"辰"表声，又由于雷、雨常常并作，故以"雨"表形。

【字形演变】

从小篆至楷书，"震"字在各种字体中的写法，均与该字体中的"雨"（详见于"零"字部分）、"辰"（详见于"辰"字部分）二者的写法对应一致。

【字义转化】

由于疾雷可以使地动山摇，所以"震"也可用做动词，意思是"震动"，即"物体自身动荡或加以外力使物体动荡"。如：地震。后来，它也可代指"地震"。如：震源，即地球内发生地震的地方。

"震"还常被用来表示"情绪过分激动"，相当于"惊惧、使惊惧""心动、激动"。如《资治通鉴》："权以示群下，莫不响震失色。"意即：孙权（将其）给群臣看，没有谁不被吓得改变了脸色。另：震怜，即动情怜悯。而"薄言震之，莫不震叠"

（《诗经·周颂·时迈》）中的后一个"震"字，意思为"振兴、振奋"。此句意即：周王威风震天响，天下无人不振奋。

另外，在古文中，"震"也可作定语，指"与天子有关的"。如震位，指东宫，即"太子之宫"。它也可当"威势、威严"讲，一般用于称呼"天子之威"。如《左传·成公二年》："畏君之震。"意即：惧怕君主的威严。

巽——风

"巽"（xùn），在八卦中象征"风"，被称为"风卦像"：上巽下巽八纯卦。其数为五，五行属木，居东南方，色白。

巽卦的卦形，初爻为阴爻，二阳爻在上。一阴爻潜入二阳爻之下，表示一阴深入二阳刚之下，有一种深入地向下、向内发展的趋势，故巽卦正象为风。

【巽卦卦形：巽下断】

八卦旺衰

乾、兑旺于秋，衰于冬；震、巽旺于春，衰于夏；坎旺于冬，衰于春；坤、艮旺于四季，衰于秋；离旺于夏，衰于四季。

（注："四季"是指每个季节的后一个月）

由于"风"代表飘动而有渗透性的事物，它无孔而不入，所谓"针大的眼斗大的风"，不管间隙有多小，它都能存在并运行于其间，而且能承载各种能量，因此"巽卦"寓意"伏入"。所谓"阴阳之气，以雷动、以风行。"由此，诸如基础不稳、直爽、涣散、繁荣昌盛、交流、轻浮、扫荡、多欲、头发稀少等意象，都属于"巽卦"。

巽卦所代表的人物：长女、处女、仙道之人、文秀之人、公关交际人员、造谣者、额阔而头发细直又少者。

所代表的人体部位：头发、神经、气管、胆经、肱股、呼吸器官、食道、肠道、左肩、淋巴系统、血管等。

所代表的疾病：肝胆疾病、坐骨神经痛、股部疼痛、风湿中风、脾胃欠佳等。

[小篆] 巽　[隶书] 巽　[楷书] 巽

【汉字溯源】

"巽"字在甲骨文和金文中尚未发现。小篆中的"巽"，是个会意：上面是两把并列排放的勺子，下边是个"几"，代表饭桌、茶几之类的家具。两部分合起来，就表明了"巽"的本义，即陈设或准备食物。《说文》："巽，具也。"注：馔为巽的或体。也就是说，"巽"是"馔"（zhuàn）的初文。

【字形演变】

至隶书阶段，"巽"字的构造发生了一些变化：茶几和勺子的柄被合成了"共"字，而两个勺子的头则被写成了两个"己"。后经楷化，"巽"字便成为我们今天所普遍使用的样子。

【字义转化】

在"巽"字被借用为"八卦"的卦象之一后，它的本义就由"馔"来表达了。后来，"巽"又由"风"而被引申为"消散"之义。如《释名·释天》："巽，散也，物皆生布散也。"

另外，它还可通"逊"，表示"卑顺、怯懦、恭顺"。《周易·蒙卦》："童蒙之吉，顺以巽也。"意即：就如同蒙骗幼童一样蒙骗敌方，使他们成为受我方操纵的卑顺之辈。孔颖达疏引褚氏曰："顺者心不违也，巽者外迹相卑下也。"

坎

坎——水

"坎"（kǎn），在八卦中象征"水"，被称为"水卦像"：重坎八纯卦。其数为六，五行属水，居北方，色黑。

坎卦的卦形，一阳爻居中，上下各为阴爻，表示一种由四面向中心发展的趋势。外柔顺、内刚健。内动而外静，内部交换，旋转向心集聚，为水柔而流动，钢刀也难斩断。而滴水又能穿石，表面柔弱而内在刚健。谋事可成，但会有波折。"坎"字又有

"欠土"之意，土缺必成洼穴，洼穴易得水。故坎卦正象为水。

【坎卦卦形：坎中满】

八卦相生

乾、兑(金)生坎(水)，坎(水)生震、巽(木)，震、巽(木)生离(火)，离(火)生坤、艮(土)，坤、艮(土)生乾、兑(金)。

坎卦卦德为"险陷"：一阳爻陷于二阴爻之中，有坑穴之象，又如水中旋涡，故易陷落沉溺。坎为水，无处不流不渗入，成为沟渎、隐伏、险陷、心痛的现象。由此，诸如聪明、智慧、善谋、以柔胜刚、曲折坎坷、漂泊多变、哭泣、淫欲、狠毒、险、流血等意象，都属于坎卦。

坎卦所代表的人物：江湖之人、船上工作人员、思想家、安保人员、冒险者、酒鬼、多情轻浮者、流亡者。所代表的性格：外柔内刚、善谋多智、多欲、喜算计、好时尚、多心计、阴险卑鄙、城府深。

那么，"坎"字本身，又有着怎样的演变历程呢？

【汉字溯源】

"坎"是个形声字，"土"形"欠"声。首先，我们来看"欠"字的演变流程。

"欠"是个象形字，本义是"打哈欠"。甲骨文中的"欠"，就是一个面朝左边跪坐的人，仰起头、张大嘴巴打哈欠的象形，看上去十分形象。《说文》："欠，张口气悟也。"《仪礼·士相见礼》："君子欠伸。"注："志倦则欠。体倦则伸。"

周代金文中的"欠"字，由其甲骨文字形发展而来，只是人由坐姿变成了站姿。而发展至秦代的小篆阶段，"欠"字的写法发生了较大变化：人的身体变成了简单的线条，原本仰着的头和张大的嘴巴也变成了一个开口向左横置的"U"字形结构，其上多出了一横，可能代表头发或呼出的气流。隶书中的"欠"，已经笔画化，跟我们今天所看到的字形相差无几了。

由打哈欠的姿势，"欠"经引申，又被用来表示身体或身体的一部分稍微向上移动。如《红楼梦》："犹恐是梦，忙又将身子欠起来。"

此外，"欠"字还被假借为"短缺""亏欠""缺少""欠债"等义。如：欠账。另《三国演义》："万事俱备，只欠（缺）东风。"

"欠"还是个部首字，常与其他部首字一起组成以形声字为主的新的汉字，并担任形部。如：欢、欣。

【甲骨文】U 【小篆】U 坑
【坎】
【金文】U 【楷书】U 坎

"坎"字的本义，是"坑坎、坑穴"。《说文》："坎，陷也。"若追根溯源就会发现，甲骨文中的"坎"字，实际上是个象形字：非常简单的一笔，勾勒出了一个坑坎的纵截面图，简明形象地表明了此字的本义。

【字形演变】

金文中的"坎"，与其甲骨文字形如出一辙。而秦代小篆中的"坎"字，则另起炉灶，变成了"土"形"欠"声的形声字，这也成为真正意义上的"坎"字的本字。此后各种字体中的"坎"字，都是在此基础上发展而来的。

【字义转化】

由"坑穴"之义进行引申，"坎"又可用来表示"墓穴、墓坑""自然形成或人工修筑的台阶状东西"等。如《礼记·檀弓下》："观其葬焉，其坎深不至于泉。"大意是：参加他的葬礼，发现他的墓穴还没有水泉深。

"坎"还可用做动词，意思是"掘坑，挖洞"。如《新唐书·吴少诚传》："坎垣入之，戍者不知也。"意即：在城墙上挖了个洞进去，戍守的人并未发现。

由于有坑洞的地面是低陷不平的，所以"坎"经引申，又成了"坏运气"或"窘迫的处境"的代名词。韩愈《八月十五夜赠张功曹》："州家申名使家抑，坎坷只得移荆蛮。"意即：州衙提名赦免，却被观察使压制，遭遇坎坷，只能够迁调荒漠。另外，"坎"也可用来指"最紧要的地方或时机、当口儿"。如：这事可到坎儿上了。

如今，"坎"还是个光学名词，为"坎德拉"的简称，是发光强度的单位。

说文解字

离——火

"离"（lí），在八卦中象征"火"，被称为"火卦像"：重离八纯卦。其数为三，五行属火，居南方，色红。

离卦的卦象，一阴爻居中，二阳爻居外，展现了一种由中心向外发展的趋势，有离散之意。它还寓意"外刚健而内柔顺"、外动内静，内部与外部进行交换，如火一样，向外部施放能量。火苗外部可烧毁其他东西，但火的核心却是冷的，没有毁灭性质。而火附着在燃烧物上，容易使其燃烧起来。故离卦正象为火。诸如明丽、礼仪、磊落、发现、焦躁、煽动、自满、花言巧语、抗上、撒谎、枯燥、空虚等意象，皆属离卦。

【离卦卦形：离中虚】

八卦相克

乾、兑（金）克震、巽（木），震、巽（木）克坤、艮（土），坤、艮（土）克坎（水），坎（水）克离（火），离（火）克乾、兑（金）。

离卦所代表的人物，有文人、大腹人、目疾人等。所代表的疾病，有目疾、心脏疾病、高血压、肺虚症等。

【甲骨文】【金文】【隶书】【楷书】【简体】《离》

【汉字溯源】

"离"的繁体写作"離"，是个形声字，"隹"形"离"声。《说文》："离，离黄仓庚也。""离黄""仓庚"都是古人对"黄鹂"的称呼。也就是说，许慎认为"离"是"鹂"的本字，本义是"黄鹂"。这是不了解"离"字本源的错误说法。追根溯源就会发现，"离"字的本义，实际上是指"以网捕鸟"。甲骨文中的"离"，实际上是个象形字，它看上去就像是一幅写生画：画面之上，有一个绑在长柄之上的捕鸟的网兜，网兜口边，是一只振翅欲飞的小鸟。由此，"离"字的本义鲜明地显现出来了。

【字形演变】

发展至秦代的小篆阶段，"離"字变成了"隹"形"离"声的形声字。其左边的"离"，实际上还是捕鸟的网兜的象形，只是被复杂化了；右边的"隹"，就是那只被捕的"鸟"。此后各种字体中的"離"，都是在其小篆字形的基础上发展而来的。后来，为方便使用，"離"又被简化为"离"。

【字义转化】

由"捕鸟"之义，"离"字又被引申为"擒获""靠近"等义。如《诗经·小雅·渐渐之石》："月离于毕，俾滂沱矣。"意即：月亮接近毕星宿，大雨滂沱降人间。

"离"字的本义，在其诞生后不久便不再被使用了。后世所用的，基本上都是它的假借义，其中最常用的是通"剺"，表示"割、划开"。如：离肺，即割取肺脏。此义又可引申为"离开、离别"，如《回乡偶书》"少小离家老大回，乡音无改鬓毛衰。"还可以是"分散、离散"，如分崩离析、"断绝"或"违背、背离"的意思，如众叛亲离。同时，它还可解释为"距离、相距"。

此外，"离"字还可通"缡"，指古代女子出嫁时所系的佩巾。或通"罹"，意思是"遭受"，如《诗经·王风·兔爰》："有兔爰爰，雉离于罗。"意即：有只兔子很自在，但野鸡却遭受了被捕入网的命运。

在古文中，我们还常能见到"离离"一词，这里的"离"，意思是"罗列、陈列"。"离离"表示"茂盛而整齐的样子"。如《诗经·王风·黍离》："彼黍离离，彼稷之苗。"意即：那里的黍子整齐而繁茂，那里的高粱刚发芽。又如白居易《赋得古原草送别》："离离原上草，一岁一枯荣。"

艮——山

"艮"（gèn），在八卦中象征"山"，被称为"山卦像"：上艮下艮八纯卦。其数为七，五行属土，居东北方，色黄。

说文解字

【艮卦卦形：艮覆碗】

八卦所属

八卦中的每一卦，都与"五行"有所对应：乾、兑（金），震、巽（木），坤、艮（土），离（火），坎（水）。

艮卦的卦形，一阳爻在上，二阴爻在下，阳少阴多，故阳小阴大、上小下大有山象，所以艮卦的正象为山。艮卦代表一种向下发展的趋势，同时也表示一个事物发展到顶点了，必须谨慎，否则就要朝相反的方向发展了。

由于上山是很艰苦、很费气力的，所以艮卦还寓意"有阻碍、有困难、停止不前"。另外表面充实、内里空虚，上实下虚的事物，也可归于"艮卦"。

艮卦卦德为"静止"。因为山上小下大，是稳定的，也因为上到山顶之后，再往前走就是下坡路了，因而必须停住脚步，观察分析好了，因势利导。诸如阻滞、静止、安居、分水岭、笃实、顶多等意象，皆属于艮卦。

艮卦所代表的疾病，如青春痘、肿瘤、疮块、脾胃病、肾病、结石症。所代表的性格，如憨厚、安静、笃实、保守、固执、诚实、守信用、迟滞、审慎。

那么，"艮"字的演变历程，又是怎样的呢？

【甲骨文】 【小篆】 【楷书】

【汉字溯源】

"艮"是个象形字，本义是"回头看"，也就是"回顾"。如《周易·艮卦》："艮其背。"意即：回头看他的背部。

甲骨文中的"艮"由上下两部分组成：上面是一只大眼睛，眼珠靠左，所以是只向左看的眼睛；下面是个朝右站立的人的象形。两部分结合起来，就表明了"艮"字的本义。

【字形演变】

发展至秦代的小篆，"艮"字上面的眼睛，被写成了"目"；下面依然是人，但身体已经变得倾斜了。

以此为基础，后经汉唐的隶变和楷化，"艮"字逐渐演变为今天我们所常见的样子。

值得注意的是，"食""既"等字中的"艮"部，实际上并不是"艮"，而是由"装满食物的豆"的象形演化而来的。

【字义转化】

"艮"在八卦中象征"山"，"山"是很稳定的，也是相对静止的，所以"艮"又可被引申为"止、静止"之义。如清代恽敬《艮泉图咏记》："泉可艮，九天之上，九天之下，何所不艮？"意即：既然连水流都可以静止，那么天地间还有什么不可以静止的呢？

经进一步引申，"艮"又可解释为"坚固、坚硬""艰难"。如《广雅》："艮，坚也。""艮"也用做方位名，指东北方。如：艮岑，指位于东北方的高山；艮域，指东北地区。如今，人们所广泛使用的，是读"gěn"音的"艮"字。它主要用于方言，表示如下意思：

1. （性子）直。如：真是个艮老头儿！
2. 言语率直、生硬。如：你说话别太艮了！
3. （食物）坚韧而不松脆。如：艮萝卜条儿。
4. （衣服）朴素。如：你怎么穿得这么艮？

兑——泽

"兑"（duì），在八卦中象征"泽"，被称为"泽卦像"：上兑下兑八纯卦。其数为二，五行属金，居西方，色白。

【兑卦卦形：兑上缺】

八卦代数

按伏羲八卦方位图顺序，八卦所代表的数字分别为：乾一，兑二，离三，震四，巽五，坎六，艮七，坤八。

兑卦的卦形，一阴爻在上，二阳爻在下。一阴升于二阳之上，上虚下实、上小下大，表示一种向上发展的趋势。二阳爻如湖泽坚硬之底，阴爻为坎半水之象。因为阴少，所以它表示的是浅水。阳爻如湖泽底岸，将水围起来，使浅水积成沼泽。所以兑卦正象为泽，代表外柔而内刚、外虚而内实的事物。

兑卦卦德为悦。位于二阳爻上的阴爻，为伸天开口之状，有仰天大笑之象。兑寓意喜悦，所以此卦以兑为名。占得此卦，办事顺利。

兑卦所代表的人物，如可爱的女孩，与用口或说、唱有关的职业的人，如巫师、教师、演讲者、解说员、翻译等。所代表的性格特征为：欢悦、奉承、善言、感召力强、重义气等。

那么,"兑"字本身的演变过程又是怎样的呢?

【汉字溯源】

"兑"是个会意字,从"丷",从"兄"(xiōng)。要真正读懂这个字,首先得了解"兄"字。

【兄】 [甲骨文] [隶书] [简体] [金文] [楷书]

"兄"是个象形字。甲骨文中的"兄",就是一个朝左跪着的人的象形,他仰着头,嘴巴大张,呈对天祈祷状。古人通过这一意象,形象地表达出了"兄"的本义,即祈祷、祷告。也就是说,"兄"是"祝"的本字。

金文中的"兄"字,由其甲骨文字形发展而来,只是人由跪姿变成了站姿。秦代篆体中的"兄"字,适应小篆字形圆润规整的需要,线条更为流畅。在隶书中,"兄"字下面站立的人被写成了"儿"形,上面的"口"也变成了规则的方形。自此,"兄"字基本定型。

"兄"字的基本义是"兄长",但这其实是它的假借义。如《管子·心术》:"亲如兄弟。"在此义被广泛使用后,古人又在它前面加了个"礻"部,创造了形声字"祝",来表示"祝祷"之义。

由"兄长"之义进一步引申,"兄"又可解释为"朋友、哥们"等义,也常用于对他人的尊称。如柳宗元《与肖翰林俛俛书》:"兄知之,勿为他人言也。"意即:您知道就行了,请不要对别人讲。另外在古代,"兄"还可被用来代称姐。如《孟子·万章上》:"弥子之妻与子路之妻,兄弟也。"

"兄"作虚词时,读"kuàng"。它可用做副词,表示"更加"。如《墨子·非攻》:"王兄自纵也。"意即:大王越发放纵自己了。它也可作连词,表示递进,相当于"况且"。如《管子·大匡》:"兄与我齐国之政也。"意即:何况是让我掌管齐国的国家大权呢!

【兑】 [甲骨文] [小篆] [楷书] [金文] [古隶]

仔细观察就会发现，"兑"字其实就是在兄字之上加"丷"而成，其造字思路与"兄"字是一致的。甲骨文中的"兑"，下面是"兄"，是一个仰头呼气的人的象形；上面的"八"字形结构，则像是舒散出来的气流。两者相合，渲染出了一种心旷神怡的意境，从而形象地表达出了"兑"字的本义：喜悦、愉快。《说文》："兑，说（悦）也。"

【字形演变】

从甲骨文至楷书，"兑"字在各个历史阶段或各种字体中的写法，下面的"兄"都与"兄"字本身的演变相对应，上面的"八"，则字形变化基本不大，只是在楷书中被写成了"丷"。

【字义转化】

由于喜悦是一种心情，所以后来人们又在"兑"字前加了个"忄"（心）部，创造了"悦"字，来表示"高兴、愉悦"之义。此后，兑字被借用为"兑换"的"兑"，意为"更换、交换"。经进一步引申，它又可解释为"掺和"。如：兑点儿凉水。

另外，在古文中，"兑"还常通"锐"，意思是"锋利"。《荀子·议兵》："兑则若莫邪之利锋。"意即：它锋利起来，就像是莫邪宝剑一样。

由于在八卦中，兑卦为西方之卦，所以古人也用"兑"来称西方。如：兑隅，指西边；兑域，指西方。

先天与后天八卦图

八卦图有先天和后天之分。先天八卦图又称"伏羲八卦图"，以乾、坤代表天地定位，形成中轴经线；以坎、离代表水火为界，作为横轴纬线。相对的两卦阴阳爻相反，互成错卦。后天八卦图又称"文王八卦图"，它以震卦为起始点，位列正东。按顺时针方向，依次为：巽卦，东南；离卦，正南；坤卦，西南；兑卦，正西；乾卦，西北；坎卦，正北；艮卦，东北。若象征节气，则震为春分，巽为立夏，离为夏至，坤为立秋，兑为秋分，乾为立冬，坎为冬至，艮为立春。

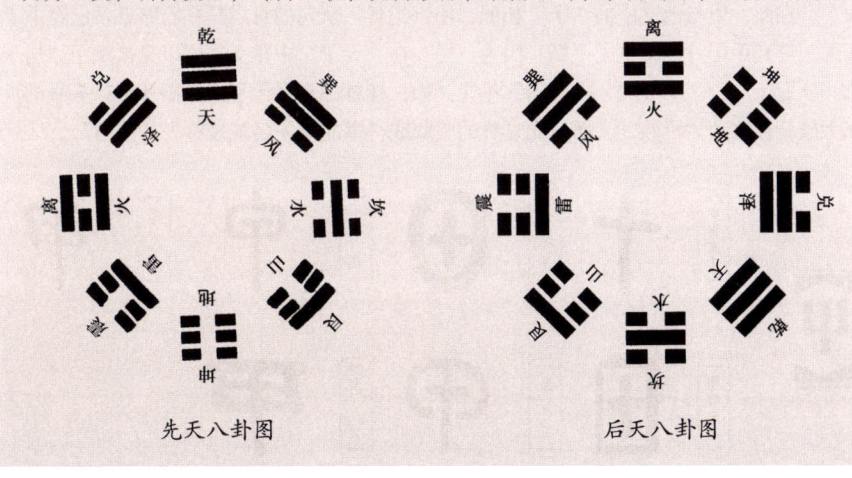

先天八卦图　　　　　　后天八卦图

三 干支篇

干支，即"天干"和"地支"：甲、乙、丙、丁、戊、己、庚、辛、壬、癸被称为"十天干"；子、丑、寅、卯、辰、巳、午、未、申、酉、戌、亥被称作"十二地支"。传说干支由生活于五千多年前的黄帝时代的大桡氏所创。据《辞源》里说，"干支"取义于树木的"干枝"。明代万民英《三命通会》中也是这样论证"干支"的源流的："夫干犹木之干，强而为阳；支犹木之枝，弱而为阴。"

古人拿天干中的甲、丙、戊、庚、壬和地支中的子、寅、辰、午、申、戌相配，天干中的乙、丁、己、辛、癸和地支中的丑、卯、巳、未、酉、亥相配，共配成六十组，称"六十甲子"，用以纪数，是为周期为六十的"干支纪法"。在我国古代，此种纪法主要用于纪历，最初用于纪日，后来多用于纪年（现在农历的年份，仍然使用"干支纪法"）。另外，它也可用于纪月、纪时等。

对于古人来说，干支的存在就像阿拉伯数字般单纯，它们就是表示时间的"数字符号"。有意思的是，这些符号实际上都来自鲜活的现实生活。

甲——铠甲

"甲"（jiǎ）字，是天干的第一位。如苏轼的《喜雨亭记》："乙卯乃雨，甲子又雨"。在此，甲与地支中的"子"相配，用以纪日。全句的意思是：乙卯日就已经下了场雨，等到甲子日，又下了一场。因为"甲"在"天干"中排头，所以又被赋予"居于第一、冠于"，"第一的、上等的"等义。如：桂林山水甲天下。在旧社会，头号的世家大族就被称为"甲族"，而最为显贵的宅邸或科举的第一名就被称为"甲第"。

但以上都只是"甲"的假借义，它实际上是个会意字，本义为"铠甲"，即古代将士穿在身上的防护装具，用皮革或金属制成。如卢纶《塞下曲四首》："醉和金甲舞，雷鼓动山川。"意思就是：酒醉时穿着金甲起舞，鼓声如雷震动山川。

【汉字溯源】

铠甲起源于原始社会，最早是用藤条、木、皮革等原始材料制造的简陋的护体用具。商周时期，人们已学会将原始的整片皮革改制成可以部分活动的皮甲，即按照护体部位的不同，将皮革裁制成大小不同、形状各异的皮革片，并把两层或多层的皮革片合在一起，表面涂漆，制成牢固、美观、耐用的甲片，然后在片上穿孔，用绳编联成甲。这些串在一起的甲片，纵横就呈现出一个个的"十"字形。

古人在造"甲"字时，采用了以点代面的方法，即以串在一起呈"十"字形的甲片，代指"铠甲"，所以甲骨文中的"甲"字写作"十"，或为"口"中有"十"形，也是相连的四片甲片的象形。

【字形演变】

早期金文中的"甲"字，与其甲骨文字形十分相像，依然是"口"（略呈圆形）中有"十"。但发展至后来，可能是出于传写过程中的变化，它变成了一个横写、下面有开口的椭圆中包含着一个"十"字的结构，"十"字中的一竖，向下延伸到了椭圆的外部。这成为后世各种字体中"甲"字的"母本"。约至汉代的隶书阶段，"甲"字完全笔画化，成为真正意义上的方块字。

【字义转化】

身着铠甲的人，基本上都是军人，所以"甲"又被引申为"兵士""军队"等义。如王维《老将行》："愿得燕弓射大将，耻令越甲鸣吾君。"意即：愿得强弓去射杀敌军大将，耻于敌军进犯使君王受惊。另外，"铠甲"属于武器装备，所以后来人们又用它代指"武器""军火"。如《资治通鉴》："得甲库，取器械。"意即：攻下了军火库，缴获了枪械。

同时，"铠甲"实际上相当于裹在人的躯体上的一层硬壳。因此，"甲"经引申，又成为对动植物坚硬外壳的称呼，这后来成为"甲"的基本义。如《周易·解卦》："雷雨作而百果草木皆甲坼"。意思就是：一下雷雨，埋在地下的花草树木的种子就都裂开硬壳发出芽头了。它也可指人的手指或脚趾上的角质硬壳，即指甲。如元代乔吉《朝天子·小娃琵琶》："指甲纤柔，眉儿轻纵，和相思曲未终。"意思是：指甲纤细轻柔，眉毛轻轻眨动，和唱一曲相思曲没有终结。在古文中，人们还常用"银甲"指代"纤纤玉手"。如查德卿《一半儿·拟美人八咏·春绣》："绿窗时有唾茸粘，银甲频将彩线挦。"意即：绿窗上时常会粘上刺绣时吐出的红线头，纤纤玉手频频地将彩线来回穿。

另外，"甲"也是旧时的一种户口编制单位，如"保甲"。其规模各代均有不同。据史书记载，元代每二十户为一甲，明代则每十户为一甲。

乙——绳索？鱼肠？鸟？植物？

"乙"（yǐ）字，基本义是指"天干的第二位"。如清代全祖望《梅花岭记》："顺治二年乙酉四月。"在此，"乙"与地支中的"酉"相配用以纪年，指1645年。它也常被用做"第二"之义，表顺序。如：乙部，即古代群书四部分类法中的第二部。它还可指代"一方"或"一种类型"。如：乙方、乙型肝炎。

那么，这个一笔书就的汉字，本义是什么呢？关于这个问题，真可谓众说纷纭，莫衷一是。

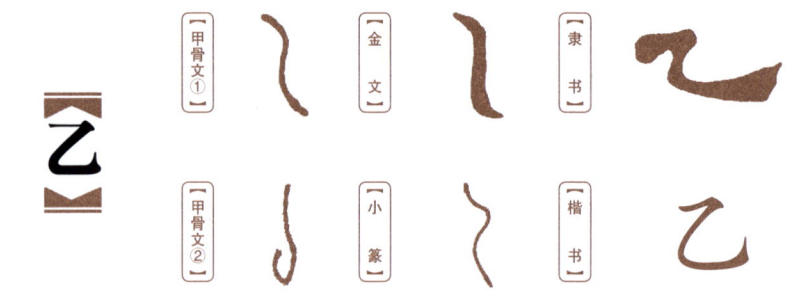

【汉字溯源】

"乙"应该是个象形字，它的甲骨文字形，就是一条弯曲的线段，但它究竟状写的是哪种事物呢？

一种说法认为，"乙"字的这种字形源自一根绳索，所以它的本义应该是"绳索"。因而，后世从"乙"的汉字，多与绳索有关，如"扎""乱"等。由于甲骨文中的"乙"字，还有另一种写法：恰似一根一端被绾成了一个圈的绳索，所以学界有人认为"乙"字的本义就是"绳套"，为上古时先民们捕猎鸟兽等时所用的一种工具。在长期的狩猎实践中，先民们发现，对付大多数野生小动物，设置绳套可以取得事半功倍的效果。渐渐地，"乙"就成了"圈套"的象征。由于设置圈套，通常是一项费工又费神的劳动，是对人才智的一种考验，所以，当时长于此业的一些氏族，就深以此为傲。为了显示族人的这项技能，他们便以"乙"为部族的名字。

也有学者，如郭沫若认为，这个字是鱼肠的象形。《尔雅·释鱼》："鱼肠谓之乙。"但是随着社会的发展，这一意思很快就被弃置不用了。

由于"乙"的甲骨文字形看起来又像是一只鸟：上面左弯的部分是鸟头；中间

向下的部分代表鸟身；下面右弯的部分代表鸟尾，所以还有人认为"乙"的本义是"鸟"。如古人就曾将燕子称作"乙"。南朝齐国张融《答周颙书》："非凫（fú，野鸭）即乙"。意即：若不是野鸭子，就必定是燕子。

《说文》："乙，草木冤曲而出也。"许慎认为"乙"本是形容词，意为"象植物屈曲生长的样子"。而所谓"乙乙"，就是形容"艰难地生长"。如陆机《文赋》："思乙乙其若抽。"意即：文思就像是被抽的丝一样，难以出来。

【字形演变】

"乙"字的写法，从古至今，变化甚微。至汉代的隶书中，它完全笔画化，成为真正的方块字。

它作部首时写作"乙"或"乚"。如：九、乞，或孔、胤。

【字义转化】

不管"乙"字的本义是什么，后来都淘汰不用了。其在后世的种种用法，实际上都是它的引申义。除了用做"天干"的第二位之外，它还可用做如下意思：

1. 鱼鳃骨。如《礼记·内则》："鱼去乙。"郑玄注："乙，鱼体中害人者名也……在目旁，状如篆乙（小篆中的"乙"字），食之鲠不可出。"

2. 我国民族音乐音阶上的一级，乐谱上用做记音符号，相当于简谱的"7"。

3. 画"乙"字形状的记号。古人读书时，常用这种方法做标记，如在某个地方需要暂停时，就在那里画个"乙"形的符号。另外，写字时若有颠倒、遗漏，人们就会用曲折的线将其勾顺或将补写的字勾进去，这些都叫作"乙"。直到现在，编辑在文章中勾进增补的字，也还被称作"涂乙"。另外，古书中没有标点符号，到一段终了而下无空格时，人们也会以"乙"形符号做标记，表示自第二行起，另起一段。

丙

丙——地穴？鱼尾？

"丙"（bǐng）字，基本义是指"天干的第三位"。如宋代姜夔在交代其词作《齐天乐》的创作背景时说："丙辰岁，与张功甫会饮张达可之堂"。在此，"丙"与地支中的"辰"相配，用以纪年，指宋宁宗庆元二年（1196）。全句意思是：宋宁宗庆元二年（的一个晚上），我和张功甫在张达可家的厅堂内喝酒。

说文解字

丙

关于"丙"的本义，学界向来存在着很大的争议。

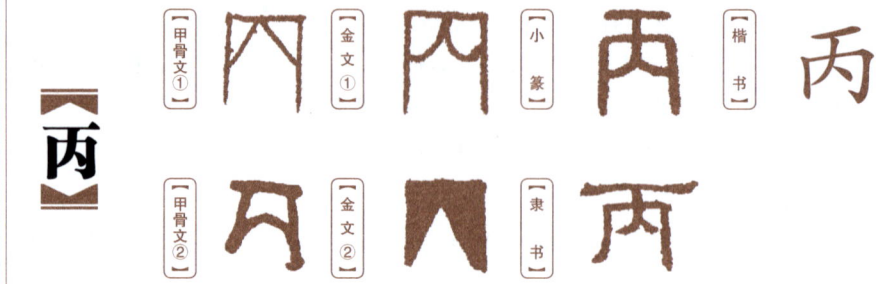

【甲骨文①】【金文①】【小篆】【楷书】
【甲骨文②】【金文②】【隶书】

【汉字溯源】

甲骨文中的"丙"，有两种写法，分别是"冂"与"囚"。根据这两种不同的字形，人们对"丙"字的本义做出了两种截然不同的解释。第一种说法认为，"丙"的本义是"地穴"，其甲骨文字形（第一种），就取象于地穴的纵切面：两边呈三角旗状的结构是土层，它们相接之后，在中间形成了一个很大的空间，那就是挖好的地穴。第二种说法认为，"丙"的本义应当是"鱼尾"，其甲骨文字形（第二种），就是一条鱼尾巴的象形。如郭沫若就说："丙之象鱼尾。"其根据是《尔雅·释鱼》中的解释："鱼尾谓之丙。"

【字形演变】

金文中的"丙"字，与其甲骨文字形相对应，也有两种不同的写法：第一种与其在甲骨文中的写法基本一致，只是两边的三角形变成了1/4圆形。第二种写法，是将其第二种甲骨文字形的内部全部填实，看起来更像是鱼尾巴了。但也有人认为，这是为了更好地突出地穴两边墙壁的"实"和中间洞穴的"虚"。发展至秦代的小篆阶段，"丙"字只剩下了一种结构：在第一种金文字形的上面，加了一横，与里面的两条交叉的斜线的延长线相连，使得整个字的字形变得更为规整、美观。在此基础上，约在汉代的隶书阶段，"丙"被完全笔画化，成为真正意义上的方块字。

【字义转化】

无论"丙"字的本义是"地穴"还是"鱼尾"，后来都被淘汰不用了。人们后来所使用的，都是它被借用为天干之一后所引申出来的意思：

1. 由于它在天干中位列第三，所以被用来指可数序列中的第三个。如"丙等"就是"三等"。

2. 古代以十干配五方，丙为南方之位，因而可指南方。如《说文》："丙位南方。"

3. 在古代的五行观念中，"丙丁"属火，所以它们就成了"火"的代称：丙为阳火，丁为阴火。如所谓的"丙丁神"，实际上就是指"火神"，而常说的"付丙"，意思就是"烧掉"。

丁——钉子

"丁"（dīng）字，是天干的第四位。如宋代姜夔的名作《点绛唇》就作于"丁未冬，过吴松（淞江）"时。这里的"丁"，与地支中的"未"相配用以纪年，指宋淳熙十四年（1187年）。另外，它还可用来指可数序列中的第四个。如"丁级"就是"第四级"，而"丁夜"就是"四更"（凌晨一时至三时）。

那么，"丁"字的本义又是什么呢？它还有着怎样的引申义呢？

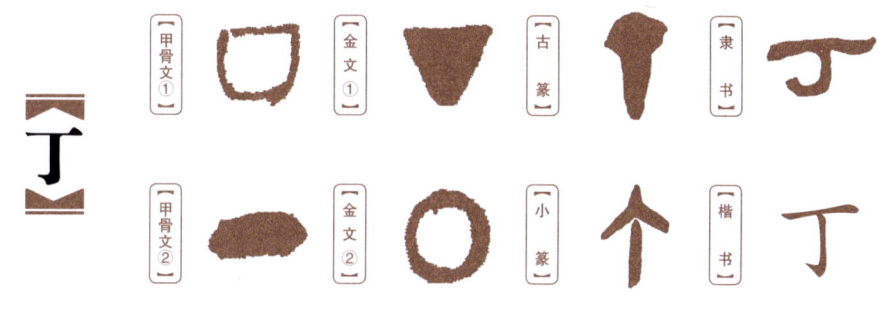

【甲骨文①】【金文①】【古篆】【隶书】
【甲骨文②】【金文②】【小篆】【楷书】

【汉字溯源】

"丁"是个象形字。甲骨文中的"丁"字，为一个空心或实心的方口或多边形，古人用这样的符号，想要表达怎样的意思呢？原来，这种构形来源于对上古时的粗铜铜钉的象形白描。这种铜钉，钉帽一般呈方形或不规则的多边形。甲骨文中的"丁"，就是俯视钉帽时所见到的样子。也就是说，"丁"即"钉"的本字，本义是"钉子"。朱骏声《说文通训定声》："丁，钻也。象形。今俗以钉为之，其质用金或竹，若木。"

在被借用为天干之后，为了避免用法上的混乱，人们又在"丁"的左边加了一个表示钉子的材质的"钅"（金）部，创造了形声字"钉"，专表"钉子"之义。

【字形演变】

周代金文中的"丁"字，构字思路与其甲骨文字形是一样的，只是从方形或多边形变成了三角形或圆形。而大约至战国时期的古篆体阶段，"丁"字逐渐变成了"钉子"的侧视图"丅"。在此基础上，发展至秦代的小篆阶段，"丁"字的写法被简化为"个"字形。后来，它又渐渐被写成了"丁"。

说文解字 第二章 最"汉"的汉字

二三五

【字义转化】

由于钉子是很坚硬的物体，所以"丁"被引申为"健壮""强盛"等义。如温庭筠《苏武庙》："回日楼台非甲帐，去时冠剑是丁年。"意思就是：归国后汉宫楼台已非旧日模样，出使匈奴时戴冠仗剑正值壮年。由此进一步引申，"丁"就可指"能担任赋役的成年男子"，这也是"丁"的基本义。如白居易《新丰折臂翁》："无何天宝大征兵，户有三丁点一丁。"意即：不久就遇上了天宝年间的大征兵，每户人家，三个成年男子中要抽一个壮丁。后来，"丁"成为"人口"或"从事某种劳动的人"的泛称。如：添丁，丁赋（即按人口所课的赋税）、园丁。

钉子在使用的过程中必然会与其他物体发生碰撞，所以"丁"还可作动词，意思是"当"，"遭逢、碰到"。如《后汉书·岑彭传》："我喜我生，独丁斯时。"大意就是：我很高兴自己能生逢其时。

在古文中，"丁"常通"叮"，表示"叮咛""嘱咐"。如贺铸《薄幸》："几回凭双燕，丁宁深意，往来都恨重帘碍。"意思就是：多少次嘱托梁上双燕，为我带去一片深情，却可恨都被重重帘幕隔断。

另外，"丁"还可读"zhēng"，且两"丁"合用，作拟声词，形容伐木、下棋、弹琴等声音，相当于"叮叮"。如《诗经·小雅·伐木》："伐木丁丁，鸟鸣嘤嘤。"意即：砍伐树木叮叮响，嘤嘤群鸟相和鸣。

戊——斧头

"戊"（wù）字，基本义是指"天干的第五位"。如清代袁枚《祭妹文》："所怜者，吾自戊寅年读汝哭侄诗后，至今无男。"在此，"戊"与地支中的"寅"相配，用以纪年，指乾隆二十三年（1758）。全句意即：可怜的是，我自从乾隆二十三年读你写的哭侄诗后（意思是于戊寅年丧子），至今都没有儿子。

而让人意想不到的是，"戊"字的本义，其实是"大斧"。

【汉字溯源】

"戊"是个象形字。甲骨文中的"戊"字，就是一把大斧的象形：左边形如月牙儿的部分，代表宽宽的斧刃；右边长长的一竖代表斧柄；斧柄顶端向右弯的部分代表顶钩、底端的部分代表脚叉。真可谓一应俱全，十分具体而形象。据考证，这是上古时期的一种斧形武器，石制，在形制上与青铜斧头十分相似。

【甲骨文】 戉
【金文】
【小篆】
【隶书】
【楷书】 戉

【字形演变】

发展至周代的金文阶段，"戉"字的"斧刃"部分得到了进一步地强调，让人仿佛能感受到它所散发的森森寒气，但"斧柄"变弯了，"顶钩"和"脚叉"也被移到了"柄"身上。小篆中的"戉"字，完全变形："斧身"变成了"厂"字形结构，"斧柄""顶钩"和"脚叉"则变成了"戈"字形，使得人们再也无法从字形上判断出它的本义。隶书中，"戉"字完全笔画化。

【字义转化】

"戉"字在被借用为天干之后，它的本义就被后起的"斧""钺"等字取代。由于它在天干中排第五位，所以也常用为可数序列中"第五"的代称。如《南史·梁武帝纪》中"常至戊夜"里的"戊夜"绝非"午夜"，而是指"五更"（凌晨三时至五时）。

另外，古代以十干配五方，戊居于十干之中，因而可用以指中央。而由于依照古代的五行观念，中央属土，所以"戊"又是"土"的代称。

值得注意的是，"戊""戌""戍""戉"四个字，无论是字形还是本义，都十分相近，在使用过程中，要格外注意，避免混淆。

"戉"字中的历史文化

后母戊鼎是商代后期王室祭祀用的青铜方鼎，1939年出土于河南省安阳市武官村的一处农田中，因其腹部铸有"后母戊"三字而得名。它高大厚重，形制雄伟，气势宏大，纹饰华丽，工艺高超，为商朝青铜器的代表作，也是目前世界上发现的最大的青铜器。据说它是商王祖庚或祖甲为祭祀母亲而作。

说文解字

己——绳索

"己"(jǐ)字,是天干的第六位。如辛弃疾在其词作《摸鱼儿》的开篇交代了它的创作背景:"淳熙己亥,自湖北漕移湖南,同官王正之置酒小山亭,为赋。"其中的"己",与地支中的"亥"相配,用以纪年,指宋孝宗淳熙六年(1179)。全句的意思是:宋孝宗淳熙六年,我从湖北转运使转为湖南转运使,临行之前,同僚王正之在小山亭置酒为我送行,因作此词。

也许很多人都不知道,这个字的本义,实际上是"绳索"。

【汉字溯源】

"己"是个象形字。甲骨文中的"己"字,就是一根随意放置、呈"S"形的绳索的象形,虽然有两种写法,但只是在起笔为左或右上存在区别。

【字形演变】

金文中的"己"字,与其甲骨文字形如出一辙,只是不再有起笔在右的写法了。小篆阶段的"己"字,是在其金文字形的基础上再延长一截,所以又多了向下拉的一段,而这一段在隶书中又变成了向上提的一笔。自隶书开始,"己"字基本定形。

【字义转化】

由于绳索是用来捆扎东西的,所以"己"又被引申为"束缚""约束""法度"。但这些意思,在"己"被借用为天干之一后,都归在了后起的"纪"字名下。

另外,凡是用绳子捆起来的东西,基本上都是有了归属的,所以"己"又被引申为"自己""本人"之义,这也成为它的基本义。如《玉篇》:"己,己身也。"《孙子兵法》:"知己知彼,百战不殆。"又如王勃《送杜少府之任蜀州》:"海内存知己,天涯若比邻。"

在古文中，"己"还常被借用为"给"。如《醒世姻缘传》："一二千两银子东西己人！叫他唱二万出戏我看了，己他一个！"

由于"己"在天干中排第六位，所以它也常用为可数序列中"第六"的代称。

庚——筛糠的农具

"庚"（gēng）字，基本义是指"天干的第七位"。如《诗经·小雅·吉日》："吉日庚午，既差（选择）我马。"其中的"庚"字，与地支中的"午"相配，用以纪日。全句的意思是：庚午那天吉又巧，猎马都已选择好。

那么，除此之外，这个字还有怎样的用法呢？它的演变历程又如何呢？

【汉字溯源】

"庚"是个象形字，本义是指古时农民用于将谷和糠分开的一种装置，即在支架的下面挂上诸如簸箕或筛子之类的农具。使用时，只需在簸箕或筛子里面放上碾好的粮食，再进行摇动或扇动，就能将谷和糠分开。甲骨文中的"庚"，有两种写法，但都是这种装置的象形：中间的"凡"或"冃"代表簸箕或筛子，贯穿其上下的"丫"状结构，就代表支架。

然而，在"庚"字被借用为天干之一后，它的本义就渐渐被弃用了。

【字形演变】

金文中的"庚"字，较其甲骨文字形更为形象：簸箕变成了"冃"状，看起来就像是一只圆形的筛子和一只敞口的簸箕被组合在了一起。大约是传写过程中的讹变，发展至秦代的小篆阶段，"庚"的字形发生了很大的变化："支架"变得像一把有挡手的叉子；筛子和簸箕变成了手指相向的两只手。至隶书阶段，"庚"字再一次发生了改变：右边的"手"和中间的"支架杆"合并，而左边的"手"则与上面的"支架头"合并为"广"，于是，就成为今天所熟悉的"庚"字了。

【字义转化】

"庚"在天干中位列第七，所以它也常用为可数序列中"第七"的代称。另外，大约是由于"人生七十古来稀"，在古代生产力水平以及医疗卫生水平都比较落后的条件下，能活到七十岁是件很难得的事情，也是一个人莫大的福气，所以在宋、元以后，人们就渐渐借用"庚"来代指年龄，表示一种嘱咐或客气的询问。如：贵庚，即多少岁；年庚，即年龄。

旧历中有三伏，以夏至后第三庚日为始，名初伏；第四庚日为中伏；立秋后第一个庚日为末伏。故"庚"也是"伏天"的代称，即"庚伏"，简称"庚"。

古人将天干与方位相对应，"庚"对应西方，所以"庚"又成为"西方"的代称。如《说文》："庚，位西方。"而在古代的五行观念中，它又属金。《淮南子·天文》："庚辛申酉，金也。"

但需要注意的是，在古书中，我们常会见到"庚癸"一词，它并不是指天干，而是"军粮"的一种隐语。如《左传·哀公十三年》："若登首山以呼曰，庚癸乎，则诺。"杜预注："庚，西方，主谷；癸，北方，主水。"由于军队中的粮草储备状况是需要保密的，直呼其名容易暴露目标，所以人们就用"庚癸"来代称它。全句的意思是：如果登上山顶大声喝问"有庚癸吗"，就会有人回答说"是"。后来，"呼庚癸"渐渐成为"乞粮"的隐语，也可用来泛指"向人借贷"。

在古文中，"庚"还常通"更"，作动词，表示"变更、更换"，或作副词，表示"更加""愈加"。如：庚邮，指更换递送的驿邮。《列子·黄帝篇》："五年之后，心庚念是非，口庚言利害，夫子始一解颜而笑。"其中的"庚"即表示"更加"。

辛——刑刀

"辛"（xīn）字，是天干的第八位。如孙文《黄花岗七十二烈士事略·序》："死事之惨，以辛亥三月二十九日围攻两广督署之役为最。"其中的"辛"，与地支中的"亥"相配，用以纪年，指1911年。

那么，"辛"的本义是什么呢？

【汉字溯源】

"辛"是个象形字，其甲骨文字形，看上去就像是一把平头刀具的样子。这种刀的用途是什么呢？起初，没有人能肯定。随着近代考古工作的展开，考古学家们在陕西、山西等地出土了许多这样的短刀：不到30厘米长，三面都有刀锋，有刀柄，也有节把。经研究，考古学家们惊奇地发现，这竟是三千多年前奴隶主用来对罪犯、奴隶以及战俘时实行种种肉刑的刑具。也就是说，"辛"的本义是指"刑刀"。

【字形演变】

在周朝早期的金文里，"辛"这把刑刀从简单的轮廓性描绘变成了实体。而且，它的上面被多加了一横，这可能是为了表示刀的基数是"一"，也可能是表示所要割铲的东西。发展至周代中后期的金文，"辛"又变回了简单的线条化、轮廓性描绘，但刀体部分的描绘却开始变形和走样了，刀柄上多出了一个实心的圆点，可能是代表"挡手"。小篆中的"辛"字，符合小篆字体的特点：匀称、协调、美观。此时，表示"挡手"的点被彻底地拉成了一条直线。隶书中的"辛"，写法基本上跟现代笔画特征一致了。

【字义转化】

从本义出发，"辛"可引申为"大罪"之义。如《清史稿》："妻子入辛者库，财产入官。"所谓"辛者库"，就是大罪之人所待的地方。清时，犯了大罪的妃子、宫女等人，常被罚入"辛者库"服苦役。

受刑是一件凄惨而又万分痛苦的事，所以"辛"又引申出"辛酸""辛劳""痛苦"等意思来，这些意思后来成了它的基本义。如高适《燕歌行》："铁衣远戍辛勤久，玉箸应啼别离后。"意即：长年戍守边疆的征人勤苦劳累，家中的妻子思念丈夫痛哭流涕。

"辛"还可被引申为"辣"的意思，为"五味"之一。这其实运用了一种通感手法，即将"痛苦""辛酸"等心理上的感受运用到了味觉这一生理感受上。它作名词时，指"葱、蒜等有刺激性气味的蔬菜"。《五辛菜》："五辛菜，乃元旦立春，以葱、蒜、韭、蓼、蒿、芥辛嫩之菜杂和食之。"

"辛"还是一个部首字，由它作部首的汉字，常与"刑罚"有关，"辜"（gū）就是比较典型的一个。

【小篆】辜 【隶书】辜 【楷书】辜

"辜"的本义是指"一种分裂尸体的大刑——辜磔"。它诞生于秦代的小篆阶段，是个"古"声"辛"形的形声字。但同时它也是个会意字："古"意为"事故"，"辛"就是"刑刀"，两部分结合起来，就表示"要动用刑刀的大事"，在此特指"尸裂之刑"。作动词时意思是"肢解，分裂肢体"。《周礼·秋官·掌戮》："杀王之亲者辜之。"意思是：谋杀君王的亲属的人，都要被肢解。

由本义出发，"辜"又被引申为"罪行"。《说文》："辜，罪也。"《诗经·小雅·十月之交》："无罪无辜。"它还可当"灾难、祸害"讲，如《汉书·王莽传》："害遍生民，辜及朽骨。"大意是：迫害所有的人，就连已死的人也要祸害。现在，"辜"主要当"背、负"讲，如：辜负。

"辛"字中的历史文化

在古代，"刑刀"就是生杀大权的象征，所以"辛"成为统治权的标志，很多与权力有关的汉字，都是以"辛"作意符的。例如，"辟"（bì）字就有"国君"的含义，失去皇位的统治者，重新恢复王位即为"复辟"。另外，家奴中的头目被称为"宰"。后来，"宰"又逐渐扩大为对"一家之主""项目主管"以及"某一领域里的头目"的称呼，如"主宰""宰相"等。

然而，任何事情都有两面性，"辛"同时也作为被压迫者的标志，如本义为"女奴"的"妾"、为"奴隶"的"童"等，都是用"辛"来做义符的。

壬——缠绕丝线的工具

"壬"（rén）字，基本义是指"天干的第九位"。如《春秋》："夏四月壬戌，公及晋侯盟于长樗。"在此，"壬"与地支中的"戌"相配以纪日。全句意即：初夏四月二十五日，（宋襄）公与晋侯在长樗会盟。

关于"壬"字的本义，许慎在《说文》中说："像人怀妊之形。"也就是说，他认为"壬"的本义应该是"妊娠"。这可能是因为"壬"字中间长长的一横，使得整个字形看起来像是大腹便便的孕妇。但其实这是错误的。要真正了解这个字的本义，还得从其源头探起。

【汉字溯源】

"壬"是个象形字，本义是"绕线的工具"，即一种由木头或金属制成的呈"工"字形工具：在一根圆柱形或棱形木（金属）杆的两端，各装一支与之垂直的短木（金属）杆。中间的杆，供缠绕丝线之用；两边的杆，起隔挡作用，以防缠满的丝线滑脱。甲骨文中的"壬"字，活脱脱就是这种工具的象形。

甲骨文	小篆	楷书
工	王	壬
金文	隶书	
工	王	

【字形演变】

金文中的"工"字，与其甲骨文字形相比，中间的"竖杆"上多了一个醒目的黑点。有人认为，这可能是为了说明杆上已经绕上了线团。但著名历史学家、古文字学家李学勤认为"古文字直笔常加点"，所以这个点没有实际意义。随着文字的演进，这个点渐渐被拉长为一横，至秦代的小篆时，竟变得比上、下的两横都长了。由此，"壬"字的写法基本固定。

【字义转化】

由于线团会越绕越大，所以"壬"又被引申为"大""盛大""庄重"等义。如《诗经·小雅·宾之初筵》："百礼既至，有壬有林。"大意就是：样样礼节都不落，礼仪盛大又隆重。

在古文中，"壬"还常被假借为"佞"，意思是"巧辩"。如常见的"壬人"，就是指"巧言谄媚的人""奸人"。宋代王安石《答司马谏议书》："辟邪说，难壬人，不为拒谏。"意即：抨击不正确的言论，驳斥巧辩的坏人，（这）不能算是拒绝接受（他人的）规劝。

说文解字

癸——飞镖

"癸"（guǐ）字，基本义是指"天干的第十位"。如唐代元结《贼退示官吏并序》："癸卯岁，西原贼入道州，焚烧杀掠，几尽而去。"在此，"癸"与地支中的"卯"相配用以纪年，指唐代宗广德元年（763）。全句意即：唐代宗广德元年，西原的敌军起兵攻入道州，烧杀抢掠，几乎抢光才离开。

关于这个字的本义，许慎在其《说文》中说："癸，冬时水土平可揆度（估量）也。像水从四方流入地中之形。"但这是一种牵强附会的说法。事实上，"癸"的本义是指一种古老的武器：飞镖。

[甲骨文] [金文] [小篆] [隶书] [楷书]

【汉字溯源】

上古时期，中原地区水草丰美，是各种鸟类栖息的天堂。为了能成功捕捉这些鸟，生活在这里的人们可谓费尽心机，他们先后使用过石块、标枪、弓箭等武器来对付这些善飞的精灵，但效果都不尽人意。后来，经过长期的摸索，他们终于发明了一款超级武器——飞镖，古人为其命名为"癸"。最早的飞镖由两块两头削尖了的长形木片制成。使用时，只需将其对准目标用力掷出，它就会旋转着飞出去，若闯入鸟群，就能成功杀死、杀伤数只鸟。甲骨文中的"癸"，便是这种飞镖的象形：中间的"×"形结构，代表两块交叉的木片，而其四端的短线，则是人们为了表现出它能旋转的功能而加上去的，给人一种锐不可当的感觉。

【字形演变】

金文中的"癸"字，由其甲骨文字形发展而来，只是原来位于"镖"四端的短线被移到了"镖身"上。发展至小篆阶段，"癸"字的字形发生了较大变化：原位于"镖"身上的四条短线都变成了开口朝外的"U"字形，使整个字看起来更像是四个尾尾相接的钢叉，有些"雪花镖"的意味了。自汉代的隶书阶段开始，"癸"字逐渐笔画化：上面的两个"叉"逐渐被写成"癶"字形，下面的两个则渐渐变成了"天"。

【字义转化】

随着社会的发展，"癸"这种飞镖被不断地改进，最终，它变成了上古时的一种兵器，即三峰矛，属"戟"一类。在"癸"字被借用为天干之一后，人们又在其右侧加了一个表示兵器的"戈"字，创造了形声字"戣"，来代替当兵器讲的"癸"。如《尚书·周书·顾命》："一人冕，执戣，立于东垂（指堂的旁边）。"意思就是：一个人戴着礼帽，手拿三峰矛，站在东堂的帘前。

"癸"还可作部首，从"癸"的汉字多与"癸"这种武器或"旋转"有关。如：揆，即手执癸而揣度何时抛出去或抛向哪一角度，后引申为"测量"；睽，即目转之貌；葵，花叶转向太阳的植物。

子——产子

"子"（zǐ）字，在十二地支中排第一位，常和天干中的甲、丙、戊、庚或壬相配用以纪年、月、日，也可单独用于纪月、纪时等。如《西游记》："子时得阳气，而丑则鸡鸣。"子时即指"夜晚十一时至凌晨一时"，而丑时则为"凌晨一时至三时"。有学者认为，"子"之所以位居地支第一，是与它的本义密切相关的。

【汉字溯源】

"子"是个象形字，本义是"产子"。其甲骨文字形有两类，第一类写法描绘的是一个正从母体中降生的胎儿的样子：圆圆的或被写成了"凵"形的脑袋，头顶上是被刻意强调的四根或三根胎发，脑袋下是脖子和初露端倪的肩膀。据说包括人类在内的所有动物的胚胎，在母体内时都是头朝上的，但在出世前的一段时间里，他们会慢慢转动方向，最终使头部朝向产门。所以在生产过程中，正常情况下首先出来的是胎儿的头而不是脚。因此，这类写法中的"子"没有仔细描绘婴儿的身体，从而生动地表现出了"正在生产"之义。

第二类写法描绘的是一个脑袋挺大、两手举起的婴儿的样子：上面是圆圆的大脑袋，中间是举起来的双手，下面是双腿，但是被裹在襁褓里。

"子"字诞生后，就被引申为"初生的婴儿"之义，作定语时即指"婴儿的"。如《隋书》："妇人产乳，必食子衣"中的"子衣"，意思就是"婴儿的胎盘胞衣"。后来，它的本义被彻底弃用了。

【字形演变】

甲骨文的第一类写法渐渐消失，金文中的"子"，则继承了第二类写法，保持了一个婴儿的象形。而且，周代早期和中晚期的"子"，在字形上也有区别：早期的"脑袋"是实化了的"黑体"，且"身躯"较粗；至中晚期，"脑袋"变成了空心的椭圆，"身躯"也瘦了许多。小篆中的"子"字，与其晚期金文字形基本一致。至隶书阶段，"子"字完全笔画化：婴儿的头变成了倒三角形，两只胳膊被拉成了一横，身躯和腿被写成了竖勾。

【字义转化】

由"婴儿"之义，"子"又被引申为"儿女"之义。如《广韵》："子，子息。"后来，"子"又渐渐变成了"儿子"的专称，这也成为它的基本义。如唐代陈玄祐《离魂记》："无子，有女二人。"需要注意的是，在贾思勰的《齐民要术·序》中有这样一句话："乃畜牛羊、子息万计。"这之中的"子息"，并不是指"儿女"，而是一个动词，意思是"滋养生息"。

随着社会的发展，"子"的字义不断扩大，用法也变得极其多样化：

1. 指"后代"。如石崇《王昭君辞》："我本汉家子，将适单于庭。"意思是：我本来是汉人的后代，现在即将嫁到匈奴人单于家去。

2. 用做对人的通称。如：才子、孝子。

3. 古代五等爵位中的第四等，即"公、侯、伯、子、男"中的"子"。

4. 中国古代士大夫的通称。

5. 中国古代常加在姓氏等后面，作为对男子的美称或尊称。如：孔子、孟子。

6. 古人对自己老师的称呼。如《论语·学而》："子曰：学而时习之。"

婴儿是弱小的，因此，"子"又被引申为"幼小""嫩的或容易咀嚼的"等义。如：子鸡、子姜。

胎儿出生，乃人之初始，所以"子"被假借为地支的第一位。又因为每晚的十一时至凌晨一时，或农历十一月，天地之间的阳气便开始涌动，新的一天或一年即将来临，所以"子"又被用做它们的代称。

地支"子"还与十二生肖中的"鼠"相对应，所以"子"也是"鼠"的代名词。

丑

丑——手

"丑"（chǒu）字，是十二地支的第二位，常和天干中的乙、丁、己、辛或癸相配，用以纪年、月、日。如清政府与外国列强签订《辛丑条约》的1901年，就是农历辛丑年。它也可单独用于纪月、纪时等：纪月时，指"农历十二月"；纪时时，指"凌晨一时至三时"。

在现代汉语中，"丑"字的基本义是"相貌丑陋""不好看"，与"美"相对。但实际上，这与"丑"字本身无关，而是属于另外一个字，醜（chǒu）。也就是说，"丑"还是"醜"的简化字。

◎ 丑

| 【甲骨文①】 | 【金文】 | 【隶书】 |
| 【甲骨文②】 | 【小篆】 | 【楷书】 |

【汉字溯源】

"丑"是个象形字。甲骨文中的"丑"字，就是一只手（或左或右）的象形。其字形与本义为"手"的"又"字十分相像，但更为细化：朝左或朝右的分支代表手指，后面的斜杠代表手臂，就连弯曲的指尖也被仔细刻画了出来。郭沫若认为，"丑"字"实象爪之形"，所以它的本义就是"爪"，这是有一定道理的。

【字形演变】

金文中的"丑"字，与其甲骨文字形十分相像，只是弯曲的指尖部分变成了叉状结构。秦代小篆阶段的"丑"字，源于其金文字形，但也有所变化：原来的指尖部分上下相连，变成了一斜竖，整个字的字形变得规整圆滑。进入汉代以后，历经隶变与楷化，"丑"字逐渐笔画化：手臂和下面的一根手指被拉成了一条直线，整个字也变成了方折平直的方块字。如果不了解这个字的演变历程，恐怕很难看出它的本义了。

【字义转化】

在"干支纪法"诞生以后,"丑"被借用为地支之一。此后,它的本义渐渐被弃置不用了。

另外,地支"丑"还与十二生肖中的"牛"相对,所以,常说的"丑肉"就是"牛肉",而所谓的"丑宝"就是"牛黄"的别称。

◎醜

【汉字溯源】

"醜"是个形声字,"鬼"形、"酉"声,本义是指"相貌难看"或"形貌丑陋"。三千年前甲骨文中的"醜"字,就已经是左"酉"右"鬼"的组合了:"酉"就是一个酒坛子的象形,坛身上有一些代表酒的小黑点;"鬼"即一个戴着五边形面具、面朝左边跪坐的人。"酉""鬼"相合,表示喝醉酒后像鬼一样的丑态。古人借此意象,贴切地表达出了"醜"字的本义。

【字形演变】

周代金文阶段的"醜"字,字形十分艺术化。其写法以金文中的"酉"和"鬼"二字的写法为基础,但又进行了一些改变:左边的"酉"之上,多了一根线条,可能代表拴在坛口的绳子,也可能是表示坛中的酒洒了出来;右边的"鬼"更富艺术性,它的头顶被加上了三个"十"字,代表头饰,假尾巴点地,腿脚前伸,构成一个完美的圆弧,与"酉"对应。在小篆至楷书的各种字体中,"醜"的写法又都与该字体中"酉"和"鬼"的写法相一致了。

由于"醜"字笔画复杂,难写难认,所以后来人们用同音替代法,将其简化为"丑"。

【字义转化】

由"丑陋"之义,"丑(醜)"又逐渐被引申为"可恶、污秽、不好"等义。《说文》:"醜,可恶也。"而常说的"丑话",也就是指"恶劣的话"。作动词时,它就指"厌恶、憎恶""愤怒""惭愧"等。如《庄子·德充符》:"寡人醜乎。"意思就是:我真是惭愧呀!

所谓"生旦净末丑,演尽俗世百态",其中的"丑"不能写作"醜",是指一个传统的戏曲角色行当，扮演滑稽人物，鼻梁上抹白粉，也叫"小花脸"或"三花脸"，有文丑与武丑之分。另外，"丑（醜）"作名词时，还可指"坏人、恶人"，"怪异之事"等，如"丑徒"就是指"叛逆的人"。

由于"丑（醜）"就是与"美"相比而得出的结论，所以，它又可引申为"比较"，并进一步引申为"类、相同"等义。如《礼记·学记》："比物醜类。"意即：将同类事物进行比较。

寅——引导胎盘出降

"寅"（yín）字，基本义是指"十二地支中的第三位"，常和天干中的甲、丙、戊、庚或壬相配，用以纪年、月、日。它也可单独使用，用以纪月、纪时等：纪月时，指"农历正月"；纪时时，指"凌晨三时至五时"。

让人意想不到的是，这个字的本义，竟然是"引导胎盘出降"。

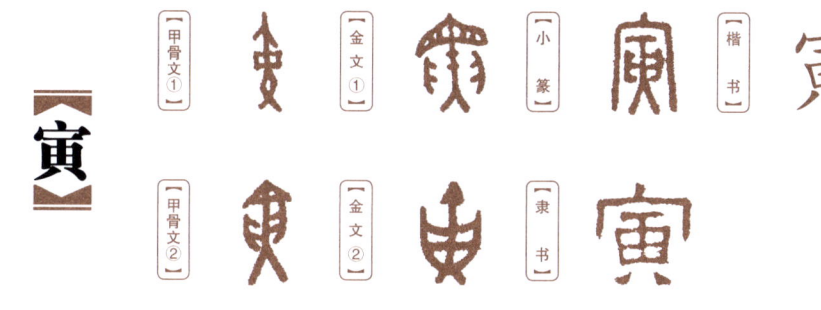

【汉字溯源】

"寅"是个会意字。甲骨文中的"寅"，主要有两种写法。第一种由三部分组成：上面的一竖代表脐带，其顶端的箭头表明正有一股力量牵引着胎盘，使其出降；中间的"口"形结构，代表母体的产门；后面的符号"夂"，就是尚在母体内的胎盘。三部分结合，描绘出了一幅胎儿产出后，尚未产出的胎盘仍然依赖脐带牵连着的情景。第二种写法也分三部分，且更加直接明了：上面的三角形结构代表胎盘；其下的丫杈状结构就是脐带；脐带的两边各有一只手，表示有人双手合作，小心翼翼地接引胎盘，使其出降。原本极其复杂的过程，经我们的祖先删繁就简，被表现为简单几笔，诉诸笔端，这不得不令我们叹服。

【字形演变】

　　金文中的"寅"字也有两种，构字思路都与甲骨文中的第二种相一致，但又有所变化。第一种将胎盘进行了更为细化的描绘；而第二种中，胎盘被简化为一个实心的小三角形，但做牵引的双手却得到了强调，写得很大，且双手手指相接，不仔细看，几乎都认不出来了。发展至秦代的小篆阶段，"寅"字的构形发生了较大变化：胎盘被简单地写成了一横，下面的双手和脐带，与其甲骨文字形中的第二款如出一辙，但整个字的外面，又罩上了一个代表房子的"宀"（mián）字，这大概是因为生孩子一般都是发生在屋内的事情。在此基础上，发展至汉代的隶书阶段，"寅"字笔画化，并逐渐演变为我们今天所熟悉的样子。

【字义转化】

　　引导胎盘出降，必须小心翼翼，做引导的人，也常常心怀对生命的敬畏；而且，由于新生命的降临是一件为家人期盼已久、值得欢庆的大事，所以"寅"又被引申为"虔敬""恭敬迎接"等义。《尔雅》："寅，敬也。"如《尚书·周书·无逸》："严恭寅畏。"这里的"寅畏"，意即"敬畏"。另《尚书·虞书·尧典》中有"寅宾出日"的句子，大意就是说：上古先民恭敬地迎接太阳升起。

　　由于"寅"用于纪时时，指"凌晨三时至五时"，所以它也成为"清晨"的代称。如《南齐书·明帝纪》："寅忧夕惕。"意思就是"早晚都忧心伤神"，多指执政者忧心忡忡，早晚都提心吊胆。

　　地支"寅"还与十二生肖中的"虎"相对应，所以"寅"也是"虎"的代名词。

卯——分离胎儿和胎盘

　　"卯"（mǎo）字，基本义是指"十二地支的第四位"，常和天干中的乙、丁、己、辛或癸相配用以纪年、月、日。它也可单独使用，用于纪月、纪时等：纪月时，指"农历二月"；纪时时，指"清晨五时至七时"。

　　关于"卯"的本义，《类篇》中说："卯，冒也。二月，万物冒地而出，象开门之形，故二月为天门。"这种说法不足为信。"卯"的本义，实际上是"分离胎儿和胎盘"。

【甲骨文】【小篆】【楷书】
【金文】【隶书】

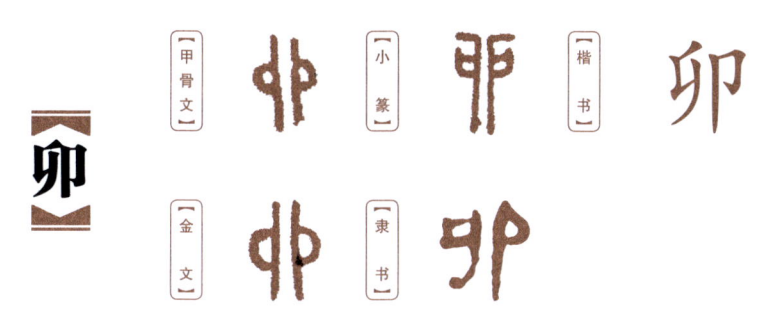

卯

【汉字溯源】

"卯"是个象形字。甲骨文中的"卯",构形源于婴儿出生后,由人将他的脐带割断,使其与胞衣分离的场景:中间是并列向两边开的两竖,寓意分开;左右两边各有一个半圆,代表分离了的胎儿和胞衣的象形。这一场景同时也是"卯"字的物象之源,若不能正确解析"卯"字,也就无法理解"卯"字的构形。

【字形演变】

金文中的"卯",与其甲骨文字形如出一辙。发展至秦代的小篆阶段,为了追求字形上的规整美观,人们又在"卯"字中间的两竖上端,各自添了一个弯横。至汉代的隶书阶段,可能是为了书写便利,这两个弯横又被去掉了。随着汉字的笔画化,"卯"逐渐变成了今天的样子。

【字义转化】

胎儿和胎盘分离,本身就含有"断开"的意思,所以"卯"又有"断裂、分"等义。而连接胎儿与胎盘的脐带,实际上是被人为割断的,所以,"卯"又被引申为"割开""杀"等义。如甲骨文卜辞中经常会有"卯几牢""卯几羊"的说法,这里的"卯",就是"杀"。

由于分离胎儿和胎盘是整个生产过程的最后一步,所以"卯"又有"止"之义。虽然这一意思后来没有被广泛使用,但却在以"卯"为部首的一些汉字中留下了印记,如"留"字中的"卯"部就作"止"讲。

卯时是早晨的开始。《西游记》:"寅不通光,而卯则日出。"所以"卯"也是"早晨"的代名词,如"卯睡"即"早晨睡觉"。白居易《醉吟》:"耳底斋钟初过后,心头卯酒未消时。"其中的"卯酒",就是指"早晨喝的酒"。旧时,官署例定在卯时开始办公,因而又有了"画卯""点卯"等说法,意思就是"在卯时进行点名报到等活动"。

地支"卯"还与十二生肖中的"兔"相对应,所以"卯"也是"兔"的代名词。

在现代汉语中,"卯"还是对木器上供安榫头用的孔眼的称呼。如:卯眼;卯榫,即卯眼和榫头。

说文解字

第二章 最『汉』的汉字

二五一

辰——蛤蚌之类的软体动物

"辰"（chén）字，是十二地支的第五位，常与天干中的甲、丙、戊、庚或壬相配，用以纪年、月、日。它也可单独使用，用以纪月、纪时等：纪月时指"农历三月"，纪时时指"早晨七时至九时"。

许慎在《说文》中说："辰，震也。"他认为"辰"的本义是"动荡"，这是没有依据的。事实上，"辰"的本义为"诸如蛤蚌之类的软体动物"，也可理解为"贝壳"。

【汉字溯源】

"辰"是个象形字。甲骨文中的"辰"字，主要有两种写法。第一种非常简洁，就是一只身体舒展、在水中游动的大蚌的象形：左上角的三角形，代表它那坚硬的外壳；后面拖着的，便是软软的身躯。第二种较第一种稍显繁复：大蚌那三角形的躯壳上面，有与外壳平行的一横，在此做指示符号，表明蚌是在游动状态；得到细化的蚌身也不再在蚌壳的正后方，而是与蚌壳的边线相接。

【字形演变】

金文中的"辰"，也分两种。第一种非常简单，就是一只贝壳的象形；第二种由甲骨文中的第二种"辰"字发展而来，但蚌的身躯被描绘得更为圆润细腻。至秦代的小篆阶段，为了追求字形上的美观和笔顺的匀整，"辰"字的写法进一步线条化，并在结构上得到了调整，但也失去了象形字的形象。若不了解它的发展历程，人们已经很难从字形上看出它的本义了。此后，"辰"字渐渐笔画化，成为真正的方块字。

【字义转化】

在被借用为地支之一后，为了避免使用上的混乱，人们就在"辰"的下面加了个

"虫"字,创造了新的形声字"蜃",专门表达"辰"字的本义。由此,"辰"字的"贝壳"之义就消失了,但这一点在以"辰"为部首的一些汉字中得到了传承。上古时期,坚硬而又锋利的贝壳,是人们进行切割、挖掘等活动时的理想工具,因而常常被用来制作农具。由此,"农"的繁体字"農"以及意思是"锄草农具"的"耨"字等,结构中都含有"辰"字。但"晨""震""娠"等字中的"辰",却只是作声部用来表音而已。

由于辰时,即早晨七时至九时,常常会出现人已经起床,星星还挂在天上的现象,所以"辰"又被借用为星星的代称。如:星辰。而常说的"北辰",就是指"北极星"。如谢灵运《拟魏太子邺中集诗·魏太子》:"众星环北辰。"意思就是:众星都环绕着北极星转。斗转星移,时间往往与星辰的运行联系在一起,所以"辰"又被引申为"时光""日子"。如柳永《雨霖铃》:"此去经年,应是良辰好景虚设。"意即:这一去怕是要终年不归,离开你无论什么良辰美景都是虚设。

在古文中,"辰"还常通"晨",指"早晨"。如《诗经·齐风·东方未明》:"不能辰夜,不夙则莫。"这里的"辰"即通"晨","莫"则通"暮"。所以全句意即:不分早晨和深夜,不是早起就是晚睡。

地支"辰"还与十二生肖中的"龙"相对应,所以"辰"也是"龙"的代名词。

巳——在胎包中生长的胎儿

"巳"(sì)字,基本义是指"十二地支的第六位",常与天干中的乙、丁、己、辛或癸相配用以纪年、月、日,如1965年就是农历乙巳年。另外,它也可单独用于纪月、纪时等。纪月时指"农历四月",纪时指"上午九时至十一时"。

这个使用范围极其有限的汉字,本义又是什么呢?关于这个问题,许慎在其《说文》中说:"巳为它(蛇),象形。"也就是说,他认为"巳"的字形,看起来就像是一条蛇,所以"巳"的本义为蛇。这是他没有考究"巳"字的起源,而只是简单地根据其小篆字形得出的结论。

【汉字溯源】

"巳"是个象形字。甲骨文中的"巳"字,与"子"的金文字形十分相像,只是少了一横,也就是"胳膊"。因此,这个字就是一个还没有长出胳膊的胎儿的象形。没长出胳膊，寓意还在生长，也就是尚未出生。由此，"巳"字的本义就明确了，即指在胎包中生长的胎儿。

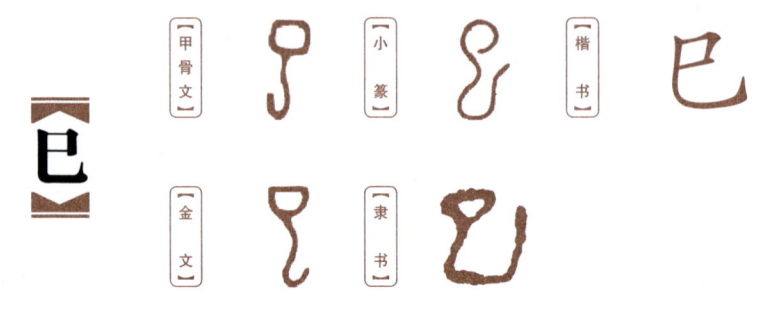

【甲骨文】 【小篆】 【楷书】
【金文】 【隶书】
巳

【字形演变】

金文中的"巳"字，沿袭了其甲骨文字形，只是方向有所改变，看起来就像是甲骨文中的"巳"字按水平方向旋转了180°。发展至秦代的小篆，"巳"字的写法进一步线条化，就像是一条摆动着身体的蛇，看起来更为优美流畅，但也因此致使许慎等人对它的本义产生了误解。进入汉代以后，历经隶变和楷化，"巳"字逐渐笔画化，成为我们所熟悉的方块字。

【字义转化】

"巳"在十二生肖中，与"蛇"相对应，五行属火，所以"巳"又是"蛇"或"火"的代称。如《论衡》："巳，火也，其禽蛇也。"此外，"巳"还是个部首字，从"巳"的汉字主要有"导""异""巷""包"等。

需要注意的是，"巳"与天干中的"己"字形十分相近，在使用的过程中要避免混淆：己字上部不封口，表示的是绳索盘曲的状态；"巳"字上部封口，是对胎儿脑袋的状写。

午

午——杵

"午"（wǔ）字，是十二地支的第七位，常和天干中的甲、丙、戊、庚或壬相配，用以纪年、月、日。它也可单独使用，用于纪月、纪时等：纪月时指"农历五月",纪时时指"白天的十一时至一时"——这后来也成为"午"字的基本义。常说的"正午"就是白天的十二点,相应地,"午夜"即指晚上的十二点。如苏轼《贺新郎》:"乳燕飞华屋,悄无人,桐阴转午,晚凉新浴。"意即:小燕子飞落在雕梁画栋的华屋,屋里没人,静悄悄的,桐树的影子渐渐转过了正午,到傍晚清凉时,刚刚沐浴经过的美人出浴了。

关于这个字的本义,学术界向来都争论不休。

[甲骨文] [小篆] [楷书]
[金文] [隶书]
午

【汉字溯源】

"午"是个象形字。甲骨文中的"午",看上去就像是一把拧在一起的绳索,所以有人认为"午"字的本义是"御马索"。如郭沫若《甲骨文字研究》:"疑当是索形,殆驭马之辔也。"然而,在汉字中,与绳索有关的汉字,大都与"纟"(mì)或构形源于绳索之形的"乙"字有关。显然,无论是"纟"的甲骨文字形" "还是"乙"的甲骨文字形" ",都不同于"午"。所以,这种说法是站不住脚的。也有人认为它是婴儿身上脱落下来的脐带的象形,这也只是望文生义,无论是从字形演变还是字义转化过程中,都找不到能让人信服的依据。

那么,甲骨文中的"午",究竟表达的是什么意思呢?原来,它就是一根两头大、中间小的棒槌,也就是杵的象形。据考证,古人就是用这种形状的杵来舂米的。也就是说,"午"即"杵"(chǔ)的本字,本义就是舂米的棒槌——杵。

【字形演变】

随着生产力的发展和人口的增多,一个部落中每天消耗的粮食量渐渐增多,由此,舂米逐渐变为一项需要众人合作才能完成的大工程,所以,杵的样子也发生了变化。"午"字的金文字形,就体现了这种变化:上端左右伸展的部分是两个把手,供两人捏拿,将"杵"抬起来舂米;下面是"杵"的主体部分,因而写得比较粗,以示强调。秦代的小篆阶段的"午"字,由其金文字形发展而来,但更为线条化:上面的两个把手变成了开口朝下的一段圆弧,而棒槌的头则变成了"十"字形。隶书中的"午"字,完全笔画化:"把手"被写成了"⺊"。自此,"午"字的写法基本固定。

【字义转化】

由于在舂米的过程中,"午"是要与臼发生碰撞的,所以,"午"又被引申为

"抵触、忤逆、违反"等义。如《汉书·刘向传》："朝臣舛午。"意即：朝中的大臣都抵触（他）。而既有"违反、抵触"等行为，就说明事情不顺利，由此，"午"又被引申为"错综、纵横相交"等义。如：午道，即纵横交贯的要道；午割，即交叉切割。而形容词"午午"，意思就是"交错杂沓的样子"。

在"午"被借用为地支后，人们又陆续造了形声字"杵""忤（wǔ，抵触）""仵（wǔ，违反）"等，来接管"午"字原有的意思。

由于"午月"即"五月"，所以后来人们按"干支纪法"纪年、月、日时，就逢"五"曰"午"。如：端午（五月初五）。古人也以十二地支为方位命名，"午"为正南，所以"午"又成为南方的代称，如"午上"就指"南方的上空"。

地支"午"还与十二生肖中的"马"相对应，所以"午"也是"马"的代名词。

未——禾木的穗子

"未"（wèi）字，是十二地支的第八位，常和天干中的乙、丁、己、辛或癸相配，用以纪年、月、日。它也可单独用于纪月、纪时等：纪月时指"农历六月"，纪时时指"午后一时至三时"。

关于"未"字的本义，许慎在其《说文》中说："未，味也。六月滋味也。"也就是说，他认为"未"即"味"的本字，本义是"滋味"。这是没有考证"未"字源流的附会之说。据郭沫若研究，"未"字的本义，实际上是指"禾木的穗子"。

【汉字溯源】

"未"是个象形字。甲骨文中的"未"字,下面是"木",代表"禾木"。在"木"字那代表权桠和枝条的两斜笔上面,有两条被刻意写得很大的"枝条",那就代表"穗子"。随着社会的发展和汉字的演进,尤其是在被借用为地支之后,"未"的这一本义就渐渐消失了。

【字形演变】

从古至今,"未"字的结构一直都没有发生大的变化。金文和小篆中的"未"字,都脱胎于其甲骨文字形,只是越来越线条化,字形也渐渐变得规整圆润。发展至汉代的隶书时,"未"字完全笔画化。

【字义转化】

尚处于抽穗阶段的禾木,能不能顺利结出果实或让人们大获丰收,都是个未知数,所以"未"字又被引申为"没有、尚未、还没"等义,成为表示否定的副词,跟"已"相对。《小尔雅·广诂》:"未,无也。"如杜甫《赠卫八处士》:"问答未及已,儿女罗酒浆。"意即:问答交谈的话语还未说完,你已吩咐儿女把酒菜摆上。它还可作助词,用在句末表示疑问,相当于"否"。如王维《杂诗》:"来日绮窗前,寒梅著花未?"意思就是:你来时经过花窗前,看见寒梅花开没开呢?

一般情况下,"未"否定过去,"不"否定将来,但有时候"未"也当"不"讲。杜甫《望岳》:"岱宗夫如何,齐鲁青未了。"意即:泰山啊你究竟是何等的景象?从齐到鲁都看不尽你的郁郁苍苍!在现代汉语中,"未"字还可表示"将来"之义。如:未来。

地支"未"还与十二生肖中的"羊"相对应,所以"未"也是"羊"的代名词。

"未"还是个部首字,常作形声字的声部,表音,如:妹、昧、味等。

申——闪电

"申"(shēn)字,是十二地支的第九位,常和天干中的甲、丙、戊、庚或壬相配,用以纪年、月、日。它也可单独用于纪月、纪时等:纪月时指"农历七月",纪时时指"下午三时至五时"。

那么，"申"的本义又是什么呢？有学者认为，"申"原本是个指事字，从"臼"，表示"自持"，从"丨"，表示"身体"。所以"申"字的本义是"束身"。事实上，这种说法是错误的，要了解"申"字的本义，还得追溯到它的甲骨文字形。

【汉字溯源】

"申"是个象形字，本义为"闪电"。其甲骨文字形，两边形似云纹的两笔，象征着天空；中间那曲折带弯的一笔，就像是从天而降、曲折延伸的一道电光。这与"电"的甲骨文字形"⚡"极其相像，只是方向相反而已。所以，"申"就是"电"的初始字。

【字形演变】

周代早期金文中的"申"字，进一步线条化，无论是中间的"电鞭"还是两边的"云气"，都变成了曲线，看起来更为形象。发展至周代晚期的金文中，"申"的写法有了较大变化：两边象征云纹的两笔脱离了中间表示电鞭的那笔，且变成了两把梳子或两只手的样子。至小篆阶段，"申"字的写法更为规整：中间的"电鞭"被拉成了一直竖，两边的气流分左、右排在它的两边，看上去就像是一个"臼"字被分成了两半。至隶书阶段，"臼"被进一步简化为"曰"，"申"于是成为今天的样子。

【字义转化】

闪电那神速的电鞭通常都是曲折延伸、耀眼刺目的，据此，"申"字被引申出许多新的意思：它可通"伸"，表示"伸展、伸张"，如班超《北征赋》："行止屈申，与时息分。"意思是：行为举止谨慎收敛还是大胆伸张，与当时的形势息息相关。它还可引申为"明、明白"，如《后汉书》中有"反乱国家，罪无申证"一句，其中的"申证"，就是"明证"之义。若再进一步引申，"申"又可解释为如下意思：

1. 说明、申述，如今这也是"申"的基本义。如：申明。需要注意的是，"申明"和"声明"不同，后者是指公开地表示态度或说明真相，前者并不一定需要公开。

2. 反复地说、重申。如《孟子·梁惠王上》中有"申之以孝悌之义，颁白者不负戴于道路矣"一句，意思就是：反复地用孝顺父母、尊敬兄长的大道理教导老百姓，那么，须发花白的老人也就不会自己背负或头顶重物在路上行走了。

3. 申诫、告诫。如《史记·孙武列传》："即三令五申之。"意即反复地命令、告诫。

4. 申雪、昭雪。如杜甫《兵车行》："长者虽有问，役夫敢申恨！"意即：虽然您老人家问起了这些情况，但服役的人又怎敢申诉心中怨恨！

"申"还有个比较特别的用法，即"到、至"。如"申旦达夕"，即：自夜至晨，自晨到夜。另外，地支"申"还与十二生肖中的"猴"相对应，所以"申"也是"猴"的代名词。

酉——酒坛子

"酉"（yǒu）字，基本义是指"十二地支的第十位"，常和天干中的乙、丁、己、辛或癸相配用以纪年、月、日。它也可单独用于纪月、纪时等。纪月时指"农历八月"，纪时指"傍晚五时至七时"。

但这只是"酉"字的假借义，在被借用为地支以前，"酉"主要是指一种实物：酒坛子。

【甲骨文】 【小篆】 【楷书】
【金文】 【隶书】

【汉字溯源】

"酉"是个象形字。甲骨文中的"酉"字，就像一幅画，画面上是一个卓然独立的高颈、尖底的酒坛子（也可以认为是酒瓶子）：最上面的一横代表坛子口，向下的部分是坛子的脖颈，脖颈下的一横代表坛子的肩部，而最下面的四边形结构，就是坛身。

整个画面虽只有简单几笔，却十分形象，只是坛身的线条不像实物那样圆滑。这是因为在当时的技术条件下，要在坚甲硬骨上刻圆弧十分困难，所以人们就用直笔替代了。

【字形演变】

在刻于周代青铜铸器上的金文中，"酉"字的字形较其甲骨文字形复杂一些：坛身变成了弯曲的"U"形，与坛子的肩部连为一体；坛身上多了两条横线，代表绘制于坛子上的花纹，反映了我国陶瓷烧制技术的进步。小篆中的"酉"字，由其金文字形发展而来：坛子上的花纹变成了"∧"形，整个字变得更为匀称美观。此后各种字体中的"酉"字，皆由此发展而来。

【字义转化】

由于酒坛子是用来装酒的，而池塘是用来蓄水的，所以在古文中，"酉"还被借用为"蓄水的池塘"之义。如"酉枯"即指"池塘干涸"。而其他形似酒坛子的东西，也往往以"酉"命名。如：酉山。

另外，"酉"也常被借用为"酒"，如"酉泽"即指"酿造精熟的酒"。

翻阅古文献，常常会见到诸如"酉字牌""酉牌时分"等字眼，这又是什么意思呢？原来，这是因为古代的官府到酉时便不再办公，所以会在门外挂上写着"酉"字的牌子。

地支"酉"还与十二生肖中的"鸡"相对应，所以"酉"也是"鸡"的代名词。

戌——战斧

"戌"（xū）字，基本义是指"十二地支的第十一位"，常和天干中的甲、丙、戊、庚或壬相配，用以纪年、月、日。它也可单独用以纪月、纪时等；纪月时指"农历九月"，纪时时指"前夜的七时至九时"。

《说文》："戌，灭也。"许慎认为"戌"的本义是"消灭"或"杀死"。但其实这只是它的引申义。

【汉字溯源】

"戌"是个象形字,本义是"战斧"。它的构形来源于上古时期的一种斧身宽阔的短柄战斧,在古代也被称为"钺"。其甲骨文字形主要有两种,都是这种战斧的象形。第一种:中间的一竖代表斧柄,它上面镶着呈长方形的斧身,显得宽而厚重,斧刃朝左;斧柄的上端,有个向右下方弯的勾,代表顶钩;而斧柄下端的一短横,则代表脚叉。第二种与其十分相像,只是斧身变成了三角形。

【字形演变】

周代早期金文中的"戌"字,是在其第二款甲骨文字形的基础上发展而来的,但"斧刃"更宽,只有"斧身的上沿"与"斧柄"相交,"斧柄"变得弯曲,"顶钩"和"脚叉"都自"斧柄"的两端移到了"斧柄"之上。发展至晚期的金文中,"戌"字的字形变化更大:原本向上扬起的"斧身"似乎被往下掰了一下,"上沿"几乎与"斧柄"呈直角了,"斧身"变小,"斧刃"却被拉长,远远超出了上、下两个"斧沿"。至小篆中,"戌"字进一步线条化,且"斧身"的下沿变成了与上沿平行的短线,"斧柄""顶钩""脚叉"和"斧身的上沿"变成了"戈"字形。至隶书阶段,"戌"字笔画化,成为真正的方块字。

【字义转化】

"战斧"与"杀戮"相关。由此,后来的"威""滅"("灭"的繁体字)等字,都采用"戌"作义符。大概是由于这种笨重的原始武器,很快被后起的、更为省力高效的新型武器挤出了历史舞台,所以"戌"被借用为地支之一。另外,地支"戌"与十二生肖中的狗相对应,所以"戌"也可指"狗"。

亥——猪

"亥"(hài)字,基本义是指"十二地支的最后一位",常与天干中的乙、丁、己、辛或癸相配,用以纪年、月、日等。另外,它也可单独用于纪月、纪时等:纪月时指"农历十月",纪时时指"夜晚九时至十一时"。

在古代,人们总是很容易将"亥"与"豕"混淆,如成语"鲁鱼亥豕"讲的就是这种误写现象。这并不是没有缘由的,因为二者的本义相同,都指动物"猪"。《论衡·物势》："亥，豕也。"

【汉字溯源】

"亥"是个象形字，其甲骨文字形，就是对一头猪的轮廓进行描绘，只是被顺时针转了90°，呈站立状了：上面的一横代表猪头；其下的一短横，就是猪的前蹄；两横之间的空缺，很容易让人想到猪那大张的嘴巴；再往下的一斜杠，代表猪的后蹄；前、后"蹄"之间的空缺，就代表猪那肥硕的大肚子；最下面的弯线，代表猪尾巴。

这个字，让我们不得不对祖先们造字手法的简练明了大为感慨。

【字形演变】

金文中的"亥"字，更为艺术化：猪的"脑袋"被进一步拉长，"身躯"以及"尾巴"的弧度加大，整个字的重心转到了猪"后腿"上。结合其甲骨文字形，这个"亥"字好像是一头原本尾巴点地、直立于地面的猪，站累了正要落回地面、四肢着地的样子。

在传写过程中，"亥"字的字形发生了改变。至小篆阶段，"亥"这头猪不仅在形体上发生了很大的变化，身后还多了一个"人"，让人无论如何也看不出它的本义了。以小篆字形为基准，历经后来的隶变和楷化，"亥"字逐渐笔画化，成为真正的方块字。

【字义转化】

在被借用为地支之一后，"亥"的本义就消失了。但有意思的是，由于当地支讲的"亥"与十二生肖中的"猪"是互相对应的，所以，它后来又成了"猪"的代名词。

四 生肖篇

中国人询问以及表达年龄有许多方式，最为独特的一种就是用属相，即十二生肖来表示。十二生肖也称为十二年兽，分别指鼠、牛、虎、兔、龙、蛇、马、羊、猴、鸡、狗和猪十二种动物。在原始社会生产力低下、人们认识自然的能力极其有限的情况下，我们的祖先渐渐对与自己的生活息息相关的动物，如马、羊、牛、鸡、犬等产生了一种依赖感；对危害自身安全的动物，如虎、蛇等则产生了一种恐惧感；对动物的一些超过人类的器官功能，如狗的嗅觉等产生了崇敬感……种种感觉相叠，最终导致动物崇拜这一原始信仰的诞生。而十二生肖，就是人们在这种信仰的影响下产生的用来纪年、纪月的兽历。作为一种影响深远的古老的民间文化，它与阴阳五行、八卦、干支等有着不可分割的联系。正是以这些古老深奥的学问为底蕴，生肖文化才蔚为壮观，成为中华民俗文化宝库中的瑰宝。

在应用过程中，人们常将生肖与地支相结合，即常说的：子鼠、丑牛、寅虎、卯兔、辰龙、巳蛇、午马、未羊、申猴、酉鸡、戌狗、亥猪。如2008年就是"子鼠年"，出生在此年的人即属鼠。这极大地丰富了中国的纪历方法，也弥补了"干支纪法"过于抽象的不足，使其更为形象化，也更便于记忆。发展至今，十二生肖已经成为中国传统文化的一部分，而表示这十二种动物的字，也被赋予了特殊的意义。

"鼠"迹生尘案

"鼠"（shǔ）字，本义是指"穴居兽的总称"，为哺乳动物的一科，门齿终生持续生长，常借啮物以磨短，繁殖迅速，种类甚多，如貂鼠、獾鼠等都属"鼠"类。《说文》："鼠，穴虫之总名也。"后来，"鼠"专指"老鼠"。

老鼠繁殖很快，生命力很强，几乎无所不在。它们能传播鼠疫等病原，并为害农林草原，盗食粮食，破坏贮藏物、建筑物等，可以说是无恶不作的害人精，因而落了个"老鼠过街，人人喊打"的千古骂名。但从社会、民俗和文化学的角度来看，它早已变身成了一个无比机灵、聪慧、神秘、善变的小生灵。比如人们就常用"比老鼠还精"来形容某人的精明和机灵，也常说某人"像老鼠一样善变"。民间还认为鼠性通灵，能预知吉凶灾祸。也许正因如此，它才荣登十二生肖的榜首。

汉字中的"鼠"字，就是对这种小生灵的象形描绘。

【汉字溯源】

　　甲骨文中的"鼠"字，就像一幅关于老鼠的写生画：画面上是一只呈腾空跳跃状的老鼠，它脑袋后仰，嘴巴大张；身躯、腹部、爪子都被画得十分传神；那长而微卷的尾巴，俏皮地拖在身后；头顶上有几个黑点，可能代表它想要吃到的食物。但也有学者认为那是被老鼠咬碎的物体碎屑，或者是古文中的"小"字，意在说明这就是一只"小老鼠"。

【字形演变】

　　金文中的"鼠"字，变成了一只坐在地上咬东西的老鼠，它那大张的嘴、锋利的牙齿、尖锐的爪子、长长的尾巴，都得到了体现。小篆中的"鼠"字，沿袭了其金文字形，只是更为线条化，老鼠的身躯也被刻画得更为丰满，俨然成了一只"硕鼠"。进入汉代以后，历经隶变和楷化，"鼠"字逐渐笔画化，成为我们今天所惯用的样子。

【字义转化】

　　老鼠是个盗粮高手，这招致了人类对它的极大反感。加之它嗅觉灵敏，胆小多疑，警惕性高，所以"鼠"也被赋予了"渺小""卑贱""胆小怕事"等意思。如：鼠胆、鼠目寸光。它也是"小人""奸臣"的代名词。如：鼠雀之辈。在古文中，"鼠"常通"瘰"，意思是"忧""病"。如《诗经·小雅·雨无止》："鼠思泣血，无言不疾。"意即：忧思成疾泣血泪，每言必遭你憎恨。

"牛"羊暮下来

　　"横眉冷对千夫指，俯首甘为孺子牛"中的"牛"（niú）字，本义是指草食性反刍动物"牛"，是哺乳纲偶蹄目牛科牛属和水牛属动物的总称。后来，"牛"多指被驯养的家畜牛，为六畜之一。牛的体型粗壮，角中空，由头骨向两侧呈大弧度伸出，力气大，供役使，其乳、肉皆能食用。"牛"的构形，其实就来源于这种动物的形象。

【汉字溯源】

最早的"牛"字，起源于图腾时代原始部落的徽号文字。当时，人们就已将牛作为图腾，这也体现了牛作为第一畜力的重要作用。

这种图形文字中的"牛"，可见于一些近世出土的商代"牛鼎"的铭文中。很明显是一只牛头的象形：弯而向上伸出的牛角、横摆的耳朵、大大的眼睛、鼓鼓的腮骨、圆圆的鼻孔、宽阔的嘴巴……牛与其他兽类的最大区别，就在于头部，所以古人在造字时，便以牛头的形象代替全牛，简单直观，能让人一目了然，可谓聪明至极。

【字形演变】

为了书写方便，"牛"字逐渐由轮廓化变为线条化，至甲骨文阶段，"牛"就只剩下简单的五笔了：中间的一竖代表牛的头骨，两侧向上弯的两笔代表牛角，牛角之下向斜上方伸展的两笔代表牛的一双耳朵。

此后金文与小篆阶段的"牛"，都采用了这种写法，只是进一步线条化：两只"牛角"变成了"U"字形，而"耳朵"则被拉成了一横。至隶书阶段，"牛"被笔画化，成为我们今天所使用的样子。

【字义转化】

牛力气巨大、勤恳、任劳任怨且十分倔强，可谓百折不挠，所以在中国文化中，牛是勤与力、生产与增值的象征，比如股票价格持续上升被称为"牛市"，有某种超人的技能的人则被称为"牛人"。"牛"字也常被用做形容词，比喻"性格执拗或倔强"。如：牛劲。

在古文中，有很多用"牛"字组成的词，其中有一些意思比较特别。如《后汉书·臧官传》有"奉牛酒以（犒）劳军营"的句子，其中的"牛酒"，并不是某种酒的名称，而是指牛肉和酒，在古代常被当成赏赐、犒劳或馈赠用的物品。所以，如今"牛酒"也是"礼物"的别称。又如蔡襄《和答孙推官久病新起见过》："去年大暑过京口，唯子见过牛马走。"其中的"牛马走"，并不是通常所理解的"牛马走路"之义，而是指"奔走于牛马之间的人"，也就是"掌管牛马的仆人"，常用做谦辞，相当于"我"。所以全句的意思是：去年大暑，当路过京口的时候，只有您见过我。

说文解字

"牛"也是个部首字,作部首时写作"牜"。从"牜"的汉字,多与牛或牛的用途有关,如:牢、牺、牲、犒等。牛是古人祭祀用的最高祭品,用牛来祭祀,称为"太牢",作祭品的牛则被称为"牺牲",所以,"牢""牺""牲"等字都是以"牛"字作为部首的。牛肉是古代最主要,也是最贵的肉食品之一。古代行军,常以牛酒宴饷兵士,称作"犒"。所以"犒"字也以"牛"为部首。

牛在古人的生活中起着非常重要的作用,所以古人对牛的观察是非常仔细的。由此,不同的牛也有了不同的名字:公牛叫"牡"或"特",阉割过的公牛叫"犄",母牛叫"牝"或"牸",小牛叫"犊"。

"虎"啸坐空谷

"虎"(hǔ)字,本义是"老虎",为典型的山地林栖哺乳动物,猫科,头大而圆,额前有纹似"王"字,听觉和嗅觉都很敏锐,性凶猛,力气大,善游泳,不善爬树,常在夜里出来捕食。《说文》:"虎,山兽之君。"

【甲骨文】 【小篆】 【楷书】
【虎】
【金文】 【隶书】

【汉字溯源】

曾经,虎被当作劳动人民的保护神,是正义、勇猛、威严、权势的象征,深受汉民族的崇拜。特别是在军事上,比如在调兵遣将的兵符上面就刻上一只老虎,称为虎符。可以说,崇虎的文化意识,就是中华民族共同的文化观念。这在"虎"的字形构造中,也得到了明确的体现。

甲骨文中的"虎"字,就是一只老虎的象形:头朝上、尾朝下、四肢朝左。先民对它的刻画，极其传神：大大的脑袋、圆圆的眼睛、张得夸张的大嘴、尖锐的虎牙、矫健的身躯、锋利的爪子、斑斓的花纹，等。可以说，每一笔都倾注着以造字者为代表的先民对老虎那深厚、特殊的崇拜之情，从而将一只生龙活虎的猛虎展现在了人们的眼前。如今看这个字，还能让人顿觉一只雄姿英发、吼声响彻山林的猛虎出现在了眼前。

【字形演变】

大约是为了书写便利，发展至周代的金文阶段，"虎"的字形大为简化，写法也趋于线条化了：虎的头、口、牙、爪以及尾巴，都还有所体现，但已经没有了甲骨文中的神气。

经过千年的传写，"虎"的字形逐渐发生了改变，至秦代的小篆阶段已经面目全非了，尤其是虎的"后腿"和"尾巴"部分，竟然变成了"几"字。发展至汉代的隶书阶段，"虎"字完全笔画化，但字形变得更为复杂。我们今天所用的楷书中的"虎"字，是以其小篆字形为基准，笔画化而成的。

【字义转化】

老虎极其凶猛，会吃人，所以很多具有伤害性的虫类，也以"虎"命名。如：蝇虎、蝎虎。

另外，"虎"还被赋予了很多比喻义或假借义：

1. 比喻威武勇猛。我们在古典文学中，常会遇到"虎臣"一词。如《三国志·蜀书·关羽传》："关羽、张飞皆称万人之敌，为世虎臣。"又《汉书·叙传下》："武贤父子，虎臣之俊。"这两处例证中的"虎臣"，意思都是"有胆略、武艺高强的勇武之人"。

2. 比喻威严、强健、伟大。如"虎背熊腰"就是形容人的身材魁梧健壮，而所谓的"龙行虎步"，就用来形容仪态威武。

3. 比喻残酷凶暴。如：虎视鹰瞵，即形容凶狠地注视着，想要有所攫取；虎狼之心，比喻心肠非常狠毒、残忍。

4. 表示危险的境地。如"龙潭虎穴"中的"虎穴"，就是指凶险、险要的地方。

5. 吓唬，同"唬"。如：虎吓。

6. 指脸色突变而露出严厉或凶恶的表情。如茅盾《春蚕》："老通宝虎起了脸。"

"虎"也是个部首字，从"虎"的汉字，大多与老虎有关。如：彪，本义是"虎身上的斑纹"；號（"号"的繁体字），表示猛虎的咆哮声；虢，本义是"与虎搏斗"。

"兔"月向窗开

"新秋白兔大于拳，红耳霜毛趁草眠"中的"兔"（tù）字，本义是"兔子"。兔子是中国人非常喜爱的一种动物，在传统文化中，它是善良、温顺的象征，许多儿童故事都以它为主角。"兔"的字形，就来源于对这种可爱动物的形象。

【甲骨文】【小篆】【楷书】
【古文】【隶书】

【汉字溯源】

"兔"的甲骨文字形，活像是用相机抓拍的兔子奔跑时的一个镜头：它腹部朝向左边，脑袋上扬，长长的耳朵垂在脑后；四肢向上呈跳跃状，短短的尾巴向右上方翘起。整个"画面"简洁明快，让人叹服。

【字形演变】

迄今为止，金文中尚未发现"兔"字，但《说文》中收录了它的一种古文（先秦文字）字形：虽然兔子的长耳朵、小尾巴等依稀可辨，但已经线条化，失去了象形字的特征。小篆中的"兔"字，进一步线条化，虽然不再像真实的兔子，却活像现代卡通片中甩着长耳朵、上身直立、前肢叉腰、一腿弯曲、尾巴点地的兔子。以此为基准，"兔"字逐渐笔画化，成为楷书中的样子。

【字义转化】

在古典文献中，人们常以"兔""玉兔""兔轮""兔魄""兔钩""兔宫"等词作为月亮的别称。如刘基《怨王孙》："兔魄又满。"意思就是：月亮又圆了。又如元稹《梦上天》："西瞻若水兔轮低，东望蟠桃海波黑。"其中的"兔轮"，就是指"月轮"。

关于月宫中有兔子的文献记载，最早见于屈原的《天问》："厥利维何，而顾菟在腹？"意思就是说：兔子在月亮的肚子里，它对月亮有什么好处呢？那么，兔子是如何与月亮挂上钩的呢？民间的神话故事"嫦娥奔月"，是自古以来就广为流传的一种对于"兔子上月、在月宫中捣药"的解释，凄美而感人，但并无科学依据。而若站在当代人的角度，就会发现这种说法产生的原因其实很简单。

　　古人是以月圆月缺的变化为依据安排农耕、作息等事务的，所以对月亮的观察格外细致。他们发现月亮上有些阴影，非常像兔子，加之兔子在人们心中是亲切、和善的化身，刚好又吻合了月亮的形象，由此，二者就很自然地被联系到一起了。

　　另外，由于兔毛是制作毛笔的上好材料，所以"兔"又成为"笔"的代称。如：兔楮，指笔和纸，犹言笔墨；兔翰，即毛笔；兔管，即毛笔。

　　此外，从古至今，"兔"字的意思都未发生太大的变化，但由它所组成的一些词，却由兔子的某些特征出发，而被赋予了一些十分有趣的比喻义：

　　1. 由于兔子的上唇一分为二，所以唇裂者被称为"兔唇""兔缺"。

　　2. 兔子的尾巴很短，所以俗语有"兔子的尾巴长不了"，意在说明那些跋扈一时的人是横行不了几天的。

　　3. 兔子善于奔跑，在天敌来临时，除了奔跑，别无他法，所以人们常会借用"兔脱"一词来表达"快速逃脱"之义。

　　4. 成语"龟毛兔角"，意在比喻不存在的事物，因为乌龟不长毛，兔子也是不长角的。

　　由于"兔""免"二字只有一笔之差，在使用过程中很容易混淆，这就需要记住，兔子是有个小尾巴的，也就是"兔"较"免"字所多出来的那个点。

　　"兔"还是个部首字，从"兔"的汉字，多与兔子或兔子的行为有关。如：逸、冤、巉。

"龙"隰远青翠

　　"龙"（lóng）字，本义是：中国神话传说中的一种神异动物，与凤凰、麒麟、龟一起并称"四瑞兽"，且为"鳞虫之长"，是中国人心目中神圣的动物神、万能的神。

　　龙的概念起源于新石器时代早期，距今至少已有八千余年的历史了。上古蒙昧时期，先民对大自然的种种现象无法做出合理的解释，于是就对其产生了崇拜和畏惧之情，认为自有一个万能的神在佑护着人类。它具备风雨雷电那样的力量，山峦那样的雄姿，像鱼一样能在水中游弋，像鸟一样可以在天空中飞翔……因此，许多动物的特点都在人们的想象中逐渐会合、重组，最后造就了龙的形象，并成为中华民族的图腾。

"龙"的字形及演变流程，在一定程度上就体现着"龙"的形象的演进。

【龙】 【甲骨文①】 【甲骨文③】 【金文②】 【隶书】 【简体】龙

【甲骨文②】 【金文①】 【小篆】 【楷书】龍

【汉字溯源】

在十二生肖当中，"龙"是唯一一个不存在于现实世界中的"动物"。但是，跟其他十一个字一样，"龙"的构造，也来源于对其本身的象形描绘。

甲骨文中的"龙"字，早期和晚期的字形不尽相同。而在其早期的甲骨文字形也有两种：

第一种是一条大蟒蛇的象形，它身子盘曲，身上的鳞纹清晰可见；张着血盆大口，口内的毒牙和信子也被刻画了出来。据此，有学者认为"龙"的原型就是生活在今内蒙古、东北境内草甸上的蟒蛇。考古专家还找到了实物证据：在距今四千多年前的红山文化遗址中出土的玉龙，就形似这种蟒蛇。

第二种字形为一条长了角的鳄鱼的象形：头向左伸，鳄嘴大张，身体向右弯曲，并且有腿和爪。由此，也有学者认为"龙"的原型应是至今仍生活在长江中的扬子鳄。他们也有实物为证：商代青铜器上的龙纹，都是这种鳄鱼的象形。

也许这两种动物都是"龙"的原型，差别只源于地域的不同：北方以蟒蛇为龙，南方以扬子鳄为龙。

在晚期的甲骨文中，"龙"保留了蛇的"身体"，且大为简化：细长的蛇身呈弯曲状，脖子前伸，端立于头上的角被刻画得尤为详细，且嘴角已经"长"出了长长的须。后世各种字形中的"龙"字，都是以此为基础发展而来的。

【字形演变】

周初金文中的"龙"字，较其甲骨文字形较为简化和线条化：龙的身子变得十分优美，蛇的信子和毒牙清晰可见。尤其值得一提的是，此时的龙角变成了"辛"字的上部。"辛"的本义是指对付奴隶用的刑刀，是权力和暴力的象征，古人以它来代表龙角，说明此时的"龙"已经成为权力和威严的象征。发展至春秋战国时期的晚期金文阶段，"龙"字有所繁化：龙的头部被写成了"月"（肉）字形；角依然用"辛"字表示；身子进一步拉长，且背上多了三条脊棘（"三"代表多）。小篆中的"龙"字，"龙头"和"龙身"已被一分为二，变成了左右并列的两个部分。这样，该字的字形更为规整，体现出一种稳重、雄浑的气势和协调的美感，多了一些贵族气息。这大概是因为此时的龙已成了皇权和帝王的象征。此后，"龙"字逐渐笔画化，变成了隶书和楷书中的"龍"形，并在草书、行书中被肆意地演绎，或雍容华贵、矫若流云，或潇洒而不恣意、奇伟而不怪诞……在后世的汉字简化运动中，"龍"被简化为"龙"。

可以说，龙作为华夏先民的图腾，起初不过是刚刚采自荒山的一块坯石，粗犷而简陋。在历史老人的手中，它被不断凿切、琢磨。商周予它威武，汉唐给它大度。它在魏晋如竹林七贤，仙风道骨；在辽金则如草原野马，恣肆奔腾。帝王贵胄使它至贵至尊，民间百姓让它贴近生活。这些，从"龙"字的演变过程中，我们都能有所体会。

【字义转化】

虽然龙的形象完全是虚拟的，但是它那突兀不凡、横空出世的气势，诡奇谲怪、奥玄莫测的威力，对世世代代的炎黄子孙来说，都有着无穷的吸引力。所以它逐渐成为智慧和力量的化身、如意和吉祥的表现，在封建时代被当成皇帝的象征：历代帝王都自命为"真龙"，他们所穿的衣服被称为"龙袍"，所坐的椅子被称为"龙椅"，使用的器物也多以龙为装饰。

同时，龙又逐渐成为中国、中华民族乃至中国文化的象征。上下数千年，龙已渗透到中国文化的各个方面，成为一种文化的凝聚和积淀。"龙文化"是中华民族文化中源流最为久远、延续时间最长、最具神秘色彩的文化现象之一。

对于每个炎黄子孙来说，龙的形象是一种符号、一种意象、一种血肉相连的情感！"龙的子孙""龙的传人"这些称谓，常令我们激动、奋发、自豪。

"龙"也可被用来比喻不凡之士、英雄豪杰，如诸葛亮就曾被称作"南阳一卧龙"。而成语"龙蟠凤逸"则用来比喻才能卓越超群而未为世所用的人。

古人还常以"龙"喻"骏马"。如《周礼·夏官》："马八尺以上为龙。"又如李商隐《过华清内厩门》诗："至今青海有龙孙。"其中的"龙孙"，不是"龙的子孙"，而是一种骏马的名字。

但是，并不是所有的"龙孙"都是指"骏马"。如辛弃疾《满江红》词："春正好，见龙孙穿破。"其中的"龙孙"，实际上是"竹笋"的别名。

在现代汉语中，一些词语中的"龙"字也已经失去了最初作为动物神的本义，而穿上了修辞的外衣。如"水龙头"就因形似会喷水的龙而得名，"龙卷风"因形状和威力与龙相像而得名。而常说的"一条龙"并不是指一条真的动物龙，而是指那些配套好了的一系列设施、行为等。

"龙"也是个部首字，从"龙"的汉字，多与龙、蛇或它们的行为有关，或以"龙"为声部，表音，如"龚""庞""袭""胧""笼"等。

说文解字

"蛇"柳近徘徊

"蛇"（shé）字，本义指爬行动物蛇，俗称"长虫"。毒蛇仅凭一滴毒液，就能杀死一个成年人。它通常神出鬼没，令人防不胜防。同时，它非常聪明灵活，记忆力很好，也非常记仇，即使时隔多年，它也能准确地认出曾经伤害过自己的人，并伺机进行报复。凡此种种，使得它成为最令人恐惧的动物之一。在原始社会，尚不能正确认识自然的先民们，将蛇的这些本领看成了某种神力。由此，蛇渐渐成为人类崇拜的动物之一。在原始部落中，以蛇作为图腾的氏族非常多。据摩尔根《古代社会》的记载，在美洲的印第安人里面，有9个部落中有蛇氏族，有的甚至以响尾蛇为图腾。而在中国，蛇又是龙的原型，有"小龙"之誉，所以也被看作灵异之物。由此，它被列入了十二生肖的行列，并与中国文化有了密切的关系。如神话传说中曾以五色石补天的女娲娘娘，以及人类的始祖伏羲，都是人首蛇身。在远古先民的朴素观念中，似乎与蛇沾上亲戚或血缘关系，就可以免除蛇的伤害了。而标榜自己是蛇的后代，似乎会对其他部族形成一种威慑作用。

"蛇"是个形声兼会意字，"虫"（chóng）形"它"（tā，古音tuō）声，同时，"它"也表意。对于"蛇"字的解析，得分三步走：逐步解读"虫""它""蛇"。

◎虫

〈虫〉

甲骨文①	金文①	小篆①	隶书①	楷书①
甲骨文②	金文②	小篆②	隶书②	楷书②

"虫"是个象形字，本义是"昆虫"，属节肢动物类。如唐代刘方平《月夜》："今夜偏知春气暖，虫声新透绿窗纱。"意思就是：今夜方觉出春天气候温暖，虫声从院外初次透进窗纱。

【汉字溯源】

甲骨文中的"虫"字，主要有两种写法：

第一种就是一条虫子的象形：上面的小圈代表头，下面的曲线代表它那软而无骨的身子。

由于蛇又称"长虫"，在古时被看成是"虫"的典型代表，所以古人也借它的形象来表达"虫"之义。因此，甲骨文中的第二种"虫"字，为一条长着三角形脑袋的蛇的象形。

由此，"虫"字有时也特指"蛇"。如《山海经·南山经》："羽山，其下多水，其上多雨，无草木，多腹虫。"这里的"腹虫"，就是"蝮蛇"的意思。

【字形演变】

金文中的"虫"字，也有两种写法：

第一种依然是一条普通昆虫的象形，大约是为了书写方便，它的头部被写成了箭头状，整个字形很容易让人想起浮游于水中的线形昆虫。

第二种写法依然取形于蛇，且对蛇的头部进行了细致的描绘，不仅有两只眼睛，就连两腮突出的毒囊也被仔细地表现出来。

发展至秦代的小篆阶段，"虫"字的写法进一步线条化，字形也更为优美。此时的"虫"字已不再取象于某种特定的虫子。

大约是为了突出昆虫种类多、数量大、喜欢成堆丛聚的特点，"虫"字又有另外一种结构诞生，即将三个"虫"字相叠，"蟲"字由此产生。

此后直至楷书阶段，"虫"字一直都存在着"虫"和"蟲"两种字形。在后来的汉字简化运动中，人们才又废"蟲"存"虫"。

【字义转化】

随着社会的发展，"虫"字的意思逐渐扩大，尤其是在民间的通俗用法中，它几乎成了所有动物的通称。如《大戴礼记·曾子天圆》："毛虫之精者曰麟，羽虫之精者曰凤，介虫之精者曰龟，鳞虫之精者曰龙，倮虫之精者曰圣人。"意思就是：长毛之虫，最高级的是麒麟；有羽之虫，最高级的是凤凰；甲壳之虫，最高级的是乌龟；有鳞之虫，最高级的是龙；肤裸之虫，最高级的是圣人。可见，古人将麟、凤、龟、龙，甚至是人，都称作"虫"。《水浒传》中被武松打死的那只大老虎被称为"大虫"，也就不奇怪了。

"虫"也作部首用，从"虫"的汉字，多与昆虫、蛇类有关，如：蚂、蜀、蝗、蛇等。

◎它

"它"字是一个为人们所熟悉的代词，可用于称人以外的事物，如山、水、小狗等。但也许很多人不知道，"它"字的古音为"tuō"，象形，本义是"蛇"。也就是说，"它"即"蛇"的本字。

说文解字

【它】

[甲骨文①] [甲骨文③] [小篆①] [隶书] [它]
[甲骨文②] [金文] [小篆②] [楷书] [它]

【汉字溯源】

在甲骨文中,"它"字有许多异体,但都是一条蛇的象形。这些蛇要么独立成字,要么头顶上被加上了表示人脚的图形,以强调其与人的关系。《说文》:"它,虫也。……上古草居患它,故相问'无它乎?'"意思是说:"它"就是长虫、蛇。原始社会的人们结草而居,深受毒蛇的危害,所以他们一见面就互相问:"有蛇吗?"

这被看成是当时社会生活的真实写照:远古时期,雨量充沛,河流湖泊的数量远比今天要多,到处都草丰林茂,这成为蛇类的天堂。四处出没的毒蛇给人类的生命安全造成了很大的威胁,很多人都在"它"的攻击下命丧黄泉。所以,无"它"就万事大吉,有"它"则日月黯淡。

【字形演变】

金文中的"它",更加突出"蛇"的基本形貌,尤其是它的头部特征:一对圆溜溜的像眼镜一样的眼睛,两腮有突出的毒囊。蛇的身体也由两条线绘成,从而使蛇身变得更宽、更线条化。"它"的小篆字形由金文字形发展而来,此时的蛇,头部被夸大,身体短缩,已基本上看不出蛇的样子了。

另外,小篆中的"它"还有一种异体:表示蛇身的两条线被向上拉长,超出了蛇头部分,仿佛蛇头上长出了两根触角。这种写法经由隶书的笔画化,最终演变成了"也"(yě)字。也就是说,"也"和"它"实际上是同一个字。但"也"很快被借用为副词,表示"同样""对等"等意思,或用做语气助词,失去了本义。

[也] [小篆] [也] [隶书] [也] [楷书] [也]

至汉代的隶书阶段,"它"字开始笔画化:蛇头被写成"宀"字形,蛇身变成了"匕"字形。后来经过楷化,"它"便成了我们今天所熟悉的样子。

【字义转化】

约在秦汉时期,"它"字被借用为代词,其音也被改为"tā"。有时,"它"也被用做一种指称,相当于"别的""其他的"。如《墨子·公输》:"与它石迥异。"意即：与其他的石头完全不同。

另外，"它"有时也是一种虚指，如：吃它一顿。

"它"也是个偏旁字，多在形声字中作声部，如：陀、驼、坨、蛇等。

作代词的"它"，使用频率非常高，为了避免用法上的混乱，人们又在"它"前面加上"虫"部，创造了新的形声字"蛇"，以与"它"相区别。由此，"蛇"字才正式出现在汉字中。

◎蛇

【小篆】蛇　【楷书①】虵　【隶书】虵　【楷书②】蛇

【汉字溯源】

"蛇"字诞生于秦代的篆书阶段，但在当时，"蛇""它"两者之间的区别还不是十分严格，一直发展至汉代的隶书阶段，"它"字的本义才完全被"蛇"字取代。

【字形演变】

有意思的是，人们在隶书阶段所使用的"蛇"字，大多不是"虫""它"的组合，而是"虫""也"的组合，写作"虵"。但在楷书中，两种写法是并用的，意思和读音也没有区别。约至近代以后，"虵"字逐渐弃置不用了。

【字义转化】

虽然蛇被当作神物崇拜，但在现实生活中，它到底还是一种骇人的毒虫，所以，"蛇"字往往用做贬义。如它常和"蝎"字搭配，比喻凶残狠毒的人或物。如果要形容某人心肠狠毒，就说某人"心如蛇蝎"或有"蛇蝎之心"。而常说的"蛇心佛口"一词，则是以"蛇心"和"佛口"形成对比，指那些话虽说得好听，实际却伪善阴险、心肠狠毒的人。

"蛇"用做形容词时，意思是"形状像蛇的"或"似蛇状的"。如：蛇矛——古兵器名，即状如蛇的长矛；蛇丹，中医病名，皮肤上有潮红的疱疹簇集，形成带状如蛇，因名。

此外，它还可作状语，如"蛇行"的意思就是"像蛇一样爬行"。

马

"马"兰方远摘

"白日登山望烽火，黄昏饮马傍交河"中的"马"（mǎ）字，本义是指大型单蹄食草性哺乳动物"马"，为马属和马科动物的总称，后专指家养的力畜马。

在交通手段极其落后、生产力水平低下的古代社会，马是农业生产、交通运输，尤其是军事等活动的主要动力。有人说，人类所曾做到的最高贵的征服，就是对马这种豪迈而剽悍的动物的征服：它和人分担着奔忙的劳苦，同享着战斗的光荣；它和它的主人一样，具有无畏的精神；它听惯了兵器搏击的声音，喜爱它，追求它，会与主人同样兴奋鼓舞起来；它也和主人共欢乐，在射猎时，在演武时，在赛跑时，它也精神抖擞、耀武扬威。马天生就是一种异常聪明且会舍己从人的动物，它会毫无保留地奉献自己的一切，在危急关头能慷慨以赴，史书上就记载了很多坐骑救主的故事，成为流传千年的佳话。这一切，使得马被誉为"人类忠实的朋友"。所以，将马作为生肖之一，天经地义。

"马"字的字形，就是对这种动物的象形描绘。

【汉字溯源】

我们那负责造字的先民，堪称是天才的画家，他们采用简单易懂，高度概括的凝练手法，创造出了"马"字：昂扬的头颅、大而扁长的眼睛、矫健的身躯、直立于颈部的鬃毛、修长的尾巴……每一笔都可谓言简意赅，使人一望便知是一匹奋蹄长嘶的高头大马。

【字形演变】

为便于书写，在早期金文中，"马"字便被简化了，但马那大眼、修尾、长鬃的基本特征，还都是有所保留的。

而发展至战国时期的晚期金文阶段，"马"字发生了较大的变化，成为上下相连的两部分：上部写作"&"，是头颅、鬃毛、眼睛三部分的结合体；下部写作"ᚠ"，代表马的四条腿和尾巴。小篆中的"马"字，就据此发展而来。

"马"字在汉代的隶书中被笔画化，写成了"馬"形，并在楷书阶段进一步规范化。其中变化最大的是马的四条腿，变成了四个点，从而使人们再也无法从字形上看出此字的本义了。

后世为便于书写，根据王羲之《澄清堂帖》中"马"字的草书字形，将"馬"简化为"马"。

【字义转化】

由于马在家畜中体形最为高大，所以"马"字又被引申为"大"之义，用以形容相比同类而显得较大的事物。如章炳麟《新方言·释言》："古人于人物辄冠'马'字，马蓝、马蓼、马蜩是也。今淮南山东谓大枣为'马枣'，广东谓大豆为'马豆'。通言谓大蚁为'马蚁'。"其中的马蓝、马蓼、马枣、马豆都是植物，马蜩、马蚁则为动物。

在古代汉语中，"马"字的用法很多，我们在阅读时，需要仔细分辨。如《礼记·投壶》中有这样一句："为胜者立马。"其中的"马"，并不是"牛马"之马，而是通"码"，意思是"筹码"。所以这句话意为：为得胜者立下筹码。

又如成语"马首是瞻"，若按常规的语言习惯而简单地理解为"只看马头"，就要闹笑话了。事实上，它原是古代战争中的一种指挥方式，指士兵以将领所骑之马的头颅朝向来确定进退方向，后来泛指"乐于追随别人"。如《左传·襄公十四年》："鸡鸣而驾，塞井夷灶，唯余马首是瞻。"意思就是说：鸡一打鸣就将战车驾好，把井填了，将灶平了，就看我的马头冲向何方，来决定你们行动的方向。

"马"作动词时，一般指"驾马"。如《聊斋志异·促织》："以促织富，裘马扬扬。"意思就是：因为进贡蟋蟀而致富，穿着名贵的皮衣，驾着骏马，得意扬扬。

在方言中，"马"也可指发怒时把脸拉长像马脸。如：总是马着一张脸，有什么了不起！

在现代汉语中，一些由"马"组成的词语，由于运用了某种特定的修辞手法，而变得别具特色。如"马后炮"原本是象棋术语，现多用于比喻行动不够及时。"马前卒"原指那些在马车前面奔走的仆人，后一直用于比喻为别人效力的人。而常说的"马大哈"则更为形象，它是由"马虎""大意""开玩笑、打哈哈"三个意象组合而成的，用来指粗心大意的人。

"马"也是个部首字，从"马"的汉字，多与马的具体分类、马属动物以及马的动作、功能有关。如：骊（黑马）、骝（黑鬃赤色的马）、骓（白马）、骠（能健步如飞的黄马）、骡、驴、驮、驾，等等。

说文解字

"羊"负始春栽

"云边雁断胡天月，陇上羊归塞草烟"中的"羊"（yáng）字，本义是指哺乳动物"羊"。《说文》："羊，羊兽也。"现在，"羊"一般就指家养的羊，为六畜之一。

据考证，远在旧石器时代晚期的母系氏族公社时期，生活在我国北方草原地区的原始居民，就已经开始驯化羊，并选择水草丰茂的沿河沿湖地带牧羊狩猎了。羊可谓全身是宝，羊肉、羊血、羊骨、羊肝、羊奶、羊胆等，不仅是美味而营养价值很高的食物，且都在医疗保健方面有着独特的药用价值，可用于多种疾病的治疗，其毛皮也可制成多种毛织品和皮革制品。而且，羊性子驯良，易于圈养。所以，羊最终成为人类生活中不可或缺的一部分。也正因如此，羊被列为十二属相之一。

【汉字溯源】

"羊"字的构字思路，与"牛"字如出一辙。由于羊与其他动物差别最大的地方就在于头部，所以古人在造字时，便以羊头的形象代替全羊，简洁凝练，一目了然。这种以最典型特征替代事物整体的造字方法，是汉字象形的主要方式之一。

最早的"羊"字，起源于图腾时代原始部落的徽号文字，也就是图形文字。我们今天还能在近世出土的上古时期陶器或殷商时代"羊鼎"上见到它：那最富特色的卷曲而向两边张开的羊角、大而灵巧的耳朵、椭圆形的头颅、尖尖的嘴巴、呈撮状的胡须……可谓一应俱全。

【字形演变】

虽然图形文字极其生动而形象，但构形比较复杂，不易书写，所以发展至商代早期的甲骨文阶段，"羊"字就已经趋于简化，只保留了头上最具代表性的几个部分，即呈左右下弯状的卷曲的羊角、长长的脸、尖尖的下巴和圆溜溜的眼睛，但仍能让人一眼看出是羊。

在商末周初的晚期甲骨文阶段，"羊"字进一步简化：中间的一竖代表羊的鼻梁骨；上面依然是弯曲的羊角；而其双耳则被下移，写成了与"鼻梁"垂直的一个短横；下面的三角形代表羊的嘴巴。

在此基础上，"羊"字发展成为金文和小篆中的样子。在汉代的隶书阶段，"羊"字通过隶变，最终成为我们今天惯用的样子。

【字义转化】

有人说，羊是最富温情的属相，一点不假。羊是温顺善良的动物，从来不会侵犯他族，也不与人类争食，反倒总受虎狼等野兽甚至是狗的威胁，所以在传统观念中，它就是温顺、听话、软弱、受欺的代名词。后来，这些都成了"羊"字的比喻义。如在日常生活中，我们就常用"小绵羊"来称呼那些逆来顺受、没有主见的人。而所谓的"替罪羊"，则是指那些弱小可欺、被迫代人承担罪过的人。

但"羊"并非永远都是"软弱"的，如"羊狠狼贪"一词，意思就是"羊性倔强，狼性贪婪"，原指为人凶狠，争夺权势，后比喻贪官污吏对人民的残酷压迫。为什么会说羊"狠"呢？原来，羊若是被逼急了，也会不顾一切地用角抵打对手。

另外，羊跟牛、马等家畜相比，繁殖速度快：一年两产或三年五产，每胎3～5羔，多的可达8羔。这在物资匮乏的古代，甚至是现代社会，都是很吉祥的事情，所以羊自古便被视为吉祥的象征。因而，"羊"又有"吉祥"之义。如我们常能在古代器物的铭文中发现"吉羊"的字样，这个"羊"，就是"祥"。

"羊"也是个部首字，从"羊"的汉字，多与羊或其行为、特性有关。如：羊喜欢聚居，集体观念很强，所以表示"多"之义的"群"，便以"羊"为部首。在动物中，羊公正、讲理而又讲情义，能团结一致抵抗异族的侵略，所以"义"的繁体"義"字，也含有"羊"部。我国古代西北的以牧羊为主的游牧民族，称作"羌"，这个"羌"便是"羊"和"人"的组合。另外，羊肉是一种特殊的美味，能和鱼一样刺激人的嗅觉和味觉，所以，"鱼""羊"二字便被组合到一起，组成了"鲜"字。

猴

❀❀❀ "猴"栗羞芳果 ❀❀❀

"猴"（hóu）字，本义即"猴子"，属于哺乳纲灵长目，种类很多，身上有毛，多为灰色或褐色，有尾巴，口腔中有储存食物的颊囊，以植物的果实、蔬菜、鸟卵和昆虫等为食。猴与猿相似，但猿比猴大，没有颊囊和尾巴。

由于猴子是与人类亲缘关系较近的动物，身材体态与人相当接近，因而人对猴子有一种天然的亲近感。由于"猴""侯"谐音，中国人更是普遍将猴看成是吉祥物。在许多图画中，猴的形象表示封侯的意思，如：一只猴子爬在枫树上挂印，即取"封侯挂印"之意；一只猴子骑在马背上，取"马上封侯"之意；两只猴子坐在一棵松树上，或一只猴子骑在另一只猴子的背上，则取"辈辈封侯"之意。也许正因如此，猴子也被列入了十二生肖的队伍。

"猴"字诞生较晚，最早见于秦代的篆书阶段，这一点可能出乎很多人的意料。

◎猴

【汉字溯源】

"猴"是个会意兼形声字：以"犭"（quǎn，即"犬"）为形部，表示猴子是与狗差不多大小的一种动物，以"侯"表声。之所以选用"侯"为声部，与其本身的意思也是密切相关的："侯"的本义是箭靶子，箭射出后，会在空中进行短暂的滑翔，这与猴子在树丛间穿越的动作是有共通之处的。而且，"侯"也是封建制度五等爵位的第二等，即为"公、侯、伯、子、男"之"侯"，代表着一种人，所以古人将其作为"猴"字的偏旁，表示"猴"与"人"之间有着某种联系，也就是通常所认为的"远亲"。

| 【小篆】猴 | 【隶书】猴 | 【楷书】猴 |

【字形演变】

与"犬""侯"的字形变化相对应，"猴"字经由隶变和楷化等阶段，逐渐成为真正的方块字。

【字义转化】

猴子大脑发达，非常聪明、机智，所以"猴"被引申为"机灵""乖巧"等义。如要形容某人精明、会打算，就可以说："这个人真是个猴精！"而说小孩子乖巧，就会说："他是猴子托生的，可鬼着呢！"此外，猴子生性好动，喜欢上蹿下跳，所以"猴"也被赋予一些比喻义，如顽皮多动的孩子常被称为"皮猴"，而忽上忽下、剧烈震荡的股市，也被冠以"猴市"的别名。

猴子常常会模仿人的行为动作，做出一些幼稚、滑稽的事情，所以"猴"字有时候也具有讽刺意味，含贬义。如成语"沐猴而冠"，就比喻虚有仪表、装模作样。另外还有一些歇后语，也令人捧腹。如：猴儿耍大刀——胡砍；猴子放炮仗——自放自惊。

"猴"字也可以作动词，表示"像猴子似的蹲坐"或"像猴子一样攀缘纠缠"。如《红楼梦》："宝玉听话，便猴向凤姐身上立刻要牌。"

◎猱

让人疑惑的是，既然"猴"字直到秦代才诞生，那么在这之前，人们又是用什么字来表达"猴子"之义的呢？这就引出了另一个字——猱（náo）。

甲骨文	小篆①	楷书①	简体
夒	夒	夒	猱

金文	小篆②	楷书②	
夒	猱	獿	

【汉字溯源】

"猱"字，本义是"猴子"，繁体写作"獿"，为"犭"（quǎn，即"犬"）形、"夒"（náo）声。但若追根溯源就会发现，"獿"原本就写作"夒"（náo），是个象形字。

甲骨文中的"夒"字，就是一只搔首弄姿的猴子的象形：它后腿点地呈直立状，腹部朝向右边，圆圆的脑袋却扭向身后，上肢伸出，似乎是要去抓自己的尾巴，那大大的眼睛圆瞪着，耳朵上扬，嘴巴微张，让人仿佛能听到它那"吱吱"的叫声。

【字形演变】

金文中的"夒"字，较其甲骨文字形大大简化，只是以立耳、大眼、形似人手的爪子等几个部分简略地勾勒出猴的样子。但值得注意的是，猴子那着地的后爪被写成了原本代表人脚的"足"字形，大约是为了表示这种动物能像人一样行走。

严格来说，甲骨文和金文中的"夒"字，是关于猴子的绘画，而自小篆阶段开始，"夒"字才成为真正意义上的文字：猴子的"头"写成了"頁"（页）；"頁"左边的"止"、下边的"夂"（zhǐ），分别代表猴子的前、后肢，而右边形如蝌蚪的符号，则代笔猴子的尾巴。在此基础上，经隶书至楷体阶段，"夒"字逐渐笔画化，成为"夒"。

大约是由于字形上的变化使得"夒"字成为一个不易识记的汉字，所以在秦代的篆书阶段，人们又在其前面加了"犬"部，表示"夒"就是一种跟狗差不多大小的动物。由此，"夒"变成形声字"獿"。它的演变与"犬""夒"二字的演变相应一致，在楷体阶段完全笔画化。

随着"獿"的广泛使用，"夒"字逐渐不再使用。在后来的汉字简化运动中，"獿"又被简化为"猱"。

【字义转化】

由于我国是猕猴资源的富产国，国人最常见到的猴子就是猕猴，所以随着时间的演进，"猱"逐渐成为猕猴的专称，人们于是又造了"猴"字，泛指猴类。

猕猴最大的特点是善于攀缘跳跃，所以"猱"字也可用做形容词，形容"轻捷""轻快"。如：猱进，即轻捷地前进；猱援即是轻捷地攀缘。

说文解字

"鸡"跖引清杯

"月明松下房栊静,日出云中鸡犬喧"中的"鸡"(jī)字,本义即指"鸟纲雉科家禽",品种很多,喙短锐,有冠与肉髯,翅膀短,现在尤指身为六畜之一的普通家鸡。

鸡能知道茫茫长夜中的时辰,知道太阳何时升起,这即使是最聪明的人也无法做到,所以在古人看来,鸡是能通天意的神灵。因此,鸡在人们心目中的地位是极高的,被尊称为"报时神",甚至享受着人类的祭祀。在一些地方的传说中,鸡就是下凡的天神。如山东曲阜一带就流传着这样一个故事:鸡原本是一种名为"吉"的飞禽,是玉皇大帝派往人间撒播吉祥的使者,因而被称为"吉祥鸟"。后来,它因私下曲阜而触犯天条,被罚下凡界。所以,在华北、西北等地的民间,鸡至今还是吉祥的象征,宴席上的第一道菜总是鸡,男女婚嫁,更是离不开鸡。也有一种传说,认为天上有只天鸡,会在黎明时分啼鸣,凡间的公鸡一听到它的叫声,就会跟着叫起来。如《述异记》:"东南有桃都山,上有大树曰桃都,枝相去三千里,上有天鸡,日初出照此木,天鸡则鸣,天下之鸡皆随之鸣。"而且,鸡是具有认路能力的动物,它跟狗一样,即使走到离家很远的地方,也能自己摸回来,这在古人看来,也是十分神奇的本领。凡此种种,使得鸡得以跻身于十二生肖的行列。

【汉字溯源】

"鸡"的原始字形,就是对一只大公鸡的象形描绘。

"鸡"的繁体写作"雞",是形声兼会意字:"隹"形,表明鸡是一种属于鸟类的动物;"奚"(xī)声。同时,"奚"也表意:奚的本义是"奴隶",其甲骨文字形就像一个被用绳子绑着脖颈、拉着前行的人。古人将此字用在"鸡"字中,表明先民们饲养的鸡,都是用绳子拴着脖子(或爪子)的。为什么会这样呢?原来,鸡是雉的近亲，原本有短飞能力，若不拴住，它肯定会偷偷飞走。在现代中国的农村，鸡是放养在房前屋后的，这是因为经过几千年的驯化饲养，鸡的飞翔能力已丧失殆尽，所以再也无需系绳了。

甲骨文中的"鸡"，有两种写法。第一种就是一只大公鸡的侧视图，头、冠、嘴、眼、身、翅、尾、爪一应俱全，让人一看就能知其意。第二种写法即为"鸡"的繁体字的母本：左边是"奚"，右边是一只大公鸡的象形，它身体向下、脑袋上扬呈坐姿，尤其引人注目的是那大而丰满的鸡冠。

【字形演变】

金文中的"鸡"字，只有一种写法，还是对一只大公鸡的象形描绘，且突出了鸡喙、冠和爪，但整个字较其甲骨文字形更为线条化。小篆阶段的"鸡"字，构字思路与其甲骨文字形的第二种相同，但也有所演进，变成了左"奚"右"隹"的组合。与"奚""隹"二字的字形变化相对应，历经隶书阶段的笔画化，"鸡"字逐渐发展为楷书中的"雞"字。另外，楷书中还出现了"雞"的一种异体字"鷄"。在后世的汉字简化运动中，以"鷄"为基础，将此字简化为"鸡"。

【字义转化】

自古以来，"鸡"字本身的意思都没有发生什么变化，但是基于这种动物的种种特性，由"鸡"字组成的一些词，则被赋予了很多比较有意思的比喻义。比如，由于狗常年看家，鸡常年报晓，所以在人们心目中，它们是地位相当的一对家禽（畜），所以在很多时候，二者都是一起出现的。如：鸡鸣狗盗、鸡犬不宁、嫁鸡随鸡、嫁狗随狗。而在六畜中，鸡小牛大，所以"鸡"又隐含着"卑微、渺小"之义。如成语"杀鸡焉用宰牛刀"（语出《论语·阳货》"割鸡焉用牛刀"）、"宁为鸡口、无为牛后"（语出《战国策·韩策一》）等，都是将鸡与牛对举，形成小与大的对比。而"鸡虫得失"，则专门用来比喻细微而无关紧要的得失。宋代杨万里《晓过皂口岭》诗："半世功名一鸡肋，生平道路九羊肠。"其中的"鸡肋"一词，字面意思是"鸡的肋骨"。由于小小的鸡肋，是食之无味、弃之可惜的东西，所以常被用来比喻无多大意义而又不忍舍弃的事情。杨万里在此将"功名"比喻为"鸡肋"，一种无趣而又无奈之情跃然纸上。

《诗经·郑风·风雨》中有"风雨凄凄，鸡鸣喈喈"的句子，意思是：凄风苦雨冷清清，窗外鸡鸣声不住。鸡无论打雷下雨，都不会误了打鸣，所以"风雨鸡鸣"一词常被用来比喻君子即使处在乱世中也不变节。

狗

"狗"其怀物外

"狗"（gǒu）字，本义是指"未长毛的小狗崽"。《说文》："孔子曰：'狗，叩也，叩气犬以守。'"《墨子》说："狗，犬也。"后来，它又成为狗与犬的通称。《礼记集说》："狗犬通名，分言之，则大者为犬，小者为狗。"狗是一种哺乳动物，种类很多，通常所说的"狗"，是指为人类所驯养、身为六畜之一的家犬。它对主人忠心耿耿，就算赴汤蹈火也在所不辞，所以千万年来，狗一直都是人类同甘共苦的好伙伴，是人类生产和生活中最忠实的好朋友，也是坚定盟友。所以，以狗作为十二生肖之一，理所当然。

但需要注意的是，最初的狗并不叫"狗"，而是叫作"犬"（quǎn）。这一点，在"狗"的字形中就有所反映。

"狗"是个形声字，"犭"（quǎn，即"犬"）形"句"（gōu）声。对于它的解读，得分三步走，即逐步解析"犬""句"和"狗"。

◎犬

"犬"是个象形字，本义就是"狗"，它最初的字形就是对一只狗的象形描绘。

【汉字溯源】

"犬"字是最早的文字之一，远在氏族社会的徽号（图形）文字时期，它就已经诞生了。从最早的图形文字开始，汉字的结构就始终遵循着一个原则——横窄竖长，所以诸如"马""猪""虎"等字所描绘的动物，都呈尾巴点地、四肢腾空而立状，"犬"字也不例外。所以要识读图形文字中的"狗"，最好将其按逆时针方向旋转90°。此时，你就会发现一只活灵活现的小狗出现在了眼前：它仰着头、竖着耳朵、嘴巴大张，让人似乎能听到那"汪汪"的叫声；它的身体瘦劲而修长、腿短而矫健、尾巴上扬等等形态，一应俱全。

【字形演变】

随着社会的发展，进入商代以后，文字的使用频率大大增加，图形文字那种以画为字的方式，已经不能适应生产力发展的需要了，因而文字开始大为简化，趋向于以线条代实体。所以甲骨文和金文中的"犬"字，都只是以简单的线条勾勒出了狗的轮廓和嘴、爪、尾等身体上的基本"构件"，但仍不失象形的韵味。

发展至秦代的小篆阶段，"犬"字就完全线条化了：狗的头、身子、爪子、尾巴等一股脑儿变成了"乁"形，看起来更像是一个在登山的人；脖子和耳朵变成了"⺈"状，就像是搭在人肩上的一把月牙儿形的猎杈。其字形圆润规整，却失去了象形字该有的韵味。以此为基础，历经隶书、楷书等阶段，"犬"字逐渐笔画化，成为一个四画的方块字。

【字义转化】

"犬"字至今仍在使用，且意思没有发生大的变化。只是出于狗本身的某些特征，"犬"被赋予了一些比喻义。如由于狗的牙齿很锋利，人们就将尖牙称为"犬齿"，而成语"犬牙交错"就用来比喻事物的交界处像狗牙一样参差不齐，也泛指局面错综复杂。

另外在旧时，"犬"也常用做谦辞。如：古时的臣子对君主常自比为"犬马"，表示忠诚、甘愿负劳奔走；父母常对人谦称自己的儿子为"犬子"、儿媳为"犬妇"。如《红楼梦》："这是第二小犬，名叫宝玉。"

"犬"作部首时，写作"犬"或"犭"。以其为部首的汉字，多与狗有关，如：獒、狼、狩、猎、狗等。

◎ 句

"句"是个形声字，"勹"（bāo，"包"的古体）形"口"声，俗作"勾"，本义是"弯曲"。《说文》："句，曲也。"但若追根溯源就会发现，"句"实际上是由"丩"（jiū）和"口"组成的会意兼形声字。

【汉字溯源】

"句"字的原始构造，来源于一团缠绕的丝线，甲骨文中的"句"字，就是这样一个线团的象形：中间是个"口"字形结构，既代表线团的形状，也表明了此字的读音；上、下是像有着弯柄的拐杖一样的两笔，代表绳头。缠作一团的丝线，就是弯弯曲曲的，所以古人才会以它的形象表达"弯曲"之义。

【字形演变】

发展至金文阶段，"句"字变成了上、下结构，上面是上下相向的两根丝线，呈"弓"形，这也是本义为"缠绕"的"丩"字的原始字形；原来位于二者中间的"口"字，则被移到了它们下面。小篆中的"句"字，进一步线条化："丩"写成了"弓"形，极尽"弯曲"之义；"口"则移到了下面那条丝线的一个弯中。在汉代隶书阶段的隶变过程中，"丩"字被换成了"勹"，"勹"形"口"声的"句"字由此诞生。在楷体阶段，"句"字除了进一步笔画化、成为真正意义上的方块字以外，还出现了一种异体：以"厶"代"口"写作"勾"。

【字义转化】

从上古时期，人们就将弯曲的东西叫作"钩子"，由于读音上的相近，在"钩"字诞生之前，"句"字就被借用为"钩子"之义，如"句绳"意即"钩绳"，两个弯曲的"钩子"连在一起就是"勾搭"。而且，由于"句"字的字形源于一团缠绕、纠结的丝线，本身也含有这样的意思，所以"句"又可用做动词，表示"纠结""勾搭"之义。如：句结，即指暗中串通结合；句引即引诱。由这些意思进行深层次的引申，"勾"又可解释为"删除""截取、捕捉"等义。如：句除，即删除；句押，即拘捕扣押。

由于便于书写，"勾"字的使用频率很快超过了"句"字本身，所以"句"字渐渐被弃置了。为了充分利用资源，后来，它就被借用为"句子"的"句"（jù）字，表示"语句、诗句"等义。如唐代韩翃《酬程近秋夜即事见赠》："向来吟秀句，不觉已鸣鸦。"意思就是：一直在吟诵您的佳句，不觉乌鸦呱呱啼叫，天已大亮。它用做量词时，一般表示语言计量，如：两句诗。但在一些方言中，它也可用做时间的计量：表示时间点时，相当于"点"；表示时段时，相当于"个"（钟头）。如蒋光慈《弟兄夜话》："这时已经有六句（点）钟了。"

"句"也是个常见的偏旁用字，常在形声字中作声部，如：够、苟、狗、佝、岣等。

◎狗

结合"犬""句"二字的演变进程，我们再来解析"狗"字。

【汉字溯源】

也许有人会问,既然已经有"犬"字表示"狗"之义了,那为什么又会有"狗"字的诞生呢？原来,约在商周时期,民间就已经有了将未长毛的小狗崽叫作"狗"的叫法,而相应地,"犬"就成了对大狗的称呼。随着这种叫法的广泛使用,"狗"字诞生便成为水到渠成的事情。"狗"字最早见于周代的金文,从一开始就是"犬"形"句"声的形声字,只是其中"犬"字的字形比其独体字更为简约,需要仔细识读。

【字形演变】

小篆阶段的"狗"字中,"犬"与"句"的写法都与各自独体字对应一致,在此后的隶书、楷书阶段,"狗"的字形变化都与二者各自的变化对应一致,并最终笔画化,成为我们今天所熟悉的样子。

【字义转化】

"狗"字本身的意思,从古至今都未发生本质变化,但出于这种动物的一些特性,由"狗"字所组成的一些词,则被赋予了一些特别的意思。让人感慨的是,虽然狗是人类最亲密的朋友,但在汉语中,含有"狗"字的词语,基本上都是贬义词。

如在旧社会,有钱人家往往都养着几条凶恶的狗,帮着主人欺侮他人,在主人的怂恿下,它们常常格外凶狠,所以就有了"狗仗人势"一词。后来,这个词又被用来比喻奴才、帮凶们仗势欺人。

由于狗总是不辞辛劳地替主人跑腿,所以人们就用"狗腿子"一词来比喻替主子奔走的人。而狗在主人面前,总是摇尾巴乞怜,所以就又有了用来形容那些奴颜婢膝、谄媚奉承之人的丑态的"狗奴才"的说法。

据说狗肺是有毒的,所以"狗肺"一词就被用来比喻心肠狠毒,且常和比喻贪婪的"狼心"一词连用。如：早知道这是个狼心狗肺的家伙,当初哪会费那么大心去管他的死活。

"猪"蠢笨优哉

"小池聊养鹤,闲田且牧猪"中的"猪"（zhū）字,本义就是指"杂食类动物猪",现在一般多指作为家畜圈养的猪。

说文解字

据考证，我国的养猪史至少已有五六千年了，也就是说，在华夏的土地上，早在母系氏族公社时期，猪就已经成为人类饲养的动物之一了。

在早期社会生产力水平极其低下的情况下，作为一种饲养简便、繁育快、骨细、筋少、肉多的家畜，猪可以为人类提供丰富的营养，改善当时极不稳定的狩猎型谋食方式所造成的饥荒状况。

正所谓"民以食为天"，可以说，猪在某种程度上就是人类的一大宝贝。自古以来，猪在中国人的家庭中是很有地位的。这在一些汉字的构形中，就有所反映，例如"家"字就是一所房子下"住着"一头猪的结构，可以说，在过去国人的心目中，无猪是不成家的。

旧时讨老婆，娶媳妇，家中养猪的多少，是获得婚姻的重要砝码之一。也正因如此，猪才和牛、羊一起，成为人类祭祖祀神时所必备的贡品，合称"三牲"或"三供"。

而且，让人惊讶的是，猪的智商实际上是很高的，甚至要超过狗。最近，有人在对猪的生活习性进行长时间观察与研究之后，发现它实际上是一种善良、温顺、聪明的动物。在经过特定的训练后，它会跳舞、打鼓、游泳；会直立推小车；有些特别的品种还可以当"猪犬"使用，它们甚至能嗅出埋在土里的地雷。

但有意思的是，猪最初并不叫"猪"，而是叫"豕"（shǐ）。这可能是跟猪生来就具有的拱土本领有关——拱土是其采食行为的一个突出特征，当它在拱土时，粗重的呼吸会与地面发生冲撞，从而发出"shǐ……shǐ"的声音，由此，人们就称其为"shǐ"。

在汉字诞生的顺序上，也是先有"豕"，后有"猪"的。

◎豕

"豕"的构形，就来源于对一头猪的象形描绘。

【图形文字】【金文】【隶书】
【甲骨文】【小篆】【楷书】

【汉字溯源】

最早的"豕"字，起源于图腾时代原始部落的徽号（图形）文字，完全就是一幅关于猪的绘画：跟"牛""马"等字一样，也呈侧立状。若将其按逆时针方向旋转90°，就会有一头栩栩如生的猪出现在眼前：长长的嘴巴、撅起的唇、圆鼓鼓的腮、滚圆的腹部、短短的尾巴、上扬的鬃毛、坚硬的蹄子，一应俱全。

【字形演变】

　　进入甲骨文阶段，为了便于契刻，"豕"的字形大为简化，只以简单的线条勾勒出了猪的轮廓，但仍突出了长嘴、大腹、顺尾这些基本特征，所以仍能让人一眼便知是猪。

　　但发展至周代的金文时，"豕"字就变得不那么形象了：猪腹部的轮廓线和猪蹄部分都被删除了，整个字只是以简单的线条勾勒出了猪的嘴巴、耳朵、脊骨、腿和尾巴，若不了解其演变过程，是很难看出它的本义的。

　　小篆中的"豕"字，在写法上彻底改头换面：猪的头部被简单地写成了一横，下面左边的四条线代表猪的四条腿，右边的一条线代表猪尾巴，而中间的分界线，就代表猪的脊骨。正如段玉裁在《说文解字注》中说："豕首画像其头，次像其四足，末像其尾。"

　　在此基础上，历经后世的隶变和楷化，"豕"字逐渐笔画化，成为真正的方块字。

【字义转化】

　　"豕"字本身的意思，自古以来都未发生本质的变化，但有一个词是需要注意的，即"豕牢"。在一般情况下，"豕牢"就是指"猪圈"，但有时候也借指"厕所"。如《国语·晋语四》："少溲于豕牢而得文王。"意思就是说：在厕所中小便时生下了文王。

　　"豕"也是个部首字，从"豕"的汉字，多与猪或猪的行为、特性有关，如：象、豪、豵、豨等。

◎猪

　　从文字的发展源流来看，"猪"字的诞生与"狗"字有着相似之处。

猪【小篆】　豬【楷书】　豬【简体】　猪

【汉字溯源】

　　豕是一种属于"储藏物"的食品，因此，人们很自然地就给它起了一个发音跟"储"字的发音差不多的别名，即音"chǔ"或"zhū"，并渐渐流行开来。随着这个名字的广泛使用，"猪"字的创造就被提上了议程。

　　"猪"的繁体写作"豬"，即在"豕"字右边加了个"者"字，成为一个形声兼会意字："豕"形"者"声，同时，"者"也参与表意，其本义是"用漆涂刷器物"，可引申为"附着、依附"之义。因猪天生有着一种与人亲近的品性，尤其是豢养在家的猪，特别依赖人类，所以，"豬"字才选择以"者"作偏旁。

在许慎的《说文解字》中，就已经收入了以小篆字体写成的"豬"字，可见最晚在秦汉时期，它就已经诞生了。

【字形演变】

与"豕""者"二字本身的演变相对应，经过隶变和楷化，"豬"字最终完全笔画化，成为真正的方块字。

后来，为了书写方便，"豬"被简化为"猪"，即以"犬"代"豕"作其形旁。

【字义转化】

与狗一样，虽然猪为人类的生活做出了很大的贡献，但在汉语中，含有"猪"的词语往往都是贬义。

例如，在人们的传统观念中，相对来说，动物总是比较野蛮的，所以他们就拿猪和狗这两种最常见的动物作代表，来比喻人无耻、恶劣的品行，正所谓"猪狗不如"。

"猪仔"的字面意思应该是"小猪"，但往往被人用来称呼那些被利用、被收买的人。如民国初年那被收买利用的国会和议员，就被称为"猪仔国会"和"猪仔议员"。

在古文中，"猪"还有"水积聚"或"水积聚的地方"等义。如《尚书·夏书·禹贡》："大野既猪。"意思就是：大野沼泽里积满了水。

后来，为了避免用法上的混乱，人们又创造了"氵"（水）形"猪"声的形声字"潴"，专门来表达这一意思。

五　五常篇

五常，即仁、义、礼、智、信，是儒家思想中用以调整和规范君臣、父子、兄弟、夫妇、朋友等伦常关系的行为准则。据考证，孔子最早提出"仁、义、礼"。他将三者组成一个系统，曰："仁者人（爱人）也，亲亲为大；义者宜也，尊贤为大；亲亲之教，尊贤之等，礼所生焉。"也就是说：仁以"爱人"为核心，义以"尊贤"为核心，礼就是对仁和义的具体规定。后来，孟子在"仁、义、礼"之外加入"智"，构成"四德"或"四端"。再往后，汉代大儒董仲舒又将其扩充为"仁、义、礼、智、信"，终成"五常"。

五常是"与天地长久的经常法则"，贯穿于中华伦理的整个发展过程，是中华民族价值体系中最核心的因素。而其深义，在"仁、义、礼、智、信"这五个字的构形以及演变流程中，也都是有所体现的。

仁

"仁"者必寿

"取义成仁今日事，人间遍种自由花"中的"仁"（rén）字，本义是"博爱、人与人相互亲爱"。如《说文》："仁，亲也。"《史记·魏公子列传》："公子为人，仁而下士。"意思就是：公子的为人，博爱宽厚，礼贤下士。

仁是中国古代一种含义极广的道德范畴，是一个具有深刻内涵、包括个体及群体生活在内的思想和行为各方面理想人格的修养体系。孔子把仁定义为"爱人"，并解释说："夫仁者，己欲立而立人，己欲达而达人"，"己所不欲，勿施于人"。并且，他将仁定位为最高的道德原则、标准和境界。所以，仁也是以孔子为代表的儒家思想体系的理论核心。后来，儒家把"仁"学说施之于政治，形成"仁政说"，对中国政治思想、文化和社会的发展产生了重大影响。

【汉字溯源】

"仁"字诞生较晚，甲骨文和金文中至今尚未发现。《说文》中收录了两种"仁"的古文（先秦文字）字形，可见它约诞生于先秦时。这两种"仁"字的构形截然不同：

第一种为会意字，上为"千"，寓意"多"；下面是个心脏的象形，因为爱是发自内心的一种情感，所以"仁"字从"心"。二者相合，取意"千万颗心"，也就是"博爱"。

第二种为后世沿用的"仁"字的母本，为从"人"、从"二"的会意兼形声字：上面是个人的象形，既表意也表音；下面是个"二"，为重文的记号，也就是说，它其实也代表着一个人。两个人靠在一起，寓意人们"互存、互助、互爱"。由此，"仁"字的本义就被简练地表现了出来。

【字形演变】

小篆中的"仁"字，变成了左右结构：左边的人由坐姿换成了站姿，但弯着腰，手臂下垂；右边则是"二"。在此基础上，历经汉代的隶变和楷化，"仁"字逐渐笔画化，成为一个四画的方块字。

【字义转化】

由本义"博爱"出发进行引申，"仁"还可以解释为"同情、怜悯"等义。如韩愈《后十九日复上书》："将大其声，疾呼而望其仁之也。"大意就是：将大声疾呼，希望朝廷能怜悯、体恤他们。

"仁"作名词时，即指"仁德""有仁德的人""仁政""恩惠"等义。如鲁迅《伪自由书》："厚泽深仁，遂有天下。"它也可作形容词，意思是"有仁德的、品德高尚的"。如宋代范仲淹《岳阳楼记》："予尝求古仁人之心。"意思就是：我曾经探求古代品德高尚的人的思想感情。

由此进行延伸，事物中凡是有恩于万物生育者，都可称为"仁"。如《礼记·乡饮酒义》："养之，长之，假之，仁也。"孔子也指出："仁者，人也。"这说明"博爱"的主体，终归还是人。

在孔子的观念中，有仁德的人，尤其是那些有仁德的"治人"的"劳心者"，就是"上人"。他们通常都是治国、治人、治文化的士大夫，所以被看做是人中龙凤，为人类之精华。

由此进行引申，果实、种子等的精华部分，也就可以叫做"仁"了。如：果仁、瞳仁。

另外，"仁"再进一步引申，被赋予了一些比较特别的意思：温润，如《淮南子》中"江水肥仁而宜稻"；有感觉能力，常与"不"连用，作否定式，如"麻木不仁"；作敬辞，旧时常用于书信中，如"仁兄"。

"义"薄云天

"义"（yì）字，基本义是指"正义""公正合宜的道德、行为或道理"。如：义不容辞，即道义上不容推辞。又如《孟子·告子上》："生，亦我所欲也，义，亦我所欲也，二者不可得兼，舍生而取义者也。"

在中国古代，义是一种含义极广的道德范畴。孔子最早提出了"义"，且认为这是君子必须遵守的道德准则。如《论语·里仁》："君子之于天下也，无适也，无莫也，义之与比。"意即：君子对于天下的事情，无可无不可（可以灵活处理，不必拘泥），但必须符合正义。孟子则对其进行了进一步的阐释，认为"义"是重于"信"和"果"的。如《孟子·离娄上》："大人者，言不必信，行不必果，惟义所在。"意思就是：通达的人说话不一定句句守信，做事不一定非有结果不可，只要合乎道义就行。

义是千百年来中国人所信奉的一种道德准则，但有趣的是，"义"的造字灵感却来源于动物羊。

【甲骨文】义　【小篆】義　【楷书】義
【金文】義　【隶书】義　【简体】义

【汉字溯源】

"义"的繁体写作"義"，是个形声兼会意字："我"形"羊"声，"羊"同时也表意。早在三千多年前的甲骨文中，它就已经是这种构造了：上面是一个"羊角"部分突出的"羊"字，意在表明此字中的"羊"是那种头上长着盘曲大角的公羊；下面是"我"的甲骨文字形，即一把斧口朝左的大斧的象形。"我"的本义是指一种用来行凶杀人和肢解牲口的凶器"大斧"，在此用的是它的引申义"杀伐"。在长期的生活中，人们渐渐发现强健的公羊常常会为了捍卫自己在族群中的领导权和优先交配权，或为保护族群的利益而与挑战者殊死相搏，所以就以"羊""我"二字组合，创造了"義"字。

由此，"义"字的本义就是指"公羊为捍卫自我或群体权利而实施的搏斗"。

由于这种搏斗是正当的，所以"义"又引申为"正义而师出有名的征伐"。

【字形演变】

　　与"羊""我"二字的演变流程相对应,"義"字逐渐演变为金文、小篆、隶书等阶段中的样子。由于"義"字的字形复杂,难认难写,所以在后来的汉字简化运动中,它就被写成了"义"。

【字义转化】

　　由"正义而师出有名的征伐"之义进一步引申,"义"便逐渐被赋予了"正义""公正而合宜的道德、行为或道理"等义。而若经这些意思再度引申,"义"还可解释为"情谊""意义、意思""理"等。另外,"义"也可用做形容词,表示如下意思:

1. 善、美。如:义荣,指由于修身立德而自然具有的荣誉。
2. 名义上的抚养或拜认的亲属关系。如:义父、义女。
3. 人工制造的。如:义杖、义肢。
4. 应尽的(责任等)。如:义务。
5. 用于施舍、救济的,为公益而不取报酬的。如:义庄,旧指某些豪绅地主拨出部分田地作为族产,以供祭祀办学、救济本族孤寡等费用;义田,则是为救助穷困者而购置的田地。

　　由于在古代,羊角曾被作为珍贵的装饰品,常常戴在美女头上,而斧子也被作为军队的标志,相当于今天的仪仗,所以"义"又被赋予了另外一种意思——威仪、仪容。它最早是指公羊在搏斗开始前摆出的威仪,后来泛指"仪容、状貌、仪制、法度"等,也就是说,"义"也是"仪"的古字。如《说文》:"義,己之威仪也。"

　　值得注意的是,此时的"义",读"yí"音。

　　后来,为了避免用法上的混乱,人们又创造了形声字"仪",来专门表达这些意思。

礼

"礼"尚往来

　　"礼"(lǐ)字,基本义是指"中国古代的等级制度,以及与之相适应的道德规范和社会规范",即"上下有别""尊卑有序"等。如:封建礼教。又如《诗经·鄘风·相鼠》:"人而无礼,胡不遄死?"意思就是:做人要是不懂得礼,何不趁早去死呢?

【甲骨文】豐　【小篆①】豐　【隶书】禮　【楽书②】禮
〖礼〗
【金文】豐　【小篆②】禮　【楷书①】禮　【简体】礼

"礼"，与"仁"互为表里，在中国古代是社会的典章制度和道德规范：作为典章制度，它是社会政治制度的体现，是维护上层建筑以及与之相适应的人际交往的礼节仪式；作为道德规范，它是国家领导者和贵族等一切行为的标准和要求。尤其是在封建时代，礼是维持社会、政治秩序，巩固等级制度，调整人与人之间各种社会关系和权利义务的规范和准则。儒家鼓吹的理想封建社会秩序是贵贱、尊卑、长幼、亲疏有别，要求人们的生活方式和行为符合他们在家族内的身份和社会、政治地位，不同的身份有不同的行为规范，这就是礼。

有意思的是，"礼"字在诞生之初，实际上是个动词，本义是"敬神"，也就是"举行仪礼、祭神求福"。《说文》："禮，履也。所以事神致福也。"

【汉字溯源】

"礼"是个"示"形"乙"声的形声字，其繁体写作"禮"，为"示"形"豊"（lǐ）声。但若追根溯源就会发现，"禮"字是诞生于秦代篆体阶段的后起字，它原本应写作"豊"。也就是说，"礼"的初文为"豊"，是一个会意字。

敬神是一件十分复杂的事情，很难简约地形诸笔端，所以我们的祖先在造字时，采取了以点代面的办法：举行祭祀仪式时，必须要有充当祭品的贵重物品，也必须得奏乐，而在先民们看来，物莫贵于玉，乐莫重于鼓，击鼓奏乐，捧玉奉献，无疑是最高、最神圣的仪式，例如祭神、祭天等。由此，便有了"豊"字的构形思路。甲骨文中的"豊"，即为一面鼓和两串玉的象形白描：下面是鼓，鼓面、支撑鼓体的架子，以及鼓体上方的标杆和装饰物，一应俱全；上面的标杆两侧，各有一串玉石。

需要注意的是，"豊"的字形，与"丰"字的繁体"豐"字十分相像，阅读时要注意辨认。

【字形演变】

金文中的"豊"字，沿袭其甲骨文字形，只是鼓面之上多了一横。经过千百年的传写，发展至秦代的小篆阶段，"豊"字的写法发生了很大的改变："鼓"被割裂为上、下两部分，下面成为一个"豆"字，上面的"标杆"被省去了，只剩下表示"饰物"的"U"字形结构和"两串美玉"。以此为基础，经过汉代隶书阶段的隶变，以及楷书阶段的楷化，"豊"字完全笔画化，成为真正意义上的方块字。

由于"豊"字无法表音，同时也为了使其字义更为直观，所以约在秦代的篆书阶段，人们又在"豊"字前面加了个本义为"灵石"、可引申为"神"之义的"示"

（shì）字，创造了形声字"禮"。与"示"和"豊"的演变流程相对应，"禮"字逐渐笔画化，成为方块字。

随着"禮"的广泛使用，"豊"字渐渐被废弃不用了。在后来的汉字简化运动中，"禮"又被简化为了"礼"。

【字义转化】

由"敬神"之义，"礼"又可引申为"礼拜、顶礼膜拜""表示敬意、尊敬的态度或言行"等义。如李白《秋浦歌》："暗与山僧别，低头礼白云。"又如：礼拜、礼貌。

另外，除了表示"敬神"之义外，"礼"也用于表示上古时期各氏族之间为友好结交而致献礼品。上古时，送礼是一件公开之举，人们往往会击鼓敲锣、大张旗鼓进行。而且，中国人自古讲究"礼尚往来"，所以还会有回礼。凡此种种，逐渐发展为种种仪式。由此，"礼"也被赋予了"礼节""礼仪""礼物""社会生活中由于风俗习惯而形成的为大家共同遵守的仪式"等义。如：婚礼。

它也可作动词，意思是"礼遇、厚待"。如：礼贤下士。

后来，经过儒家的改造，"礼"的意思进一步扩大，成为包括当时社会等级制度以及规范婚姻、血统、长幼、尊卑等关系在内的行为准则、道德规范、社会礼俗的通称，并逐渐制度化、法律化。

在长期的历史发展中，礼对中华民族精神素质的修养起了重要作用，重礼早已成为"礼仪之邦"的重要传统美德。同时，随着社会的变革和发展，礼不断被赋予新的内容，不断发生着改变和调整。如今，所谓"明礼"，从广义上说，就是讲文明；从狭义上说，就是待人接物的表现，即"礼节""礼仪"。作为个体修养涵养，谓"礼貌"；用于处理与他人的关系，谓"礼让"。这些，都已经成为一个人、一个社会、一个国家文明程度的一种表征和直观展现。

"智"勇双全

"智者千虑，必有一失"中的"智"（zhì）字，本义和基本义都是"聪明、智力强"。如李商隐《韩碑》："行军司马智且勇，十四万众犹虎貔。"意即：行军司马韩愈勇武有智谋，十四万军如猛虎英勇无敌。

春秋时期，孟子等儒家学者又赋予"智"以"明辨是非善恶""自知""知人"等内涵,并将其与"仁、义、礼"并举,从而构成了"四德"或"四端","智"由此成为儒家道德范畴内一项新的准则。发展至今天,"智"又从道德智慧的范畴延伸到科学智慧的范畴,将科学精神与人文精神结合并统一起来,是我们今天所要提倡的。

回到"智"字本身。追溯历史,我们就会发现它实际上源于"知"(zhī)字,为"知"的后起字,所以要解析它,首先要弄清"知"字的演变流程。

◎知

"谁知林栖者,闻风坐相悦"中的"知"字,是个使用频率非常高的动词,本义是"知道",而这也是它的基本义。《玉篇》:"知,识也。"

【汉字溯源】

"知"是个会意字,从"口",从"矢"。"口"即"嘴巴","矢"即"箭",二者相合,寓意"认识、知道的事物,可以像离弦的箭一样脱口而出"。段玉裁:"识敏,故出于口者疾如矢也。"同时,"矢"也参与表音。

但是,若追溯到它诞生之初的金文中,就会发现其最初造型并不是这样的,而是三个字的组合:左边是个"大",即为一个双臂张开、双腿分叉、正面而立的人的象形,中间是个"口",而右边是个"于"(yú)字,那么,这个"于"又是什么意思呢?

"于"是个会意字,本义是"超过",其甲骨文字形,上面是"二",代表天和地两个界面,下面是一竖,穿透地面,与天界相接,从而表现了上升的气流在受阻后又穿过去的意象,从而巧妙地表达出了"超过、超越"之义。这个字的构形简约,虽然在金文阶段出现了一种异体字,即在"气流"的右侧,出现了一条与之相对应的曲线,意

在突出气流的蜿蜒屈曲，但后来又被废弃了。篆体以及后来的隶书、楷体等字体中的"于"，皆以其甲骨文字形为基础发展而来。

需要注意的是，小篆阶段的"于"字，还有一个异体字：下面的"气流"并未穿透"地面"，看起来与"亏"字很相像，阅读时要注意辨认。

在成字后不久，"于"的本义就消失了，古文中用得比较多的是它的引申义"去、往"。如《诗经·周南·桃夭》："之子于归，宜其室家。"毛传："于，往也。"全句大意是：妙龄女子出嫁了，高兴地来到新家。后来，"于"又被借用为虚词，主要用做语气词。需要注意的是，常见的介词"于"，实际上是作为"於"（wū/yú，为"乌"的本字，本义是"乌鸦"）字的简化字而使用的。

"知"字金文字形中的"于"，即取意"超出"、"气流上升"，所以"人""口""于"合起来，就表示"人认识、知道的事物，可以脱口而出"。

【字形演变】

发展至小篆阶段，"知"字右边的"于"字被取消了，左边的"大"也代之以"矢"字，由此，"知"字变为从"矢"、从"口"的会意字。再经汉代的隶变和楷化，"知"字逐渐笔画化，成为真正的方块字。

【字义转化】

由"知道"进行引申，"知"又可解释为"懂得、了解、理会""感到、感觉、觉察"等义。如韩愈《师说》："人非生而知之者，孰能无惑？"意思就是：人不是一生下来就懂得道理的，谁又能没有疑惑呢？

它也可作名词，意思是"知识""知觉""知己"等。如《庄子·养生主》："吾生也有涯，而知也无涯。"意思就是：我的生命是有限的，而知识是无穷的。又如《荀子·王制》："草木有生（命）而无知（觉）。"

另外，"知"还可以读"zhì"音，意思是"有智慧、聪明"。如《荀子·劝学》："君子博学而日参省乎己，则知明而行无过矣。"意思就是：君子广泛地学习，而且每天检查反省自己，那么他就会聪明多智，而行为就不会有过错了。

由于一字多义，容易造成用法上的混乱，所以"智"字的创造也就迫在眉睫了。

◎智

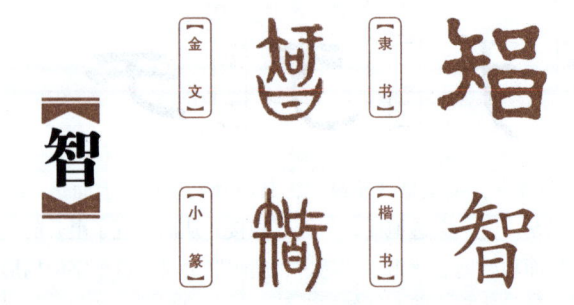

[金文] [隶书] [小篆] [楷书]

【汉字溯源】

"智"是个形声兼会意字,从"知",从"日",同时"知"也表声。这个字也诞生于金文阶段,上面是由"人""口""于"三者合成的"知"字,下面是个"日"字,取意知识像太阳一样耀眼、像阳光一样广博,从而形象地表达出了"聪明、智力强"之义。

【字形演变】

与"知"字的演变相对应,发展至秦代的小篆阶段,"智"字中的"大"也变成了"矢",紧挨在它右边的是上"口"下"日"的组合。而与"知"字不同的是,此时的"智"字右边,还保留着"于"字。经过汉代的隶变,"亏"字才被省去,使得"智"最终成为"矢""口"与"日"的组合。

【字义转化】

"智"字作名词时,意即"智慧、才智、见识"。如:足智多谋。又如《管子》:"四时能变谓之智。"

经引申,它还可解释为"计谋、策略""智士、有智谋的人"等义。如《战国策》:"语曰:'仁不轻绝,智不轻怨。'"意思就是:心怀仁义的人不会轻易把事情做绝,而有智慧的人不会轻易地仇恨、结怨。

需要注意的是,在古文中,"智""知"二字在用法上的区别不是很明确,二者常常相通。如《墨子·经说下》:"逃臣不智其处,狗犬不智其名也。"其中的"智",实为"知",意思是"知道"。

"信"手拈来

"信"(xìn)字,是个用法极其多样化的汉字,基本义是指"确实的""真心诚意的"。如《说文》:"信,诚也。"又《墨子·经上》:"信,言合于意也。"

它作动词时,即指"守信用、讲信义""说到做到、言而有信"。如贾谊《过秦论》:"此四君者,皆明智而忠信。"意即:这四位封君,都见事明理,有智谋,心地诚恳而讲信义。

信是儒家道德修养的内容之一,也是其实现"仁"的重要条件之一。孔子及其弟子提出"信",是要求人们按照礼的规定互守信用,借以调解统治阶级之间、对立阶级之间的矛盾。汉儒董仲舒又将其列入"五常"之中。之后，"信"逐渐成为中国人做人的根本，也是中华民族公认的价值标准和基本美德，为兴业、治世之道和立国、治国的根本。

【金文】【隶书】【信】【小篆】【楷书】

【汉字溯源】

"信"是个会意字，从"亻"（人），从"言"。但若追根溯源就会发现，在诞生之初的金文阶段，它实际上是由"人"和"口"两个字组成的：左边是个面朝东站立的人，右上部分是个"口"。两部分合起来，既可表示通过语言传达信息的人，也可表示人类通过语言所传递的各种信息。也就是说，"信"字的本义有两个：一为"信使"，如《字汇补》："信，古谓使者曰信。"二为"信息"，如李清照《渔家傲》："雪里已知春信至，寒梅点缀琼枝腻。"

【字形演变】

至小篆阶段，"信"字右边的"口"被换成了"言"字，从而使得字义更为明确。在此基础上，"信"字经过隶变和楷化，逐渐笔画化，成为一个真正意义上的方块字。

【字义转化】

由于古代的交通和通讯技术极不发达，所以信使能否准确传达真实、有效的信息，就显得尤为重要。而且，除了人与人之间的信使外，还有一种特殊的信使，即人间与鬼神、上天之间的信使，他们通常在祭祀时负责祷祝。面对上天和先祖，他们必须诚实不欺、不敢妄言。所以，"信"逐渐被引申为"真心诚意""真实而不虚伪"、"讲信用"等义，并进入儒家道德范畴。

经进一步引申，它又可解释为"可信、相信、信仰、信奉"等。如李白《长相思二首》："不信妾肠断，归来看取明镜前。"意即：假如不相信我曾多么痛苦，那就请回来看看镜子里我那憔悴的容颜吧。

同时，传达信息，就是要让收信的人明白一些情况，所以"信"也有"知晓"的意思。如《聊斋志异》："我父母皆仙人，何可以貌信其年岁乎？"

而由"信息"之义，"信"还可引申为"信件""书简"，也可解释为"信约、盟约、凭证"等，如：印信、符信。

"信"还常用做副词，表示"果真、的确、实在"或"放任、随便"。如李白《梦游天姥吟留别》："海客谈瀛洲，烟涛微茫信难求。"意即：航海人谈起神仙居住的瀛洲，在烟波渺茫的海上实在难以寻求。又如白居易《琵琶行》："低眉信手续续弹，说尽心中无限事。"意即：低头不语，随手不停地弹奏，奏出了心中无限的伤心事。

第三章 最关乎人生的汉字

● 传说盘古开天辟地之后的一天，人面蛇身的天神女娲来到世间。她在茫茫原野上飘荡，感到单调乏味、孤独寂寞，于是决定为这个世界创造一种有灵性、能说话、会思索的生物，就像她自己一样！她来到水边，和了很多泥，然后照着自己的模样捏起了泥人。最后，她朝着那些泥人吹了一口仙气，泥人活了。他们经历着『生』『老』『病』『死』的轮回，互『亲』互『爱』，但也会计较『得』与『失』……

生

❧ "生"龙活虎 ❧

"生"（shēng）是个使用频率极高、用法也极其多样化的汉字，最常用做动词，基本义是"生育、出生、养育"。如杜甫《兵车行》："信知生男恶，反是生女好。"意即：早知生个男孩会招灾受害，还不如生个女孩安心自在。

"生"字的字形构造，来源于新生的草木。

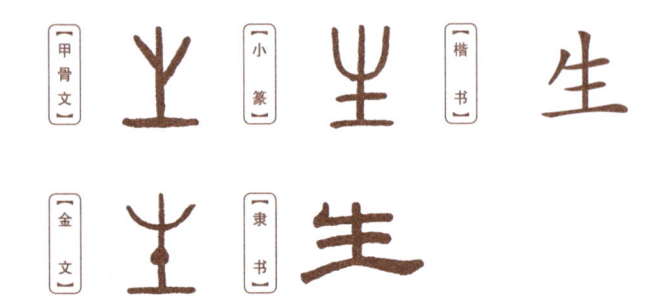

【汉字溯源】

"生"是个会意字，其甲骨文字形极其简单：下面是一横，代表地面；地面之上是一棵草木幼苗的象形。两部分结合起来，就表达出了"生"字的本义，即草木从土里生长出来、滋长。《说文》："生，进也。象草木生出土上。"

【字形演变】

发展至周代的金文阶段，"生"的写法发生了一点小的变化：苗木下面的，不再只是地面，而变成了"土"，意思是说这苗木是生长在土壤中的，从而使其变得更为贴切。此后各种字体中的"生"字，皆由此发展而来。

【字义转化】

由本义出发进行引申，"生"便可解释为"生育、养育"之义。同时，由于正在生长的草木尚未成熟，所以它又可作"生熟"的"生"，指"不成熟的""未煮熟的"等。

后来，随着词义不断扩大，"生"字又被赋予了很多新意：作动词时可解释为"生存、活""滋生、产生""燃着、点燃""制作、制造"等；作形容词时可解释为"新鲜的"，"不熟练的"，"不熟悉的、不常见的"，"硬"（如"态度生硬"），"很、甚、极其"（如"生疼"），"具有活力的"等；而作名词时又可解释为"生命""人的一生""生活""正在学习的人""有学问或有专业知识的人"（如"医生"）等。

尊"老"爱幼

"老"（lǎo）字，基本义是"年岁大的"，与"幼""小"相对，一般用来形容人，如"老人"。也可用来形容物体，如唐代李颀的《听安万善吹觱篥歌》："枯桑老柏寒飕飗，九雏鸣凤乱啾啾。"

但在成字之初，"老"为名词，意为"老年人"。如：扶老携幼。《说文》："老，考也。七十曰老。"

【甲骨文】【小篆】【楷书】【金文】【隶书】《老》

【汉字溯源】

"老"为象形字。其字形构造就是对一位老年人的象形白描，这一点与其同义字"考"是一致的。甲骨文中的"老"字，就是一位弯腰驼背、拄着拐杖踽踽前行的老人的样子，造字的人特别突出了他那长长的垂及胸前的长发。与"考"字不同的是，这位"老人"的头发似乎是绑成了一把的，而且他所拄的拐杖也是丫杈状而不是"丁"字形的，这一点后来成为"考""老"二字在字形上的最大区别。

【字形演变】

至金文阶段，老人的头以及挂拐杖的手以代表头发的"毛"字代替，从而使得"老"字变得不那么具象了。小篆中的"老"进一步线条化、符号化，为适应小篆在字形上匀圆齐整的需要，那原本呈丫杈状的拐杖被写成了"匕"字形。以此为基础，经过汉隶阶段的隶变和楷体阶段的楷化，"老"字逐渐笔画化。

【字义转化】

后来，"老"又被引申出很多新义：作名词时指"对先辈、年长者的尊称"，相当于"长辈、父母或兄长"。如《孟子·梁惠王上》："老（孝敬）吾老（我之父兄），以及人之老（人之父兄）。"作形容词时指"娴熟、富有经验、阅历深"，如

"老练"。还可以是"排行最后的"意思，如《西游记》："我那太公有个老女儿，年方二十岁。"作动词时通常指"衰老、变老"，如王昌龄《塞上曲》："从来幽并客，皆共尘沙老。"意即：自古以来，幽州、并州征戍的勇士，都和那尘土黄沙共同衰老。

"老"还常用做"死"的讳称，"老了人"即指"死了人"。如《红楼梦》："京中老了人口。"另外，"老"也常用做副词，表示"经常、时常""很、极"。如：别老是粘着他。

"病"入膏肓

"病"（bìng）字，基本义是"生理上或心理上发生的不正常的状态""疾病"。如白居易《琵琶行》："我从去年辞帝京，谪居卧病浔阳城。"意即：我从去年离开了京城长安，被贬官到浔阳后一直在卧病。与这一基本义有所不同的是，"病"的本义，特指"内科病"。

【甲骨文】 【小篆】 【楷书】
【金文】 【隶书】

【汉字溯源】

"病"，会意字，其甲骨文字形中左边是个"爿"字形结构，右边像是一个面向右边的人。乍一看似乎莫名其妙，但若将其按逆时针方向旋转90°，就不难看懂了。这是古人为适应汉字横窄竖长的特点，故意将其写成左右结构：下面是张床，上面的一横代表床板，其下并列的两个"丄"状结构就是床腿；床上仰面躺着一个人，其身周有四个点，代表发出的汗滴。需要卧床发汗的病，通常都是风寒、肠胃感冒等内科病。

上古时，"病""疾"二字有严格的区别："病"指诸如胃肠疾病之类的内科病，而"疾"则指刀剑外伤等外科病，所以"疾"从"疒"、从"矢"（即箭，会对人造成外伤）。后来，"病"又开始指"重病"，而"疾"则指"小病"。《说文》："病，疾加（加重）也。"如今，二者都指躯体或心灵上的不适。

【字形演变】

金文阶段的"病"字，在结构上发生了很大的变化：床和人连成了一体，写作"爿"字形，而人的胳膊则变成了一横，使人再也无法从字形上判断这个字的意思了。小篆阶段的"病"字，较其金文字形多了个"丙"字，表声。后世各种字体中的"病"，都是依此发展而来的。

【字义转化】

"病"作动词时，意思就是"生病、卧病"。如李商隐《寄令狐郎中》："休问梁园旧宾客，茂陵秋雨病相如。"意即：不要问（我这个）梁园旧客今天（生活得）怎样，（我）就像茂陵秋雨中卧病的司马相如。

经引申，它还可解释为很多意思：作名词时指"缺点、毛病、瑕疵"或"痛苦"，如：语病。作形容词时指"困难的、不利的"，如《史记·商君列传》："利则东收齐，病则西侵秦。"或指"枯萎"，如刘禹锡《酬乐天扬州初逢席上见赠》："沉舟侧畔千帆过，病树前头万木春。"作动词时则有如下意思：

1. 担忧、忧虑。如：病俗，即忧民忧俗。
2. 苦恼、困扰。如柳宗元《捕蛇者说》："向吾不为斯役，则久已病矣。"意即：要是先前不干这差事，那我早已困苦不堪了。
3. 损害。如：病民，即为害人民。
4. 疲惫、累。如《孟子·公孙丑上》："今日病矣，余助苗长矣。"意即：今天很累，我拔苗助长了！

"死"而后已

"人生自古谁无死，留取丹心照汗青"中的"死"（sǐ）字，本义是"死亡"，作名词用，与"活"相对。《说文》："死，民之卒事也。"如今，它最常用做动词，基本义是指"失去生命"。

说文解字

人的死亡是一件大事，中国人认为"死生之事可谓大矣"。从古至今，人们都很重视对死者的凭吊。而"死"字的字形构造，就来源于凭吊死者这种场景。

【甲骨文①】【金文】【隶书】
【死】
【甲骨文②】【小篆】【楷书】

【汉字溯源】

"死"是个会意字，其甲骨文字形主要有两种。早期的一种极其形象：左边是一个面朝右边背朝左边跪在地上的人，他脑袋低垂，对着地上的一具尸体哀悼；右下部分就是一个死人的象形，即"歹"（dǎi）字的原始字形，其上面的一竖，代表人的头部；与那竖垂直的短横，是一个指示性的符号，表示人是仰面直挺挺地躺在那里的；再往下是躯体和双腿；躯体之上有一个斜杠，代表缠着尸体的诸如丝带之类的东西。死去的人，常常会被用布匹等裹上，古人正是抓住了这一特点，从而十分巧妙地描绘出了死人的样子。

【字形演变】

在稍后的甲骨文中，"死"字变成了左"尸体"右"哀悼者"的结构。所不同的是，此时的哀悼者已不再跪地，而是站了起来。此后的金文、小篆等阶段的"死"字，都是在此基础上演变而来的。经过"隶变"这道古文字与今文字的分水岭，"死"字被笔画化：左边的"尸体"变成了"歹"字形，右边的人则被写成了"匕"。其结构自此基本定型。

【字义转化】

最初的"死"专指人的死亡，但后来它也被用来指花草鸟兽等生命的终止。如《论语》："鸟之将死，其鸣也哀。"

随着时间的推移，"死"又引申出了许多新的用法：作名词时，指"死刑"，如：处死。或指"尸体"，如《汉书·尹赏传》："安所求子死？"意即：到哪里去找孩子的尸体？作动词时，指"为某事或某人而牺牲性命"，如《史记·陈涉世家》："死国可乎？"意即：为国家之事而死可以吗？也可指"穷、尽"，如常建《吊王将军墓》："战余落日黄，军败鼓声死。"作形容词时，指"不灵活""不可调和的""不能通过的""牢牢固定的"。如：死脑筋、死对头、死胡同、死结。它还可作副词，意思是"拼死、拼命"（如决一"死战"）或"极其"（如"爱死了"）。

"春"寒料峭

"春眠不觉晓，处处闻啼鸟"中的"春"（chūn）字，基本义是指四季中的第一季"春季"，即农历一、二、三月，属名词，也常用做定语，意思是"春天的"。如岑参《白雪歌送武判官归京》："忽如一夜春风来，千树万树梨花开。"

春天最大的特征，就是大地苏醒、万物滋生荣发，而"春"字的构造，正是来源于阳光升起、草木初生这一意象。

【汉字溯源】

"春"是个会意兼形声字。甲骨文中的"春"，呈左右结构。左边上、下各有一个"屮"（chè）字，即草，中间是"日"，即太阳。两棵草夹着一个太阳，寓意"旭日东升"。右边为植物的种子扎根大地、破土而出的样子：中间的一横代表地面，下面是根，上面的圆形部分代表刚刚破土的胚芽——这也是"屯"（tún）字的甲骨文字形。"屯"的本义为"种子扎根发芽"，后被引申为"聚集"等义。在此，它既表示"万木萌生"，也表声。不难看出，"春"字的本义是"阳光抚照、万木初生"，正是春天的特点，所以它又被引申为"春天"。《公羊传·隐公元年》："春者何，岁之始也。"意即："春"为何是一年之首呢？答案是：草木初萌，乃是生死轮回的又一次开端，就像春天是新一年的开端一样。

【字形演变】

金文中的"春"字，变成了上为"艸"（cǎo），中为"屯"（此时已线条化，失去了象形的韵味），下为"日"的结构。以此为基础，经过小篆、隶书等阶段的演变，"春"逐渐被写成了"萅"或"旾"两种样子，但这两种写法在后世没有得到广泛使用。如今我们所熟悉的"春"字，实际上只是在篆体向隶书过渡阶段产生的"春"的异体字，即古隶中的"春"："艸"和"屯"被合为三个"屮"和一个"人"，而"日"被写在了"人"下。后经汉代的隶变，它又笔画化，成为"春"。

【字义转化】

所谓"一年之计在于春"，"春"常被借用为"一年"的代名词。如高适《人日寄杜二拾遗》："一卧东山三十春。"这里的"三十春"，就是"三十年"的意思。

经引申，"春"还可指"春色、喜色"，如"春情"即指"春日的旖旎风光"。如李群玉《感春诗》："春情不可状，艳艳令人醉。"就是说：春日的风光难以形容，娇艳的景色令人沉醉。但需要注意的是，"春"还常指"男女情欲"，所以"春情"一词也常指男女相互爱恋之情。

由于春天的时候，北斗的斗柄是指向东方的，所以"春"又可指代东方。如：春溟，即东海。

明察"秋"毫

"秋"（qiū）字，基本义是指四季中的第三季"秋季"，即农历七、八、九月，属名词。它也常用做定语。如：秋色、秋风。

五谷成熟、百果飘香、树叶转为金黄色……这些都是秋天的基本特征，但却都很难用简练的笔触表现出来，所以我们的祖先在造字时另辟蹊径，将目光投向了一种极具代表性的鸣虫"蟋蟀"。

【汉字溯源】

"秋"是个会意字，其甲骨文字形有两种：第一种是一只蟋蟀的象形，它有形象分明的长须、由发音镜组成的前翅、强壮有力的后腿；第二种上面也是一只"蟋蟀"，但下面多了一个"火"字。为什么"秋"字会采用这样的构形呢？

原来，蟋蟀是一种典型的秋虫。《诗经·豳风·七月》："九月在户，十月蟋蟀入我床下。"在中国的北方，蟋蟀一般会在八月份成虫出现，九月份十分活跃，而进入十月后，随着天气渐渐变冷，它们便逐渐死亡。可以说，以蟋蟀为秋天的代表，是十分贴切的。

另外，秋收之后，田里又会长出很多杂草，即所谓的"田基草"，需要及时除去，否则会影响下一茬作物的生长。古人除草的办法，就是用火将其烧掉。而当大火燃起时，烧掉的将不只是杂草，还有栖息在田间的各类虫子，其中的代表就是蟋蟀。所以第二种写法，就采用了上"蟋蟀"下"火焰"的构形。

"秋"的读音，则是由蟋蟀的鸣叫声拟声而来的。

说文解字

【字形演变】

发展至金文阶段，"秋"字的构形进一步复杂化，成为左右结构。左边的上半部分是一株禾苗，即"禾"字；下半部分是"火"字。右边是一只乌龟的象形，即"龟"字。为什么"秋"又会变成这种结构呢？一是因为秋天是五谷成熟、树叶变黄的季节，茫茫原野上，会呈现出一片金灿灿的景象，远远望去，就像是火浪阵阵。二是因为此时的水田会全部被晒干，地面上会绽开形似龟纹的裂缝。以此为基础，"秋"字逐渐演化为小篆①、隶书①中的样子，并经楷化，成为"穐"字。但由于字形过于复杂，这种写法并未在后世得到广泛使用。

如今大家熟悉的"秋"字，源于"穐"的简化字"烁"。约在小篆阶段，它就已经出现了，寓意谷物成熟红似火。进入汉代以后，经过隶变，小篆②中的"秋"字逐渐笔画化，但同"穐"一样，它也未被广泛使用。而就在隶书阶段，隶书③所示的左"禾"右"火"的"秋"字诞生，并一直沿用至今。

【字义转化】

秋天是个"谷熟、收成"之季，所以"秋"又被引申为"收获、丰收"之义。如《尚书·商书·盘庚上》："若农服田力穑，乃亦有秋。"意思是说：譬如农夫，只有尽力耕种和收割，才能获得丰收。

上古时期，刀耕火种，一年一熟，所以"秋"又被引申为"年"。如：千秋万代。经进一步引申，它还可特指某一时期、某一时刻。如诸葛亮《出师表》："此诚危急存亡之秋也。"意即：这真是关乎生死存亡的时刻啊！

秋天之后就是万物肃杀的冬天，暗含着"萧瑟"之义，所以"秋"还可用做形容词，可表示"悲愁"。如《礼记·乡饮酒义》："秋之为言愁也。"也可比喻"容颜衰老"，如"秋娘"（泛指年老色衰的妇女）。

古时与律令刑狱有关的事，也可称为"秋"。如：秋曹，是刑部的别称。

说文解字

"冬"温夏清

"冬"（dōng）字，基本义是指四季中的第四季"冬季"，即十、十一、十二月，属名词，也常用做定语，意思是"冬季的"。如：冬梅。这个字，是由"终"（zhōng）字借用而来的。

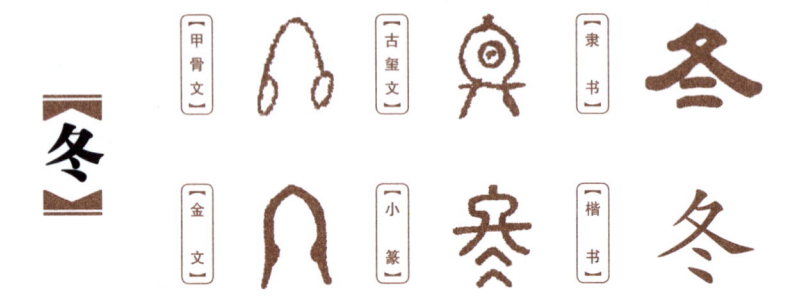

【甲骨文】【古玺文】【隶书】
【金文】【小篆】【楷书】

【汉字溯源】

"冬"是个会意字，本义是"终结"。甲骨文中的"冬"字，就是一绺丝线或一段绳索的象形，它的两个顶端各有一个小圆圈，表示打上了结，也就是"终结"的意思。《说文》："冬，四时尽也。"由于冬天是四季中的最后一个季节，也是一年的终结，所以"冬"又被借用为"冬天"的"冬"。

在"冬"字被借以后，为了避免用法上的混乱，约在秦代，人们又在"冬"前面加了个本义为"细丝"的"纟"（mì）字，创造了形声字"终"，以表示"终了"之义。

【字形演变】

"冬"的金文字形与其甲骨文字形很像，只是"结"变成了实心，且位于"丝（绳）"头稍微向内的位置。至周代晚期的古玺（印）文阶段，"冬"字的结构变化很大，成为一个构形逻辑很强的汉字。它呈全包围结构：里面是个"日"字，代表太阳；外面是金文中"冬"字的变体，即丝（绳）本身弯曲成一个圆圈，两个"结"被拉成了一条直线，从而将"日"圈在了里面。整个字看起来就像是太阳被关在了"天似穹庐、笼盖四野"的天幕之中。这充分体现了古人丰富的想象力：冬季昼短夜长，太阳也远离地球，光照很短，天上总是灰蒙蒙的，就像太阳被关起来了一样。小篆阶段的"冬"字，结构又一次发生变化：上面依然是呈"天幕"状的"丝（绳）"，但里面的太阳不见了。同时，其下面多了个"仌"（bīng）字。"仌"是"冰"的金文字形，为冰凌的

第二章 最关乎人生的汉字

三一〇

象形，在此表示天寒地冻，从而使"冬"字成为一个形声字。进入汉代以后，经过隶变，"冬"字逐渐笔画化：出于形似，上面的"丝（绳）"写成了"夂"（zhǐ）形，下面的"冰"则写成了两个点。

【字义转化】

在古文中，"冬"有时还被作为农历十一月的俗称，即常说的"冬月"。如清代林觉民《与妻书》中："适冬之望日前后，窗外疏梅筛月影。"意即：正赶上十一月十五日前后，窗外稀疏的梅枝筛下月影遮掩映衬。

"冬"还常被借用为象声词，形容敲门或敲鼓的声音，如"鼓声冬冬"，也作"咚"。

"父"慈子孝

"父"（fù）字，基本义是指"某人直系血统的上一代男性"，即"父亲、爸爸"，与"母"相对。《史记·屈原贾生列传》："父母者，人之本也。"它也可作为对与父亲同辈的男性亲属或其他男性长辈的称呼。如：伯父、叔父、祖父、姨父。

但这些都是在家族制度形成以后才诞生的意思，最初的"父"字，是指部落首领，即"酋长"。

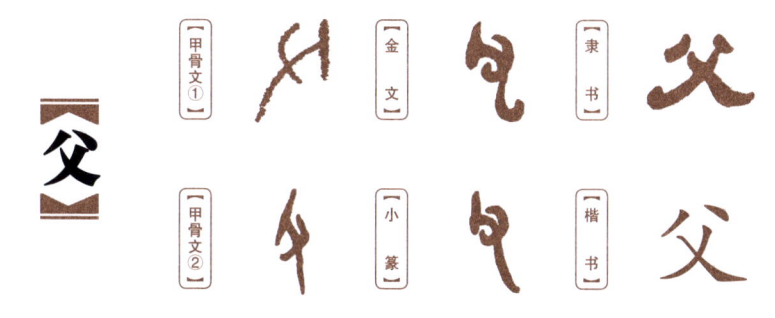

【汉字溯源】

"父"是个会意字。甲骨文中的"父"字，像一只手（或左或右）举着一根大棒（也有人说是上古时期的奴隶主用来刺戳俘虏或奴隶用的锥形物件）的象形。这根大棒，就是"武器""权杖"的代表。进入父系氏族社会以后，部落的首领变成了男性，他肩负着带领族人获取猎物、抵御外族侵略、扩大领土、寻求更好的生存环境等重任，所以必须是部落当中最为孔武有力、智勇双全、气势威猛的男人，而握于手中的权杖，就是这一切的象征。古人正是抓住了这一点，才创造出了精练而传神的"父"字。

【字形演变】

金文和小篆中的"父"字，都是一只右手拿着一根大棒的象形。历经隶变和楷化，"父"字逐渐笔画化："大棒"和最上面的那根"手指"变成了"八"字形，而最下面的"手指"和手臂变成了"乂"字形。

【字义转化】

在家族出现以后，"父"便成为对"族老"的称呼。由于一家之主通常都是父亲，所以"父"又被用做对爸爸的称呼，继而扩大为对其他男性长辈的称呼。可以说，"父"是男性中心社会的标志之一，这个字虽然只有寥寥几笔，却标志着我国古代社会制度的变化、女权和男权的递变，以及家族的形成等。

随着社会的发展，"父"字的字义也进一步扩大。它可用于对某一种大事业的创始者的尊称，如"国父""原子能之父"等，也可指"与雏、崽有直接血缘关系的禽兽中的雄性"，如"父马"（雄马）。由此，它又被引申为"万物化生之本"。如《周易·说卦传》："乾为父。"

"父"还可读"fǔ"音，用于"对老年男子的尊称"。如：渔父、田父。经引申，它又可用于"对有才德的男子的美称"。

在古文中，"父"还可通"甫"，表示"开始"之义。如《老子·四十二章》："强梁者不得其死，吾将以为教父。"意即：强暴的人死无其所，我将这句话当作教戒的开始（即施教的宗旨）。

含饴弄"孙"

"孙"（sūn）字，本义是"孙子"，即儿子的儿子。《说文》："孙，子之子曰孙。"这至今仍是"孙"字的基本义。将字义扩大，它还常指"跟孙子同辈的同姓或异姓亲属"，如侄孙、外孙等。

孙子是祖辈血脉的再次延续，而"孙"的构形，正是基于这一点认识而产生的。

【孙】

甲骨文　小篆　楷书　简体
金文　隶书　草书

【汉字溯源】

"孙"是个会意字，繁体写作"孫"。甲骨文中的"孙"字，左边是一个孩子的样子，即"子"的甲骨文字形，代表"小孩"；右边是一把系在小孩手臂上的丝绳的象形，即"幺"（mì）。丝绳的功用是拴连，在此寓意连续，与"子"相连，表示"子孙连续不断"。

【字形演变】

金文中的"孙"字，由其甲骨文字形发展而来，只是"丝绳"与孩子的"手臂"间多了一条相接的短线，代表"丝头"，而它的下面也多了三条"丝头"，使得"丝绳"更为形象。

发展至小篆阶段，"孙"字变成了左"子"右"系"（xì）的结构。"系"就是在"丝绳"上多了代表栓系对象的一撇，表示"联结、联系"，也就是"续"。自此，"孙"字的结构完全定型。此后经过汉代的隶变和楷化，"孙"字逐渐笔画化，成为"孫"。

在后世的汉字简化运动中，人们根据王羲之的草书"孙"字的形体，将"孫"简化为"孙"。

【字义转化】

随着社会的发展，"孙"字的字义逐渐扩大，成为"子孙后代的泛称"。如苏洵《六国论》："子孙视之不甚惜，举以予人，如弃草芥。"意即：后世子孙不太爱惜那些土地，将其都送给别人，就像是抛弃小草一样。

在医学上，人们也将脉络的细小分支称作"孙"。如《灵枢经》："经脉为里，支而横者为络，络之别者为孙。"

而在植物界，"孙"则是指"再生或滋生的植物"。如《周礼·春官·大司乐》："孙竹之管。"意思就是：用孙竹做成的管乐器。这所谓的"孙竹"，就指"竹根末端生出的新枝"。

说文解字

"孝"子贤孙

"孝"（xiào）字，本义是"尽心奉养并服从父母"，即"孝顺"。如《说文》："孝，善事父母者。"《贾子·道术》："子爱利亲谓之孝。"这也是它的基本义。而"孝"的字形，也紧扣着这一主题，由"老（人）"和"（孩）子"两部分组成。

【甲骨文】【小篆】【楷书】【金文】【隶书】

【汉字溯源】

"孝"是个会意字，其构字思路及演变流程与"老"是十分相像的。甲骨文中的"孝"字，结构比较简单，上面是老人的长头发的象形，即"毛"字，在此指代老人；下面是个代表儿女的"子"字。二者结合，就巧妙地表达出了儿女支撑、赡养老人的意思，即"孝顺"。

【字形演变】

金文阶段的"孝"字，更为周详：下面依然是"子"，但上面的老人被描绘得更为形象：他伛偻着身子，伸手扶着"孩子"的头，从而将依靠儿女的意象表达得清晰明了。后世各种字体中的"孝"，皆由此发展而来。

【字义转化】

由本义出发进行引申，"孝"也可用做"祭祀"之义，即向神或祖先供奉财物以示感激。如《论语·泰伯》："菲饮食而致孝乎鬼神。"意即：饮食简单粗陋，但对鬼神的祭祀却办得非常隆重。

孝顺，不只体现在对生者的照顾和服从上，也体现在对其后事的料理上，所以"孝"字又可指"服丧期"，如"守孝"；或指"丧服、孝服"，如《水浒传》："原来这婆娘自从药死了武大，那里肯戴孝。"

怀橘遗"亲"

"亲"（qīn）字，基本义是"父母"。如《礼记·奔丧》："亲，父母也。"它也可"单指父亲或母亲"，如"双亲"。由此进行引申，它还可"泛指有血统或婚姻关系的人"。如《左传·昭公十四年》："亲，九族。"又如：亲朋好友。

具有讽刺意味的是，这个字的字形构造竟然来自于古代用刑刀挖眼的酷刑。

〈亲〉 [金文] [隶书] 親 [简体] 亲 [小篆] 親 [楷书] 親

【汉字溯源】

"亲"是个会意字，繁体写作"親"，本义是"贴近"，即距离近或关系密切。《广雅》："亲，近也。"此字诞生得较晚，最早见于周代的金文：左为本义是"刑刀"的"辛"字，右为一个眼睛被画得格外大的人的象形。在上古社会，奴隶主经常会用刑刀来对奴隶或战俘施行种种残酷的肉刑，而最常见的就是刺瞎或挖掉他们的一只或两只眼睛。所以刑刀和眼睛之间有着非常紧密的关系。古人正是利用这种关系，创造出了"親"字。

【字形演变】

发展至秦代的小篆阶段，"親"字的构形变得更为写实。由于奴隶或战俘在被挖掉眼睛后，往往还会枷锁加身，被困于牢狱或被流放，所以"親"的左边又加了个代表枷锁的"木"字——早期的枷锁是木制的。而由于字形上的相近，其右边的"人"被换成了"见"（见）字，但仍是代表受刑者。以此为母本，"親"字经过汉代的隶变和楷化，逐渐笔画化。在后来的汉字简化运动中，它被写作了"亲"。

【字义转化】

由本义进行引申，"亲"又可指"亲爱、亲密"。它作动词时，表示"亲近、接近"。如诸葛亮《出师表》："亲贤臣，远小人，此先汉所以兴隆也。"它还可特指一个动作，即用嘴唇或脸、额接触（人或物），如：亲吻。"亲"作名词时，即指"关系亲密的、可靠的人"。如韦应物《初发扬子寄元大校书》:"凄凄去亲爱,泛泛入烟雾。"意即:悲伤地离开亲爱的朋友,船儿漂漂驶入茫茫烟雾中。由于父母是与自己关系最为亲密的人,所以"亲"又可特指"父母"。

"亲"亦可用做副词,表示"亲自、亲身"。如:亲迎,即新郎去女家迎娶新娘,为古代婚姻六礼之一。

"爱"人以德

"爱"(ài)字,本义是"喜爱、爱慕",即对人或事物有深厚真挚的感情。如唐代刘长卿有《弹琴》:"古调虽自爱,今人多不弹。"意即:虽然我很喜爱这古时的曲调,可惜现今的人们多已不弹。它也可作名词,表示"深厚而真挚的感情"或"仁爱"。

"爱"是需要表达的,而"爱"的字形,正是来源于一个人告白的场景。

【汉字溯源】

"爱"是个会意字。它诞生得较晚,最早见于战国晚期的金文中,是一个面朝左边、张着嘴巴坐在地上的人的象形,他用手抚摸着自己的胸口,而其胸口有个大大的心脏的象形。由此,一个人向他人(物)诉说自己的喜爱之情的场景,就展现在了人们的面前。

【字形演变】

小篆中的"爱"字有两种。早期的一种跟其金文字形十分相像,只是人的脸朝向了右边,"心"也更为形象,且被放在了"身体"的正中,从而使得整个字形更为规整。晚期的一种,是在早期的那种下加了个"夂"(zhǐ)。"夂"是一只脚趾朝下的脚的象形,代表"由远及近",在此表示"爱"是一种主动性的行为或行动。以此为基础,经过汉代的隶变和楷化,"爱"字逐渐笔画化,写成了"愛"。在后来的汉字简化运动中,人们把上"心"下"夂"的结构写成了"友",将"愛"简化为"爱"。

【字义转化】

由"喜爱"引申,"爱"还有"爱护、珍惜""舍不得、吝惜"等义。如《孟子·梁惠王上》:"齐国虽褊小,吾何爱一牛。"意即:齐国虽然狭小,但我怎么可能连一头牛都舍不得呢?有时候,它还可解释为"过分地爱",即"贪"。如《宋史·岳飞传》:"文臣不爱(贪)钱,武臣不惜死,天下(太)平矣。"

"爱"还可特指"男女两性之间的爱慕"或"情爱",如《文选·古诗四首》:"结发为夫妻,恩爱两不疑。"在现代汉语的口语中,"爱"常用做副词,表示"容易发生某种变化、经常发生某种行为"。如:这孩子怎么这么爱生病?在古语中,人们还常称对方的女儿为"令爱"。

福

"福"星高照

"福"(fú)字,基本义是"幸福、福气",与"祸"相对。古称富贵、寿考等齐备为福。如《韩非子·解老》:"全寿富贵之谓福。"《老子》:"祸兮福之所倚,福兮祸之所伏。"意思就是:祸与福互相依存,可以互相转化。比喻坏事可以得出好的结果,好事也可以得出坏的结果。

但"福"本为动词,本义是"祭神求福"。

【汉字溯源】

"福"原本是个会意字。甲骨文中的"福"字由三部分构成。左边分上、下两部分：上面是个十分形象的酒坛子，坛口、坛颈以及坛身上的"×"形花纹，应有尽有；下面是一左一右两只手的象形，表示以手捧着酒坛子。右边是个表示"祭坛"的"示"字。三部分结合起来，就表达出了"捧酒在祭坛前献祭，祈求神灵赐福"之义。

【字形演变】

发展至金文阶段，"福"字演化出了四种截然不同的字形：

第一种是左"酒坛"、右"示"的组合，这酒坛子也大为简化，变成了倒三角形坛口和"目"字形坛身。

第二种为左"示"、右"酒坛"的组合，酒坛子的样子也发生了改变：坛口和坛颈变成了上大下小的梯子形，而坛身则变成了"田"字形——"田"字中间的"十"字代表花纹。

第三种是在第二种之上又加了个代表房屋的"宀"（mián），表示求福活动是在诸如庙宇之类的房子中进行的。

第四种尤其复杂，为左、中、右结构：中间是上"酒坛"下"示"的组合，两边各有一个"人"字，表示"祭神求福"的活动是由人进行的。

在后世得到广泛使用的，是第二种"福"字。在小篆阶段，其右边的"酒坛子"被分为三部分："坛口"变成了一横，"坛颈"变成了"口"字，"坛身"仍然是"田"字。以此为基础，历经汉代的隶变和楷化，"福"字逐渐笔画化，成为"示"形"畐"（fú）声的形声字。

【字义转化】

"福"可引申为"赐福、保佑"之义。如《说文》："福，祐也。"又如《左传·庄公十年》："小信未孚，神弗福也。"意即：小诺言都不兑现，神是不会赐福的。而由于"福"的本义是"祭神求福"，所以祭祀用的酒肉也可叫作"福"。如《国语·晋语二》："骊姬受福。"意即：骊姬接受了祭过神的酒肉。

在古文中，"福"常通"拂"，指一种女性礼节：上身稍微前倾、双手重叠在身体偏右方向上下移动。

"对"答如流

"对"（duì）字，基本义是"应答、回答"。《广韵》："对，答也。"如《孟子·梁惠王下》："王语暴以好乐，暴未有以对也。"意思是说：大王告诉我（庄暴自己）他喜爱音乐，我不知道该怎么回答。

然而"对"字的本义，其实是"对准"。

【汉字溯源】

"对"是个会意字，其构形来源于劳动人民的一项生产实践——凿洞。甲骨文中的"对"字，主要有两种，都是这一劳动场景的真实写照：第一种写法的右边是一只手的象形，左边为一把凿子的象形，其中间的一竖代表凿身；其上的三角形部分代表凿柄，是供锤子敲击的受力点；"凿柄"之上有三条竖着的短线，表示连续不断地锤击；"凿身"的下端，也有个三角形，代表已经凿好的榫眼。左右两边合起来，就表示"对准目标进行凿击"。第二种与第一种基本一样，只是左边凿子下面的三角形被以一个代表所凿位置的小短横代替了。

无论是木工凿孔，还是石匠凿岩，最重要的是要对准选好的位置，所以古人在造字时，才会以"凿洞"这一场景来表达"对准"之义。

【字形演变】

金文中的"对"字，由其第二种甲骨文字形发展而来，但"凿身"上多了两个"V"形的指示性符号，表明凿子是在向下施力的。小篆中的"对"字，秉承了其金文字形，但更为美观：左边"凿柄"上的短竖变成了四个，下面的"V"形符号又多了一个——上面的一个写作"U"字形，下面的两个写作两横；但右边的"手"变成了"寸"。"寸"的构形为"手"字之下又加一个指示性的短横，表示下手腕一寸之处，即中医诊脉的部位，又称"寸口"。"寸"常用做长度单位，十寸为一尺。由于一寸的距离很短，所以"寸"又被用来形容极其短小的事物。而古人将其用在"对"字中，是为了强调打凿孔眼，是分毫必较、准确性要求极高的活儿。以此为基础，经过汉代的隶变和楷化，逐渐笔画化，成为"對"。在后来的汉字简化运动中，"對"又被写成了"对"。

【字义转化】

由"对准"之义进行引申，"对"又可解释为"朝向、面对、两者相对""相当、相配"等义。如唐代李颀《听董大弹胡笳兼寄语弄房给事》："胡人落泪沾边草，汉使断肠对归客。"意即：胡人听了乐曲热泪洒边草，汉使听了面对文姬痛断肠。又如：对头亲，指门当户对的亲事。而由"相对、相当"之义进一步引申，"对"便又有了"回答、应答""核对、核查"之义，或用做形容词，指"意见、判断或程序上正确"。如：校对、他说得对。因为问和答，以及孔眼和榫，都是需要成对出现的，所以"对"又被引申为"成双、成对"。如：对手、对象、对联。

"对"用做量词时，用于计量按性别、左右、正反等配合的人或物。如：一对可人儿。它也可用做介词，意思是"朝、向"，为虚词，表示动作的对象，如"对古文字很有研究"。也可表示对待关系，用法大致同"对于"，如老舍《骆驼祥子》："对花钱是这样一把死拿，对挣钱祥子更不放松一步。"

一无"是"处

"是"（shì）字，可以说是使用频率最高的汉字之一，基本义是"对的、正确的"，与"否""非"相对。如王维《西施咏》："君宠益娇态，君怜无是非。"这是由其本义"正、不偏斜"引申出来的义项。

【汉字溯源】

"是"是个会意字。甲骨文中的"是"，上面是个"日"字，代表"太阳"；下面是两只脚的象形，即两个"止"字，"脚趾"部分正对着上面的"太阳"，寓意"朝着太阳这一目标进发，不偏不斜"。由此，"是"字的本义就被形象地表达了出来。

【字形演变】

至金文阶段，"是"字下面的"止"只剩下了一个，"止"的上面依然是"日"。所不同的是，"日"与"止"之间，多了个"十"字，这是个指示性的符号，相当于坐标，意在更明确地表明这只"脚"在朝着"太阳"进发。而发展至小篆阶段，"是"变成了上"日"下"正"（zhèng）的组合。"正"字的本义就是"不偏不斜",其字形为"止"上面加了一横,这一横就代表"脚"向前进的目标。二者相合,也表达出了"脚"不偏不斜地向着目标前进之义。以这一小篆字形为基础,经过汉代的隶变和楷化,"是"字逐渐笔画化。

【字义转化】

太阳代表光明和正义,朝着太阳进发,就有着面向光明、朝着正义前进的意思,也就是走"正道、直道",所以"是"又有"正确的、正直的"等义。如《说文》:"是,直也。"

"是"的后起义很多,用途也很广泛。如它可以用做代词,表示"此、这",如"是日"(此日);也可用做副词,表示肯定(如"他是与众不同")或在回答问题、命令或要求时表示同意(如"是,我很庆幸能认识你。")等;还可用做连词,表示让步(有"虽然"的意思,第二句常有"但是、可是"等,如"他瘦是瘦,可从来不生病。")、原因、目的(后面可加"由于、为了"等词,如"他能回来是因为爸爸给他打过电话了")等。另外,"是"还常用做动词,可表示赞同、肯定,如"是古非今";可联系两种事物,如"节约是不浪费";也可表示肯定判断,如"他是学生"。

转危为"安"

"安"(ān)字,本义是"安定、安全",属形容词。如《尔雅》:"安,定也。"它用做名词时,即指"安乐的环境"。如《周易·系辞下》:"是故君子安而不忘危。"

【汉字溯源】

"安",会意字,构造十分有趣。其甲骨文字形主要有两种。在商代早期的甲骨文中,"安"由三部分组成:上面是一座房子的侧视图,即"宀"(mián);下面是一个面朝右边跪坐的女子的象形,即"女";她的右边还有一只脚的象形,即"止"。三者相合,将一个女子走进屋内、坐了下来的场景展现在了人们面前。至晚期甲骨文阶段,"安"字中的"止"字变成了分布在"女"字左右的两个点,各代表一只脚。

古人为何会以"女居室中"为"安定、安全"呢?原来在上古时期,毒蛇猛兽四处出没,体质较弱的妇女只有待在室内才会免于受伤。另外在母系社会,发育成熟的女性若居无定所,便只能在野外结婚生子,而孩子也只能四处为家。以小见大,整个氏族将全无秩序。所以妇女有自己的房子,便成为"安定、宁谧"的象征。

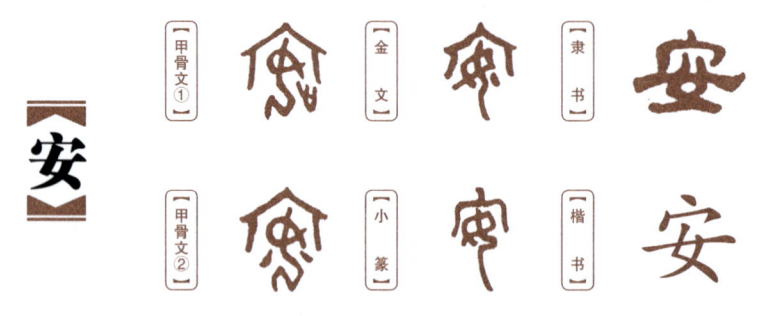

【字形演变】

金文中的"安"字,"女"由坐姿变成了站姿,且面向左边,而代表"脚"的两个点也只剩下了右侧的一个。至小篆阶段,这最后的"脚"也被省略了。以此为基础,经过汉代的隶变和楷化,"安"字逐渐笔画化,成为一个六画的方块字。

【字义转化】

经引申,"安"又可解释为"安稳、稳固"。如《荀子·王霸》:"国安则民无忧。"而由"安稳","安"又可引申为"安放、安置"。

一般来说,"安身"就是"容身、立足"。如:安身立命。但并不是所有的"安身"都当此义讲。如《左传·昭公元年》:"君子有四时:朝以听政,昼以访问,夕以修令,夜以安身。"这里的"安身",应是"使身体安康"之义,即"休息、睡觉"。作动词时,"安"还可当"安抚","安心、习惯或满足于"讲。

"安"也常被借用为副词,表示疑问,相当于"岂""怎么"。如李白《梦游天姥吟留别》:"安能摧眉折腰事权贵,使我不得开心颜。"它也可用做疑问代词,表示"谁、何、什么"或"哪里、何处"。如《左传·僖公十四年》:"皮之不存,毛将安附?"

邯郸"学"步

"十三学得琵琶成,名属教坊第一部"中的"学"(xué)字,基本义是"学习、认识"，作动词用。《广雅》："学，识也。"但实际上"识"并不是"学"的本义。

《学》

[甲骨文] 𦥯　[小篆] 學　[草书] 学　[简体] 学
[金文] 學　[隶书] 學　[楷书] 學

【汉字溯源】

"学"是个会意字。其甲骨文字形由三部分组成。上面左右两边是朝下的两只手的象形，寓意"帮助、帮扶、教导"。它们的中间，是一上一下两个"×"。

这代表什么呢？关于这个问题，学界是有所争议的，主要观点有两种。

以古文字学宗师朱芳圃（1895—1973）为代表的一些学者认为，这是一张正在编织的网，"结网为复杂之技能，非传授不能获得"。

但也有人认为，这是四根两两交错的算筹（一根根同样长短的小棍子，在古代曾用于记数和计算），与两边的"手"相结合，表示"教授算术之法"。

无论哪种解释，都不影响字义的表达——"学"字的上半部分，就是"教人学习（本领、知识）"之义。而它的下半部分，为一座房子的侧视图，代表一种场所。

上下结合，就表达出了"学"字的本义——教人学习的场所，也就是今天的"学校"。《孟子》："夏曰校，殷曰序，周曰庠；学则三代共之。"陆德明《释文》："郑人谓学曰校。""校"就是"学堂、学校"之义，《集韵》："校，教学之宫。"由此，"学"即"学校"。

【字形演变】

发展至金文阶段，"学"字中的"房子"下面又添了个"子"，意在表明"学"就是教孩子学习知识和本领的地方，从而使得"学"字的意思更为明确。以此为基础，"学"字逐渐演变，并在楷书阶段完全笔画化，变成了"學"。若仔细辨认就会发现，这个"學"字上面的两只"手"，由原来的朝下变成了朝上。"學"字笔画过于繁复，于是后人就据其草书字形，将它简化为"学"。

【字义转化】

学校的功能就是让老师为学生传道、授业、解惑，所以"学"又可解释为"学习、讲学"。如《广雅》："学，教也。"

另外，学习在很大程度上就是一种仿效，因而"学"又可引申为"模仿"。如王维《老将行》："路旁时卖故侯瓜，门前学种先生柳。"

而学习的结果，就是获得知识，所以"学"还可当"学问、学识"讲，如"博学多才"。由此，它还可引申为"学科"之义，如"文学""哲学"。

"身"体力行

"但看古来盛名下,终日坎壈缠其身"中的"身"(shēn)字,基本义是"身体",即人或动物的躯体。如王述之《经义述闻》:"人自项以下,踵以上,总谓之身。颈以下,股以上,亦谓之身。"又如《礼记·祭义》:"身也者,父母之遗体也。"

有意思的是,"身"字的本义实际上是"怀孕在身"。

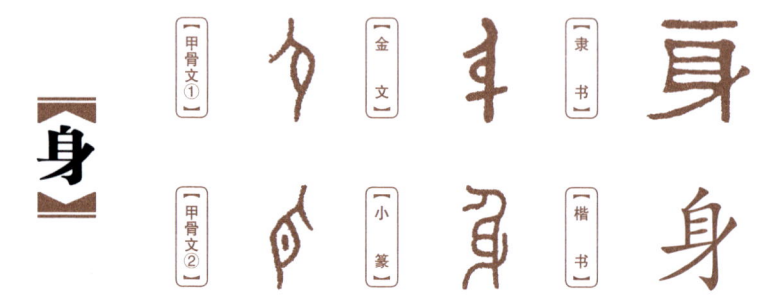

【汉字溯源】

"身"是个象形字。甲骨文中的"身"字主要有两种写法:第一种为一个面部朝左、双臂前伸、弯腰站着的妇女的象形,她的腹部高高隆起,寓意"有孕在身";第二种与第一种如出一辙,只是人换成了面向右边,腹部也多了一个代表胎儿的点,从而使得字义更为明确。

"身"的本义一直沿用至今。在现代口语中,还称"怀孕"为"有身子"。

【字形演变】

金文中的"身"字,由其甲骨文字形发展而来,但人不再弯着腰,而是变成了直立状。其隆起的腹部下多了一条横线,代表孕妇的右腿和右脚——到怀孕晚期,肚子的过于膨大会使孕妇的行动受到限制,所以她们走路时总是双腿叉开,这条短横很巧妙地表达了这一点。小篆阶段的"身"字,字形进一步线条化,且更加美观、清晰。进入汉代以后,经过隶变和楷化等阶段,"身"字逐渐笔画化,成为一个七画的汉字。

【字义转化】

"身"还有个同义字"孕",其甲骨文字形为" ",即一个妇女腹中包裹着一个"子"(孩子)的样子。这一字形,将"怀孕"之义表达得更为明确,因而得到了广泛应用。

所以,"身"的字义渐渐发生了转移:开始时专指人的躯体,后又泛指人或其他动物的躯体。

由"身体"之义,"身"又可引申为"生命、性命""毕生、一辈子"等。如:奋不顾身;身后萧条,即死后景况凄凉,没有遗下产业、钱财或子女。

躯体是人体的主干,所以"身"又被引申为"自身、自己"。如《论语·学而》:"吾日三省吾身。"意即:我每天多次反省自己。而由"自己"之义,"身"又可代指"我"。如《三国志·蜀志·张飞传》:"身(我)是张翼德也。"

此外,"身"也可泛指人的地位、品德。如:出身、身败名裂。

凤"毛"麟角

"东门酤酒饮我曹,心轻万事如鸿毛"中的"毛"(máo)字,基本义是指"动植物的皮上所生的丝状物以及鸟类的羽毛等"。《说文》:"毛,眉发之属及兽毛也。"

如今,我们夸赞别人的头发漂亮,就会说:"您的头发长得可好!"但绝不会说:"您头上的毛长得可真棒!"否则肯定会得罪人。

但为很多人所不知的是,"毛"字的本义,实际就是指"人的头发"。

【汉字溯源】

甲骨文中至今尚未发现"毛"字,但在前面所解析的"考""孝"等字中,我们可以看到老人的长头发是写作"〰"或"〰"的,而后者正是"毛"字的构形来源。

目前所能见到的最早的独体"毛"字,是在周代的金文中:上面的枝丫状线条,就代表密密匝匝生长的头发；中间那根头发的下端，还有代表头皮的一个点。

【字形演变】

小篆中的"毛"字，代表头皮的那个点被去掉了，整个字也进一步线条化，变得圆润规整。进入汉代以后，经过隶变和楷化，"毛"字逐渐笔画化，成为一个四画的方块字。

【字义转化】

由"头发"进行引申，"毛"便成为"眉毛""头发""兽毛"及"鸟的羽毛"等的总称。

兽类一般都通体长毛，所以"毛"也可代指"兽类"或"带毛的兽皮"。如：毛群，即兽类；毛裘则指兽皮制作的衣服。

毛有小、多、细碎、微不足道等特点，所以它常作形容词，比喻"多而细碎"，如毛细血管；或"小、微不足道"，如小毛贼。正因如此，"毛"也用做中国货币单位"角"的俗称，等于一元的十分之一。兽皮在使用前，通常都是需要将毛除掉。换而言之，尚未除毛的兽皮，就是不纯净的，所以"毛"又可被引申为"不纯净"，如毛重；或"半加工的、粗糙的"，如毛坯。

另外，"毛"也常用做动词，表示"发火、发怒"，如他一听就毛了。也可是"发慌"，如吓毛了。还可以是"货币贬值、兑换率下降等"，如美元毛了。

需要注意的是，"毛"还常通"芼"，意为"草木、五谷"。如《列子·汤问》："曾不能毁山之一毛。"意即：连山上的一棵草也动不了。《后汉书·冯衍传上》："饥者毛食。"此话该如何理解呢？难道是"饥饿者吃毛"吗？显然不对。原来这个"毛"是"没"字的同音假借字。全句意即：饥饿的人没有饭吃。

"发"愤图强

"发"（fā）字，是个意思和用法都极其多样化的汉字，基本义是"送出、交付"，与"收"相对。如：发电报、发工资。而这都是由其本义"发射"引申而来的。《说文》："发，射发也。"又如：百发百中。

【汉字溯源】

"发",会意。其甲骨文字形,左下方是一只左手的象形,"手"右侧是一竖,为标枪的象形;而"标枪"上端的两侧各有一只脚趾向前的脚的象形,即"止",代表向前方移动。四部分结合起来,就描绘出了一个人手拿标枪疾步向前并将其投掷出去的图景。由此,"发"的本义"发射、投掷"便被巧妙地表达了出来。

〈发〉	[甲骨文]	[小篆]	[草书]	[简体]
	[金文]	[隶书]	[楷书]	發

【字形演变】

金文中的"发"字较其甲骨文字形更为具体化:两只"脚"线条化,变成了一正一反两个"止";下面的"左手"换成了"右手",且与"标枪"连到了一起;字的左边又加了个"弓"(gōng)字,以强调"发射"之义。至小篆阶段,"发"字变为上下结构:上为两个"止"字,左下方为"弓",右下方变成了"殳"(shū)字。殳是古代一种专门用于撞击的武器,用竹木做成,有棱无刃,在"发"字中所起的作用与"标枪"是一致的,但它能让字形更为规整。以此为基础,经过隶变和楷化,"发"字逐渐笔画化,成为"發"。在后世的汉字简化运动中,人们又根据汉晋时期草书中的写法,将"發"简化为"发"。

【字义转化】

由"发射"之义进行引申,"发"便有了"送出、交付""出发、上路"等义。如白居易《琵琶行》:"忽闻水上琵琶声,主人忘归客不发。"意即:忽然听到江面上传来一阵琵琶声,于是主人忘了回家,客人也不肯动身了。进一步引申,"发"还可解释为"发生""生长""表达""开展""显现""开动""发源""打开""征调""抒发""宣告""派遣""发作""兴旺发达""开发"等多达几十种意思,需要在具体的语言环境中另加分析。

另外,由"发射"之义,"发"又可引申为"发射的数量",从而成为一个量词,用于计量小武器打靶比赛中每个射手规定的发射次数,如"一次十发";或用做计算子弹、炮弹的单位,如"两发炮弹"。

需要注意的是,"发"还可读"fà"音,表示"头发"。如孟浩然《岁暮归南山》:"白发催年老,青阳逼岁除。"但事实上,这个"发"只不过是"髪"(fà)字的简化字,与其本义无关。"髪"为"髟"(biāo,本义是"头发下垂的样子")形"犮"(bá,同"拔")声的形声字,本义就是指"头发"。由于"发""髪"二字字形相近,所以"髪"也被简化为"发"。

说文解字

神"出"鬼没

"闲持贝叶书,步出东斋读"中的"出"(chū)字,本义是"出来或出去",即"从里面到外面",与"进""入"相对。《集韵》:"出,自内而外也。"现如今,这还是它的基本义。如白居易《琵琶行》:"千呼万唤始出来,犹抱琵琶半遮面。"意即:千呼万唤她才慢慢走出来,还抱着琵琶遮住半边脸面。

此字的字形,描述了一个人走出大门或坑洞的场景。

【汉字溯源】

"出"是个会意字,其甲骨文字形主要有两种。第一种,上面是一只脚趾朝向前方的脚的象形,即"止";下面是门洞的象形"口"。上下结合,表示"走出门洞去"。第二种,上面也是"止",下面是个土坑的象形,即"凵"(kǎn)。二者结合,寓意"走出土坑"。无论是哪一种写法,都传达出了"走出"这样一种意思。古人造这个字,采用的是以个别代替一般的方法,即以"走出"这一意象,来代表"浮出、钻出、爬出、出行"等所有的"出"。

【字形演变】

由于字形相对简单,所以后世各种字体中的"出"字,皆以其第二种甲骨文字形为母本,为上"止"下"凵"的组合。需要注意的是,小篆中的"出"字,由于千百年传写过程中的改变而不太形象了,尤其是上面的"止",看起来更像是一把草的象形。所以有学者会认为"出"像是草木长出的样子,从而认为其本义就是"长出"。如《说文》:"出,进也。象草木益滋,上出达也。"但若结合其全部的演变流程,我们就应该认识到,这种说法是错误的。以小篆字形为基础,进入汉代以后,经过隶变和楷化,"出"字逐渐笔画化,成为一个五画的方块字。

【字义转化】

由"由内而外"之义进行引申,"出"又可解释为多种意思:

1. 出现,显露。如杜甫《古柏行》:"云来气接巫峡长,月出寒通雪山白。"意即:云朵飘来,柏树的浩气接巫峡;月亮升起(显露),柏树的寒意通雪山。

2. 生产,产生。如:出煤、出活儿。

3. 高出,超出。如韩愈《师说》:"古之圣人,其出人也远矣。"意即:古代的圣人,才智超出一般人很多。

4. 使出,拿出,取出。如:出钱。

5. 出生,生育。

6. 发出,发布。如:今儿个出榜。

7. 用在动词后表示向外、显露或完成。如:想出、看出。

需要注意的是,作为量词、计量一个独立的剧目或节目,如"一出戏"的"出"字,实质上是"齣"(chū,原指传奇中的一个段落,同杂剧中的"折"相近)的简化字。

出神"入"化

"春风不相识,何事入罗帏"中的"入"(rù)字,本义是"进来或进去",即"由外面至里面",与"出"相对。《说文》:"入,内也。"如綦毋潜《春泛若耶溪》:"晚风吹行舟,花路入溪口。"意即:晚风吹着轻快的行船,一路鲜花直进入溪口。如今,这还是它的基本义。

"出"就是"走出大门或坑洞",那么,造字者又是如何表示"进入"之义的呢?

【汉字溯源】

"入"是个象形兼会意字。甲骨文中的"入"字,呈"∧"形。这又是什么呢?原来,它是一个诸如箭头、枣刺、竹尖、骨针之类的物件儿的象形。在日常的生活中,先民们认识到这些顶端尖尖的锐器,能够刺穿其他物体,进入其中,所以,他们就用这些东西的象形,表达"进入"之义。我们的祖先总是睿智而又惜墨如金,他们往往用最简洁的方式,一针见血地表达出想要表达的意思,这往往令当代人都自叹弗如。

说文解字

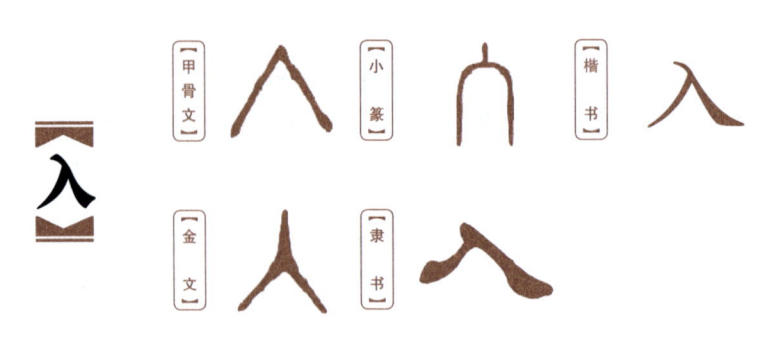

【入】

甲骨文　小篆　楷书
金文　隶书

【字形演变】

"入"字在结构上，从古至今都未发生大的变化，只是在各个历史阶段的不同字体中，字形有所差异：金文中的"入"，看起来更像是三瓣的飞镖；而小篆中的"入"，则又变成了一个线条流畅的、开口向下的"叉子"。进入汉代以后，经过隶变和楷化，"入"字才被笔画化为一个一撇一捺的汉字。为了与"人"字相区别，人们又将"入"字的捺笔放在了撇笔之上。

【字义转化】

由"进入"之义进行引申，"入"字又可解释为其他意思，主要有以下几种：

1. 参加，加入（某种组织）。如：入党。
2. 交、交纳。如汉代贾谊《论积贮疏》："岁恶不入，请卖爵子。"意即：年成不好，百姓交不了租税，（朝廷）卖官爵，（百姓）卖儿女。
3. 接纳，采纳。如《史记·魏世家》："商君亡秦归魏，魏怒不入。"意即：商鞅从秦国逃出来投奔魏国，魏人恼怒，不收留他。
4. 合乎，与……相适应。如：入情入理。
5. 收入，进项。如柳宗元《捕蛇者说》："殚其地之出，竭其庐之入。"意即：地里的出产缴光了，家里的收入用完了。

需要注意的是，如今的"入""进"二字的意思基本上是相同的，但在古代，二者却是全然不同的两个概念："进"的本义为"向前移动"，与"退"相对；"入"则特指"由内到外"。我们今天所说的"进去""进来"，古人只能说"入"，而"进军""进取"等词，他们却不能说成是"入军""入取"。

足智"多"谋

"多"（duō）字，是最为常用的形容词之一，本义是"数量大"，与"少""寡"相对。如《尔雅·释诂》："多，众也。"如今，这仍是它的基本义。

[甲骨文] [金文] [小篆] [隶书] [楷书]

【汉字溯源】

"多"是个会意字，其构字思路很有意思：甲骨文中的"多"字，为上、下叠放的两块肉的象形。上古时期，生产力极其落后，物质严重匮乏，人们都是群居的，所获取的猎物也都要先由酋长分成若干块，再一块块分给族人。能分到一块肉已经是非常不容易的了，而若能一次分到两块，那简直就是富翁了。所以，我们的祖先就取叠放的两块肉之形，来表达"数量多"之义。

【字形演变】

从古至今，"多"字的字形都未发生大的变化。以甲骨文字形为基础，历经金文、小篆等阶段，"多"字只是变得更为线条化。出于字形上的相像，经汉代的隶变和楷化，笔画化之后的"多"，变成了两个"夕"字的组合。

【字义转化】

由"数量大"之义进行引申，"多"又可当"余"讲，表示超过了正常的或需要的数目，如二百多。它还可解释为"过分、不必要"，如多虑。它还可用以形容相差的程度大，如：这样就好看多了。

另外，肉多是值得庆贺的好事，所以"多"又可引申为"贤、好"，如古代的女子会将她所钟情的男子昵称为"多才"；也可当"重"讲，如《老子》："名与身孰亲？身与货孰多？"意思就是：名誉与生命哪一个更亲近？健康与财富哪一个更重要？它还可作动词，表示"赞许、推崇"。如《史记·商君列传》："反古者不可非，而循

说文解字　第三章　最关乎人生的汉字

礼者不足多。"意思就是：反古的不可去责难，而循礼的也不值得称赞。

"多"也可用做副词。用在疑问句里，询问程度或数量，如：多大年纪？用在感叹句里，表示程度很高，如：这人多不简单呐！同时，它还可指"多数、大多"，如：他们多是二十来岁的小伙子。

需要注意的是，"多方"一词一般都当"多方面"讲，但也有特殊情况。如《庄子·天下》："惠施多方，其书五车。"其中的"方"，是指"学术"，"多方"即"学识广博"。所以全句的意思是：惠施这个人学识渊博，他所读的书可装满五大车。

"少"言寡语

"夜来风雨声，花落知多少"中的"少"（shǎo）字，本义是"数量小、不多"，与"多"相对。《说文》："少，不多也。"而这也是它如今的基本义。

【汉字溯源】

"少"是个典型的指事字，其字形就来源于"小"字。"小"字的本义是"细、微"，与"大"相对。其甲骨文字形为"小"，是三个诸如细沙、米粒之类的细碎粒状物的象形，造字的人正是借它们微小这一特征，来表达"细小"之义。而甲骨文中的"少"字，就是在"小"字之下又加了一个点，即一个指事符，一方面意在说明这（小）就是"少"，另一方面又使得"少""小"二字在字形上有所区别。在古文里，"少""小"二字经常是通用的。如《淮南子·氾论训》："武王崩，成王幼少。"意即：武王死了，成王还很幼小。

【字形演变】

金文中的"少"字有两种写法，都由其甲骨文字形发展而来：第一种，"小"字下的那个指事符被拉长为一竖，而"小"字左右两边的两点则变为左右开弓的"八"字形；第二种，"小"字中间的那个点变为一竖，两边的两个点分别成为向左、向右弯的两条弧线，而其下的指事符则变成了一捺。发展至秦代，适应小篆圆润规整的要求和"正体居上、下脚舒长"的特点，"少"字下的指事符改变为一条"乙"字形的曲线。后经汉代的隶变和楷化，"少"字被笔画化，成为今天我们所熟悉的样子。

【字义转化】

由"不多"之义进行引申，"少"又可解释为"薄弱"。如《韩非子》："力少而不畏强。""少"用做动词时，一般是指"短缺、不够原有的或应有的数目或种类"，如"一个也没少"。或为"减少、削弱"之义，如贾谊《治安策》："欲天下之治安，莫若众建诸侯而少其力。"意即：想要使天下大治，最好的办法莫过于多分封诸侯，从而削弱（每个诸侯的）实力。"少"还可用做副词，表示"稍微"或"一会儿"。如《战国策·赵策四》："太后之色少解。"意思就是：太后的怒色稍微缓和了一些。而苏轼《前赤壁赋》中的"少焉，月出于东山之上"一句，意思就是：一会儿，月亮在东山之顶升起了。

"少"还可读"shào"，形容"年纪轻、年幼"，如"少年"。也可指"次序在后的"，如"少子"即指"最小的儿子"。它作名词时，意思就是"幼年""年轻人""年轻时期"等。值得注意的是，如今的"少"（shào）一般指幼年时期，但古代的"少"则包括少年和青年时期。如《史记·陈涉世家》："陈涉少时，尝与人佣耕。"意即：陈涉在青年时，曾跟别人一道被雇佣耕地。大致来说，三十岁以下古代都称"少"。

千

"千"回百转

"但愿人长久，千里共婵娟"中的"千"（qiān）字，是最为常用的数词之一，基本义是"十个百"。《说文》："千，十百也。"它也可作约数，表示"成千"。这是个很特殊的汉字，属假借表意。

说文解字

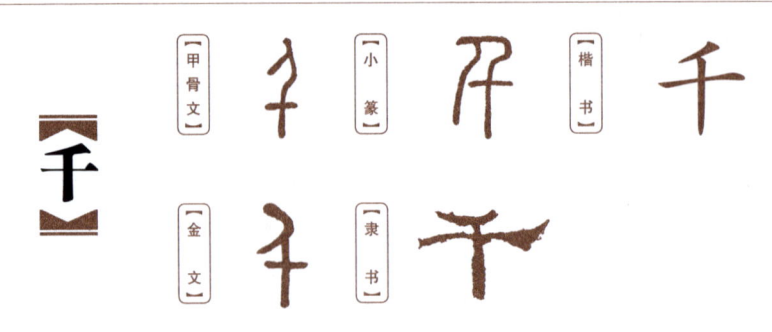

【汉字溯源】

"千"是个会意字,本义是"二十",相当于"廿"(niàn)。甲骨文中的"千"字,为一个面朝左边站立的人的象形,其双臂前伸,代表手,而腿上有一个短横,代表脚,整个字形力图传达出其"手脚俱全"的信息。一个正常的人,手指、脚趾加起来共有20个,所以古人就借用人手脚俱全的象形,来表达"二十"之义。

由于"千"这一概念是很难用具体的事物来表现的,所以"千"字就被借用了过来,且一借就再也不还了。

在甲骨文中,一千写作"㐱",两千写作"㐰",三千写作"㐲",五千则写作"㐳"。

【字形演变】

金文中的"千"字,人的"上身"和"手臂"相连,变成了一条开口向左的弧线,"腿"和"脚"则变成了"十"字形。顺应圆润规整的字形要求,小篆中的"千"字进一步线条化,人变成了"上身"与地面平行,"双臂"下垂与蹬直的"腿"成平行状。进入汉代以后,经过隶变和楷化,"千"字逐渐笔画化,成为一个三画的方块字,看上去再也不像是人了。

【字义转化】

"千"也可作形容词,意为"许许多多",比喻"数量大"。如:成千上万、千疮百孔。

需要注意的是,"千古"一词有三种意思:

第一,指时间的久远。如王安石《桂枝香》:"千古凭高,对此漫嗟荣辱。"意思就是:自古以来,多少人在此登高怀古,无不对历代荣辱喟叹感伤。

第二,是指历史知识。如《初刻拍案惊奇》卷十:"胸中博览五车,腹内广罗千古。"

第三,为"死"的婉辞,表示永别、不朽的意思,常用于挽联、花圈等的上款。如宋代叶适《赠夏肯甫》诗:"忽传千古信,虚抱一生疑。"

"千"字大写为"仟"。在古文中,"仟"也特指千人之长。如《史记·陈涉世家》:"蹑足行伍之间,俯仰仟佰之中。"这之中的"仟""佰",就是"千人之长"和"百人之长"之义,合起来指"军官"。

"得"不偿失

"将军得名三十载，人间又见真乘黄"中的"得"（dé）字，本义是"得到、获得"，用做动词。如白居易《卖炭翁》："卖炭得钱何所营，身上衣裳口中食。"意即：卖炭得到的钱做什么用呢？为了换取身上穿的衣裳和嘴里吃的食物。如今，这仍然是"得"字的基本义。

"得到"是一个很抽象的概念，无形无貌，该如何用文字表现出来呢？我们的祖先想了一个办法：以有形代无形。

【汉字溯源】

从物质的层面来讲，我们所能得到的东西，无外乎钱财和货物，即"财物"。而货币，也就是金钱，即为"财物"最直接的代表。所以得到金钱，就是有所得。我们的祖先在造"得"字时，就是从这个思路入手的。

"得"是个会意字，其甲骨文字形，右下方是一只手的象形，左上方是个贝壳的象形，贝壳在古时曾用做货币，所以就是金钱的代表。手持金钱，即为"得到、获得"。

【字形演变】

金文中的"得"字，是在其甲骨文字形的基础上又加了个"彳"（chì）部，即"行"字的一半，为一个路口的象形，代表道路，意在表明在路上捡到了"贝"，从而将"得到"之义表达得更为形象。据此，许慎才会在《说文》中说："得，行有所得也。"经过千年的传写，"得"字的字形发生了改变，至秦代的小篆阶段，由于字形上的相像，"贝"被写成了"见"，而"手"则被写成了"寸"（"手"字下面添一横）。以此为基础，经过汉代的隶变和楷化，"得"字逐渐笔画化，成为我们今天

说文解字

第三章 最关乎人生的汉字

三三五

所熟悉的样子。

【字义转化】

人在得到财物后，心中会窃窃自喜，由此"得"又可引申为"得意、满足"。如：扬扬得意。而由"得到"之义进行引申，"得"又可解释为"找到"。如《聊斋志异·促织》："既而得其尸于井。"意即：不久就在井里找到了他的尸体。或"完成、成功"，如《红楼梦》："已经传人画图样去了。明日就得。"而由"成功"之义再次引申，"得"还可表示"某事做对了"。如《汉书》："历古今之得失。"这里的"得失"，就是"对错"之义。

"得"作名词时，即指"收获、心得"。如王安石《游褒禅山记》："古人之观于天地、山川、草木、虫鱼、鸟兽，往往有得。"意即：古人观察天地、山川、草木、虫鱼、鸟兽，往往会有所心得。

"得"还可以用做助动词，相当于"能、能够"。如杜甫《佳人》："官高何足论，不得收骨肉。"就是说：高官厚禄又能有什么用，亲人死后，连尸骨都不能葬收。另外在口语中，"得"在口语中也表示同意或无可奈何。如：得，就这么着；得，又错了。

"得"还可读"děi"或"de"。读"děi"时为助动词，表示"需要、应该、必须"或推测。如《红楼梦》："这件事还得你去才弄的明白。"又如：再不走，我们恐怕得淋成个落汤鸡。读"de"时为助词，表示以下几种意思：

1. 用在动词后面，表示能够或可以。如：去不得。
2. 用在动词和补语中间，表示可能。如：过得去。
3. 用在动词或形容词后面，连接表示程度或结果的补语。如：笑得喘不过气来。

"失"而复得

"百紫千红花飞乱，已失春风一半"中的"失"（shī）字，本义是"丧失、丢失、消失"。如李白《梦游天姥吟留别》："惟觉时之枕席，失向来之烟霞。"意即：醒来时看见床上只有枕头和席子，梦中的烟霞奇景全都消失了。《说文》："失，纵也。"这是对的，因为"纵"就有"舍掉"的意思。如今，这还是"失"字的基本义。

"失"字的构形灵感，来源于一番残酷的景象：失去一只手。

【甲骨文】 羊
【金文】 ≢
【小篆】 失
【隶书】 失
【楷书】 失

《失》

说文解字 第三章 最关乎人生的汉字

【汉字溯源】

"失"是个会意字。甲骨文中的"失"字，主体是一只右手的象形，而在"手腕"之上，有一条与之垂直的短横，是个义符，表明由于伤残等原因，这只手从手腕处断去了。

在医疗水平极其落后的古代，断了的手是不可能再接回去的，主人将永远失去它，而失手之痛，痛彻心扉，令人刻骨铭心。所以，造字之人就用这样一个字来表达"丧失、丢失"之义。这也从一个侧面反映出，在此字诞生的时候，由于天灾或人祸（刑罚等），人们失去一只手的现象较为常见。

【字形演变】

金文中的"失"字，变得较为复杂：下面是一个人的象形；其上是一只手的象形，表示人在高举着手臂；"手腕"处有一个短横，为意符，表明这只手自腕部断裂。小篆中的"失"字，由其金文字形发展而来，但适应小篆字形上圆润齐整的要求，表示"断裂"之义的那一短横被写成了与"手指"相同的"U"字形，其他部分也失去了象形的韵味。

以此为基础，经过汉代的隶变和楷化，"失"字逐渐笔画化，成为楷书中的样子。

【字义转化】

由"丢失"之义，"失"可引申为"耽误、错过"。如：机不可失。而由"错过"之义，"失"又可引申为"过失、错误"，做名词。如《史记·魏公子列传》："今吾且死，而侯生曾无一言半辞送我，我岂有所失哉！"意即：如今我是将死之人了，可是侯先生竟没有一言半语来送我，难道我待他曾有过什么过失吗？

由果溯因，犯错就是因为没有控制住，所以"失"还当"失控""忍不住、不自禁"讲。如：失言、失火。

《荀子·哀公》之中有这样一句话："其马将失。"这个"失"字，用前面的所有意思都是解释不通的。事实上，它是"逸"字的假借字，读"yì"音，当"奔逃"讲。全句意为：那马将要奔逃。

另外，在古文中，"失"还常通"佚"或"泆"，为"淫泆""放荡、放纵""毫无顾忌"等义。如《史记·老子韩非列传》："非吾敢横失能尽之难也。"意即：不是难在我敢毫无顾忌地把看法都表达出来。

三三七

说文解字

"弃"笔从戎

"弃我去者昨日之日不可留，乱我心者今日之日多烦忧"中的"弃"（qì）字，本义是"放弃、扔掉"。如李白《赠孟浩然》："红颜弃轩冕，白首卧松云。"意即：年轻时你就鄙弃功名富贵，老来更是隐卧深山陪伴着松云。

如今，这仍是它的基本义。

【汉字溯源】

"弃"是个会意字，其字形设计可谓别出心裁，却又让人心酸。

据考证，在医疗卫生水平极其落后的上古时期，婴儿的存活率甚至还不到30%，大多数孩子在出生后不久就会夭折。孩子的父母，常常会伤心而又无奈地将他们的尸体用簸箕、席子之类的东西裹起来，然后带到野外扔掉。由于这种现象极其普遍，所以造字之人就选用这一场景，造就了"弃"字。

甲骨文中的"弃"字，由三部分组成：上部是个婴儿的象形，其身周有三个点，代表羊水，表示这孩子出生不久；中间是个簸箕的象形，即"其"字；下面是一双手的象形。三部分结合起来，就勾勒出了一幅"端着簸箕倒掉孩子"的场景，从而直观地表达出了"放弃、扔掉"之义。

【字形演变】

金文中的"弃"字，上面的"孩子"变成了脑袋朝下而脚朝上的样子；中间的"簸箕"被繁化而变得复杂起来，但依然能看出簸箕的样子。发展至秦代的小篆阶段，适应小篆字形凝练劲挺、圆健美观的特点，"弃"字的写法又有所变化：上面的"孩子"写成了"古"字形，中间的"簸箕"变成了一个"网兜"（详见"毕"字部分），只有下面的"双手"依然不变。以此为基础，经过汉代的隶变和楷化，字形逐渐笔画化，变成了

"棄"。为便于书写，在后来的汉字简化运动中，"棄"又被简写为"弃"。

【字义转化】

由"抛弃"之义进行引申，"弃"又可解释为"废、废除、罢免""违背、背叛"等义。如王维《老将行》："自从弃置便衰朽，世事蹉跎成白首。"意思就是：自从被罢官处置后，身体就渐渐衰老了，岁月蹉跎，如今已是满头白发。又如：背信弃义。进一步引申，"弃"又有了"忘记""离开""耗费"等含义。如《尔雅》："弃，忘也。"《战国策·秦策》："子弃寡人。"意即：你离开了我。而常说的"弃日"，意思就是"耗费时日、虚度光阴"。

需要注意的是，我们在阅读古文献的时候，常常会碰到"弃市"一词，若按常规思维将其理解为"将某人或某物扔到集市上"，可就要闹笑话了。事实上，"弃市"是指"在闹市中执行死刑并将犯人暴尸街头的一种刑罚"。如宋代秦观《盗贼中》："强盗得财满匹及伤人者辄弃市。"意思就是说：强盗盗取的财物价值超过一匹布，或伤了人，都要在闹市中处以死刑，并暴尸街头。

"买"椟还珠

"问客何为来，采山因买斧"中的"买"（mǎi）字，基本义是"买进、购进"，即"用钱换财物"，与"卖"相对。如辛弃疾《摸鱼儿》："千金纵买相如赋，脉脉此情谁诉？"意思就是：纵然用千金买了司马相如的名赋，这一份脉脉深情又向谁去倾诉？

《说文》："买，市也。"这是对的，但若将"购买"看成是"买"的本义，那就错了。因为严格来说，它的本义实际上是"获得"。

【汉字溯源】

"买"是个会意字。其甲骨文字形，上面是一张网兜的象形，下面是个贝壳的象形，即"贝"。二者相合，就表示"网到了贝壳"。贝壳在古代曾用做货币，是钱财的象征，"网"到了它，也就是得到了钱财，所以这一意象被用来表达"获得"之义。但随着同义字"得"的广泛使用，"买"字似乎显得有些多余了。由于贝壳可以购买东西，所以"买"随即就被借用为"购买"之"买"。

说文解字

【买】

[甲骨文] [小篆] [楷书] 買
[金文] [隶书] [简体] 买

【字形演变】

金文、小篆阶段的"买"字，依然是上"罗网"、下"贝壳"的组合。进入汉代以后，经过隶变和楷化，"买"字被笔画化，由于形似，"罗网"被写成了"罒"形，从而使得"买"字变成了"買"形。在后来的汉字简化运动中，"買"又被写作"买"。

【字义转化】

由"购买"之义进行引申，"买"还可解释为以下意思。

1. 雇佣、租。如：买佣，即雇佣工人。
2. 博取、追逐。如：买笑追欢，即寻欢作乐。
3. 招惹、引起。如《战国策·韩策》："此所谓市怨而买祸者也。"意思就是：这就是所谓的引起别人的怨恨，而给自己招致祸患。

"卖"履分香

"落花水香茅舍晚，断桥头卖鱼人散"中的"卖"（mài）字，是"买"的反义词，本义是"以货物换货币""出售"。《说文》："卖，出物货也。"如杜甫《佳人》："侍婢卖珠回，牵萝补茅屋。"意即：等待着侍女卖掉珠饰后回来，扯把青萝的枝条修补破漏的茅屋。如今，这仍然是它的基本义。

〖卖〗

【金文】賣 【隶书】賣 【楷书】賣
【小篆】賣 【草书】卖 【简体】卖

【汉字溯源】

"卖"是个会意字。甲骨文中至今还没有发现这个字。目前所能见到的最早的"卖"字，在周代的金文中：上面是"视"的初文——下方是一只眼睛的象形，其上的"业"形结构，看起来就像是一个标杆，代表所看见的物品、目标，上下结合，就寓意"看"；下面是个贝壳的象形。"视"和"贝"结合，很巧妙地表达出了看着"贝"（货币）的多少、计算盈亏、将货物作价出售的意思。

【字形演变】

发展至秦代的小篆阶段，"卖"字可谓是改头换面，成了上"出"、下"买"的组合，取意"出售东西（财货），换取钱币"。经过汉代的隶变，"卖"字上面的"出"又写成了"士"。楷化后的"卖"字完全笔画化，被写成了"賣"。后来，为了便于书写，人们又根据唐高宗李治的草书写法，将"卖"简化为我们今天所惯用的样子。

【字义转化】

要想将手中的财物顺利卖出去，商家往往会美化、夸耀自己的东西，大肆宣传，所以"卖"又被引申为"炫耀、卖弄"之义。如《红楼梦》："我们姑娘年轻媳妇子，也难卖头卖脚的，倒还是舍看我这付老脸去碰一碰。"而俗语"卖膏药"，就用来比喻"说大话、吹牛皮"。

为了能多销多赚，商家还会使出浑身解数，想出各种办法促成交易。由此，"卖"便又有了"尽量使出来"之义。如：卖力。

卖东西是为了获取利润，而很多人为追求利益，往往还会出卖感情、朋友等，所以"卖"也可引申为"背地里害人以利己、背叛"等义。如《后汉书·李固传》："谄贵卖友。"意思就是：巴结权贵，出卖朋友。

在一些方言中，"卖"还有"耍""扮"等义。如：卖呆，即装傻、发愣；卖嘴，就是耍嘴皮子。